中国社会科学院学部委员专题文集
ZHONGGUOSHEHUIKEXUEYUAN XUEBUWEIYUAN ZHUANTI WENJI

破立集

沈家煊◎著

中国社会科学出版社

图书在版编目（CIP）数据

破立集／沈家煊著．—北京：中国社会科学出版社，2024.7
（中国社会科学院学部委员专题文集）
ISBN 978－7－5227－3487－3

Ⅰ.①破…　Ⅱ.①沈…　Ⅲ.①语言学—文集　Ⅳ.①H0－53

中国国家版本馆 CIP 数据核字（2024）第 082221 号

出 版 人　赵剑英
责任编辑　王小溪
责任校对　刘　娟
责任印制　戴　宽

出　　版　中国社会科学出版社
社　　址　北京鼓楼西大街甲 158 号
邮　　编　100720
网　　址　http://www.csspw.cn
发 行 部　010－84083685
门 市 部　010－84029450
经　　销　新华书店及其他书店

印刷装订　北京君升印刷有限公司
版　　次　2024 年 7 月第 1 版
印　　次　2024 年 7 月第 1 次印刷

开　　本　710×1000　1/16
印　　张　33
字　　数　509 千字
定　　价　198.00 元

《中国社会科学院学部委员专题文集》编辑委员会

主　任　谢伏瞻

委　员　(按姓氏笔画排序)

马　援　王　巍　李　扬　李培林

卓新平　周　弘　赵剑英　郝时远

高培勇　朝戈金　谢伏瞻　蔡　昉

统　筹　郝时远

编　务　黄海燕

前　言

哲学社会科学是人们认识世界、改造世界的重要工具，是推动历史发展和社会进步的重要力量。哲学社会科学的研究能力和成果是综合国力的重要组成部分。在全面建成小康社会、开创中国特色社会主义事业新局面、实现中华民族伟大复兴的历史进程中，哲学社会科学具有不可替代的作用。繁荣发展哲学社会科学事关党和国家事业发展的全局，对建设和形成有中国特色、中国风格、中国气派的哲学社会科学事业，具有重大的现实意义和深远的历史意义。

中国社会科学院在贯彻落实党中央《关于进一步繁荣发展哲学社会科学的意见》的进程中，根据党中央关于把中国社会科学院建设成为马克思主义的坚强阵地、中国哲学社会科学最高殿堂、党中央和国务院重要的思想库和智囊团的职能定位，努力推进学术研究制度、科研管理体制的改革和创新，2006 年建立的中国社会科学院学部是践行“三个定位”、改革创新的产物。

中国社会科学院学部是一项学术制度，是在中国社会科学院党组领导下依据《中国社会科学院学部章程》运行的高端学术组织，常设领导机构为学部主席团，设立文哲、历史、经济、国际研究、社会政法、马克思主义研究学部。学部委员是中国社会科学院的最高学术称号，为终身荣誉。2010 年中国社会科学院学部主席团主持进行了学部委员增选、荣誉学部委员增补，现有学部委员 57 名（含已故）、荣誉学部委员 133 名（含已故），均为中国社会科学院学养深厚、贡献突出、成就卓著的学者。编辑出版《中国社会科学院学部委员专题文集》，即从侧面展示这些学者治学之道的一个重要举措。

《中国社会科学院学部委员专题文集》（下称《专题文集》），是中国社会科学院学部主席团主持编辑的学术论著汇集，作者均为中国社会科学院学部委员、荣誉学部委员，内容集中反映学部委员、荣誉学部委员在相关学科、专业方向中的专题性研究成果。《专题文集》体现了著作者在科学研究实践中长期关注的某一专业方向或研究主题，历时动态地展现了著作者在这一专题中不断深化的研究路径和学术心得，从中不难体味治学道路之铢积寸累、循序渐进、与时俱进、未有穷期的孜孜以求，感知学问有道之修养理论、注重实证、坚持真理、服务社会的学者责任。

2011 年，中国社会科学院启动了哲学社会科学创新工程，中国社会科学院学部作为实施创新工程的重要学术平台，需要在聚集高端人才、发挥精英才智、推出优质成果、引领学术风尚等方面起到强化创新意识、激发创新动力、推进创新实践的作用。因此，中国社会科学院学部主席团编辑出版这套《专题文集》，不仅在于展示“过去”，更重要的是面对现实和展望未来。

这套《专题文集》列为中国社会科学院创新工程学术出版资助项目，体现了中国社会科学院对学部工作的高度重视和对这套《专题文集》给予的学术评价。在这套《专题文集》付梓之际，我们感谢各位学部委员、荣誉学部委员对《专题文集》征集给予的支持，感谢学部工作局及相关同志为此所做的组织协调工作，特别要感谢中国社会科学出版社为这套《专题文集》的面世做出的努力。

《中国社会科学院学部委员专题文集》编辑委员会

2012 年 8 月

自　　序

在中国传统的语言学领域里，音韵学、文字学、训诂学都有辉煌的成就，只有语法学是19世纪末从西方传入的，汉语语法研究因此从一开始就受到印欧语语法的深刻影响。从《马氏文通》（1898）开始到现在的一百多年里，一代一代的语言学者试图摆脱印欧语的束缚，探索汉语自身的语法规律，尽管做了不少有价值的工作，但仍然难以消除印欧语语法观念给汉语研究带来的消极影响。面对这种情形，吕叔湘先生生前在《语法研究中的破与立》一文中说："要大破特破。……要把'词'、'动词'、'形容词'、'主语'、'宾语'等等暂时抛弃。可能以后还要捡起来，但这一抛一捡之间就有了变化，赋与这些名词术语的意义和价值就有所不同，对于原来不敢触动的一些条条框框就敢于动它一动了。"

破字当头，立在其中。我从2007年发表《汉语里的名词和动词》一文开始，一发而不可收，十余年来一直在响应吕先生的号召，在前辈的基础上，针对最基本、最重要的两对语法范畴"名词和动词""主语和谓语"（它们都来自印欧语的语法）做破与立、抛与捡的工作，陆续发表了数十篇论文。这些论文分散在许多杂志上，读者不易查找，现在从中挑选比较重要的编辑成集，取名《破立集》。

对汉语和汉字有别于西方语文的特征，法国汉学家戴密微曾这样评论："这些东西冒犯我们几百年来通过经院式学习、从亚里士多德和希腊—拉丁修辞学家那儿继承来的、可以说珍藏于我们心底的信念。对我们来说，那里面有些什么东西让人感到丢脸和愤慨。"常常看到西方有人"放弃原则"，把欧洲语言的范畴"转弯抹角地引入汉语语法"，而当代的中国专家，受到来自西方的冲动做法的影响，"在研究中摆脱欧洲范畴的束缚，也许要比我们更加困难"（见［法］克里斯蒂娃《语言，这个未知的世界》）。中国人向西方学语法学，是学生向老师学习，有老师委婉地批评学生学得不对头，让人警醒。

先入为主，或者叫路径依赖、思维定式，它的力量的确十分强大。朱德熙先生在他的著作《语法答问》的“日译本序”里说：“我们现在在这里批评某些传统观念，很可能我们自己也正不知不觉之中受这些传统观念的摆布。这当然只能等将来由别人来纠正了，正所谓后之视今，亦犹今之视昔。不过就目前而论，能向前跨一步总是好的，哪怕是很小很小的一步。”朱先生的话我深有同感，心想大破特破，不知不觉中又被传统观念牵着鼻子走。细心的读者从这个集子中可以看出，我对某些重要问题的认识，如对汉语形容词地位的认识，对“最小流水句”的认识，就经历了一个曲折的、反思的过程。因此，把这些论文大致按发表的先后顺序编排，这样可以比较客观地展示我的探索和认识过程。未知总比已知多，我们对汉语和人类语言的探索和认识没有止境，永远是一个破和立的过程。

论文的内容照原样不动，只对一些明显的错误做了改正。

目　　录

汉语里的名词和动词

要大破特破。……要把“词”、“动词”、“形容词”、“主语”、“宾语”等等暂时抛弃。可能以后还要捡起来，但这一抛一捡之间就有了变化，赋与这些名词术语的意义和价值就有所不同，对于原来不敢触动的一些条条框框就敢于动它一动了。

在探索规律性的过程中，不得不使用术语，这些术语以及它们所构成的体系是为陈述规律性服务的。我们制造和使用这些术语，应该让它们听命于我们，不能让我们听命于它们。

——吕叔湘《语法研究中的破与立》

1 为什么要区分词类？

为什么要区分词类？为什么要区分动词和名词？吕叔湘先生（1954，1979：32）一再说，“区分词类，是为的讲语法的方便”，“主要是为了讲语法结构：不同类的词或短语在语法结构里有不同的活动方式”。有人说，区分词类是因为词本身的特点值得分类和需要分类[①]，吕先生则说：“这个话，对于有发达的形态的语言也许适用，对于汉语不适用，因为‘词本身的特点’实际上就指的是形态变化。”“即便拿形态发达的语言来说，划

---

① 本文初稿在东亚语言比较国际研讨会（2006.12，上海）上宣讲，蒙陆丙甫和罗仁地（Randy LaPolla）两位先生提出有益的意见，特此致谢。现在有一种新的说法，说“词语固有的词性”就是词语“在词汇层面的词性，需在词典中标明”（郭锐 2002：89）。然而，《现代汉语词典》给词标注词类的原则是：“词类是词在语法上的分类，能够概括地说明词的功能与用法。”（徐枢、谭景春 2006）这部词典过去不标注词性，词性就是通过词所在的例句体现出来的。

分词类是为了讲语法结构这句话仍然是对的，因为词只有在语句里边才有各种变化形式。”吕先生还用了一个比喻：“在一般讲语法的人，‘词类’已经成了必不可少的道具。”“道具”的说法是比喻，西方语法学家直接说名词、动词、形容词等词类是“理论构件”（theoretical constructs）。选用的道具不对，演戏就不会很成功；同样，选用的理论构件不对，讲论语法就不会很成功。

为什么要区分词类？词类是讲语法必不可少的理论构件。

2 简约原则

中国人从马建忠开始系统地讲论汉语语法，跟西方语法学家学习，也采用“名词”和“动词”这样的理论构件。但是在讲论汉语语法的时候遇到一个大问题，集中在“这本书的出版”上，其中的“出版”是动词还是名词？这个问题一直困扰着汉语语法学界，至今没有得到妥善的解决。这又是一个关乎汉语语法体系的根本问题，这个问题不解决，许多其他问题都不大好解决。

说“出版”已经由动词变为名词，这种“名词化”说法最大的问题是违背“简约原则”，即不要增加不必要的步骤和名目。吕叔湘（1979：46）说：“凡是在相同条件下，同类的词都可以这样用的，不算词类转变。”既然汉语里几乎所有的动词都可以出现在“N的V”的格式里，都可以做主宾语，那就只需将这一特性归为动词的特性，说动词变为名词完全是“多此一举”，是无端增加一个步骤。另外，按照“简约原则”，可以立一套名目就不要立两套名目。用句法成分功能来给词定类，做主宾语的是名词，做谓语的是动词，做定语的是形容词，做状语的是副词，词类和句法成分一一对应，吕叔湘（1979：46）说，那就不需要两套名目，一套就够了。“句子成分是A，B，C，D……，词类也是A，B，C，D……，岂不省事？”

“简约原则”也是朱德熙（1985：74—77）以词组为本位建立汉语语法体系的出发点。他说：“评价一种理论或系统的时候，简明性跟严谨性一样，都是很重要的标准。”汉语语法的特点是，汉语句子的构造原则跟词组的构造原则是基本一致的，句子不过是独立的词组而已。既然如此，讲汉语语法，词组的结构和功能讲清楚了，句子的结构基本上也就清楚了。按照“简约原则”就用不着分两套名目来讲，以词组为本位，词组成分和句子成分都是一种成分，叫“句法成分”，也不需要增加什么词组入句后“熔解”为句子成分和词类转化的步骤。

“生成语法”最近提出“最简方案”，就是考虑到“简约原则”不仅是语言结构的重要原则，也是从事语言结构分析时要遵循的重要原则（Li 1998）。

总之，“简约原则”就是要操起“奥卡姆剃刀”，凡是不必要的名目和步骤都要剃掉。但是让我们为难的是，在汉语里坚持这条原则会违背语法结构的“扩展条件”和“并列条件”。

3 “扩展条件”和“并列条件”

遵照“简约原则”，不能说“这本书的出版”中的“出版”已经由动词变为名词。但是，如果说它仍然是动词，那就违背了语法结构的“中心扩展条件”，简称“扩展条件”：以一个成分为中心加以扩展，扩展后的结构的语法性质跟中心成分的语法性质一致。“出版”是动词，以它为中心扩展而成的“这本书的出版”却是个名词性结构。这个问题也就是“这本书的出版”违背“向心结构”理论（施关淦 1981）的问题。说“出版”仍然是动词，还违背了语法结构的“并列条件”：两个成分并列成一个结构，这两个成分的语法性质相同。汉语里“图书和出版”或“这本书和它的出版”这样的并列结构是十分常见的，名词和动词的语法性质不相同，怎么能构成一个并列结构呢？

有人提出“向心结构”的理论（即“扩展条件”）对汉语不完全适用，“不能盲目照搬”（方光焘 1997：261），有人试图对“向心结构”的定义加以修正（朱德熙 1985，陆丙甫 1985，金立鑫 1987，项梦冰 1991），但是这些修正还都不能令人满意（见施关淦 1988，吴长安 2006）。

Lyons（1968：331）曾指出：“N 和 NP 之间，V 和 VP 之间都存在一

种必不可少的（essential）联系，对哪种语言都一样。…… NP 和 VP 不仅仅是帮助记忆的符号，而是分别表示句法成分 NP 必定是名词性的，VP 必定是动词性的，因为两者分别以 N 和 V 作为其必需的主要成分。”他接着说，如果有哪位语言学家提出诸如“NP→V + VP，NP→V，VP→T（冠词）+N”的规则，“那不仅是有悖常情的，在理论上也是站不住的”。这些话是就“扩展条件”而言的，但是也适用于“并列条件”，提出有“NP 和 VP”这样的并列结构也是有悖常情的，理论上站不住的。既然如此，我们就不能不考虑，讲汉语语法所采用的理论构件“名词”和“动词”是不是有问题。[①]

4 DP 分析法

上面的讨论都是基于“出版”是“这本书的出版”的中心，那么是不是在中心的确认上出了问题？最近提出的一个“生成语法”的解决办法（程工 1999）是，将“这本书的出版”分析为“限定名词短语”（DP），将其中的“的”分析为这个短语的中心成分 D，D 具有［+N］特征，由此决定整个 DP 短语的名词性。

这种“DP 分析法”跟传统分析法很不一样，它的起因是“X－语杠理论”。提出“X－语杠理论”主要是出于概括的考虑，要对 a）限定名词短语（DP）和 b）时态动词短语（IP）之间的平行性加以概括（Abney 1987）。就汉语而言，平行的例子如下：

a. 商务这本书的出版　　商务的出版（这本书）　　这本书（由商务）的出版

b. 商务出版了这本书　　商务出版了（这本书）　　这本书（由商务）出版了

① 关于汉语里的形容词，我们把它看作动词的一个次类，叫“状态动词”。“这本书的出版”“图书和出版”的问题在“他的谦虚”“言辞和谦虚”上同样存在。

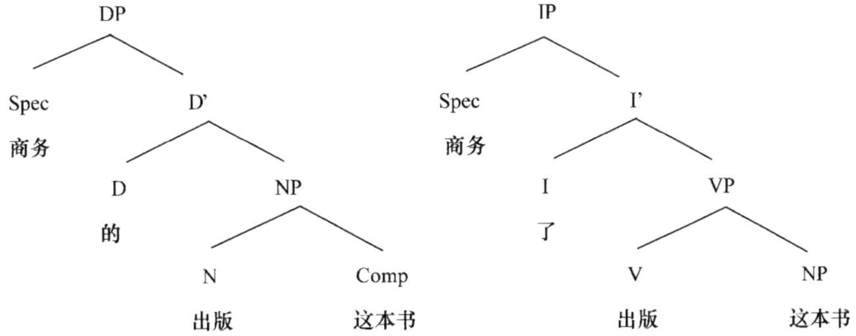

按照熊仲儒（2005）的分析，时态动词短语或小句 IP 是功能范畴 I（时态）对动词短语 VP 的扩展，同样，限定名词短语 DP 是功能范畴 D（限定）对名词短语 NP 的扩展。如果指定语 Spec 位置空缺，“这本书”就可以通过移位出现在这个位置上，得到“这本书的出版”和“这本书出版了”。

我们发现，这种分析法用于汉语的最大问题还是违背“简约原则”。上述平行分析的前提是承认“这本书的出版”中的“出版”是名词 N，不然就不存在 DP 和 IP 之间的平行性。如果不存在这种平行性，那也就失去了对“这本书的出版”作 DP 分析的主要理由。[①] 为了使“出版”具有［+N］这一范畴特征，熊文另外设置了一个功能范畴 n，n 具有［+N］特征，而 D 只具有［限定］特征。先由 n 对动词短语“出版这本书”进行扩展，生成名词短语 nP，然后再由 D 对 nP 进行扩展，生成 DP。这个 n 在汉语中没有语音形式，在英语中有语音形式如-ing。总之，设置功能范畴 n 是为了说明“出版”是如何名词化的[②]，且不说它是为上述 DP 分析而特设的，严重的问题是，在汉语里说“出版”名词化是“多此一举”，违反了“简约原则”。

---

① 但是熊仲儒（2005）指出，“核心 D 只能决定其母亲节点 DP 的范畴特征，而不能将其特征指派给其他成分”，也就是说，“因为 D 有［+N］这一范畴特征，所以其母亲节点 DP 也有［+N］这一范畴特征，但是不能说因为 D 有［+N］这一范畴特征，所以‘出版’也就具有了［+N］这一范畴特征”。

② 也有人设置功能范畴 G，即先将“出版”变为“动名词”（Gerund），生成动名词短语，再生成 DP，如黄正德（2004）。

司富珍（2002，2004）和陆俭明（2003）也将“的”分析为具有［+N］特征的中心词，认为“这本书的出版”实际是由主谓结构“这本书出版”中间插入“的”所形成的名词性结构。这样的分析倒是不存在“出版”的名词化问题，也消解了与向心结构理论的矛盾。这一分析法带来的许多后果（周国光 2005，吴长安 2006）中，有一个还没有人提到，那就是仍然违背“简约原则”。为什么主谓结构“这本书出版了”不能在中间插入“的”形成名词性结构“这本书的出版了”呢？答案很可能是，“这本书出版了”是句子而“这本书出版”是词组。但是事实并非如此，回答“这本书出版没出版”的句子是“这本书出版了”，而回答“这本书出版不出版”的句子就是“这本书出版”。前面提到朱德熙先生的观点，汉语的句子不过是独立的词组而已，两者的构造原则基本一致。如果认为“这本书出版”做主宾语的时候是词组，在回答“这本书出版不出版”的时候是句子，那就等于说汉语的词组入句后都要“熔解”为句子成分。这是“无中生有”，又回到违背“简约原则”的老路上去了。

5 再看“并列条件”

句法的“并列条件”是说：在非临时活用的场合，并列的两个成分应该属于同一词类或同一语类（Radford 1988：76）。例如英语：

John wrote [to Mary] and [to Fred].（介词短语与介词短语并列）
John wrote [a letter] and [a postcard].（名词短语与名词短语并列）
*John wrote [a letter] and [to Fred].（名词短语与介词短语并列）
*John wrote [to Fred] and [a letter].（介词短语与名词短语并列）

由于违反“并列条件”有悖常情，理论上也站不住，生成语法学家就利用“并列条件”来检验两个成分是否属于同一个句法范畴，这一检验就叫“并列检验法”（coordination test）。例如，这一检验法证明限定词（determiners）和形容词（adjective）不属于同一范畴，因为二者不能并列：

* [$_D$my] and [$_A$lazy] son

* [$_A$silly] and [$_D$these] ideas

还能证明名词的补足语（complement）和附接语（adjunct）是两个不同的范畴，前者是 N 的姐妹节点，后者是 N – 语杠的姐妹节点：

a student [of Physics] and [of Chemistry]（补足语与补足语并列）

a student [with long hair] and [with short arms]（附接语与附接语并列）

* a student [of Physics] and [with long hair]（补足语与附接语并列）

* a student [with long hair] and [of Physics]（附接语与补足语并列）

用“并列检验法”来检验汉语“图书和出版”或“这本书和它的出版”，就不能不说其中的“出版”也是和“图书”一样的名词。那么究竟是“并列检验法”有问题，还是汉语里“名词”和“动词”这两个理论构件有问题？

仔细想一想，从常情上讲“并列条件”只是要求并列的成分“同类”，并不限定哪一种“同类”。有多种“同类”，可以是句法上同类，语义上同类，也可以是语用上同类。上面的英语例子说明英语要求句法上同类，并列的两个成分必须属于同一句法范畴。但是英语也不完全排除语义上同类和语用上同类的情形，例如：

Any change is bound to have numerous *academic* and *cost* implications.

John is *a banker* and *extremely rich*.

两句都是名词性成分和形容词性成分并列，前一句 academic 和 cost 都是后面名词的修饰语（定语），后一句 a banker 和 extremely rich 都是系动词 be 后面的表述语（表语）。Halliday（1994：274）也以“plain or with cream”的并列为例说两个成分“功能”相同（都做修饰语）就能并列在一起。①

① 感谢 Randy LaPolla 给作者指出 Halliday 的这一观点。

如果说“定语”和“表语”还在句法范畴和语义范畴之间的话，那么下面这句话不成立就纯粹是因为并列的两个成分不属于同一语义范畴了：

?? *John* and *a hammer* broke the window.

Fillmore（1968：22）用这个例子说明，并列成分须担当同一语义角色才行，而此句 John 的语义角色是施事，a hammer 的语义角色是工具，尽管两者都是名词性成分。

下面的例子中两个并列成分不是句法上同类，也不是语义上同类，而是语用上同类，并列项都是对同一话题（topic）的说明（comment）。（Matthews 1981：214）

The other notes [you do need] and [would be better in the text].

The cakes [you'll need on Wédnesday] and [are better made frésh].

这样看来，能不能说“并列条件”对英语和汉语的要求不一样，在英语里要求并列成分在句法上同类（语义或语用上同类是例外），而在汉语里只要求并列成分在语义或语用上同类呢？马上可以想到的是，“图书和出版”或“这本书和它的出版”中的两个并列项，尽管在句法上属于不同的范畴，但是在语用上都属于“指称语”的范畴，前者指称事物，后者指称活动。说“出版”是名词，很多人反对，说它表示“事物”，也有人反对，但是说“出版”是指称语，还没有听说有人反对的（原因见下第 6 节）。

同样，能不能说“扩展条件”对汉语的制约也是语用上的制约而不是句法上的制约，以一个成分为中心加以扩展，扩展后的结构的语用性质跟中心成分的语用性质一致。“出版”是指称活动的指称语（这一点没有人反对），以它为中心扩展而成的“这本书的出版”也是个指称性短语。

词类和语用功能类之间肯定有联系，而且这种联系在语言中普遍存在。Hopper & Thompson（1984）根据许多种语言的材料提出，名词和动词可以分别用“指称”和“陈述”来定义：名词用来指称事物，动词用来陈述活动。他们提供的证据是，名词和动词的独立地位取决于它们各自在言谈中提供的信息量的大小：一样事物在言谈提供的信息中越重要，越需要用一个语符来指称它，这个语符就越倾向于成为一个独立的名词；一项活动在言谈提供的信息中越重要，越需要用一个语符来陈述它，这个语符就越倾向于成为一个独立的动词。

现在的问题是，动词"出版"（应该是陈述语）怎么又成了指称语？

6 指称一个活动

名词一般用来指称事物，动词一般用来陈述活动，但是说"这本书的出版"和"图书和出版"里的"出版"是指称语，指称一个活动，为什么没有人反对呢？要是说跟"出版"并列的"图书"是陈述语，几乎没有人会同意。[①] 这可以从语言的功能和人的认知特点上得到解释。Hopper & Thompson（1984）指出，动词和名词在实际话语中的语用功能是不对称的，特别表现在动词名用和名词动用上：名用的动词说出"一个被视为实体的活动"，而动用的名词并不是说出"一个被视为活动的实体"，只是说出一个与某实体有关的活动。换言之，名用的动词仍然说出一个活动，尽管在话语中这个活动是指称的对象而不是陈述的对象。因此，名用的动词仍然具有动词性，不是一个地道的名词。例如，英语 V-ing 形式的动名词可以受 not 和其他副词的修饰，如 We are talking about John not/soon *having* a sabbatical，跟汉语"这本书的迟迟不出版"里的"出版"表现一样。相反，动用的名词不再说出一个实体，不再具有任何名词的性质，它在句子中就是按一个地道的动词用，用来陈述一个活动，例如在英语中要加时态标记-ed或-s，汉语可加"了、着、过"：[②]

---

① 只有何莫邪在《先秦汉语的名词从何而来》一文中曾持类似观点，他认为先秦汉语名词其实是一种分类性动词。关于这一观点和对它的批评见朱德熙（1988）。

② Hopper & Thompson（1984）还指出，一个词指称一个被视为实体的活动，这个词的语用功能既不是陈述一个活动，也不是指称一个事物，而是这两者的混合，即指称一个活动。所以这个词成了一条"美人鱼"，人身鱼尾，既具有一部分名词的性质，又具有一部分动词的性质。相反，动用的名词并不具有混合性质。

We squirreled away $500 last year.

She breakfasts with the mayor on Tuesdays.

我又大款了一回。

我还没有博客过。

这种不对称归根结底是人类普遍的认知特点造成的。动词名用符合一般的“隐喻”规律。Lakoff & Johnson（1980：31）指出：“人们用本体隐喻（ontological metaphor）来理解事件、动作、活动和状态。通过隐喻，事件和动作被理解为实体。”只有将活动视为一个实体之后，人才可以指称它和计量它。隐喻具有单向性，即将抽象的东西当作具体的东西来处理，因为人类的认知特点就是处理具体的东西比处理抽象的东西容易。动词名用就是将一个抽象的活动当作一个具体的实体看待，相反，我们不大会将具体的实体按抽象的活动来看待。戴浩一（1997）对此有类似的说明。

本体隐喻因为太自然、太普遍，所以人们习以为常，意识不到是隐喻。名词动用作陈述语因为特殊所以被称作“活用”，动词名用作指称语因为常见所以被称作“名化”。据王冬梅（2001：104）的统计，现代汉语里动词名用的实例是名词动用实例的57倍。古汉语和英语名词动用比现代汉语多一些，但是相对动词名用仍然是少数。王克仲（1989）专讲古汉语里的词类“活用”，讲的大多是名词活用为动词，他讲的动词活用为名词（讲得很少）实际都是动词转指相关事物的情形（如“死”转指“死者”，“居”转指“居所”），不是自指活动本身的情形。

7 “实现关系”和“构成关系”

语法分析一般应该区分范畴的不同平面。“名词”和“动词”是句法范畴，“指称语”和“陈述语”是语用范畴。上面说“并列条件”和“扩展条件”对汉语的制约是语用上的制约而不是句法上的制约，如果是这样的话，人们还是要问，“出版”在句法上究竟是动词还是名词？

要解答这个问题，有必要引入“实现关系”和“构成关系”这对概念。这对概念具有普遍意义，不是专门为解答这个问题而特设的。这对概念是就“隐喻”而言的。举例来说，随着计算机的逐渐普及，“病毒”“防火墙”“桌面”“菜单”这些名称对一般人来说已经耳熟能详，但是很多计算机专家对采用这些名称却很不以为然。他们认为这些隐喻性质的词不像科学术语，掩盖了事实或真相，应该避免使用（Radman 1997：44）。这就是说，同样是“病毒”“防火墙”等隐喻，对专家而言，这些隐喻只是“解释性的”（explanatory），是用具体的、为一般人所熟悉的概念来解释抽象的、不熟悉的概念，但是，对一般人来说，这些隐喻不仅是“解释性的”，而且是“构成性的”（constitutive），因为离开这些隐喻他们根本没有办法来理解那些抽象概念，隐喻本身就“构成”了那些抽象概念。一个普通人变成了计算机专家，“病毒”等概念也就由“构成性隐喻”变成了“解释性隐喻”。同样，经济“过热”“软着陆”这样的隐喻，对经济学专家来说只是“解释性的”，而对大众来说就成了“构成性的”。有一些隐喻概念即使对科学家来说也是构成性的，例如天文学家的“宇宙起源于大爆炸”说，因此有不少科学家也认为“不能拒绝使用隐喻”（参看 Boyd 1993，Ungerer & Schmid 1996：147－149，冯志伟 2006）。政治家经常提出一些“解释性隐喻”，有意无意地使其在大众心目中成为“构成性隐喻”，以此来推行自己的政治主张（Lakoff 1992）。总之，隐喻的本质就是用一个具体概念来表达一个相似的抽象概念，而两个概念之间的关系可以是“解释关系”或“构成关系”，而且是可以随着认知主体的改变而改变的。说话人用一个具体概念来解释一个抽象概念，是为了便于听话人借助具体概念来“体认”（realize）抽象概念，因此两个概念之间的“解释关系”也可以叫作“实现关系”（realization），即具体概念是抽象概念的实现。

隐喻不仅仅是一种修辞手段，也不仅仅是一种语言现象，而是人类的一种认知方式。我们的概念和概念系统在很大程度上具有隐喻的性质，受隐喻的支配（Lakoff & Johnson 1980：7）。既然如此，那么语法概念或语法范畴在很大程度上也具有隐喻的性质，语法在很大程度上要受隐喻的支配（沈家煊 2006）。语法概念或语法范畴的隐喻也有“实现性”和“构成性”的区别。两个相似的语法范畴，一个比较具体，一个比较抽象，如果对后者的理解只是借助前者的解释，使后者具体化，二者之间的关系就是实现关系；如果对后者的理解就是前者，离开前者就没有后者的概念，二者之间的关系就是构成关系。我们用下面的图来帮助说明这两种关系的区别。

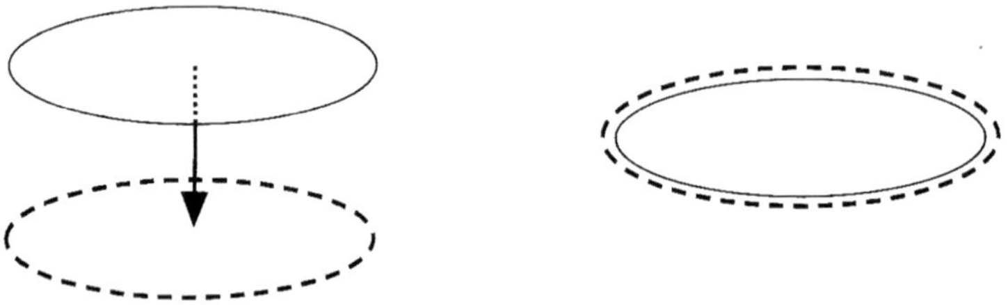

实现关系　　构成关系

实线圈代表具体范畴，虚线圈代表对应的抽象范畴。如果抽象范畴实现为具体范畴，那就有一个实现的过程（带箭头的竖线），有实现的方式；如果抽象范畴的构成就是具体范畴，那就不存在实现过程和实现方式的问题。

7.1 句子和话段

一般认为“句子”或 sentence 是句法单位，“话段”或 utterance 是语用单位。用“型”（type）和“例”（token）的对立来说，前者是抽象的“型”而后者是具体的“例”。许多人将汉语的“句子”对应于英语的 sentence，但是正如姜望琪（2001）的详细分析所指出的，汉语里的“句子”跟英语里的 sentence 是不对等的，实际相当于英语里的 utterance。赵元任（1968/1979：41，51）将汉语的句子定义为“两头被停顿限定的一截话语”，又说在汉语口语中，不完整的“零句”（没有主语或没有谓语）占优势。朱德熙（1987）也说，英语的 sentence 包含主语和谓语两部分，转换生成语法的转写规则 S → NP + VP，其中的 NP 和 VP 实际指的就是主语和谓语，而汉语“从先秦古汉语一直到现代口语，句子没有主语是正常现象”，“没有主语的句子跟有主语的句子同样是独立而且完备的”，因此采取传统的省略主语说来解释无主句就“不是一种很好的解释”。朱先生将汉语里的无主句归纳为五类：

（1）根本安不上主语：打闪了。轮到你请客了。

（2）陈述对象不在主语位置上：热得我满头大汗。有个国王有三个儿子。

（3）陈述对象泛指：学而时习之，不亦说乎？

（4）陈述对象是说话的人自己或听话的人：打算写本书。哪天回来的？

（5）陈述对象可以从语境推知：舞阳侯樊哙者，沛人也。（ ）以屠狗为事，与高祖俱隐。[两人看完电影出来对话] 怎么样？还不错。

这些句子要是翻译成英语就都要安上个主语，所以朱先生最后说，“确定汉语句子的最终根据只能是停顿和句调”。这样定义的“句子”恰恰等于英语里的 utterance（Lyons 1968：172，Crystal 1987/2000：376）。

姜望琪进一步说，在以英语研究为代表的西方语言研究中，sentence 已逐渐与 utterance 分离，演变成一个抽象单位，而汉语的“句子”至今仍是一个具体单位、使用单位。我们也可以从“语法化”的角度（沈家煊 1994，1998）来观察句子和话段的关系。这里的“语法化”是指“语用法固化为语法”或“章法固化为句法”。从这个角度讲，英语语用单位 utterance 经过语法化已经变为句法单位 sentence，而汉语的“句子”还没有完全语法化为句法单位。用“实现关系”和“构成关系”来说，英语里抽象的 sentence 在话语中实现为具体的 utterance，而汉语里“句子”的构成就是“话段”。

英语 sentence 和 utterance	实现关系
汉语“句子”和“话段”	构成关系

汉语里有没有相当于英语 sentence 的抽象句法单位呢？姜望琪认为有，但是这个抽象单位是“词组”而不是“句子”。他引用上面第 2 节提到的朱德熙（1985：74－75）的观点，在英语这样的印欧语里，phrase 和 sentence 之间的关系是“组成关系”（composition），即 sentence 是由 phrases

组成的，而汉语里词组和句子之间则是"实现关系"（realization），即抽象的"词组"实现为具体的句子或句子成分。（注意不要把朱先生所说的"组成关系/实现关系"的对立跟本文所说的"实现关系/构成关系"的对立混淆起来。朱先生的那组对立，一个是整体和部分的关系，一个是具体和抽象的关系；我们的这组对立，两个都是具体和抽象的关系。）我们补充一点，汉语里词组和句子之间虽然是"实现关系"，但好像还不是"构成关系"，词组要加上一定的语调或"完句成分"（贺阳 1994）才实现为句子。举例来说，"打算写本书"和"这本书出版"都是词组，一个动宾词组，一个主谓词组，加上一定的语调或者句末加"呢""了"等就实现为句子，实现而成的句子其构成就是话段。

7.2 主语和话题

一般认为，"主语"和"谓语"是句法范畴，"话题"和"说明"是语用范畴。句法范畴比较抽象，语用范畴比较具体。朱德熙（1985：36－38，40－41）严格区分不同的平面，反对把属于表达（语用）平面的话题和说明跟属于结构（句法）平面的主语和谓语混为一谈。他说："通常说主语是话题，那是从表达的角度说的。"

赵元任（Chao 1948：35）对汉语主语和话题的认识跟朱先生有区别，他说，汉语句子的主语"其实就是话题"（literally the subject matter），谓语是对这个话题所作的说明。赵元任（1968/1979：45）在说明汉语里主语、谓语的语法意义时又指出："在汉语里，把主语、谓语当作话题和说明来看待，比较合适。"

我们可以这样来说明这两种认识的区别：1）朱先生是说主语的表达（语用）功能是充当话题，赵先生是说汉语里的主语其语法意义就是话题。2）朱先生的论断不是针对汉语的（当然他认为也适用于汉语），赵先生的论断是针对汉语而言的。这两种认识的差异也可以用"实现关系"和"构成关系"这对概念来加以说明。朱先生实际是说，主语和话题之间是"实现关系"，抽象的主语在话语中实现为具体的话题，汉语主语和话题之间的关系也是如此。赵先生是说，汉语主语和话题之间是"构成关系"，主语的语法意义就是话题，主语本来就是由话题构成的。

其实汉语的话题和英语的话题很不一样，这一点 Chafe（1976）也看出来了，他说，不同的语言有不同性质的话题，英语的话题是句首具有对比性的成分，而汉语的话题是“为后面的断言确立一个空间、时间或人称的框架或范围”。例如：

The pláy, John saw yésterday.（英语话题是对比焦点）
那些树木树身大。
那个人洋名乔治张。
星期天大家不上班。(英语要在“星期天”前加介词)
天空乌云遮日。(英语要在“天空”前加介词)

汉语的主谓结构可以自由地做谓语，如上面的“树身大”等，这是朱先生观察汉语的深刻洞见，可惜朱先生忽略了跟这一事实连在一起的一个事实，那就是汉语的话题跟英语的话题性质不一样，因而汉语主语和话题的关系也不同于英语主语和话题的关系。赵先生的认识符合汉语实际，道出了汉语和英语的差异。按赵先生的认识，汉语和英语的差别如下：

英语 subject 和 topic	实现关系
汉语“主语”和“话题”	构成关系

上面那个英语例句就是英语主语（John）没有实现为话题的情形。从“语法化”的角度看，英语里由语用范畴 topic 虚化而成的句法范畴 subject，已经与 topic 分离，演变成一个抽象范畴；而汉语里的“话题”还没有完全虚化为句法范畴，“主语”至今仍是一个具体范畴、使用范畴。主语是由话题演变而来的，这已经在很多语言中得到证实。例如，英语“Mary, she drives me mad”这句话，Mary 是话题，she 复指 Mary。在不少语言中，相当于 she 的代词逐渐变为黏附于动词的词缀（Mary she-drives me mad.），最后又缩略成与 Mary 一致的形态标记，于是 Mary 就变成了主语，主语这个语法范畴就在这些语言里诞生了。在形态变化丰富的语言里，主语和谓语动词之间如果有严格的形态一致关系（agreement），那么主语和谓语的

语法化程度就是最高的。在讲汉语语法时我们还是可以采用“主语”和“谓语”这两个惯用的名称，但是得时刻记住，它们的语法化程度是不高的，它们的语法意义是话题和说明。LaPolla & Poa（2006）持同样的观点，并且有较充分的论证。

需要澄清一个问题，句法平面上有没有“话题”？面对“这本书我不打算写了”这样的汉语句子，朱先生的句法分析是，“这本书”是主语（大主语），“我不打算写了”是谓语，它本身是个主谓结构，主语（小主语）是“我”。后来一些功能语法学家在分析这个句子时说，“这本书”是话题，“我”是主语，这就把句法范畴和语用范畴混放在同一个平面上，遭到朱先生和很多人的批评。于是有人（如 Chen 1996，徐烈炯、刘丹青 1998：57）提出“句法话题”的概念，说“这本书”是句法话题，跟主语一样都由结构位置决定，它出现在句子 S 前面的位置。按照这一说法，主语“我”就不是话题，因此汉语主语和话题就不是构成关系。然而沈家煊（1999：235）指出，这一说法还是忽视了汉语的一个重要事实，即不带主语的句子是正常的句子，“不打算写了”在汉语里也是一个正常的句子 S，这样就没有理由说“我”（位于 S 前）不是话题。总之，那种说法只不过是将“大主语”和“小主语”这两个名称分别换成了“句法话题”和“主语”。难怪袁毓林（1996）又把“这本书”定为“话题主语”，“话题主语”就是“大主语”。其实“大主语”和“小主语”之间有共同点也有不同点，要强调共同点，就都叫“主语”，用“大、小”分别，要突出不同点，就分别叫“（句法）话题”和“主语”。

7.3 名词/动词和指称语/陈述语

一般认为，“名词/动词”是句法范畴，“指称语/陈述语”是语用范畴，前者比较抽象，后者比较具体。从“语法化”的角度看，作为句法范畴的名词/动词，是指称语/陈述语这样的语用范畴逐渐抽象为句法范畴的结果。汉语里的名词和动词，要说它们是句法范畴，那也是语法化程度不高的句法范畴，它们的语法意义就是“指称”和“陈述”。在词形变化丰富的语言里，动词用作名词时如果都要在形态上表示出来，那么名词和动词的语法化程度就是最高的。英语语用范畴“指称语/陈述语”经过语法化已经变为句法范畴 nouns/verbs，后者已经与前者分离，变成抽象范畴，而汉语的“名词/动词”还没有完全语法化为句法范畴，至今仍是具体范畴、使用范畴。[①] 在讲汉语语法时我们还是可以采用“名词”和“动词”这两个惯用的名称，但是得时刻记住，它们的语法化程度是不高的，它们的语法意义就是指称和陈述。

同样，我们可以用“实现关系”和“构成关系”来看两者之间的关系。英语里抽象的 nouns/verbs 在话语中实现为具体的指称语/陈述语，而汉语里名词/动词的语法意义就是指称语/陈述语，它们的构成就是指称语/陈述语。

英语 nouns/verbs 和指称语/陈述语	实现关系
汉语动词/名词和指称语/陈述语	构成关系

举例来说，指称语最重要的区分是通指（generic）和专指（specific），英语名词 tiger 入句后实现为通指语和专指语，tigers 和 the tiger(s)是不同的实现形式，而汉语名词“老虎”入句后就可以构成通指语或专指语，不需要什么实现形式：

Tigers are dangerous animals.

老虎是危险动物。(通指)

The tiger is sleeping in the cage. / The tigers are sleeping in the cage.

老虎在笼子里睡觉。(专指)

专指语又分为定指（definite）和不定指（indefinite）两种，汉语定指语和

① 有意思的是，中古英语出现的 noun 一词，虽然词源是拉丁语的 nomen（name，名称），但是现在只是指语法上的名词，noun 和上古英语原有的 name 是分离的两个词（见《牛津英语大词典》）；汉语的“名”或“名字”“名词”本来也是指“名称”，“称”与“名”经常连用（如《易·系辞下》：“其称名也小。”），后来就用“名”或“名字”“名词”来翻译英语里的 noun，没有用另外的词儿，它们至今仍然主要作名称用。这也表明，在中国人的心目中，“语法名词”和“名称”（即指称语）这两个概念没有必要分开。

不定指语可以靠语序来区分，名词不需要附加什么形式，例如“客人来了”和“来客人了”，“客人”入句后就构成专指语，而英语相应的名词前就要分别加定冠词和不定冠词才能实现为专指语。

同样用作通指语，英语名词要用一定的附加形式才得以实现，汉语名词不存在实现形式的问题：

The tiger lives in the jungle.

A tiger lives in the jungle.

Tigers live in the jungle.

* Tiger lives in the jungle.

老虎生活在丛林中。

此例也说明，英语动词 live 作陈述语有不同的实现形式（live 和 lives），汉语动词“生活”可以直接构成陈述语。上面讲到句子“这本书出版”，“出版”也是直接构成陈述语。除了跟活动本身有关的“体貌”（aspects），跟活动本身无关的“数”“人称”甚至“时”，汉语动词都没有实现形式的问题。

这样，我们可以用“实现”和“构成”这对概念对英语和汉语在“句子”“主语/谓语”“名词/动词”这三个范畴上的区别作出统一的说明：

	句子－话段	主语/谓语－话题/说明	名词/动词－指称/陈述
英语	实现关系	实现关系	实现关系
汉语	构成关系	构成关系	构成关系

“句子”“主语/谓语”“名词/动词”，这些都是讲论语法时最基本、最重要的“道具”或“理论构件”，汉语和英语在这三个方面表现出平行的差异，这就不好说是偶然现象了，而是反映了两种语言的语法系统存在根本性的差异。上面说过，我们在讲汉语语法时为了照顾习惯和便于跟其他语言比较，仍然可以采用“句子”“主语/谓语”“名词/动词”这些范

畴名称，但是得时刻记住它们跟英语的对应范畴在内涵上存在系统的差异。

7.4 动词用作指称语

我们在第 6 节里说明，动词用作指称语是普遍现象，英语和汉语都有这种现象，只是英语的动词要改变词形，变形后就转变成了名词或动名词，例如：

propose → proposal
create → creation
excite → excitement
sell → selling

汉语的动词不改变词形，这个差别值得重视。我们还说明，动词用作指称语，是指称一个被视为实体的活动，因此是一种“本体隐喻”。通过本体隐喻，一个抽象的活动被理解为一个具体的事物。英语和汉语的差别同样可以用“实现关系”和“构成关系”来说明。

动词用作指称语（本体隐喻）	
英语	实现关系
汉语	构成关系

英语里这个隐喻是“解释性的”，对英国人来说，改变词形就是将一个抽象概念实现为一个具体概念；而汉语里这个隐喻是“构成性的”，抽象概念就是由具体概念构成的，对中国人来说，活动就是一个实体，所以不需要改变词形。例如，在全国科学技术名词审定委员会（2006）公布的“中医药学名词”（注意，这里的“名词”就是指“名称”，见第 17 页注①）中，不仅包括“滋阴”“补血”“明目”“通鼻”这样的双音动词，还包括“切”“炒”“烫”“蒸”这样的单音动词，而这些名词儿译成英文名都不用动词原形。该委员会公布的其他学科的名词也是同样的情形。

按照 Lakoff & Johnson（1980：30），英语里本体隐喻的表述形式如下：

PUBLICATION IS AN ENTITY
THINKING IS AN ENTITY
HOSTILITY IS AN ENTITY
HAPPINESS IS AN ENTITY

中国人会提出这样的疑问，PUBLICATION 等在词形上已经表明它是一个实体，那就等于说“一个实体是一个实体”，这还是隐喻吗？在中国人看来，应该像下面那样表述才是隐喻：

PUBLISH IS AN ENTITY
THINK IS AN ENTITY
HOSTILE IS AN ENTITY
HAPPY IS AN ENTITY

总之，用具体的概念来表示抽象的概念，英语是“实现性的”，而汉语是“构成性的”。对中国人来说，好像只有“构成性隐喻”才是隐喻。

8 结语

英语和汉语在三对最重要的语法范畴（句子和话段，主语/谓语和话题/说明，名词/动词和指称语/陈述语）上表现出同一种差异：抽象范畴和具体范畴之间的关系，英语是“实现性的”，汉语是“构成性的”。不仅如此，动词用作指称语指称一个活动，即将抽象的活动视为具体的事物时，英语也是“实现性的”，汉语也是“构成性的”。总之，抽象概念和对应的具体概念之间的映射关系，英语是“实现性的”，汉语是“构成性的”。

本文是从讨论“出版”的词类开始的，所以还要回答第 7 节开头提出的问题，“出版”在句法上究竟是动词还是名词？提出这个问题的人还是没有彻底摆脱印欧语的眼光，我们可以这样来回答：因为汉语名词/动词的构成就是指称语/陈述语（语用范畴），所以不存在“句法上”是什么范畴的问题。由于动词除了用来陈述也用来指称，而动词用作指称语在汉语里是构成关系，上面那个问题如果去掉“句法上”三个字，我们可以说“出版”是动词（陈述语）也是名词（指称语）。①

这是不是说在汉语里区分名词和动词就没有意义了？不是。区分一般和特殊是语法分析必须遵守的一条原则。动词是陈述语，一般也作指称语，而名词通常是指称语，特殊情形下才是陈述语。古汉语和现代汉语都是如此（朱德熙 1990）。实际存在的是下面这样一种扭曲关系（连线应理解为“构成关系”），所以名词和动词的区分仍然有意义。

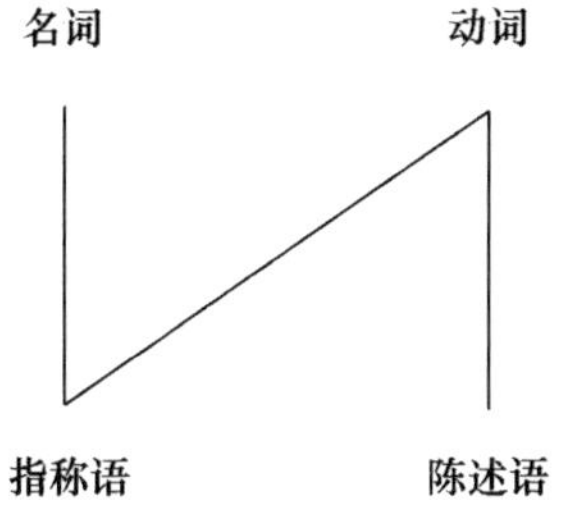

还有一个问题，既然汉语里句子和话段、主语/谓语和话题/说明、名词/动词和指称语/陈述语之间都是构成关系，那么从“简约原则”出发用一套名目就够了，还有必要用两套名目吗？“构成关系”不等于“同一关系”，“构成”也只是一个隐喻说法而已。实现性和构成性的区分不是绝对的，说英语是实现性的，汉语是构成性的，那是就主要倾向而言。不过，这种倾向性差别又是十分明显的，而且有系统性。因此，我们至少可以回答说，在汉语里两套名目的用处实在不是很大，基本上可以只用一套。要紧的是，我们在讲论汉语语法的时候，不能不考虑句子、主语/谓语、名词/动词这些名目的意义和价值跟英语相比存在系统的差别，汉语里这些最基本、最重要的语法范畴，句法和语用是不大分得开的。仍然以

---

① 不否认这样的动词类内部还有差异，单音的和双音的就有差异，但这是第二步要解决的问题。

“出版”为例：

a. 这本书出版了。

b. ？这本书出版。

这本书出版，那本书不出版。

这本书出版不出版？—— 这本书出版。

a 和 b 的对立究竟是句法上的对立还是语用上的对立？句法规则具有强制性，例如英语“this book publish”违反句法规则，在任何上下文里都是不能说的。既然上面的 b 在一定的上下文里（对举或者回答问题）可以说，那就说明 a 和 b 的对立是语用上的对立，b 是语用上不合适，不是句法上不合格。但是这样回答会陷入一种自相矛盾的境地，下面是同样的情形：

a. 今儿怪冷的。

b. ？今儿冷。

今儿冷，昨儿暖和。

今儿冷不冷？—— 今儿冷。

按照上面的回答，这里 b 应该也是语用上不合适，不是句法上不合格，a 和 b 的对立应该也是语用上的对立。如果有人据此将“冷”和“怪冷的”分别划归不同的范畴，比如像朱德熙（1956）那样将“冷”划归性质形容词，“怪冷的”划归状态形容词，这两个范畴也只能是语用范畴而不是句法范畴。然而，大家（包括朱先生）却都把 a 和 b 的对立作为句法问题来讲，都认为性质形容词和状态形容词是两个句法范畴。对汉语而言，上面这种自由形式和粘着形式的对立是大量的，极其常见的。这就意味着汉语经常是离开了语用范畴就没有办法讲句法，或没有多少句法可讲，因为所谓的句法范畴很大程度上就是由语用范畴构成的。

参考文献

程　工 1999，《语言共性论》，上海外语教育出版社。

戴浩一 1997,《汉语的词类转变和汉语构词的羡余原则》,《中国境内的语言暨语言学》第 3 期。

方光焘 1997,《方光焘语言学论文集》,商务印书馆。

冯志伟 2006,《术语命名中的隐喻》,《科技术语研究》第 3 期。

高名凯 1953,《关于汉语的词类分别》,《中国语文》10 月号。

郭　锐 2002,《现代汉语词类研究》,商务印书馆。

贺　阳 1994,《汉语完句成分试探》,《语言教学与研究》第 4 期。

黄正德 2004,《“他的老师当得好”》,纪念吕叔湘先生百年诞辰学术研讨会论文,北京。

姜望琪 2006,《汉语的“句子”与英语的 sentence》,《英汉语比较与翻译》第 6 辑。

金立鑫 1987,《关于“向心结构”定义的讨论》,《语文导报》第 7 期。

陆丙甫 1985,《关于语言结构的内向、外向分类和核心的定义》,《语法研究和探索》第 3 辑。

陆俭明 2003,《对“NP + 的 + VP”结构的重新认识》,《中国语文》第 5 期。

吕叔湘 1954,《关于汉语词类的一些原则性问题》,《中国语文》第 9 期,第 10 期。

吕叔湘 1979,《汉语语法分析问题》,商务印书馆。

吕叔湘 2002,《语法研究中的破与立》,《吕叔湘全集》第十三卷,辽宁教育出版社。

沈家煊 1994,《“语法化”研究综观》,《外语教学与研究》第 4 期。

沈家煊 1998,《语用法的语法化》,《福建外语》第 2 期。

沈家煊 1999,《不对称和标记论》,江西教育出版社。

沈家煊 2006,《“语法隐喻”和“隐喻语法”》,《语法研究和探索》第 13 辑。

施关淦 1981,《“这本书的出版”中“出版”的词性——从“向心结构”理论说起》,《中国语文通讯》第 4 期。

施关淦 1988,《现代汉语的向心结构和离心结构》,《中国语文》第 4 期。

司富珍 2002,《汉语的标句词“的”及相关的句法问题》,《语言教学与研究》第 2 期。

司富珍 2004,《中心语理论和汉语 *De*P》,《当代语言学》第 1 期。

王冬梅 2001,《现代汉语动名互转的认知研究》,中国社会科学院研究生院语言系博士论文。

王克仲 1989,《古汉语词类活用》,湖南人民出版社。

吴长安 2006,《“这本书的出版”与向心结构理论难题》,《当代语言学》第 3 期。

项梦冰 1991,《论“这本书的出版”中“出版”的词性——对汉语动词、形容词“名物化”问题的再认识》,《天津师大学报》(社会科学版)第 4 期。

熊仲儒 2005，《以“的”为核心的 DP 结构》，《当代语言学》第 2 期。

徐枢、谭景春 2006，《关于〈现代汉语词典（第 5 版）〉词类标注的说明》，《中国语文》第 1 期。

袁毓林 1996，《话题化及相关的语法过程》，《中国语文》第 4 期。

赵元任 1968，《汉语口语语法》，1979 吕叔湘译本，商务印书馆。

中医药学名词审定委员会 2006，《中医药学名词》，《科技术语研究》第 1—4 期。

周国光 2005，《对〈中心语理论和汉语的 *DeP*〉一文的质疑》，《当代语言学》第 2 期。

朱德熙 1956，《现代汉语形容词研究》，《语言研究》第 4 期。

朱德熙 1982，《语法讲义》，商务印书馆。

朱德熙 1985，《关于向心结构的定义》，《语法研究和探索》第 3 辑。

朱德熙 1985，《语法答问》，商务印书馆。

朱德熙 1987，《句子和主语——印欧语影响现代书面汉语和汉语句法分析的一个实例》，《世界汉语教学》（创刊号）。

朱德熙 1988，《关于先秦汉语里名词的动词性问题》，《中国语文》第 2 期。

朱德熙 1990，《关于先秦汉语名词和动词的区分的一则札记》，《王力先生纪念论文集》，商务印书馆。

Abney, Steven 1987. *The English Noun Phrase in its Sentential Aspect.* Ph. D. dissertation, MIT, Cambridge, MA.

Boyd, Richard 1993. Metaphor and Theory Change: What is "Metaphor" a Metaphor for? In Ortony, Andrew (ed.), *Metaphor and Thought*, 2nd ed., Cambridge: Cambridge University Press.

Chao, Yuen Ren 1948. *Mandarin Primer.* Cambridge, Mass.: Harvard University Press.

Chafe, W. L. 1976. Givenness, Contrastiveness, Definiteness, Subjects, Topics and Point of View. In Li, C. N. (ed.), *Subject and Topic.* New York: Academic Press.

Chen, Ping 1996. Pragmatic Interpretations of Structural Topics and Relativization in Chinese. *Journal of Pragmatics* 3: 1 – 17.

Crystal, David 1997. *A Dictionary of Linguistics and Phonetics.* London: Blackwell Publishers. (沈家煊 2000 译本《现代语言学词典》，商务印书馆。)

Fillmore, C. J. 1968. The Case for Case. In Bach, E. & R. T. Harms (eds.), *Universals in Linguistic Theory.* New York: Holt, Rinehart and Winston.

Halliday, M. A. K., 1994. *An Introduction to Functional Grammar.* 2nd ed., London: Edward Arnold Publishers Limited.

Hopper, Paul J. , & Sandra A. Thompson 1984. A Discourse Basis for Lexical Categories in Universal Grammar. *Language* 60: 703 – 752.

Lakoff, George 1992. Metaphor and War: The Metaphor System Used to Justify War in the Gulf. In Pütz, Martin (ed.), *Thirty Years of Linguistic Evolution*, Amsterdam, Philadelphia: John Benjamins.

Lakoff, George, & Mark Johnson 1980. *Metaphors We Live By.* Chicago, London: University of Chicago Press.

LaPolla, Randy & Dory Poa 2006. On Describing Word Order. *Catching Language: The Standing Challenge of Grammar Writing*, ed. by Felix Ameka, Alan Dench, & Nicholas Evans, Berlin: Mouton de Gruyter.

Li, Yen-hui Audrey 1998. Minimalism and Optionality. *Tsing Hua Journal of Chinese Studies* 28 (3): 221 – 254.

Lyons, J. 1968. *An Introduction to Theoretical Linguistics.* Cambridge: Cambridge University Press.

Matthews, P. H. 1981. *Syntax.* Cambridge: Cambridge University Press.

Radford, Andrew 1988. *Transformational Grammar: A First Course.* Cambridge: Cambridge University Press.

Radman, Zdravko 1997. *Metaphors: Figures of the Mind.* Boston: Kluwer Academic Publisher.

Ungerer, F. , & H. -J. Schmid 1996. *An Introduction to Cognitive Linguistics.* London and New York: Longman.

[原载《汉藏语学报》第 1 期（创刊号），2007 年]

我看汉语的词类*

1 引言

讲语法，先要讲词类，因为词类是讲语句结构必不可少的“道具”（或叫“理论构件”），有了这个道具才方便我们讲语法。有人说，区分词类是因为词本身的特点值得分类和需要分类，吕叔湘（1954，1979：32）一再说，“这个话，对于有发达的形态的语言也许适用，对于汉语不适用，因为‘词本身的特点’实际上就指的是形态变化”。“即便拿形态发达的语言来说，划分词类是为了讲语法结构这句话仍然是对的，因为词只有在语句里边才有各种变化形式。”现在又有人在说词语有“固有的词性”，指词语“在词汇层面的词性，需在词典中标明”（郭锐 2002：89），然而《现代汉语词典》（第 5 版）给词标注词类的原则是“词类是词在语法上的分类，能够概括地说明词的功能与用法”（徐枢、谭景春 2006）。这部词典过去不标注词类，词性是通过词所在的例句体现出来的。

20 世纪 50 年代有一场汉语词类问题的大讨论。高名凯（1953）认为汉语的实词不能分类，因为汉语没有印欧语的词形变化。吕叔湘（1954）的反驳主要是：不分词类怎么讲语法？以后的争论就不再集中在能不能分，而是集中在怎么分上了。随着结构主义语法理论的深入人心，汉语语法学界的主流形成一个共识：词类是根据词的分布特点或语法功能来区分的。本文对这一共识不持异议。

---

* 本文曾在“国际中国语言学学会第 16 届年会”（IACA－16，2008 年 5 月 29 日—6 月 2 日，北京）上宣讲，这次发表有一些修改。《语言科学》匿审专家提出了宝贵的修改意见，谨致谢忱！

尽管形成了这样的共识，但是在讲语法时我们始终面临两个难以摆脱的困境。困境一，做到“词有定类”就“类无定职”，做到“类有定职”就“词无定类”。困境二，满足“简约原则”就违背“扩展规约”，满足“扩展规约”就违背“简约原则”。回想我研究汉语语法30来年，前半段想摆脱困境一，后半段想进一步摆脱困境二。现在我自以为已经走出了这两个困境，如果有同行认为我还在困境里打转转，那就敬请不吝指点。

2 第一个困境

第一个困境，胡明扬（1995）概括为：做到“词有定类”就“类无定职”，做到“类有定职”就“词无定类”。这里的“职”是指充当什么句法成分。

传统语法用“词类转化”来解决“类无定职”的问题，譬如，认为做主宾语的动词已经“名词化”，这实际是用句法成分功能来给词定类：做主宾语的是名词，做谓语的是动词，做定语的是形容词，做状语的是副词。词类和句法成分一一对应，倒是做到了“类有定职”，但是结果是“词无定类”，同一个词在不同的句法位置上出现就要划归不同的类。

朱德熙（1985：4－5）坚持“词有定类”，不过他认为，在印欧语里词类和句法成分之间有一种简单的一一对应关系，如图1所示。

图1 印欧语的词类和句法成分

而汉语词类和句法成分的关系是错综复杂的，大致的情形如图2所示。

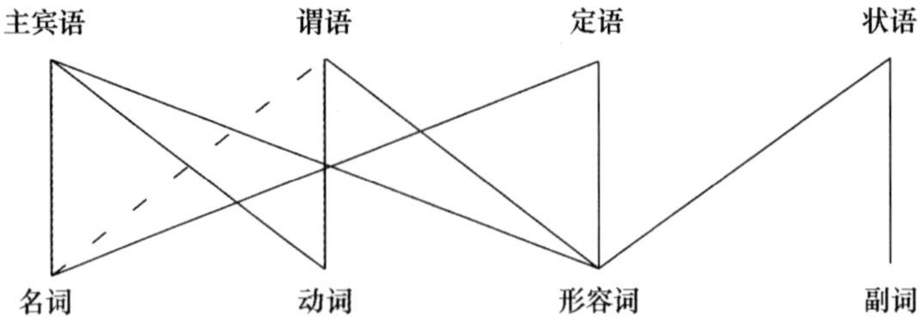

图 2　汉语的词类和句法成分

动词除了做谓语还可以做主宾语，形容词除了做定语还可以做主宾语、谓语和状语，名词除了做主宾语还可做定语，一定条件下还可做谓语，只有副词是专做状语。其实在一定条件下动词也可以做定语（如“调查工作”“合作项目”）和状语（如“拼命跑”“区别对待”），名词也可以做状语（如“集体参加”“重点掌握”），这些用法不见得比名词做谓语少见。这样一来，名、动、形三大类实词成了“类无定职”，词类和句法成分功能完全割裂，然而我们划分词类的目的正是要做句法分析，因此词类总要跟句法成分功能挂上钩才是。

说汉语的特点是动词做主宾语时还是动词，其实这个论断的意思是汉语的动词可以“不加形态标志”而直接做主宾语。英语的动词也可以做主宾语，只不过要加形态标志而已，如在动词后加-ing，在动词前加 to。沈家煊（1999：246）曾指出，我们在汉语词类的划分和转类这两件事情上分别采用了两种不同的方法和标准。在划分词类时，考虑到汉语是一种缺乏形态标记的语言，因此得依靠所谓“广义的形态”，也就是词跟其他词和成分的组合能力和组合状态。然而在词是否已经转类的问题上却仍然坚持狭义的形态标准，只要动词没有加上“名词化”的形态标志，做主宾语时就还是动词，不再考虑动词在主宾语位置上“广义的形态”有没有发生变化。这样处理至少给坚持“实词不能分类”的人提供了辩驳的论据：既然转类可以只拿狭义的形态做标准，分类为什么不能也只拿狭义的形态做标准？要是按狭义的形态标准，汉语的实词就不能分类。

3 关联标记模式

为了摆脱上面这个两难处境，我的办法是提出词类和句法成分的“关联标记模式”（沈家煊 1997，1999：257－259）。这个模式的提出是受到 Croft（1991）的启发。Croft 从跨语言的角度，在词类、语义类、语用功能类三者之间建立起如下的关联标记模式：

词类	名词	形容词	动词
语义类	事物	性质	动作
语用功能类	指称	修饰	述谓

在这个模式中，{名词，事物，指称}，{形容词，性质，修饰}，{动词，动作，述谓}，分别构成三个“无标记”（unmarked）组配，而其他组配方式，如{名词，事物，述谓}，{动词，动作，指称}，{形容词，性质，述谓}等，都是不同程度的“有标记”（marked）组配。我只是进一步在词类和句法成分之间也建立起类似的关联标记模式：

词类	名词	形容词	动词
句法成分	主宾语	定语	谓语

{名词，主宾语}，{形容词，定语}，{动词，谓语}分别构成三个“无标记”组配，而其他组配方式，如{名词，谓语}，{动词，主宾语}，{形容词，谓语}等，都是不同程度的“有标记”组配。这样的关联标记模式不仅适用于有形态的语言，如印欧语，也适用于缺乏形态的语言，如汉语。对“有标记”和“无标记”的判定，除了依靠狭义的形态标志外，也可以依靠广义的形态，包括分布范围和使用频率。

在这个标记模式里，词类和句法成分之间是既对应又不对应的关系。对应表现在，做主宾语是名词的典型功能，做谓语是动词的典型功能，做定语是形容词的典型功能。不对应表现在，名词具有做谓语和定语的非典型功能，动词有做主宾语和定语的非典型功能，形容词有做谓语和主宾语的非典型功能。这样的标记模式既不同于词类和句法成分完全对应的第一种模式（图1），也不同于词类和句法成分完全割裂的第二种模式（图2），而是上述那两种模式的结合。印欧语不是第一种模式，汉语也不是第二种模式，印欧语和汉语都是这种关联标记模式，只是有标记和无标记的对立在表现方式上有所不同，印欧语主要表现在形态标志上，汉语主要表现在分布范围和使用频率上。

有标记和无标记的对立是个程度问题。就一种语言内部来说，比如汉语，名词做谓语比做定语更不典型，有标记的程度更高。就语言之间比较而言，一种有标记组配，如名词做定语，它在汉语里的有标记程度不如英语那么高。尽管如此，不管哪种语言都遵循这个关联标记模式，因为对所有语言而言，这样的模式是把词类和句法成分二者既区分开来又联系起来的最佳模式。二者对应中有不对应，因为有“有标记”的组配在，所以需要便于区分的两套名目。二者不对应中又有对应，因为有“无标记”的组配在，所以二者能够互相挂上钩。

4 第二个困境

汉语的词类问题是不是就此得到了解决？还没有。关联标记模式只是使我们得以摆脱第一个困境，它的贡献是一个否定性的结论：所谓“词类和句法成分之间缺乏一一对应的关系”，并不是什么汉语的特点，因为不管是哪种语言，词类和句法成分之间都是既对应又不对应的关系。但是关联标记模式还没有从正面回答汉语的词类系统跟印欧语相比有什么特点的问题。以“这本书的出版”为例，动词“出版”做主宾语是有标记组配，或者说这个动词在主宾语的位置上丧失了一部分动词的特性，带上了一部分名词的特性。但是，人们还是要问，这个“出版”究竟是动词还是名词？关联标记模式并没有确定地回答“出版”是否已经“名词化”的问题。虽然已经有许多人论证，从名词到动词构成一个渐变的连续统，难以“一刀切”，但是我们总不好说做主宾语的“出版”具有60%的动词性和40%的名词性，或者说具有40%的动词性和60%的名词性。陆俭明（2003）指出，一个词的词类特性是一回事，这些词类特性在具体语句中的实现是另一回事，没有理由要求一个词的词类特性在具体的句法位置上全部实现。他举例说，一个及物动词“吃”进入动补结构（如“吃快了”“吃得很饱”“吃不完”）后不能再带宾语，不能带体貌成分，不能受“不”修饰，可是没有人会认为其中的“吃”动词性减弱了，更没有人认为它已经名词化了。这一辩驳是很有道理的。

汉语的词类问题上我们面临的第二个困境是：满足“简约原则”就违背“扩展规约”，满足“扩展规约”就违背“简约原则”。详见沈家煊（2007a），这里再简要说明如下。

朱德熙（1985：77）反对动词形容词“名物化”观点的一个主要理由是，这种词类体系违反了语法分析的“简约原则”（principle of simplicity），即不要增加不必要的步骤和名目。朱先生说：“评价一种理论或系统的时候，简明性跟严谨性一样，都是很重要的标准。”吕叔湘（1979：46）也说：“凡是在相同条件下，同类的词都可以这样用的，不算词类转变。”既然汉语里几乎所有的动词都可以出现在主宾语位置，那就只需将这一特性归为动词本身的特性，说动词变为名词完全是“多此一举”，是无端增加一个步骤。另外，按照“简约原则”，可以立一套名目就不要立两套名目。用句法成分功能来给词定类，词类和句法成分一一对应，那就不需要两套名目，一套就够了。“句子成分是A，B，C，D……，词类也是A，B，C，D……，岂不省事？”

遵照“简约原则”，不能说“这本书的出版”中的“出版”已经“名词化”。但是，说它仍然是动词，那就违背了语法结构的“中心扩展规约”（head feature convention，简称“扩展规约”）：以一个成分为中心加以扩展，扩展后的结构的语法性质跟中心成分的语法性质一致。“出版”是动词，以它为中心扩展而成的“这本书的出版”却是个名词性结构。这个问题也就是“这本书的出版”违背“向心结构”理论（施关淦1981）的问题。Lyons（1968：331）曾指出：“N和NP之间，V和VP之间都存在一种必不可少的联系，对哪种语言都一样。…… NP和VP不仅仅是帮助记忆的符号，而是分别表示句法成分NP必定是名词性的，VP必定是动词性的，因为两者分别以 N 和 V 作为其必需的主要成分。”他接着说，如果有哪位语言学家提出诸如“NP→V + VP，NP→V，VP→T（冠词）+ N”的规则，“那不仅是有悖常情的，在理论上也是站不住的”。汉语违背扩展规约的问题至今还没有一个令人满意的答案，要是满足“扩展规约”，结果必然是违背“简约原则”。

5　汉语实词类的“包含模式”

要摆脱第二个困境，在我看来，唯一的出路是论证汉语的实词类属于“包含模式”，跟印欧语的“分立模式”不一样。如图 3 所示。

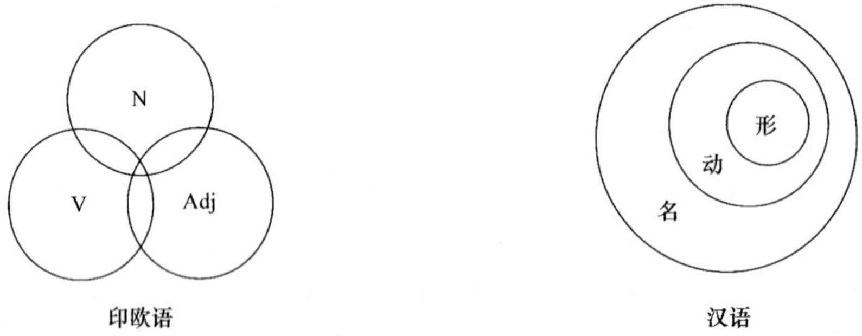

图 3　印欧语和汉语里的名词、动词、形容词

印欧语里名、动、形是三个独立的类，小有交叉。汉语里名、动、形三者之间是包含关系，形容词作为一个次类包含在动词类之中，动词作为一个次类包含在名词类之中。汉语的名、动、形都在一个大圈实词类中，三者缺乏印欧语那样的独立性，从这个角度看，“汉语的实词不能分类”的说法不无道理。从另一个角度看，虽然是包含关系，但是名、动、形仍然有一定的独立性，因此说汉语的实词也一样能分类。如果接受这个包含模型，那么我们就能走出第二个困境，“这本书的出版”问题就迎刃而解：“出版”是动词也是名词，不需要什么“名词化”，所以不违背“简约原则”；以名词为中心扩展得到名词性短语，所以也不违背“扩展规约”。

汉语里形容词是动词的一个次类，这已经成为大家的共识。需要论证的是汉语里动词也是名词的一个次类。下面把沈家煊（2007a）中相关的论证过程重新加以说明和概括。

6 “实现关系”和“构成关系”

在开始论证之前，我们先引入一对重要术语：“实现关系”和“构成关系”。这是认知人类学的一对术语：人类一般的认知方式是借助一个具体概念来表达和理解一个相应的抽象概念，这就是所谓的“概念隐喻”（Lakoff & Johnson 1980：7）。然而同样一个隐喻，对人类的一部分来说可能是“实现性”的，对另一部分人来说可能是“构成性”的。举例来说，随着计算机的逐渐普及，“病毒”“防火墙”“桌面”“菜单”这些名称对一般人来说已经耳熟能详，但是很多计算机专家对采用这些名称很不以为然。他们认为这些隐喻性质的词儿不像科学术语，掩盖了事实或真相，应该避免使用（Radman1997：44）。这就是说，同样是“病毒”“防火墙”等隐喻，对专家这部分人而言，这些隐喻只是“解释性的”（explanatory），是用具体的、为一般人所熟悉的概念来解释抽象的、不熟悉的概念，但是，对一般老百姓来说，这些隐喻不仅是“解释性的”，而且是“构成性的”（constitutive），因为离开这些隐喻，他们根本没有办法来理解那些抽象概念，隐喻本身就“构成”了那些抽象概念。同样，经济“过热”“软着陆”这样的隐喻，对经济学专家来说只是“解释性的”，而对大众来说就成了“构成性的”。

说话人用一个具体概念来解释一个抽象概念，是为了便于听话人借助具体概念来“体认”（realize）抽象概念，因此两个概念之间的“解释关系”也可以叫作“实现关系”（realization），即具体概念是抽象概念的实现。我们用下面的图 4 帮助说明这两种关系的区别。

虚线圈代表抽象范畴，实线圈代表对应的具体范畴。如果抽象范畴“实现”为具体范畴，那就有一个实现的过程（带箭头的竖线），有实现的方式；如果抽象范畴的“构成”就是具体范畴，那就不存在实现过程和实现方式的问题。

图4 “实现关系”和“构成关系”

语法概念或语法范畴也有具体和抽象之别，具体范畴和抽象范畴之间如果有对应关系，那么也就会有“实现性”和“构成性”的区别。

7 “包含模式”的论证

引入“实现关系”和“构成关系”这对术语之后，我们论证汉语词类的包含模式，步骤如下。

1）论证：陈述语用作指称语符合一般的认知规律。

2）论证：汉语里陈述语用作指称语是“构成关系”。

3）结论：汉语里陈述语是指称语的一个次类。

4）论证：汉语里名词用作指称语、动词用作陈述语都是“构成关系”。

5）结论：汉语里动词是名词的一个次类。

7.1 陈述语用作指称语符合一般的认知规律

朱德熙（1985：5）虽然认为汉语里词类和句法成分缺乏一一对应的关系，但是有一个局部的观察十分正确，那就是名词要“在一定条件下”才能充当谓语，在他的图式里，名词和谓语之间是一条虚线，不像动词和主宾语之间是一条实线（见图5）。

其实这种不对称关系不是汉语特有的，而是语言的普遍现象。名词一般用来指称事物，是指称语，动词一般用来陈述活动，是陈述语，但是说

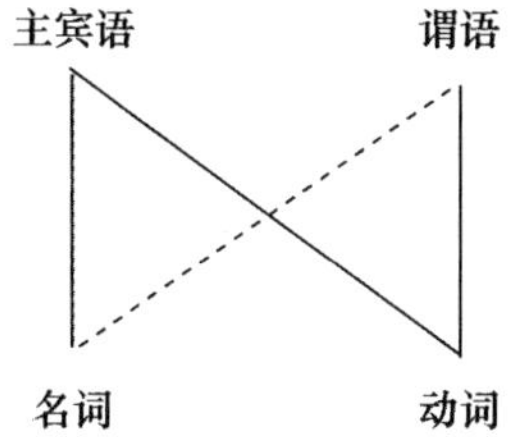

图 5 主宾语/谓语和名词/动词的不对称

“图书的出版”和“图书和出版”里的动词“出版”是指称语，指称一个活动，没有什么人会反对。要是反过来说这里的“图书”是陈述语，几乎没有人会同意。这归根结底可以从人的认知特点上得到解释：陈述语（动词）用作指称语（主宾语）符合“隐喻”的一般规律。Lakoff & Johnson（1980：31）指出：“人们用本体隐喻（ontological metaphor）来理解事件、动作、活动和状态。通过隐喻，事件和动作被理解为实体。”只有将事件和动作视为一个实体之后，人才可以指称它和计量它。隐喻具有单向性，即将抽象的东西当作具体的东西来表达，因为人类的认知特点就是处理具体的东西比处理抽象的东西容易。陈述语用作指称语就是将一个抽象的事件或动作当作一个具体的实体看待，相反，我们不大会将具体的实体按抽象的事件或动作来看待，所以指称语（名词）做陈述语（谓语）是很特殊的现象。本体隐喻因为太自然、太普遍，人们往往习以为常，意识不到是隐喻，但是它确实是隐喻。

这种不对称特别表现在“动词名用”和“名词动用”的不对称上。Hopper & Thompson（1984）指出，做名词用的动词说出“一个被视为实体的活动”，而做动词用的名词并不是说出“一个被视为活动的实体”，只是说出“一个与某实体有关的活动”。因此，做名词用的动词仍然具有动词性，不是一个地道的名词，例如，英语 V-ing 形式的动名词可以受 not 和其他副词的修饰，如 We are talking about John *not/soon* having a sabbatical；汉语里“这本书的迟迟不出版”也一样，“出版”仍然能受“不”和“迟迟”的修饰。相反，做动词用的名词不再说出一个实体，不再具有任何名词的性质，它在句子中就是按一个地道的动词用，用来陈述一个活动，例如英语里加时态标记-ed 或-s，汉语里加“了、着、过”：

（1） We squirrel*ed* away $500 last year.

（2） She breakfast*s* with the mayor on Tuesdays.

（3） 我又大款了一回。

（4） 我还没有博客过。

这种不对称可以用下面的图6来表示：

图6 “动词名用”和“名词动用”的不对称

据王冬梅（2001：104）的统计，现代汉语里动词名用的实例是名词动用实例的57倍。古汉语名词动用的比例比现代汉语多一些，但是相对动词名用仍然是少数。动词名用因为特殊所以被称作“活用”，名词动用因为常见所以不叫“活用”。王克仲（1989）用59页的篇幅讲名词活用为动词，有种种特征和种种类别，而讲到“动词活用为名词”时只有3页，所举例子其实都是动词用来转指相关的事物，如“死”转指死者，“居”转指居所，“缚”转指捆绑的绳带，而不是指称动作本身。

7.2 汉语陈述语用作指称语是“构成关系”

上面说过，动词用作指称语，是指称一个被视为实体的活动，是一种“本体隐喻”。通过本体隐喻，一个抽象的活动被理解为一个具体的事物。印欧语和汉语的差别在于，在印欧语里这个隐喻是“实现性”的，在汉语里这个隐喻是“构成性”的。

陈述语用作指称语（本体隐喻）
印欧语 实现关系
汉语 构成关系

在印欧语里，改变词形就是将一个抽象活动“实现”为一个具体事物的方式，例如英语：

（5）publish → publication
excite → excitement
propose → proposal
sell → selling

而汉语里这个隐喻是“构成性”的，抽象概念就是由具体概念构成的，对中国人来说，一个活动就是一个实体，所以不需要改变词形。以全国科技名词审定委员会（2006）公布的“中医药学名词”（这里的“名词”是“名称”的意思）为例，在这些“名词”中不仅包括“滋阴”“补血”“明目”“通鼻”这样的双音动词，还包括“切”“炒”“烫”“蒸”这样的单音动词，而这些名词译成英文名都不用动词原形。该委员会公布的其他学科的名词也是同样的情形。

按照 Lakoff & Johnson（1980：30），英语里本体隐喻的表述形式如下：

PUBLICATION IS AN ENTITY
THINKING IS AN ENTITY
HOSTILITY IS AN ENTITY
HAPPINESS IS AN ENTITY

中国人会对这样的表述方式（不是对隐喻本身）提出疑问，PUBLICATION 等在词形上已经表明它是一个实体，那就等于说“一个实体是一个实体”，这还是隐喻吗？在中国人看来，应该像下面那样表述才是本体隐喻：

PUBLISH IS AN ENTITY
THINK IS AN ENTITY
HOSTILE IS AN ENTITY
HAPPY IS AN ENTITY

对说汉语的中国人来说，好像隐喻就应该是构成性的。

7.3 汉语里陈述语是指称语的一个次类

既然陈述语用作指称语符合一般认知规律（见7.1），即图6里的箭头是由上而下而不是由下而上的，而汉语里陈述语用作指称语又是“构成关系”（见7.2），而不像印欧语那样是“实现关系”（见7.2，如图4所示），那么汉语和印欧语的差别就在于：汉语里指称语和陈述语是包含关系，陈述语是指称语的一个次类，从陈述语到指称语没有实现过程；印欧语里指称语和陈述语是两个相对独立的类，从陈述语到指称语有一个实现过程。以英语 publish/publication 和汉语“出版”为例（见图7）：

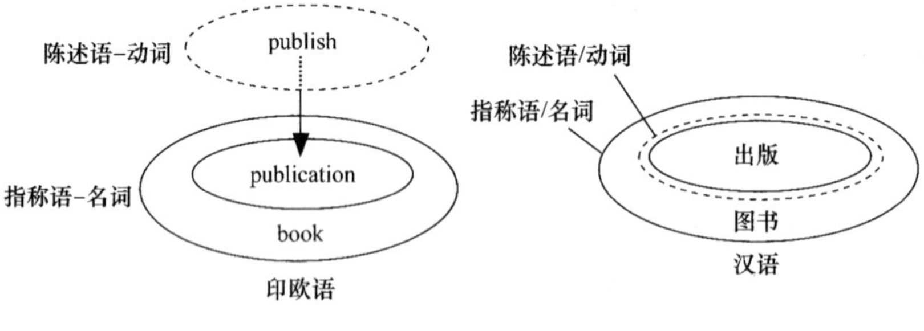

图7 指称语和陈述语的关系：印欧语和汉语

7.4 汉语里名词用作指称语、动词用作陈述语都是“构成关系”

一般认为，“名词”和“动词”是句法范畴，“指称语”和“陈述语”是语用范畴，前者抽象，后者具体。作为句法范畴的名词和动词，是指称语和陈述语这样的语用范畴逐渐抽象为句法范畴的结果，这叫作语用范畴的“句法化”。汉语里的名词和动词，要说它们是句法范畴，那也是句法化程度不高的句法范畴，它们的语法意义就是“指称”和“陈述”。在词形变化丰富的语言里，动词用作名词如果都要在形态上表示出来，那么名词和动词的句法化程度就是最高的。印欧语语用范畴“指称语”和“陈述语”经过句法化已经变为句法范畴 nouns 和 verbs，后者已经与前者分离，变成抽象范畴，而汉语的“名词”和“动词”还没有完全“化为”句法范畴，至今仍是具体范畴、使用范畴。

用“实现关系”和“构成关系”来看两者之间的关系，印欧语里抽象的 nouns 和 verbs 在话语中实现为具体的指称语和陈述语，而汉语里名词和动词无须这样一个实现过程，因为它们的构成就是指称语和陈述语。（这种差别在上面图 7 里用符号“ - ”和“/”来区别。）

印欧语 nouns、verbs 和“指称语、陈述语”	实现关系
汉语“动词、名词”和“指称语、陈述语”	构成关系

举例来说，指称语最重要的区分是通指（generic）和专指（specific），英语名词 tiger 入句后实现为通指语或专指语，tigers 和 the tiger(s)是不同的实现形式，而汉语名词“老虎”入句后就可以构成通指语或专指语，不需要什么实现形式，例如：

（6）Tigers are dangerous animals.
　　老虎是危险动物。（通指）

（7）The tiger is sleeping in the cage. /The tigers are sleeping in the cage.
　　老虎在笼子里睡觉。（专指）

专指语又分为定指（definite）和不定指（indefinite），汉语定指语和不定指语可以靠语序来区分，名词不需要附加什么形式，例如“客人来了”和“来客人了”，“客人”入句后就构成不同的专指语，而英语相应的名词前就要分别加定冠词和不定冠词。

同样是用作通指语，英语名词要用一定的附加形式才得以实现，汉语名词也不存在实现形式的问题，例如：

(8) The tiger lives in the jungle.
A tiger lives in the jungle.

(9) Tigers live in the jungle.
* Tiger lives in the jungle.
老虎生活在丛林中。

此例也说明，英语动词 live 做陈述语有不同的实现形式（live 和 lives），汉语动词“生活”可以直接构成陈述语。再看动词“出版”：

(10)（这本书出版不出版？）
这本书出版。

(11)（Will this book be published?）
* This book publish.

汉语“这本书出版”就可以成句，“出版”不需要什么实现形式，而英语里 This book publish 是绝对不成句的，publish 必须有实现形式。按照朱德熙（1985：71）的说法，汉语句子的构造原则跟词组的构造原则是基本一致的，句子不过是独立的词组而已。主谓词组和其他词组一样不存在什么入句后“熔解”为句子成分的步骤，不然就违背“简约原则”。总之，跟活动本身无关的“数”“人称”甚至“时”，汉语动词都没有实现形式的问题，而跟活动本身有关的体貌标志在汉语里（如果可以算作实现形式的话）也不是强制性的，例如“带回来（了）两张参观券”，“一边笑（着）一边说”等，加不加“了”“着”两可（吕叔湘 1979：92），要说它们是实现形式，那也不是动词本身的实现形式。

有意思的是，中古英语出现的 noun 一词，虽然词源是拉丁语的 nomen（name，名称），但是现在只是指语法上的名词，noun 和上古英语原有的 name 是分离的两个词（见《牛津英语大词典》）；汉语的“名”或“名字”“名词”本来也是指“名称”，“称”与“名”经常连用（如《易·系辞下》：“其称名也小。”），后来就用“名”或“名字”“名词”来翻译英语里的noun，没有用另外的词，在老百姓（不是语法学家）眼里，它们至今仍然是“名称”的意思。这也表明，在中国人的心目中，语法上的“名词”和“名称”（即指称语）这两个概念没有必要分开（沈家煊2008）。

更有说服力的是，印欧语和汉语在三对最重要的语法范畴（句子和话段，主语/谓语和话题/说明，名词/动词和指称语/陈述语）上表现出同一种差异，即“实现关系”和“构成关系”的差异（详见沈家煊2007a）。对比如下：

	句子/话段	主语/谓语－话题/说明	名词/动词－指称/陈述
印欧语	实现关系	实现关系	实现关系
汉语	构成关系	构成关系	构成关系

“句子”“主语/谓语”“名词/动词”，这些都是讲论语法时最基本、最重要的“道具”或“理论构件”，汉语和印欧语在这三个方面表现出平行的差异，这就不好说是偶然现象了，而是反映了两种语言的语法系统存在根本性的差异。

上面已经论证，汉语陈述语用作指称语，即本体隐喻，也是构成关系。因此，概括地讲，一个抽象范畴和一个对应的具体范畴之间的关系，印欧语都是“实现性”的，汉语都是“构成性”的，这就是“汉语缺乏形态”这一事实背后隐藏的认知上的深层原因。

7.5 汉语动词是名词的一个次类

根据以上论证，这是逻辑上必然得出的结论。究竟如何回答“这本书的出版”中的“出版”在句法上是动词还是名词这个问题呢？提出这个问题的人还是没有彻底摆脱印欧语的眼光，我们可以这样来回答：因为汉语名词和动词的构成就是指称语和陈述语（语用范畴），所以不存在“句法上”是什么范畴的问题。由于动词除了用来陈述也用来指称，而动词用作指称语在汉语里是构成关系，上面那个问题如果去掉“句法上”三个字，我们可以说“出版”是动词（陈述语）也是名词（指称语）。

有人会问：那么汉语里还有没有名词和动词的区分？汉语里区分名词和动词是不是就没有意义了？回答是仍然有区分，区分仍然有意义。当我们承认汉语里的形容词是动词的一个次类时，形容词和动词的区分仍然存在，区分动词和形容词仍然有意义。既然可以说汉语里的形容词是一种静态动词，那么也可以说汉语里的动词是一种动态名词。作为动词的一个次类，形容词的特殊性在于它的典型功能是充当定语（修饰语）；作为名词的一个次类，动词的特殊性在于它的典型功能是充当谓语（陈述语）。词类的包含模式和第 3 节所述的关联标记模式并不矛盾。

从“句法化”的角度讲，印欧语里具体的语用范畴已经演变为抽象的句法范畴，汉语里具体的语用范畴还没有演变为抽象的句法范畴。拿图 3 来说，就像细胞分裂一样，印欧语的实词类已经裂变成三个相对独立的小类，汉语的实词类至今还没有完成这样的裂变，呈现的是一个套一个的“包含模式”。

讲汉语语法，“名词”“动词”这样的名称已经用惯了，我们可以继续沿用这些名称，但是必须时刻记住，汉语里的“名词”和“动词”跟英语里的 nouns 和 verbs 不是完全对应的语法概念，不对应的地方可以概括为两个方面：1）英语 nouns 和 verbs 的表达功能是指称和陈述，二者之间是“实现关系”；汉语动词和名词的语法意义就是指称和陈述，二者之间是“构成关系”。2）英语的 verbs 用作 nouns 是“实现关系”，nouns 和 verbs 是两个分立的类，汉语的动词用作名词是“构成关系”，动词是包含在名词内的一个次类。

8 “向心结构理论”对汉语是否适用？

过去有不少人认为现有的“向心结构理论”不一定适用于汉语，不能用来分析“这本书的出版”和“这种谦虚”，但是他们所说的理由或对理论的修正还都不能令人信服（施关淦 1988，吴长安 2006）。现有的“向心结构理论”对汉语究竟适用不适用呢？这要看你的前提是什么。如果认为中心扩展规约只是针对句法范畴而言的，N 和 NP、V 和 VP 都是句法范畴，那么说这个理论不见得适用于汉语还说得过去，因为汉语里的名词和名词短语（指称语）、动词和动词短语（陈述语）基本上还都属于语用范畴。如果认为中心扩展规约可以针对语用范畴而言，扩展短语的语用性质必须和中心成分的语用性质相一致，那么这个理论也就完全适用于汉语，就不用将汉语列为“有悖常情的”语言，原因也是汉语里名词和动词的构成就是语用范畴，而且陈述语用作指称语也是构成关系。

这个问题还可以从另一个角度来回答，这个角度就是“概念整合”的理论。关于这个理论，可参看 Fauconnier & Turner（2003）和沈家煊（2006a、b、c，2007b、c），后者指出，从构词到组语和造句，汉语比印欧语更多地采用整合的手段而不是派生的手段。

从整合的角度看问题，“这本书的出版”是“这本书的 N”（N 指称一种事物，如“封面”“样态”）和“出版了这本书”（“出版”陈述一种活动）这两个概念整合的产物，它“指称一种活动”。同样，“这种谦虚”是“这种 N”（N 指称一种事物，如“苹果”“态度”）和“他很谦虚”（“谦虚”描述一种性状）这两个概念整合的产物，它“指称一种性状”。

整合总是从两个概念各截取一部分进行搭接，两个概念各自要压缩掉一部分东西。整合体“这本书的出版”压缩掉的是“出版了这本书”的时态特征（不能说“这本书的出版了”）和“这本书的 N”的部分名性特征（能说“这本书的迟迟不出版”）。整合体“这种谦虚”压缩掉的是“他很谦虚”的程度特征（不能说“这种很谦虚”）和“这种 N”的部分名性特征（能说“这种不谦虚”）。这样的整合可以见图 8。

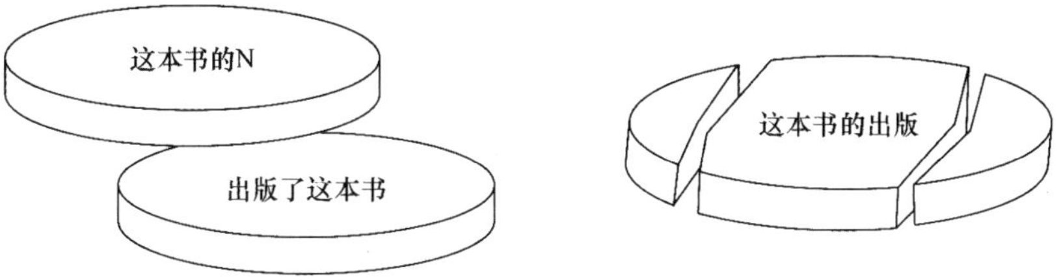

图 8 “这本书的 N”和“出版了这本书”的整合

问题的关键在于：向心结构理论（也就是“中心扩展规约”）的前提是“成分能决定整体的性质”，因此整体的性质和中心成分的性质一致；

整合理论的前提是“整体的性质不完全决定于成分”，因此整合体不一定都能分析、还原为中心成分的扩展。例如，“大树”可以说是“树”的扩展，“大车”（牲口拉的两轮或四轮载重车）就不好说是“车”的扩展；我们能说“一辆小大车”，但是不能说“一棵小大树”，因为作为一个整合体，“大车”的整合程度高于“大树”。汉语和印欧语的差别在于：印欧语如英语“the publication of this book”的整合程度比较低，因此还能分析、还原为中心成分的扩展；而汉语里“这本书的出版”的整合程度比较高，因此不能分析、还原为中心成分的扩展。

那么为什么汉语和印欧语有这种整合程度的差异呢？原因在于整合方式有“直接”和“间接”的区别，直接整合的整合程度高，间接整合的整合程度低。汉语“这本书的出版”是直接整合的产物，因为陈述语“出版”和指称语“出版”是“构成关系”，而英语“the publication of this book”是间接整合的产物，因为陈述语“publish”和指称语“publication”是“实现关系”，有一个实现的过程。所以这个角度的回答跟前面的回答本质上是相通的。

9 小孩和脏水

今天我们做汉语语法研究，重新盘点和整理前辈留给我们的遗产，这就好像给小孩洗澡一样，千万不要把小孩连同脏水一起倒掉了。决不能倒掉的孩子是什么呢？那就是朱德熙和吕叔湘等先生坚持的“简约原则”，一是汉语的动词做主宾语并没有一个“名词化”的过程，二是汉语的词组入句并没有一个“熔解”为句子成分的过程，这也是汉语区别于印欧语的重要特点。应该倒掉的脏水是什么呢？一是认为汉语词类和句法成分之间缺乏对应关系，忽视了汉语中属于人类语言普遍性的东西；二是默认汉语里的“名词”和“动词”也是地道的句法范畴，没有彻底摆脱印欧语的眼光，忽视了汉语的特点。既然不承认“名词化”和“词组熔解”是坚持“简约原则”的，那么也应该根据这一原则不承认汉语的名词和动词已经“句法化”了。从现在的研究状况看，不仅有人用种种新的名目重提“名词化”和“词组熔解”，还有人靠增加新的层次和步骤来摆脱困境，完全背离了“简约原则”，不仅没有走出困境，反而把问题搞得十分复杂，这岂不是把小孩当作脏水倒掉了？

参考文献

高名凯 1953，《关于汉语的词类分别》，《中国语文》10 月号。

郭　锐 2002，《现代汉语词类研究》，商务印书馆。

胡明扬 1995，《现代汉语词类问题考察》，《中国语文》第 5 期。

陆俭明 2003，《对“NP + 的 + VP”结构的重新认识》，《中国语文》第 5 期。

吕叔湘 1954，《关于汉语词类的一些原则性问题》，《中国语文》第 9 期，第 10 期。

吕叔湘 1979，《汉语语法分析问题》，商务印书馆。

沈家煊 1997，《形容词句法功能的标记模式》，《中国语文》第 4 期。

沈家煊 1999，《不对称和标记论》，江西教育出版社。

沈家煊 2006a，《“王冕死了父亲”的生成方式——兼说汉语“糅合”造句》，《中国语文》第 4 期。

沈家煊 2006b，《“糅合”和“截搭”》，《世界汉语教学》第 4 期。

沈家煊 2006c，《关于词法类型和句法类型》，《民族语文》第 6 期。

沈家煊 2007a，《汉语里的名词和动词》，《汉藏语学报》第 1 期。

沈家煊 2007b，《“粉丝”和“海龟”》，《东方语言学》第 1 期。

沈家煊 2007c，《也谈“他的老师当得好”及相关句式》，《现代中国语研究》第 9 期。

沈家煊 2008，《“病毒”和“名词”》，中国语言学会第 14 届学术年会（浙江温州）论文。

施关淦 1981，《“这本书的出版”中“出版”的词性——从“向心结构”理论说起》，《中国语文通讯》第 4 期。

施关淦 1988，《现代汉语的向心结构和离心结构》，《中国语文》第 4 期。

王冬梅 2001，《现代汉语动名互转的认知研究》，中国社会科学院博士学位论文。

王克仲 1989，《古汉语词类活用》，湖南人民出版社。

吴长安 2006，《“这本书的出版”与向心结构理论难题》，《当代语言学》第 3 期。

徐枢、谭景春 2006，《关于〈现代汉语词典（第 5 版）〉词类标注的说明》，《中国语文》第 1 期。

中医药学名词审定委员会 2006，《中医药学名词》，《科技术语研究》第 1—4 期。

朱德熙 1985，《语法答问》，商务印书馆。

Croft, W. 1991. *Syntactic Categories and Grammatical Relations.* Chicago: University of Chicago Press.

Fauconnier, Gilles & Mark Turner 2003. *The Way We Think: Conceptual Blending and the Mind's Hidden Complexities.* New York: Basic Books.

Hopper, Paul J. & Sandra A. Thompson 1984. A Discourse Basis for Lexical Categories in Universal Grammar. *Language* 60: 703 – 752.

Lakoff, George & Mark Johnson 1980. *Metaphors We Live By.* Chicago, London: University of Chicago Press.

Lyons, J. 1968. *An Introduction to Theoretical Linguistics.* Cambridge: Cambridge University Press.

Radman, Zdravko, 1997. *Metaphors: Figures of the Mind.* Boston: Kluwer Academic Publishers.

（原载《语言科学》2009 年第 1 期）

我只是接着向前跨了半步

——再谈汉语的名词和动词

1 引言

朱德熙先生在《语法答问》的"日译本序"里说："中国有一句成语叫'先入为主'，意思是说旧有的观念的力量是很大的。我们现在在这里批评某些传统观念，很可能我们自己也正不知不觉之中受这些传统观念的摆布。这当然只能等将来由别人来纠正了，正所谓后之视今，亦犹今之视昔。不过就目前而论，能向前跨一步总是好的，哪怕是很小很小的一步。"

我最近提出一种对汉语词类的新看法（见沈家煊2007，2008a&b），认为汉语里名词、动词、形容词三大实词类是包含关系，名词包含动词，动词包含形容词。有人批评这是"夸大了汉语和英语之间的差异"（袁毓林2009），其实细想起来，我只是在原来朱先生前进的基础上接着向前跨了半步，连一小步都算不上。这半步跨得对不对，是不是跨过了头，应该由大家来评判，但是我想把我接着跨出的这半步解释清楚，以免不必要的误解。

首先，我接受朱先生的以下三个观点：

1. 汉语的词类也是根据词的（语法）分布状况分出来的。

2. 汉语的动词做主宾语的时候没有一个"名词化"的过程。

3. 汉语的词组进入句子的时候没有一个"熔解"为句子成分的过程。

第一点符合结构主义语言学的通行观点，每种语言的词类都是这样分出来的。第二和第三点是讲汉语的特点（下面称"特点1"和"特点2"）。这两个特点的提出就是朱先生挣脱"传统观念的摆布"而向前跨出的很重要的一步。

我接着向前跨出的半步是：汉语的名词做主宾语的时候没有一个“名称化”的过程。

这一点也是讲汉语的特点。为什么说这是半步而不是一步呢？因为朱先生已经在跨出上面那一步之后先我跨出了半步，我只是顺势把后半步跨完。

2 朱先生已经跨出去的一步

要说明这前半步和后半步，还得从朱先生已经跨出去的一步，也就是他提出的汉语的那两个特点谈起。

特点 1 是汉语的动词做主宾语的时候没有一个“名词化”的过程，这个观点已经为汉语语法学界的主流所接受。不仅在理论上接受，而且在应用上加以贯彻，例如国内的中文信息处理给连续语流分词和标注词类，在主宾语位置上出现的动词仍然标为动词。特点 2 是汉语的词组进入句子的时候没有一个“熔解”为句子成分的过程，这个观点是不是已经成为主流的共识，好像还不好说，不过我想在这里强调，如果你承认汉语的特点 1，那就也得承认特点 2。

和英语做比较，特点 1 是说英语的动词和形容词做主宾语的时候，要在后面加上名词后缀-ness，-ation，-ment，-ity 之类，使它转化为名词，或者把动词变成不定式 to V 或者分词形式 V-ing，而汉语没有这种形式标记。特点 2 是说英语句子的谓语部分必须由限定式动词充任，词组里是不允许有限定式动词的，词组里要是有动词的话，只能是非限定形式（不定式和分词形式），不能是限定形式，而汉语动词没有限定形式与非限定形式的对立，动词和动词词组不管在哪里出现，形式完全一样。朱先生举的例子是：

（1）He flies a plane.（他开飞机。）

（2）To fly a plane is easy.（开飞机容易。）

（3）Flying a plane is easy.（开飞机容易。）

英语动词 fly 在（1）里是在句子的谓语位置上，用的是限定形式，在（2）和（3）里，词组 to fly a plane 和 flying a plane 出现在主语位置上，里面的动词是不定式和分词。用“熔解”的说法就是词组进入（1）这样的句子的时候就熔解开了，不再是词组了，动词也由非限定形式转化为限定形式。汉语里动词没有这种形式的变化，所以不存在“熔解”的过程。朱先生把汉语和英语的这一差别归纳为：英语里句子是一套构造原则，词组是另一套构造原则；汉语里句子的构造原则和词组的构造原则是一致的（朱德熙 1985：7、71）。

有人会说，“他开飞机”里的动词“开”固然没有形式变化，但是“他开了飞机了/他开着飞机呢/他开过飞机”里的“开”不是都加上“了/着/过”等体貌标记了吗？这一点朱先生不会不知道，我想替朱先生回答两点：第一，加“了/着/过”不是动词“开”本身的形式变化，跟英语 fly 变为 flies/flew/be flying/have flown 发生的层次不一样（英语动词的过去时和过去分词两种形式如果是特殊的，要在词典里标明，如 fly-flew-flown），比较应该在同一个层次上进行。第二，加“了/着/过”不是强制性的（吕叔湘 1979：92），如“他开回来（了）一架飞机/他一边开（着）飞机一边拍照/他曾经开（过）飞机出海”，要知道在英语里“He fly a plane”是绝对不合语法、不能成句的，比较应该首先比较是否合乎语法。

总之，朱先生论证特点 2 的根据跟论证特点 1 的根据是一致的，那就是汉语动词本身没有形式变化，动词做主宾语的时候没有形式变化，动词做句子谓词的时候也没有形式变化。如果你接受朱先生对特点 1 的论证，那你就没有理由不接受他对特点 2 的论证。当然，假如你不接受特点 1，坚持说汉语动词做主宾语的时候跟英语一样有（或者隐含）一个“名词化”的过程，那么你也可以不接受特点 2，坚持说汉语动词做句子谓词的时候有（或者隐含）一个“熔解”的过程。

跟特点 2 直接联系的是汉语的另一个特点，那就是汉语的主谓结构可以做句子的谓语。朱先生说，汉语的主谓结构实际上也是一种词组，跟其他类型的词组地位完全平等，它可以独立成句，也可以做句子成分，因为做谓词的动词没有任何形式变化。例如“这个人心眼儿好”就是主谓结构“心眼儿好”做整个句子的谓语。有人问，这样说是不是“太夸张了”

呢？朱先生说“一点也不夸张”（1985：8）。今天汉语语法学界的主流已经接受汉语的主谓结构可以做谓语这一观点。我想指出的是，如果你接受这一观点，那就等于已经接受了特点2。

要特别指出的是，朱先生反对“名词化”和“词组熔解”的说法，都是从建立语法系统的两条基本原则出发，那就是“严谨”和“简明”，特别是“简明”，就是不要无中生有、多此一举。朱先生说：“评价一种理论或系统的时候，简明性跟严谨性一样，都是重要的标准。”（1985：77）

3 朱先生接着跨出的前半步

朱先生又接着跨出的前半步是什么呢？他提出，汉语词组和句子的关系是抽象和具体的关系，不像英语那样是部分和整体的关系。部分和整体的关系叫“组成关系”，整体由部分组成；抽象和具体的关系叫“实现关系”，抽象由具体来实现。因为这只是对汉语特点2的进一层阐释，所以我只算它半步。究竟怎么来理解“实现关系”呢？朱先生解释说：

> 这种语法体系把词组看成是抽象的、一般的东西，把句子（包括句子的整体和它的部分）看成是具体的、特殊的东西。在描写词组的内部结构和语法功能的时候，不考虑它是不是句子或句子的组成部分，只把它当作抽象的句法结构看待。可是词组随时都可以独立成句或者成为句子的一个组成部分。这个过程就是从抽象的词组“实现”为具体的句子或句子的组成部分的过程。按照这种看法，词组和句子的关系就不是部分和整体的关系，而是抽象的语法结构和具体的“话”之间的关系。（1985：75）

再清楚不过了，汉语词组和句子的关系是“抽象的语法结构”和“具体的‘话’”之间的关系，是“语法单位”（抽象）和“语用单位”（具体）之间的关系。跟这个看法类似，吕叔湘先生（1979：29）分别称之为“静态单位”和“动态单位”。如果再概括一点，我认为也可以称为“型”（type）和“例”（token）的关系。我要强调的是，之所以把汉语词组和句子的关系看作抽象和具体的关系，原因还是汉语的动词本身没有形式变化。就主谓结构而言，例如“他开飞机”，它是词组的时候，“开”是抽象的语法单位“动词”；它是句子的时候，“开”是具体的语用单位“谓词”（为了跟我前几篇文章的叫法一致，下面叫“陈述语”）。抽象的动词直接“实现”为具体的陈述语，没有一个“陈述化”（即“熔解”）的转化过程。

4　我顺势跨出的后半步

我接着朱先生的前半步顺势跨出的后半步主要就是指出，汉语里抽象的语法单位“名词”直接实现为具体的语用单位“指称语”（也叫“名称”），没有一个“指称化”（也叫“名称化”）的转化过程。

估计很多人会问：“名词”和“名称”只不过是在不同的层面说同一个东西而已，例如“老虎”和“人”既是名词也是名称，有什么转化不转化一说？我回答说，这种看法是“不识庐山真面目，只缘身在此山中”。在汉语里确实没有转化一说，其他语言就不是这样了，还是拿英语和汉语做一比较：

(4) 老虎是危险动物。(类指)

Tigers are dangerous animals.

(5) 老虎笼子里睡觉呢。(定指)

The tiger is sleeping in the cage. /*The tigers* are sleeping in the cage.

(6) 他昨天终于看见老虎了。(定指/不定指/类指)

He saw *the tiger*（*s*）/*a tiger*/ *tigers* at last yesterday.

英语的名词“tiger”不能直接充任指称语，必须转化为“a tiger”、“the tiger（s）”或“tigers”才能成为指称语，而汉语的名词“老虎”直接就可以充任各类指称语。汉语里名词定指和不定指的区别可以靠词序（如“客人来了”和“来客人了”），不像英语要靠添加不同的冠词。汉语和英语的这一重要差别我们过去不是不知道，只是没有加以重视。现在我们重视这一差别，大概不好说是“夸大了汉语和英语的差别”（详见沈家煊

2008a）。如果说这是“夸大了汉语和英语的差别”，那么说“汉语的动词做主宾语没有‘名词化’”和“汉语的词组入句没有‘熔解’过程”，算不算“夸大了汉语和英语的差别”呢？

至少有一些形式语义学家十分重视汉语和英语的这一差别，当然他们是从语义上来讲。Chierchia（1985，1998）提出，从词库（lexicon）里取出来的名词是光杆名词，不同语言里光杆名词的语义类型分为三类，以法语、英语和汉语为代表：

法语：[−arg] [+pred]
英语：[+arg] [+pred]
汉语：[+arg] [−pred]

[±arg] 表示能否做主目（argument），主要指能否做主宾语，[±pred] 表示是否是性质函项（predicate function）。能直接做主目的成分在语义类型上属于个体 e（entity）。汉语光杆名词可以直接做主宾语，语义类型是个体 e；法语光杆名词不能直接做主宾语，语义类型是性质函项 <e，t>；英语光杆名词的语义类型是汉语型和法语型的混合，光杆名词一般是性质函项 <e，t>，但是它的复数形式可以直接做主宾语，是个体 e。法语，其次英语，光杆名词要进入主宾语的位置要经过语义类型的转化（type shift），即从性质函项转化为个体，汉语的光杆名词进入主宾语的位置不需要这样的转化，因为它本来就是个体。形式语义学家是从“语义类型”的角度来讲汉语和法语、英语的差别，但是他们针对的语言现象跟我们针对的语言现象是相同的，他们讲出来的差异跟我们强调的差异是相通的。① 黄师哲（2006，2008）还从这个角度来分析汉语里形容词和名词的组配方式。

① Cheng & Sybesma（1999）认为，汉语的光杆名词其实并不光杆，也是性质函项，而不是个体。他们的看法的前提是句法上“只有 DP（限定名词短语）才能充当主目”，因此汉语光杆名词的结构肯定不止一个光杆名词，而是隐含一个类似 D（限定词）的成分，将光杆名词转化为主目。Chierchia 的看法的前提是“凡是充当主目的语法成分在语义上都是个体类型”，所以汉语的光杆名词是个体。这两种看法的理论前提不同，自然对汉语光杆名词得出不同的看法。注意，按照前一种理论前提，汉语的动词充当主目（做主宾语）肯定要经过“名词化”。

上面那三个“老虎”和“tiger”的例子也证实朱先生指出的特点 2，汉语的动词“是”“睡觉”“看见”等可以直接“实现”为陈述语，不像英语动词那样要有转化的形式，如 be 转化为 is 和 are，see 转化为 saw，sleep 转化为 are sleeping，等等。总之，汉语从词库里取出来的词，标为“名词”的可以直接实现为“指称语”，标为“动词”的可以直接实现为“陈述语”。

我在前几篇文章里指出，我们还可以从具体和抽象的角度来看动词做主宾语。动词做主宾语是一种“本体隐喻”，就是把抽象的动作或者事件看作具体的事物，也就是抽象“实现”为具体。例如动词“开（飞机）”表示动作（抽象），在句子“开（飞机）容易”里这个动作就“实现”为事物（具体）。英语动词做主宾语的时候有“名词化”的过程和方式，但是 Lakoff & Johnson（1980：31）等语言学家仍然认为这是抽象转化为具体，汉语动词做主宾语没有“名词化”的过程和方式，把它看作抽象“实现”为具体就更不成问题。

我在前几篇文章里没有明确说出的一点是，我们也可以从抽象和具体的关系来看待英语里词组和句子的关系以及动词和陈述语之间的关系。两样东西的比较有个比较基准的问题，例如，甲说“中国人像日本人”，那是拿日本人做基准，乙说“日本人像中国人”，那是拿中国人做基准。过去我们习惯于拿英语做基准，习惯于拿部分和整体的关系来看汉语的结构，所以想不到或者不大想得到我们也可以从抽象和具体的关系来看待英语。现在拿汉语做基准来看英语，情形就不一样了。英语里“(for) him to fly a plane”是抽象的词组，“He flies a plane.”“He flew a plane.”“He is flying a plane.”等是具体的句子，fly 是抽象的动词，flies、flew、is flying 等是具体的陈述语。从这个角度着眼的话，英语和汉语的差别在于，在汉语里从抽象到具体是“直接的、不加标记的实现关系”，而在英语里从抽象到具体是“非直接的、加标记的实现关系”。为了突出这一差别，我们在过去的文章里把英语的这种关系叫作“实现关系”，把汉语的这种关系叫作“构成关系”。

我这半步看上去内容不少，其实汉语没有动词的“陈述化”是朱先生早就说过的，汉语没有动词的“名词化”也是朱先生早就说过的，我只是顺势从抽象和具体的关系来看动词做主宾语。从抽象和具体的关系来看英语的结构，只是换了一个比较的出发点，所针对的英语和汉语的差异大多也是朱先生早就说过的。因此，我跨出的那半步真正重要的就是一点，指出汉语名词充任指称语的时候没有一个“名称化”的转化过程，或者说名词入句的时候没有一个“熔解”为指称语的过程。朱先生在比较汉语“他开飞机”和英语“He flies a plane”的时候，忽视了一项重要差异，就是汉语的名词“飞机”可以直接充任指称语，英语的名词plane不能直接充任指称语，“He flies plane”在英语里跟“He fly a plane”一样也是绝对不合语法、不能成句的。我说过，这一差异过去我们不是不知道，只是没有重视而已，我指出和强调这一差异是不是就“夸大了汉语和英语的差异”呢？

5 我这后半步带来的后果

我跨出的虽然只是顺势跨出的半步，但是带来的后果不少。第一，用“构成关系”和“实现关系”这对概念可以对汉语和英语在抽象和具体的关系上的多种差异做出统一的、简明的说明。

动词和陈述语的关系在英语里是实现关系，有实现的过程和方式；在汉语里是构成关系，没有实现的过程和方式。从这个意义上讲，汉语的动词就是或基本上就是陈述语。

名词和指称语的关系在英语里是实现关系，有实现的过程和方式；在汉语里是构成关系，没有实现的过程和方式。从这个意义上讲，汉语的名词就是或基本上就是指称语。

动词用作名词做指称语（主宾语），在英语里是实现关系，有实现的过程和方式；在汉语里是构成关系，没有实现的过程和方式。

第二，得出汉语的实词类是一个“包含模式”的结论。由于动词用作名词做主宾语（指称语）是一般现象、常规现象，而名词用作动词做谓词（陈述语）是特殊现象、修辞现象，这种名词和动词之间的“不对称”是语言的共性（详见沈家煊2009），所以我们得出汉语里的动词是名词的一个次类的结论。注意这并不是要抹杀动词内部的差异，动词内部还是可以分出不同的小类来，但是这是第二步要做的事情。这个结论的前提是汉语里动词就是陈述语，名词就是指称语，语法单位和语用单位之间是“构成关系”。所以根据“中心扩展规约”（扩展而成的短语其性质和中心语的性质相同），汉语里的动词短语（陈述语）也是名词短语（指称语）的一个次类。

因为汉语语法学界的主流已经承认汉语里的形容词是动词的一个次类，所以汉语的实词类是一个包含一个的“包含模式”：形容词包含在动词内，动词又包含在名词内。这个模式跟英语的词类模式很不一样，英语是名、动、形互相独立而略有交叠的“分立模式”。

第三，汉语词类理论上的难题迎刃而解，这个难题就是“简约原则”和“中心扩展规约”的冲突。拿“他的哭”和“这本书的出版”来说，“哭”和“出版”是动词也是名词，不需要什么“名词化”，所以不违背“简约原则”；以名词为中心扩展得到名词性短语，所以也不违背“中心扩展规约”。

理论上的难题解决后，应用上的困难才有从根本上克服的希望。就拿给语料库的语料标注词类来说，“哭没用”和“我怕被抓”这样的句子里做主宾语的“哭”和“被抓”，以及“他的哭”和“我的被抓”这样的定中结构里做中心的“哭”和“被抓”，囿于原来的词类理论将它们标为动词和动词短语，不利于计算机对语句做结构分析，现在我们可以名正言顺地将它们标为名词和名词短语（指称语），而不会背上“词无定类”的包袱，从而排除它们是陈述语的可能性。区分指称语和陈述语是分析和理解语句的时候最重要的区分。

第四，汉语的实词能不能分类？这个从20世纪30年代开始、50年代继续、90年代重提并一直延续至今的争论可以不再争论下去。既然名、动、形是一个包含一个的“包含模式”，从一个角度说汉语的实词不分类也不无道理，从另一个角度看，名、动、形的区分在汉语里仍然存在。“包含模式”只是强调“不分”的一面，并不否认还有“分”的一面。

第五，语言类型学家关心的问题是，名、动、形的区分是不是人类语言的共性？我们提出应该把“能不能分”和“怎么个分法”分开来说。“能分”是人类语言的共性，而“分法”随个别语言而异，至少可以分出印欧语那种“分立模式”和汉语那种“包含模式”来。(可能还有别的模式，我们将另文说明。)“分法”也不是不受制约，动词可以是名词的一个次类，但是名词不可能是动词的一个次类，这是名词和动词之间的“不对称”所决定的。

6 回答几个质疑

第一个质疑是，大家都说应该明确区分语法平面和语用平面，现在你说汉语的名词就是指称语、动词就是陈述语，这不是把两个不同平面的单位混为一谈了吗？其实语法单位和语用单位在汉语里分不大开正是汉语的特点，所以谈不上混为一谈。朱先生虽然说要区分语法平面和表达（即语用）平面，但是他也已经看出，在语用和语法的关系上，印欧语和汉语有区别。上面引用朱先生解释“实现关系”的那段话里，他认为汉语词组和句子的关系是“抽象的语法结构”和“具体的‘话’”之间的关系，已经隐含汉语的句子是“话段”（utterance）的意思。特别是在比较汉语和拉丁语的词序的时候，朱先生举例说，“保罗看见了玛丽”在拉丁语里可以有六种说法：

Paulus vidit Mariam.	Mariam vidit Paulus.
Paulus Mariamvidit.	Mariam Paulus vidit.
Vidit Paulus Mariam.	Vidit Mariam Paulus.

汉语的词序没有这么自由，除了这一差别外，朱先生还特别指出：“不过在拉丁语里，这六种说法只是词序不同，结构并没有变。在汉语里，不同的词序往往代表不同的结构。从这个角度看，倒是可以说汉语的词序比印欧语重要。”（朱德熙 1985：3）

如何理解朱先生的这一段话？根据上下文应该这样来理解：拉丁语里词序的变化所引起的不是语法结构的变化，只是语用上的变化，如话题、焦点、视角的变化，而汉语的词序变化不仅引起这些语用上的变化，还引起语法结构的变化。例如，“我不吃羊肉”是 SVO 结构，“羊肉我（可）不吃”是SSV结构（主谓结构做谓语的结构）；“你淋着雨没有”是一种语法结构（跟“布什挨着拳头没有”同式），“雨淋着你没有”是另一种语法结构（跟“拳头打着布什没有”同式）；“他住在城里”是一种语法结构（跟“孩子掉在井里”同式），“他在城里住”是另一种语法结构（跟“孩子在屋里玩”同式）（朱德熙1985：9，1980）。这个例子很好地说明，拉丁语里语法变化是语法变化，语用变化是语用变化，两者是分开的；汉语里语用变化往往同时也是语法变化，语法变化就包含在语用变化之中。

我这样说汉语里语法和语用的关系不是完全否认二者“分”的一面，而是要强调汉语“不分”的一面。从“语法化”的角度看，英语里具体的语用范畴“指称语/陈述语”已经“化”为抽象的语法范畴nouns/verbs，而汉语里具体的语用范畴“指称语/陈述语”还没有（或基本上没有）“化”为抽象的语法范畴“名词/动词”。

第二个质疑是，动词的主要功能是做谓语，名词的主要功能是做主宾语，说动词是名词的一个次类不是很奇怪吗？其实并不奇怪。作为一个大类里的次类，次类成员的某些行为方式可能跟大类其他成员的行为方式很不一样。例如，同性恋人和一般人的性行为方式很不一样，是相反的，但是这并不妨碍“同性恋人”是“人”的一个次类。同性恋人在吃饭、走路、睡觉的时候和一般人一样，在性行为上和一般人很不一样。概括地讲，说B类是A类的一个次类，要符合的条件是：B类一般具有A类的典型特征，而又具有A类一般不具有的特征。用这个标准来衡量，说汉语里的形容词是动词的一个次类符合汉语的实际，形容词做谓语的时候跟动词没有什么区别，而典型的形容词又有动词一般不具有的直接做定语的功能。同样，动词在做主宾语的时候跟名词一样，而它又有名词一般不具有的做谓语的典型功能。既然汉语里的形容词可以叫“静态动词”，那么汉语里的动词也可以叫“动态名词”。

第三个质疑是，你说汉语动词是名词的一个次类，那么朱先生定义的那类“名动词”（“出版、批评、调查”等）算什么呢？当我们说动词是名词的一个次类时，并不否认动词类的内部是非匀质的，还是可以根据它们隶属于名词的程度深浅分出不同的小类来，例如“出版”要比“出

(书)”隶属于名词的程度高，名词和动词的界线也不是“一刀切”的。不过人类下面分小类是第二步要做的工作，第一步的工作是确定大类之间的关系，确定汉语实词类的大格局。

第四个质疑是，把抽象和具体的关系区分为“实现关系”和“构成关系”不妥，因为这两种关系的界限是模糊不清的。“实现关系”和“构成关系”的区分恰恰在印欧语和汉语上十分清晰，一个加形式标记，一个不加形式标记。即便在别的地方界限模糊不清，那也不等于没有界限，这就好比中高纬度地区昼和夜的交替不像赤道地区那么分明，而是黎明和黄昏都比较长，但是不能说那里就没有昼和夜的区分（吕叔湘 1979：11）。“实现关系”和“构成关系”的区分不仅适用于隐喻中抽象概念和具体概念的关系，还适用于语言的其他方面，不仅适用于语言，还适用于人类活动的其他方面（详见沈家煊 2007，2008a）。

7　不可取的两条出路

还是有人会问，难道除了你的办法就没有解决难题的其他出路了吗？我跨出的这半步有没有“夸大汉语和英语的差异”，可以由大家来评判，我也不反对去探索别的、更好的出路。但是我想表明，目前有人提出的两条出路是走不通的。提出的第一条出路是采取局部的解决办法，包含两个很具体的观点（详见袁毓林 2009）。一是认为，“这本书的出版”可以分析为主谓结构“这本书出版”加上自指的名词化标记“的”，“的”的作用是使主谓结构变成名词性短语，有人还说“的”是“这本书的出版”的中心语。他们说这样也能消解理论上的难题，即“简单原则”和“中心扩展规约”相冲突。

对于“的”是结构中心的观点，我们要说，不加“的”的“这本书出版”也可以做主宾语，经常在一段话里，有的加“的”，有的不加“的”，例如：

(7) 美国的介入是肯定的。无非是硬介入还是软介入，以及介入力度大小的问题。……所以美国介入是有条件的，这些条件也是我们可以利用

的，要让美国感觉到它的介入将付出它所不能承受的代价，这样它就会选择不介入或少介入。（罗援《武力“遏独”势在必行》）①

如果说“美国的介入”的中心是“的”，那么如何确定“美国介入”的中心呢？如果说这两个短语有不同的中心，这究竟是有助于还是妨碍我们对语句的理解？如果说“美国介入”也隐含一个没有现形的中心“的”，这跟说动词做主宾语的时候隐含一个“名词化”标记又有什么不同？即使不说“的”是结构中心，只说“的”是一个“自指的名词化标记”，我们仍然要问，既然“美国介入”可以直接做主宾语，为什么还要加个“的”使它“名词化”呢？最后还要问，说“的”是一个“插在主谓之间的名词化标记”，这就在朱先生定义的“$的_3$”之外又增加了一个“$的_4$”，有“奥卡姆剃刀”放在旁边，我们能不能在不增加新实体的情形下把理论难题解决呢？

此外，中间加“的”、后面是动词的结构不限于原先的主谓结构，还有大量其他的：

（8）大家已经参观过大澳的舞火龙了。

（9）面向基层的扶贫帮困应该持续下去。

（10）大家对于名物化理论的批评都很中肯。

（11）报纸上说的坐航天飞机旅行目前还无法实现。

这些画线的结构去掉“的”后都无法还原成主谓结构，因此用主谓结构插入“的”来解释只适用于一部分情形。（观点和例子均转引自石定栩 2008。）

第二个具体观点是，“图书和出版”并没有违背句法上的“并列条件”（并列的成分必须在句法上同类），因为“出版”这类书面语色彩很浓的双音词是朱先生定义的“名动词”，也就是可以做动词“有”和虚化动词“进行、予以、作”的宾语、不能受副词修饰的双音动词。“出版”

① 此例是完权从网上下载并提供给我的。

在“出版这些图书”中表现出动词性的一面，在“图书和出版”中表现出名词性的一面。为了论证并列的是名词和名动词，他们举出以下例证：

(12) 图书和出版　　　　　　＊书和出
(13) 自考书籍和电子出版　　＊自考书籍和马上出版
(14) 疾病和治疗　　　　　　＊病和治
(15) 肠胃疾病和食物治疗　　＊肠胃疾病和及时治疗
(16) 商品和销售　　　　　　＊货和卖
(17) 保健商品和季节销售　　＊保健商品和即将销售

“出版”是名动词而“出”不是；“出版”受名词“电子”修饰时表现为名词，而受副词“马上”修饰时表现为动词。然而我们随便找些词，在百度网上一查就发现大量的并列结构，与名词并列的绝不限于名动词，即便是名动词也不是不能受副词修饰（特别是受“不”修饰）：

(18) 罪与罚，泪与笑，性与死，性与睡，梦与想，人与斗，情与变，时间与忙，艺术与捧，吃与营养，上海人与吃，长寿与吃盐，裸体与出书，肾病与出疹子，杂文与骂人，女人与花钱，买房与风水，盲文与育人，穷人和买房，睡眠与做梦，年与熬年，佛教与教佛，爱情与熬粥，（并非为了）利益和出名，读书人和读书，比价和贬值，车祸和堵路，挂号公司与看病，春天和防病，股与做人，垃圾广告与挨骂，眼前得失与受穷，一夜情与做工程，早期教育与看电视，孙子兵法与抢反弹，取财之道与抢银行，（梦见）蛇和被抓，梦境和心跳，梦与哭泣，罪与惧怕，收购及其他，股价与跌涨，退出和退出状态，瑜伽和慢跑，烟斗与倒走，日记与偷窥，记忆法和快读，精神的底色与渐变，生死与捧杀，知情权与不知情，责任与不作为，穷人的尊严与不羞辱，（我爱你的）条件与不争，房产商和死扛价，诚信和不折腾，铜兽首与瞎折腾，速食文化和细嚼慢咽，五七干校和上山下乡，利润和持续发展，早期诊断与及时治疗，操作策略与及时解盘，版权保护与特别保护，爱国之心和努力工作，社区卫生服务与看病贵，女人挨骂与“浪”女人，死罗神即将登场和最新 TV 播放时间表同样，形容词和名词并列不限于用“有”鉴别的名形词，而且也能受副词“不”修饰：

(19) 才与狂，人与贪，力与美，我与帅，裤与酷，核与和，内环境和稳，婚姻与孤独，傲慢与偏见，雨季和懒散，小物和聪明，光感与飘逸，天才与勤奋，流氓和不仗义，(女人的) 大度和不安全感，草民和不识相

虽然这些并列结构大多用在文章的标题，要做句子成分也不难，如“集力与美于一身”“描写底层百姓的泪与笑”“我讨厌他的傲慢与偏见”。有的书面色彩浓，有的口语色彩重，双音节居多，也不排斥单音节和多音节。中国人并不觉得有什么特别之处，但要是翻译成英文，里面的动词就都得转化成名词不可。如果想把“名动词”和“名形词”的范围放宽，那只会造成更大的不确定性。最后，比较下面两对词语：

(20) a. 这本书和它的出版
　　b. 图书和出版
(21) a. 进行图书的出版的调查
　　b. 进行图书出版的调查

把 a 里的“出版”分析为动词，把 b 里的“出版”分析为“名动词”，这是不是夸大了两者的差异？到底有没有必要，是否值得，是否把简单的问题搞复杂了？①

其实“这本书的出版”和“图书和出版”是同一个难题表现在两个方面，一个病根两个症状，分别采用上面两种没有联系的办法来解决，头痛医头，脚痛医脚，效果不理想也就很自然。

① 上面的一个并列结构的例子“版权保护与特别保护”有同样的问题，前一个“保护”实现为名词，后一个“保护”实现为动词。

还有一个论辩逻辑的问题。我倒是承认“这本书的出版”能够分析为主谓结构加“的”，只是这种分析像一个大高个儿穿了件瘦小衣服而捉襟见肘，但是你要证明不存在违背“中心扩展规约”的问题，你就得证明“出版”不能够是中心语，而且你还不能循环着说因为“出版”是动词所以不是中心语。

为解决难题而提出的第二条出路是增加新的层次。为了弥缝汉语里词类和句子成分之间的缝隙，有人提出了“三层制”（详见郭锐 2002）：词汇层面的词性—句法层面的词性—句法成分。中间那个“句法层面的词性”是新增加的层次。“词汇层面的词性就是词语固有的词性，需要在词典中标明；句法层面的词性是词语在使用中产生的，需由句法规则控制。两个层面的词性一般情况下一致，个别情况下不一致，如（29a）（指‘这本书的出版’）中的‘出版’的词汇层面的词性是动词性，在句法层面上是名词性的。”在使用中，“小王黄头发”里的“黄头发”是“指称的陈述化”，“这本书的出版”中的“出版”是“陈述的指称化”。由于“表述功能实际上就是词性”，所以“指称”和“陈述”这些表述功能的转化也就是词性的转化，“黄头发”是（词汇层面的）名词性转化为（句法层面的）动词性，“出版”是（词汇层面的）动词性转化为（句法层面的）名词性（郭锐 2002：89—90）。

我们还看不出这种“三层制”和早年叶斯柏森提出的“三品说”有什么本质的差别，“词汇层面的词性”相当于“三品说”的词类，“句法层面的词性”相当于“三品说”的词品。“三品说”因为增添了一个层次后仍然是几乎什么词都可以有甲、乙、丙三品，“不解决问题”（吕叔湘 1982：重印题记），所以吕叔湘和王力二位先生后来都放弃了。

“三层制”比“三品说”还更加复杂，表现在两个方面。一是同一个东西用两套名目表示。表述功能分“内在表述功能”和“外在表述功能”，词性分“词汇层面词性”和“句法层面词性”，“内在表述功能”就是“词汇层面的词性”，“外在表述功能”就是“句法层面的词性”，“表述功能的转化”就是“词性的转化”（郭锐 2002：89）。既然是指同一个东西，为什么还要用两套名目呢？复杂化的另一方面是，“出版”这类所谓的“名动词”在词汇层面有两个词性，一个是动词性的（这本书的出版），另一个是名词性的（图书出版），前者从词汇层面进入句法层面时要从动词性转化为名词性，而后者在词汇层面就发生了动词性到名词性的转化。前一种词性转化是“句法化转化”，后一种词性转化是“词汇化转化”（郭锐 2002：101）。就词性转化而言，这就又多了一个层次。

“三层制”不仅比“三品说”更加复杂，而在应该做出区分的地方又没有像“三品说”那样做出区分。“三品说”在讲转品的时候说，动词用作主宾语是转品，次品转为首品，而名词用作谓语不是转品，不是首品转为次品，而是两个词（Jespersen 1924：62）。这是一个重要的区分，因为动词用作主宾语是一般现象，而名词用作谓语是特殊现象，不仅英语如此，汉语也是如此（详见沈家煊 2009）。然而“三层制”对此并没有做出区分。

最后我要说，“三层制”虽然有以上不足，但是有一个观点十分重要，而且在我看来符合汉语的实际，应该充分肯定，那就是“表述功能实际上就是词性”，在汉语里“指称”和“陈述”实际上就是“名词”和“动词”的词性。

8 结语：印欧语眼光的问题

我们常说“要摆脱印欧语的眼光”，“印欧语的眼光”成了贬义词。其实我们在两个方面都做得不够好。一方面我们还“缺乏印欧语的眼光”。用印欧语的框框来套汉语当然不对，但是用印欧语的眼光来观察汉语是必要的。正因为我们习惯于从汉语看汉语，所以不识汉语的“庐山真面目”，迟迟意识不到原来汉语的光杆名词可以直接做主宾语是一个值得重视的现象，是汉语的一个特点。另一方面我们“摆脱印欧语的眼光”还摆脱得不够。我们习惯于用印欧语的眼光来看汉语，不习惯用汉语的眼光来看印欧语。汉语里名词/动词和指称语/陈述语的关系是抽象和具体的关系，我们想不到原来也可以从这个角度去看英语名词/动词和指称语/陈述语的关系。在词类系统的总格局上，我们也是受印欧语眼光的束缚，没有想到除了“分立模式”，还可以有“包含模式”。这两方面的欠缺都是因为受传统观念的束缚。

我重申我提出的对汉语词类的新看法只是在原来朱先生前进的基础上接着向前跨了半步。真的只是半步，而且十分简单：

(22) a. 他开飞机。 * He fly a plane.
b. 开飞机容易。 * Fly a plane is easy.
c. 他开飞机。 * He flies plane.

这是汉语和印欧语差异的 ABC，a 和 b 的差异是朱先生早就强调过的，我只是强调 c 的差异，并且用朱先生提出的“抽象”和“具体”的关系来看这三种差异而已。a 表明汉语的动词就是陈述语，c 表明汉语的名词就是指称语，最后 b 表明汉语的动词（陈述语）也是名词（指称语）。

最后，我跟朱先生的想法一样，我现在在这里批评某些传统观念，很可能我自己还在不知不觉之中受传统观念的摆布，这就只能等将来由别人来纠正了。

附 记

最近生成语言学家拉森（Richard K. Larson）在北京大学演讲《汉语是一种反向 ezafe 语言》(Chinese as a Reverse *Ezafe* Language)，提出汉语里的名词类跟一些伊朗的语言一样，很可能是一个“超名词类”，包含动词和形容词。在我看来，拉森也是在朱先生已经跨出的前半步之后接着跨出后半步。朱德熙（1961）先提出汉语里名词、动词、(性质）形容词后头附着的“的”是同一个“的”(的$_3$)，拉森接着说，既然是同一个“的”，它前头的成分就一定可以概括为一类，叫“超名词类”，“的”的作用是核查或协调“格”，使前头这些名词性成分的格和中心名词的格一致。总之，拉森认为，汉语里“爸的马”“白的马”“死的马”“掉毛的马”里的“爸”“白”“死”“掉毛”都具有名词性。

生成语法先验地认为，名词性短语的中心理应是名词性成分，无须论证，不然就违背“X－杠”理论（也就是“中心扩展规约”)。对于汉语里“马的皮”“（白）马的白”“马的死”“马的掉毛”这一事实，许多生成语法学家的观点是说“白”“死”“掉毛”都经历了“名词化”。现在有了拉森的新观点，那就不需要什么“名词化”，它们本来就有名词性。

拉森认为，“超名词类”后附的“的”的作用是核查或协调“格”，在功能语言学看来，这个“的”的作用是在借助参照体的时候提高名词短语所指目标的“指别度”（参见沈家煊、完权 2009）。两者只是观察和表述的角度不同，一个着眼于“的”的抽象作用，一个着眼于“的”的具体作用。

参考文献

郭　锐 2002，《现代汉语词类研究》，商务印书馆。

黄师哲 2008，《语义类型相配论与多种语言形名结构之研究》，《汉语学报》第 2 期。

吕叔湘 1979，《汉语语法分析问题》，商务印书馆。

吕叔湘 1982，《中国文法要略》，商务印书馆。

沈家煊 2007，《汉语里的名词和动词》，《汉藏语学报》第 1 期。

沈家煊 2008a，《“病毒”和“名词”》，中国语言学会第 14 届学术年会（浙江温州）论文。

沈家煊 2008b，《我看汉语的词类》，《语言科学》2009 年第 1 期。

沈家煊 2009，《从“演员是个动词”说起——“名词动用”和“动词名用”的不对称》，两岸三地句法与语义学小型研讨会（新竹，台湾清华大学）论文。

沈家煊、完权 2009，《也谈“之字结构”和“之”字的功能》，《语言研究》第 2 期。

石定栩 2008，《“的”和“的”字结构》，《当代语言学》第 4 期。

袁毓林 2009，《汉语和英语在语法范畴的实现关系上的平行性——也谈汉语里名词/动词与指称/陈述、主语与话题、句子与话段》，网上“新视野下的汉语词类问题”系列研讨提供文稿。

朱德熙 1961，《说“的”》，《中国语文》第 12 期。

朱德熙 1980，《汉语句法里的歧义现象》，《中国语文》第 2 期。

朱德熙 1985，《语法答问》，商务印书馆。

Cheng, Lisa & Rint Sybesma 1999. Bare and not-so-Bare Nouns and the Structure of NP. *Linguistic Inquiry* 30 (4): 509 – 542.

Chierchia, Gennaro 1985. Formal Semantics and the Grammar of Predication. *Linguistic Inquiry* 16 (3): 417 – 443.

Chierchia, Gennaro 1998. Plurality of Mass Nouns and the Notion of “Semantic Parameter”.

In S. Rothstein (ed.), *Events and Grammar*, 53 – 103, Boston, DorDrecht, London: Kluwer Academic Publishers.

Huang, Shi-Zhe 2006. Property Theory, Adjectives, and Modification in Chinese. *Journal of East Asian Linguistics* 15: 343 – 369.

Jespersen, Otto 1924. *Philosophy of Grammar*. London: George Allen & Unwin Ltd.

Lakoff, George, and Mark Johnson 1980. *Metaphors We Live By*. Chicago, London: University of Chicago Press.

Larson, K. Richard 2009. Chinese as a Reverse *Ezafe* Language. A lecture delivered at Peking University (February 2009).

（原载《语言学论丛》第40辑，2009年）

从“演员是个动词”说起

——“名词动用”和“动词名用”的不对称

1 “演员是个动词”

电影《集结号》的主角张涵予成为百花奖影帝，有记者问他今后有什么打算，他回答说：“演员是个动词，甭管什么，总之你要拍（戏），不能闲着。”（《北京晚报》2008.9.13）

“演员是个动词。”这句话说得多好！简洁，生动，诙谐。我不知道这属于什么修辞格，但是可以肯定它是一种特殊的修辞说法，因为“演员”明摆着是个名词。这样的说法最近比较流行：

（1）命运不是名词而是动词，命运不是放弃而是掌握。

说科学是动词，是因为“方法”赖以存在的实验或观测永远是现在进行时。

“干部”应该是个动词。让我们在干事中落实科学发展观……

雪，不单单是名词。

爱情它是个动词，存活于人间万象中。

我更愿意做一个动词，做一个行动着的知识分子。（于丹语）

我想提请大家注意的是，要是有人说“表演是个名词”，我们多半觉得这是个研究语法的专家在那儿死抠词类，一般人只说：

（2）走穴是个新名词儿。
拍拖是个港台名词。
切脉是个中医药名词。

而且谁也不会觉得这样的说法有什么特别。打灯谜让“打个新名词”，谜底是“走穴”，这很正常。在全国科技名词审定委员会公布的《中医药学名词》中确实包括“切脉”和“切”，尽管在很多语法学家眼里，“切脉”和“切”都应该归入动词。

有人会说，这几句话里的“名词”是“名称”或“术语”的意思，不是语法书里跟“动词”对说的“名词”。这个话有道理，汉语里的“名词”跟英语里的“noun”不同，主要是“名称”的意思，也叫“名词儿”，其次才是语法书里跟动词对说的“名词”（参看沈家煊 2008a）。不过，我还是要强调这样一个语言事实，即便是讲语法，名词用作动词的情形我们大都会觉得很特殊，而动词用作名词的情形我们则不觉得有什么特殊之处。我们把这一事实称为“名词动用”和“动词名用”的不对称。先看现代汉语里一些名词动用的例子：

（3）临走还袋了一匣火柴。
电梯已坏，待修理了。天啊！要腿着了。
我也来淑女一下。
我也官僚官僚。
他可真能阿 Q 自己。
让他自个嘴上快感去。
我也大款过一回。
她就那么和母亲距离着。
他当过班主任，但只主任了一个班。
他是一个非常家庭的男人。
丈夫耐不住寂寞，与别人花前月下去了。

我在电脑上打出上面这些句子时，页面上出现不少红绿浪线，如“还袋了”“腿着”“官僚官僚”“距离着”“只主任”，等等，电脑在提醒我是不是用词造句出了差错，可见它们是很特殊的修辞说法。注意，有些用作动词的名词已经变成真正的动词，和原来的名词已经是两个词，比如“钉钉子”“袖着手”“絮棉袄”“堆成堆”“让虫蛀了”，等等，那就不再是特殊说法。

再看动词名用的例子：

（4）笑比哭好。

我怕抓。（儿童语言，怕猫抓他。）

打是疼，骂是爱。

聪明反被聪明误。

我想是，他一定说了谎。

他主管图书出版。

老师的称赞反而让他不自在。

我们要为普通话的推广尽力。

有记者问他今后有什么打算。

这些句子在电脑上打出后没有一例出现红绿浪线，谁也不会觉得它们有什么特殊。注意，有些用作名词的动词不是指动作自身，而是转指跟动作相关的施事、结果、工具等，比如“他是编辑”“蒸汽机这一发明”“别把包装撕坏”，等等，动词已经转变成另外的名词，本文考察的“动词名用”不包括这一类。

尽管在汉语里“动词名用”和“名词动用”都没有词形变化，但是我们凭语感断定，两者之间是不对称关系：动词名用是一般现象，常规现象，而名词动用是特殊现象，修辞现象。这种语感的来源下面再说。据王冬梅（2001：104）的统计，现代汉语里动词名用的实例是名词动用实例的 57 倍。古代汉语里名词动用比现代汉语多，但是相对动词名用仍然是少数，是特殊现象。王克仲（1989）一书专讲古汉语里的词类“活用”，讲的大多是名词动用，讲“动词活用为名词”讲得很少，而且都是讲的动词转指相关事物（如“死”转指“死者”，“居”转指“居所”）。陈承泽在《国文法草创》(1982：66—69）里说，动词名用，如“白马之白”的“白”、“惠公之卒”的“卒”，是“本用的活用”，词性没有发生变化，而名词动用，如“晚来天欲雪”的“雪”、“火烟入目目疾”的“疾”，是“非本用的活用”，词性已经发生变化。

2 英语里怎么样?

我们想知道，上面说的这种不对称现象在其他语言里是否也存在？拿英语来说，首先跟汉语不一样，动词名用都要临时改变词形。例如：

(5) Seeing is believing. (眼见为实。)
She wants to rest. (她要休息。)

或者加词尾-ing，或者前加 to 变为不定式，seeing、believing 和 to rest 还是动词，是动词的非限定形式。至于 propose 和 proposal，create 和 creation，excite 和 excitement，根本是两个不同的词，动词词形变化后已经变成真正的名词。

英语里有没有类似汉语的那种名词动用呢？有。过去我们认为名词动用是古汉语的特点，不仅用例多，种类也多，例如：

(6) 丝蚕于燕，牧马于鲁，共贡入朝。(《晏子春秋·内篇杂上》)
尔欲吴王我乎？(《左传·定公十年》)
光喜，乃客伍子胥。(《史记·吴太伯世家》)
于是舍之上舍，令长子御，旦暮进食。(《战国策·齐策一》)
群邪项领，膏唇拭舌，竞欲咀嚼，造作飞条。(《后汉书·吕强传》)
衣人以其寒也，食人以其饥也。(《吕氏春秋·爱士》)
乃以其女妻陵而贵之。(《史记·李将军列传》)
荆、魏不能独立，则是一举而坏韩蠹魏。(《战国策·秦策一》)
皇后之尊，与朕同体，承宗庙，母天下，岂易哉！(《后汉书·邓皇后传》)

后妃率九嫔蚕于郊。(《吕氏春秋·上农》)

鸿鹄巢于高林之上，暮而得所栖。(《后汉书·庞公传》)

秦恐王之变也，故以垣雍饵王也。(《战国策·魏策四》)

从左右，皆肘之，使立于后。(《左传·成公二年》)

晋人不得志于郑，以诸侯复伐之。十二月癸亥，门其三门。(《左传·襄公九年》)

现在发现英语里的名词动用无论数量还是种类，一点不比古代汉语少，绝对要比现代汉语多。下面只是从 Clark & Clark（1979）一文收集的现代英语的大量例子（共 1300 余例，分 9 个大类近 50 个小类）中摘录一些：

（7）Mummy trousers me.（儿童语言：妈咪给我穿裤子。）

I am crackering my soup.（儿童语言：我把饼干放进汤里。）

The boy porched the newspaper.（报童把报纸扔在门廊前。）

I guitared my way across the US.（我弹着吉他走遍美国。）

She certainly had me fooled.（她确实把我给骗了。）

She mothered all her young lodgers.（她慈母般照顾所有年轻的房客。）

They Christmas-gifted each other.（他们俩互赠圣诞礼物。）

The farmer barned the cows.（农夫把奶牛圈放在谷仓里。）

The story has been scripted for movie.（故事已经改编成电影剧本。）

Don't saint the reformer!（不要把这个改革者尊为圣人！）

The car rear-ended the van.（小卧车撞上大货车的尾部。）

The guard quickly armed him out of the way.（警卫员急忙用胳臂把他挡了出去。）

We were stoned and bottled as we marched down the street.（我们沿大街前进时遭到石头和瓶子的袭击。）

My sister Houdini'd her way out of the locked closet.（我妹妹像魔术师胡迪尼似的从上了锁的壁橱里脱身。）

The mayor tried to Richard Nixon the tapes of the meeting.（市长试图像尼克松那样抹掉会议的磁带录音。）

当我在电脑上打出这些英语句子时，画线词下方也纷纷出现红绿浪线，可见在英语里它们也同样是很特殊的修辞说法。值得注意的是，Clark & Clark 不是把下面画线的这些词称为“用作动词的名词”，而是称它们为“新创名源动词”（innovative denominal verbs），认为它们已经是动词。这也是很早以前叶斯柏森的观点，当有的英语语法学家说“We tead at the vicarage”（我们在牧师家里吃茶点）中的 tead 是“名词用作动词”时，叶氏却说（Jespersen 1924：62）：“事实上 tead 虽然是由名词 tea 派生而来——派生后的不定式并不具有区别性的词尾——但它却像 dine（吃饭）或 eat（吃）一样是一个道道地地的动词。由另外一个词构成动词和把一个名词用作动词完全是两码事，后者是不可能的。”注意，叶氏认为“名词用作动词”是“不可能的”。

上面说英语里动词名用要加词尾-ing 或前加 to 变为非限定形式，语法学家并不说是动词变成了名词，而这里名词动用没有“区别性的词尾”却反而说是名词变成了道地的动词，这是什么缘故？这是因为英语里作动词用的 tea 虽然不定式没有词尾，但是和一般的动词 dine 或 eat 一样有“时”和“数/人称”的变化，过去时态加-ed，第三人称单数加-s。正因为英语动词有“时”和“数/人称”的变化，名词动用会受到如下的限制：

（8）John UA'd/American'd to Los Angeles.（约翰乘联合航空公司/美国航空公司的班机到洛杉矶。）

* John United'd/United-Airlines'd to Los Angeles.（约翰乘联航/联合航空公司的班机到洛杉矶。）

* John decided to United/United-Airlines to Los Angeles.（约翰决定乘联航/联合航空公司的班机去洛杉矶。）

Clark & Clark（1979）指出，第一句 UA 或 American 是新创名源动词，和一般动词一样，过去时加-ed，后两句不能说是因为源名词 United 或 United-Airlines 已经有词尾-ed 和-s，再要加-ed 或前加 to 会增加理解的困难。

“名词动用”和“动词名用”其实都是比较含糊的说法，至少应该分出程度不同的三个等级：通常用法，临时用法，词类转变。这样就可以看清楚英语和汉语的异和同：

	通常用法	临时用法	词类转变
英语		Seeing is believing.	We tead at the vicarage.
汉语	笑比哭好。	我也来淑女一下。	

英语里动词名用如 seeing 和 believing 是临时用法，原型动词临时变为非限定形式，而名词动用如 tead 是词类转变，名词已经变成动词。汉语里动词名用如“笑”和“哭”是通常用法，无须任何词形变化，名词动用如“淑女”是临时用法，可以临时像动词一样加动量补语“一下”，但是不像英语那样有 tea → tead 的词形变化，可以不算转变成动词。注意不要忽略英语和汉语的共同点，动词名用是较一般的现象，而名词动用是较特殊的现象，不对称在两种语言里都存在。

3　从修辞到语法

为什么创造名源动词？我们同意 Clark & Clark（1979）的观点，主要原因是说话人出于“经济”的考虑。按照 Grice（1975）提出的“合作原则”，特别是其中的“适量准则”，说话人尽量避免冗余的说法。说“I guitared my way across the US”，原来要用许多词语表达的意思就压缩到 guitar 一个词内。在一些技术领域，有些动作经常发生但缺乏现成的动词来表达，创造名源动词就特别管用。例如计算机界发明的key in the data（键入数据），flowchart the program（将程序制成流程图），program the system（给系统编程），output the results（将结果输出），CRT the trace（用 CRT 视频显示器呈现跟踪记录）等名源动词，外行们意识不到是源自名词。一些已经定型的名源动词，如 Xerox（复印），telephone（打电话），wire（发电报），paperclip（用回形针别上）等也都是新技术诞生后的产物。用语经济带来三个结果，一是精确，对医院的消毒工说“autoclave the scalpels”（用高压消毒锅给手术刀消毒）比说“sterilize the scalpels”（给手术刀消毒）来得精确。二是生动，写政治家传记，说“The mayor tried to Richard Nixon the tapes of the meeting”，名源动词 Nixon 比 erase（抹掉）来得生动。三是诙谐，一位报纸的专栏作家说“The SF Progress is not a bi-weekly, as erratum'd here yesterday, but a semi-weekly”（《旧金山进步刊》不是双周刊，昨天登载的勘误表说它是半周刊），显得有风趣。当然，过分追求经济会造成听话人理解费力，“Karen weekended in the country”（凯伦在乡间度周末）很好，“Karen Saturdayed in the country”（凯伦在乡间度星期六）因理解费力而不好，除非是要取得滑稽好笑的效果。

上面说汉语“钉钉子”“堆成堆”“让虫蛀了”等说法里，用作动词的名词已经变成真正的动词，失去了原有的修辞效果。这种情形英语也有，按 Clark & Clark（1979）的说法就是，有的“新创名源动词”已经变成“定型名源动词”（well established denominal verbs），如 smoke a pipe（抽烟斗），park the car（停放汽车），land the plane（使飞机着陆），一般人已经意识不到它们的来源是名词。从纯粹的新创动词到完全定型的动词是一个连续统，难以“一刀切”，Clark & Clark 大致分出六个阶段。

1）完全创新，首次这么用。

（9）Let us cease to sugar-coat, let us cease to white-wash, let us cease to bargin-counter the *Bible*!（让我们别再美化，别再粉饰，别再把《圣经》放在廉价货品柜出售！）

When you're starting to Sunday School members, then I think you're going too far.（如果你开始向议员灌输道德规范，我就觉得你实在做过头了。）

2）次创新，已用过不止一次。

（10）Let's chopstick for dinner again.（我们晚上再去吃中餐吧。）

Ruth Buzzi houseguested with Bill Dodge.（露丝·芭泽在比尔·道奇家做客并过夜。）

3）少许定型，专业人士已意识不到源自名词。

（11）I'll key in the data at once.（我将马上键入这些数据。）

This time CBS satellited the broadcast.（这一次哥伦比亚广播公司用卫星广播。）

4）半定型，首次听到也很好理解并知道源自名词。

（12）We bicycled to his house.（我们骑自行车去他的住宅。）

The documents were paperclipped together.（文件用回形针别在一起。）

5）多半定型，一般人已意识不到源自名词。

（13）He used to smoke a pipe.（他过去经常抽烟斗。）

The plane finally landed on a lake.（飞机最终在湖面上降落。）

6）完全定型，根本意识不到源自名词。

（14）They decided to boycott the conference.（他们决定联合抵制那个大会。）

[源自专名 C. C. Boycott（1832－1897），英国在爱尔兰的土地承租管理人，在艰难时期因拒减佃农地租而遭抵制。]

He is slated for ambassador to Australia.（他被内定为驻澳大利亚大使。）

[源自名词 slate“（记事）石板”。]

类似的阶段在汉语里同样存在，限于篇幅就不再举例。从创新到定型，从修辞到语法，这是语言演变的一般规律。要强调的一点是，尽管从修辞到语法是一个连续统，但是我们也不应该把修辞和语法混同起来，两头的对立还是明显的。借用吕叔湘（1979：11）的比方，中高纬度的地区不像赤道地区昼和夜的区分十分明显，黎明和黄昏的时段长，但是这不等于说那里没有昼和夜的区分。

4 不对称的认知原因

动词名用是一般现象，而名词动用是特殊现象，不仅汉语如此，其他语言如英语也是如此。现在我们要问，是什么原因造成语言中普遍存在“动词名用”和“名词动用”的不对称？

这种不对称是名词和动词之间的不对称造成的，而名词和动词的不对称归根结底是人对事物和动作的认知差异造成的。具体说，事物可以在概念上独立，完全可以想象一个事物而不联想到动作，相反，动作概念总是依附于相关的事物，不可能想象一个动作而不同时联想到跟动作有关的事物。例如，“殴打”这个动作概念不能离开“人”这个事物概念而独立存在，而“人”的概念完全可以脱离“殴打”这个动作概念而独立存在（参看 Langacker 1987：299）。动词如果名词化，如“吃”变为“吃的”，在概念上并没有增加什么成分，因为“吃”这个概念已经包含“吃的人”和“吃的东西”；相反，名词如果动词化，如“奶孩子”中的“奶”，概念上肯定要增加些什么。难怪潘慎等人（1996）反对说古汉语“军”（名词）用作动词表示“驻军”是“词类活用”，因为“驻军”实际是“动词＋名词”，比“军”增加了动作的概念。认知上的这种不对称决定了我们在汉语中可以用动词来转指相关的名词，但是不能反过来用相关的名词来转指动词：

（15）造反的（农民）　＊农民的（造反）
　　　建造的（桥梁）　＊桥梁的（建造）
　　　画图的（工具）　＊工具的（画图）
　　　聪敏的（孩子）　＊孩子的（聪敏）

有好几项失语症研究都报道说，失语患者从头脑中提取动词比提取名词困难得多。例如一名英语失语患者说出的一段话几乎都是名词：

(16) Water... man, no woman... child... no, man... and girl... oh dear... cupboard... man, falling... jar... cakes... head... face... window... tap...

他描述的厨房场景其实充满了各种动作，水槽在溢水，女人手忙脚乱，男孩去够饼干盒差点儿弄翻了凳子，女孩在一旁观看。Aitchison (1994: 102) 指出这不是因为名词的数量比动词多，而是因为表示事物的名词是独立的，不受句法关系的限制。

名词一般用来指称事物，动词一般用来陈述动作，但是说“演员和走穴”这个短语里的“走穴”和“演员”一样是用来指称的名词儿（指称一个动作），没有人会反对。相反，要是有人说跟“走穴”并列的“演员”是用来陈述的动词，几乎不会有人同意。正如 Hopper & Thompson (1984) 指出的，名用的动词说出“一个被视为实体的动作”，而动用的名词并不是说出“一个被视为动作的实体”，只是说出一个与某实体有关的动作。换言之，名用的动词仍然说出一个动作，尽管在话语中这个动作是指称的对象，而不是陈述的对象，因此名用的动词仍然具有动词性，不是一个道地的名词。例如，英语 V-ing 形式的动词仍可受 not 和其他副词的修饰，如“We are talking about John *not/soon* having a sabbatical”，跟汉语“我们在谈论老张的迟迟不休假”里的“休假”表现一样。相反，动用的名词不再说出一个实体，而是用来陈述一个动作。在英语里它已经转变成动词，不再具有任何名词的性质，要加时态/数标记-ed 或-s，在汉语里它也是按一个道地的动词用，可以加“了、着、过”和动量成分：

(17) We squirreled away $500 last year.（我们去年存款 500 元。）

She breakfasts with the mayor on Tuesdays.（她每周二和市长共进早餐。）

我又大款了一回。

我还没有博客过。

动词名用符合一般的“隐喻”规律。Lakoff & Johnson（1980：31）指出：“人们用本体隐喻（ontological metaphor）来理解事件、动作、活动和状态。通过隐喻，事件和动作被理解为实体。”只有将活动视为一个实体之后，人才可以指称它和计量它。隐喻具有单向性，一般是用具体的概念隐喻抽象的概念，不会反过来用抽象的概念隐喻具体的概念，因为人类的认知特点就是处理具体的概念比处理抽象的概念容易。动词名用就是将一个抽象的活动当作一个具体的实体看待，没有特殊原因我们不会将具体的实体当作抽象的动作来看待。

5 境迁语

名词动用不仅在概念上要增加些什么，而且增加的部分是随语境而变化的。一般的语义理论都区分“称语”（denotational expressions）和“指语”（deictic expressions），前者如“人，蓝，走，日子，单身汉”，后者如“他，那里，昨天，那个单身汉”。称语有固定的内涵和外延，例如“单身汉”的内涵是“未婚男子”，外延是现实或想象世界中的未婚男子。指语虽然有固定的内涵和外延，它的所指对象是随语境而迁移的，例如“他”的固定内涵是“男子”，外延是现实或想象世界中的男子，但是它的所指对象随说话的时间、地点、场合而变化。Clark & Clark（1979）指出，“新创名源动词”既不属于称语，也不属于指语，而是构成一个新的范畴“境迁语”（contextual expressions），它的内涵和外延是随语境而变化、而迁移的。以英语的新创名源动词 siren 为例：

（18） a. The fire stations <u>sirened</u> throughout the raid.（空袭中消防站始终响着警报器。）

b. The factory <u>sirened</u> midday and everyone stopped for lunch.（正午工厂的报时汽笛一响，大家都停工吃午饭。）

c. The police <u>sirened</u> the Porsche to a stop.（警察鸣响警报器逼使那辆保时捷停下来。）

d. The police car <u>sirened</u> up to the accident.（警车一路响着警报器

开到事故现场。)

e. The police car sirened the daylights out of me. (警车警报器呜呜响，吓得我昏天黑地。)

sirened 的意思在 a 里是“开响报警器”，在 b 里是“用汽笛报时”，在 c 里是“用警笛警告”，在 d 里是“响着警笛快驶”，在 e 里是“用警笛恐吓”。语境无穷多，意思也无穷多。再比如，名源动词 bottle 除了有“装瓶”(bottle the beer) 和“扔瓶子袭击”(bottle the demonstrators) 的意思，假定说话人和听话人都知道 Max 有一个嗜好，就是偷偷地走到人背后拿瓶子去抚摩人家的腿肚子，那么在这样的语境里，下面这句话里的 bottle 就会被理解为“用瓶子抚摩别人的腿肚子”：

(19) Well, this time Max has gone too far. He tried to bottle a policeman. (这一次麦克斯可是太过分了，他居然想用瓶子去抚摩警察的腿肚子。)

古汉语活用作动词的名词大多也是“境迁语”，例如方位名词“东”：

(20) 栾黡曰：“晋国之命，未是有也。余马首欲东。”(《左传·襄公十四年》)

(东 = 向东)

齐侯执阳虎，将东之。(《左传·定公九年》)

(东 = 囚禁于东鄙)

成子将杀大陆子方，陈逆请而免之。以公命取车于道，及黡，众知而东之。(《左传·哀公十四年》)

(东 = 使……东返)

仲子曰：“……今无故而废之，是专黜诸侯，而以难犯不祥也。君必悔之。”公曰：“在我而已。”遂东太子光。(《左传·襄公十九年》)

(东 = 徙……于东鄙)

再例如活用作动词的“门”是表示“攻门”还是“守门”，完全由上下文来确定，例如：

(21) 晋人不得志于郑，以诸侯复伐之。十二月癸亥，门其三门。(《左传·襄公九年》)

(门＝攻门)

四年春，蔡昭侯将如吴。诸大夫恐其又迁也，承，公孙翩逐而射之。入于家人而卒。以两矢门之，众莫敢进。(《左传·哀公四年》)

(门＝守门)

王克仲(1989：90) 在举出这些例子后特别说，“读古书时，凡此等情形需要特别留意”。清代的袁仁林早在《虚字说》中把“人其人，火其书，庐其居”“生死肉骨”“土国城漕”里上一字的用法称作“实字虚用，死字活用”，说“用字之新奇简练此亦一法”，并且说虚用活用“必由上下文知之，若单字独出，则无从见矣”，“此等用法，虽字书亦不能遍释”。Clark & Clark 表达的几层意思在那里已经都表达出来，此外《虚字说》还表达了一层意思：“凡死皆可活，但有用不用之时耳。”就是说，凡是名词都可以这么活用，不存在能不能活用的问题，只有说话人是不是采取这种用法的问题。

Bisang（2008）认为，先秦汉语名词用作动词的时候，意义变化是可以根据词义和句式的意义来预测的。

(22) 桑土既蚕，是降丘宅土。(《尚书·禹贡》)

甲戌晦，日有食之。京师蝗。(《后汉书·孝桓帝纪》)

都是不及物句，“蚕”是“养蚕”，“蝗”是“闹蝗灾”。

(23) 己亥，与楚师夹颍而军。(《左传·襄公十年》)

祝聃射王中肩，王亦能军。(《左传·桓公五年》)

都是不及物句，第一个“军”是“驻扎军队”，第二个“军”是“指挥军队”。

（24）从左右，皆肘之，使立于后。（《左传·成公二年》）

上尝得佳鹞，自臂之，望见徵来，匿怀中。（《资治通鉴·唐纪·太宗贞观二年》）

都是及物句，“肘”是“用肘推”，“臂”是“放在臂上”或“用臂托”。

（25）项王怒，悉令男子年十五已上诣城东，欲坑之。（《史记·项羽本纪》）

乃沟公宫，曰：“秦将袭我。”（《左传·僖公十九年》）

都是及物句，“坑”是“埋……在坑内”，名词“坑”是放置的处所，“沟”是“在……周围挖沟”，名词“沟”是动作的结果。

（26）夫子将有异志，不君君矣。（《左传·昭公十七年》）

是臣代君君民也，忠臣不为也。（《晏子春秋·内篇杂下》）

都是及物句，第一个“君”是“把……当作君”，第二个“君”是“以君的身份统治……”

（27）承宗庙，母天下，岂易哉！（《后汉书·邓皇后纪》）

今丞相数病，望之不问病；会庭中，与丞相钧礼。时议事不合意，望之曰：“侯年宁能父我邪！”（《汉书·萧望之传》）

都是及物句，“母”是“像母亲一样爱养”，“父”是“跟我的父亲同年”。

（28）晋人不得志于郑，以诸侯复伐之。十二月癸亥，门其三门。（《左传·襄公九年》）

以两矢门之，众莫敢进。（《左传·哀公四年》）

都是及物句，第一个“门”是“攻门”，第二个“门”是“守门”。

（29）衣儒衣，冠儒冠，而不能行其道，非其儒也。（《盐铁论·刺议》）
解衣衣我，推食食我。（《汉书·韩信传》）
好养豕，食其肉，衣其皮。（《后汉书·东夷挹娄传》）

都是及物句，第一个“衣”是“穿（衣）”，第二个“衣”是“给……衣穿”，第三个“衣”是“将……制成衣”。

如此复杂多样的语义变化，仅仅靠词的词义及其在及物句和不及物句中的位置是根本做不到完全预测的。

有一些按“生成语法”的理论研究这类现象的人认为，名源动词不是创造而是派生而成的，例如 McCawley（1971）说下面 a 句里的 nailed 是从深层结构 b 句派生而来的：

（30）a. John nailed the note to the door.（约翰把字条钉在门上。）
b. CAUSED a NAIL to HOLD x ON y.（使钉子固定 x 在 y 上。）

但是类似 b 这样的深层结构并不能涵盖 sirened 和“东”在不同上下文里的不同意思。Green（1974：221）则说，源自工具名词的动词如 hammer（hammer in a nail），是“按照这件工具的设计目的并按照 NP 的通常使用方式”派生而来的。但是上面那个 bottle 的例子却表明，设计制作瓶子的目的并不是用来砸人，更不是用来抚摩别人的腿肚子。再举一个专名用作动词的例子：

（31）你别阿 Q 自己了，被人抢了还说自己不小心。
明明吃了亏还阿 Q，说什么“吃亏是福”。
他有点儿阿 Q，就怕人家说他个矮。
他去阿 Q 人家坐台小姐，结果挨了一耳光。
第一次批阅文件，他在自己的名字上阿 Q 了一个圆。

假定说话人和听话人都读过《阿 Q 正传》，知道这样一些情节：第一，打阿 Q 的人让他说“人打畜生”，阿 Q 就说“打虫豸，我是虫豸”；第二，阿 Q 有精神胜利法，被人打后还说“就算被儿子打了”；第三，阿 Q 因为有癞疮疤，就忌讳别人说“癞”“光”“亮”等字眼；第四，阿 Q 用动作和言语欺负调戏小尼姑；第五，阿 Q 临刑前画押，生怕画得不圆被人笑话。那么上面五个句子里的“阿 Q”就会分别被理解为“自轻自贱”，“自我安慰”，“忌讳提自己的缺点”，“过分认真地画”，等等意思。言谈双方对阿 Q 的行为举止知道得越多，可以造出的句子就越多。

总之，新创名源动词不可能是通过派生生成的，它的生成条件是：遵循“合作原则”的说话人相信，根据他和听话人的共有知识（包括一般知识和特殊知识），听话人很容易得出唯一的理解，即用名源动词所描述的那种情状；在那种情状中，源名词充当一个角色，动词的其他相关 NP 充当其他角色。Clark & Clark（1979）一文最后说，现在的主流语法学界所关心的“人类的语言创造能力”没有包括创造“境迁语”的能力，这是令人遗憾的。

最后要点一下，“演员是个动词”也是个境迁语，例如：

（32）演员是个动词，就是要不停地拍戏。
演员是个动词，就是一年到头不断走穴。
演员是个动词，就是要不断地改进演技。
演员是个动词，就是假戏真做，假夫妻做成真夫妻。

6 要区分一般和特殊

现在把上面说的归纳一下。无论是英语还是汉语，现代汉语还是古代汉语，相对而言，动词名用是一般现象，而名词动用是特殊现象。造成这种不对称的根本原因是认知上的。在汉语里，动词名用既不像英语的 proposal/creation/excitement 那样由动词转化为名词，也不像英语的 seeing 和 to rest 那样临时活用作名词，而是一种一般用法。汉语里的名词动用虽然不像英语的 tead 那样由名词转化为动词，但是属于临时活用，不仅因为这样用的名词可以临时加“了、着、过”和动量词，还因为它总是根据语境在概念上增加些什么。

区分一般现象和特殊现象对于建立汉语的词类体系至关重要。吕叔湘（1979：46）说：“凡是在相同条件下，同类的词都可以这样用的，不算词类转变。”朱德熙（1985：5）也因为汉语动词一般能做主宾语而又没有形态变化而反对“名词化”一说。吕氏和朱氏都十分看重区分一般和特殊的原则。但是我们发现，还是有不少忽视这条原则的情形。

一种经常听到的说法是，汉语里特别是古汉语里动词可以活用作名词，名词也可以活用作动词，或者说，汉语的动词可以当名词用，名词也可以当动词用，总之是把两种情形等量齐观。显然这种说法混淆了一般和特殊，忽视了动词名用和名词动用的不对称。例如，何乐士（1989）等不少人认为，先秦汉语里做主宾语的“N 之 VP”虽然加了“之”，但是仍然和不加“之”的“N + VP”一样是动词性的主谓结构，例如：

（33）民望之，若大旱之望云霓也。
民之望之，若大旱之望雨也。
是故愿大王孰计之。
是故愿大王之孰计之。

他们认为“之”只是起个把主语和谓语粘连起来的作用，“民之望之”和“大王之孰计之”仍然是动词性的主谓结构，跟“民望之”和“大王孰计之”一样。这种观点在现代汉语的翻版就是说“这本书的出版很有意义”和“我反对这本书的出版”里的“这本书的出版”仍然是动词性的主谓结构，“的”是一个插在主语和谓语当中的功能成分。须知这是把特殊现象当成了一般现象，因为这种“N 之 VP”或“N 的 VP”结构很少充当句子的谓语，做主宾语才是它的一般用法。

何莫邪（1983—1985）认为，先秦汉语里做谓语的名词本质上是一种“分类性动词”，他的论证如下：

(34) 我必不仁也。
　　　旷也太师也。

“必不仁”做谓语加“也”，“太师”做谓语加“也”，所以“太师”跟“仁”一样是动词，只不过是分类性的。然后他又进一步说，先秦汉语里做主宾语的名词跟做谓语的名词一样，本质上也是一种“分类性动词”：

(35) 吾少也贱。
　　　旷也太师也。

“吾少”做主语加“也”，“旷”做主语也加“也”，所以“旷”跟“少”一样也是动词，只不过是分类性的。

这是混淆一般和特殊的极端情形。名词的一般功能是做主宾语，做谓语是它的特殊功能，何氏完全是把特殊现象当成了一般现象，受到朱德熙（1988）的批评。朱先生说：“由于受了印欧语语法观念的影响，从过去到现在一直有人想把主语位置上的动词解释为名词。这跟何莫邪想把主语位置上的名词解释为动词，方向正好相反。在我们看来，这两种说法都是不能成立的，至少是没有必要的。”这就是说，“名词化”一说是把一般现象当成了特殊现象，而“分类性动词”一说是把特殊现象当成了一般现象。

有人拿“小王黄头发”和“树上三只喜鹊”这样的例子来证明汉语里名词做谓语是自由的。其实这些用例只限于判断句和存在句，还至少要受三方面的限制——第一，限于肯定句，否定句不行：*小王不黄头发。第二，须带数量成分：*树上喜鹊。第三，须是不可度让的领属物：*小王黄皮鞋（沈家煊 1999：259—262）。

只要坚持贯彻“区分一般和特殊”的原则，我们在建立汉语的词类体系时就不能接受“名词化”一说，更不能接受“分类性动词”一说。真要接受了“分类性动词”一说，“演员是个动词”的说法还有什么修辞效果可言？但是，我们可以而且应该把何氏的说法反过来，说汉语的动词如“表演”和“走穴”本质上是一种“动态性名词”。关于这一点，沈家煊

(2007，2008a/b）诸文有详细的论证，这里就不再多说。

最后要提一提“爱是个动词”的说法。我们开头说“演员是个动词”是修辞说法，“表演是个名词”的说法是语法专家在那里抠词类，“走穴是个新名词儿”不是修辞说法，而是一般说法。但是“爱是个动词”的说法却有点修辞的味道，虽然“爱”本身是个动词，例如：

(36) a. 爱是一个动词，它需要默契、理解、包容和让步。

b. 爱，也许是言语，也许是动作，但是绝不是什么也不做、什么也不说地只放在心里。爱是一个动词。

c. 在一切伟大的文学作品中，爱都是一个动词。习惯于对事件做出反应的人往往把爱当作一种感情，他们感情用事。

“爱”虽然本身是动词，但正因为汉语里的动词也是名词，所以在一定的语境里仍然有必要强调它是动词。从上面三个例子可以看出，“爱是个动词”也是“境迁语”，它表达的意思是随语境而迁移的。

参考文献

陈承泽 1982，《国文法草创》，商务印书馆。

戴浩一 1997，《汉语的词类转变和汉语构词的羡余原则》，《中国境内的语言暨语言学》第 3 期。

何乐士 1989，《〈左传〉的［主·“之”·谓］式》，载《〈左传〉虚词研究》，商务印书馆。

何莫邪（Harbsmeier，Christoph）1983—1985，《先秦汉语的名词从何处来?》（Where do Classical Chinese nouns come from?），《古代中国》（*Early China*）第 9—10 期。

吕叔湘 1979，《汉语语法分析问题》，商务印书馆。

潘慎等 1996，《古代汉语中无词类活用》，载《语文新论——〈语文研究〉15 周年纪念文集》，山西教育出版社。

沈家煊 2007，《汉语里的名词和动词》，《汉藏语学报》第 1 期。

沈家煊 2008a，《“病毒”和“名词”》，中国语言学会第 14 届学术年会（浙江温州）论文。

沈家煊 2008b，《我看汉语的词类》，《语言科学》2009 年第 1 期。

王冬梅 2001，《现代汉语动名互转的认知研究》，中国社会科学院研究生院语言系博士学位论文。

王克仲 1989，《古汉语词类活用》，湖南人民出版社。

朱德熙 1985，《语法答问》，商务印书馆。

朱德熙 1988，《关于先秦汉语里名词的动词性问题》，《中国语文》第 2 期。

Aitchison, Jean 1994. *Words in the Mind: An Introduction to the Mental Lexicon*. 2nd ed. Oxford: Blackwell.

Bisang, Walter 2008. Precategoriality and Syntax-based Parts of Speech: The Case of Late Archaic Chinese. *Studies in Language* 32 (3): 568 – 589.

Clark, E. V., & H. H. Clark 1979. When Nouns Surface as Verbs. *Language* 55 (4): 767 – 811.

Green, Georgia M. 1974. *Semantics and Syntactic Regularity*. Bloomington: Indiana University Press.

Grice, H. P. 1975. Logic and Conversation. *Syntax and Semantics*, III: *Speech Acts*, ed. by Peter Cole & J. L. Morgan, 41 – 58. New York: Academic Press.

Hopper, Paul J., and Sandra A. Thompson 1984. A Discourse Basis for Lexical Categories in Universal Grammar. *Language* 60: 703 – 752.

Jespersen, Otto 1924. *Philosophy of Grammar*. London: George Allen & Unwin Ltd.

Langacker, Ronald 1987. *Foundations of Cognitive Grammar*, Vol. 1. Stanford: Stanford University Press.

Lakoff, George, & Mark Johnson 1980. *Metaphors We Live By*. Chicago, London: University of Chicago Press.

McCawley, James M. 1971. Prelexical Syntax. Linguistic Developments of the Sixties: Viewpoints for the Seventies, ed. by R. J. O'Brien. *Monograph Series on Languages and Linguistics*, Georgetown University, 24: 19 – 33.

（原载《当代修辞学》2010 年第 1 期）

英汉否定词的分合和名动的分合

To be, or not to be: that is the question.
——莎士比亚《哈姆雷特》

无为有处有还无。
——曹雪芹《红楼梦》

Is that all there is? Is that all there is?
——佩姬李演唱流行曲《如是而已》

有，还是没有啊？这个可以有。这个真没有。
——赵本山小品《不差钱》

0 “名动分立”和“名动包含”

范畴甲和范畴乙的对立有两种情形，一种是非此即彼的排除关系，可称为“甲乙分立”，另一种是非排除的包容关系，可称为“甲乙包含”。前者如汉语里“男人”和“女人”的对立，后者如英语里“man”和“woman”的对立。Jacobson（1932，1939）早就在 Trubetzkoy（1931）的音位对立理论的基础上指出形态学中有后一种对立的存在：

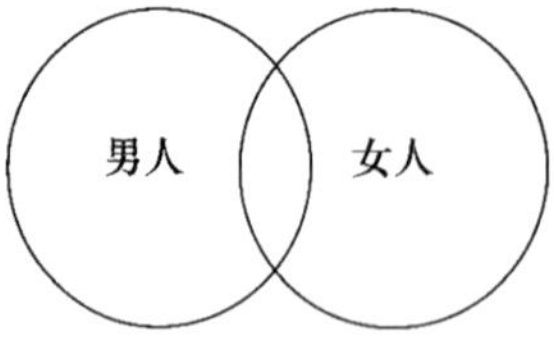

甲乙分立
男人[+阳性]，女人[+阴性]

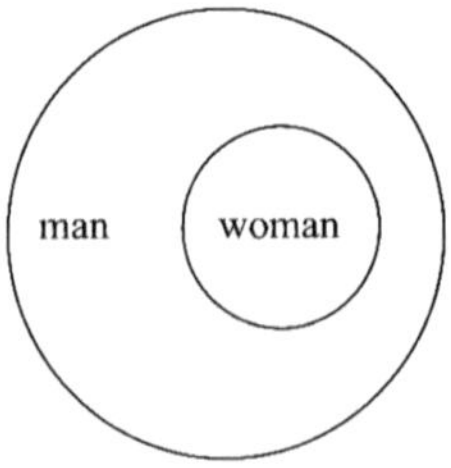

甲乙包含
man[–阴性]，woman[+阴性]

这里的“man [-阴性]”表示“man没有标明是否具有[阴性]特征”。

就名词和动词的对立而言，当今的“生成语法”从英语出发，认为人类语言里名词和动词的对立都是分立模式，即名词[+N]，动词[+V]。这是只看到前一种排除关系的对立，其实人类语言还有名动包含的模式，即名词[-V]（表示名词没有标明是否具有[V]特征），动词[+V]。沈家煊（2007，2008a、b，2009a，2010a）诸文已从几个不同的角度论证汉语名词和动词就属于这种包含模式。

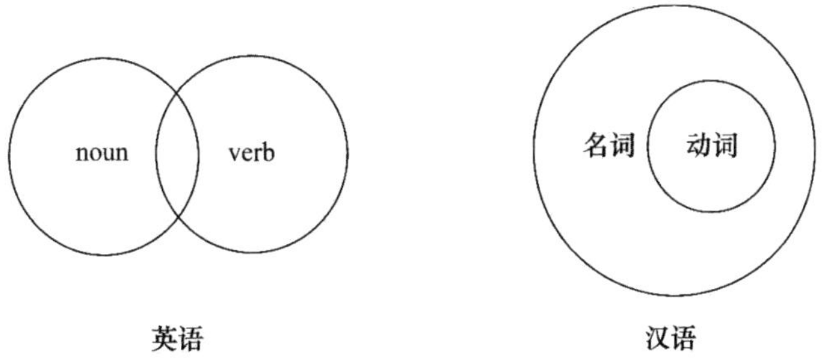

英语noun和verb的对立好比“男人”和“女人”的关系，而汉语名词和动词的区别好比“man”和“woman”的关系。从一个角度看，可以说汉语里名词和动词是不分的，因为动词也是名词；从另一个角度看，可以说汉语里名词和动词又是分的，因为名词不都是动词。这个格局就是名词和动词的包含模式，动词作为一个特殊的次类包含在名词这大类里边。除了汉语，最近有Kaufman（2009）论证他加禄语（Tagalog）所有的实词都是名词，Larson（2009）认为汉语跟伊朗一些语言一样，很可能名词是一个包含动词在内的“大名词类”，这两篇文章的结论倒都是按照“生成语法”的有关理论推导得出的。

本文从英语和汉语否定词的分合来看两种语言名动的分合，从而进一步证明上述观点的合理性。①

① 先要说明的是，否定词是否按名动分立只是名动是否分立的“旁证”。只有名动不分立的语言才可能是否定词不按名动分立，但是否定词不按名动分立的语言不一定就名动不分立。“名动包含”的模式里，名词和动词既有不分的一面，又有分的一面，所以这个模式的语言或方言也可能有不同的否定形式来否定名词和动词。

1 英语的 no 和 not

英语，名词和动词分立，所以名词有名词的否定词 no，动词有动词的否定词 not。No 是个限定词，否定名词的时候加在名词前，例如：

（1）*No teachers* went on strike.（没有一个教师罢教。）

I've got *no Thursdays* free this term.（这学期哪个星期四我都没有空。）

She had *no idea* what I meant.（她不理解我的意思。）

No honest man would lie.（诚实的人不会说谎。）

Sorry, there's *no time* to talk.（对不起，没有时间交谈了。）

还有 nobody, nothing, none（no-one）, nowhere 这些"no + 名"凝固成一个词的，或凝固成一个习用短语的，如 no doubt, no problem。

而 not 是个副词，否定动词和形容词的时候附加在助动词 do, have, would 等和系动词 be 后，上面几句的意思用 not 来表达就是：

（2）The teachers *did not* go on strike.

I *haven't* got any Thursday free this term.

She *didn't* have any idea what I meant.

An honest man *would not* lie.

Sorry, there*'s not* any time to talk.

有时候看上去是 not 在否定名词，其实 not 否定的还是动词，只是动词省略了而已，如：

（3）Who's paying? —— *Not* me.（谁来付账？不是我。）

The students went on strike, but *not* the teachers.（学生罢课，但是教师没有罢教。）

前一句的 not me 实为 it's not me 的省略，后一句不能倒过来说成：

* Not the teachers went on strike, but the students. （教师没有罢教，但是学生罢课。）

这证明 but not the teachers 实为 but the teachers *did not* 的承前省略。下面几句里 not 也不是直接否定名词，而是否定名词前头的数量：

（4） We left *not one* bottle behind. = We left no bottle behind. （我们一个空瓶子也没留下。）

Not a word would he say. = No word would he say. （他将不置一词。）

Not many people attended the meeting. （参加那次会议的人并不多。）

Not a, not one, not any 等可以用 no 替换，not many 可以用 few 替换。

用 no 来否定形容词，除个别习语如 no good, no different 外，一般只限于比较句，形容词为比较级，但只是为了强调才这么用，一般还是用 not：

（5） Are you really fifty? You look *no older* than thirty-five. （你真的 50 岁了？看上去连 35 岁都不到呢！）

You don't look older than thirty-five （你看上去在 35 岁以下。）

汉语里没有相当于英语 no 的否定词，中国人学英语常犯的错误就是该用 no 的地方用 not （上海外国语学院英语系英语教研组 1963）：

（6） 他没有一个兄弟。

* He has not a brother.

He has no brother.

（7） 大家都答不上来。

* Every one could not answer.

No one could answer.

（8）他没有任何遗憾的表示。

* He showed no any sign of regret.

He showed no sign of regret（at all）.

He didn't show any sign of regret（at all）.

（9）我没有这一种字典。

* I have not such dictionary.

* I have no such a dictionary.

I have not such a dictionary.

I have no such dictionary.

再看法语。法语的否定词也有两个，nul/nulle 是限定词，用来否定名词，ne 是副词，用来否定动词。法语的名词和动词也是分立的两个类。

（10）*nul* espoir（没有希望）

san *nulle* vanité（毫不自满）

Nul homme ne t'approuve.（没有人赞同你。）

Il n'a *nulle* cause de se plaindre.（他没有理由抱怨。）

和英语 no 不同的地方是，nul/nulle 通常要和 ne 或 san 一起用。

副词 ne 出现在动词前，经常是动词后再加 pas，point 等否定小词，使否定程度强一些：

（11）Il *ne* cesse de parler.（他老是说个不停。）

Je *ne* sais que faire.（我不知道怎么办好。）

Je *ne* sais *pas*.（我一点不知道。）

Elle *ne* le veut *point*.（她一点也不要。）

总之，英语和法语，否定词最重要的区分是区分“否定名词”还是“否定动词”。

2 “不/弗”和“毋（无）/勿”

汉语的否定词首先不是区分“否定名词”还是“否定动词”，而是区分“直陈否定”还是“非直陈否定”。

吕叔湘（1942/1982：234 – 242）指出，周秦汉语里“不/弗”用于直陈式否定，“毋（无）/勿”用于非直陈式否定：

（12）君子泰而不骄，小人骄而不泰。（《论语·子路》）
不知疾之所自起，则弗能攻。（《墨子·兼爱上》）

（13）己所不欲，勿施于人。（《论语·颜渊》）
无欲速，无见小利；欲速则不达，见小利则大事不成。（《论语·子路》）

“毋/勿”除了表禁阻，也用于假设小句：

（14）若又勿坏，是无所藏币以重罪也。（《左传·襄公三十一年》）
苟毋适卫，吾出子。（《史记·孔子世家》）

甲骨文里的否定词，据龚波（2010）的论证，“不”和“弗”用于直陈否定，“勿”和“弜”用于非直陈否定（包括禁阻和假设）。甲骨卜辞多为“假设小句 + 结果小句”的形式，龚文发现假设小句都用“勿”“弜”，结果小句都用“不”“弗”（还有动词性的“亡”）：

（15）贞：马勿先，其遘雨？（《甲骨文合集》27950）
弜酒，亡雨？（《小屯南地甲骨》2261）

（16）壬王迺田，不雨？（《甲骨文合集》28617）
戊戌卜：王其逐兕，禽？弗禽？（《小屯南地甲骨》2095）

龚文认为周秦汉语否定词的首要区分跟商代甲骨文否定词的首要区分是一

脉相承的。

秦汉以前，"不/毋"否定的动词带宾语，"弗/勿"否定的动词不带宾语（丁声树 1935），这种区别仍然不是"否定名词"和"否定动词"的区别：

(17) 虽有嘉肴，弗食，不知其旨也；虽有至道，弗学，不知其善也。（《礼记·学记》）

不知疾之所自起，则弗能攻。（《墨子·兼爱上》）

无友不如己者，过则勿惮改。（《论语·学而》）

秦汉以后，这种分别消失，"弗/勿"跟"不/毋"一样都可以带宾语，后世"毋/勿"只限于命令/禁止（禁止之词还有"莫""休"和"别""甭"）。

英语表示禁阻和假设，可以用 not（即 do not，don't），但是也可以用 no，以禁阻为例：

(18) Don't you open the door!（勿开此门！）

Don't fool yourself that you can get away with it!（勿存就此逃脱之妄想！）

(19) No one open the door!

Let no one fool himself that he can get away with it!

用 no 时还和 V-ing 形式（已经名词化）连用，连用形式或单独使用（例如出通告），或用在 there is 后面：

(20) NO SMOKING （禁止吸烟）

NO PARKING （请勿停放车辆）

Sorry, there's no smoking in the waiting-room.（对不起，候诊室不准抽烟。）

可见英语的否定不注重直陈和非直陈的区别。

3 “没/无/未”和“不/非”

汉语注重区分“直陈否定”和“非直陈否定”，特别表现在区分是不是对“有”的否定，可称为“有的否定”和“非有否定”。“有的否定”用“没/无/未”，“非有否定”用“不/非”，后者包括对“是”的否定。（“不有”实为“不是有”，只用于反问和假设。）

吕叔湘（1942/1982：238）指出，“有的否定”注意点在动词的事变性（有没有这件事），“非有否定”注意点在动词的动作性（做不做这件事）。

（21）他没（有）去。　（没有“他去”这件事）
　　　他不去。　（不做“他去”这件事）

英语“他没去”是 He didn't go，“他不去”是 He won't go，都用 not 来否定，可见英语不注重“有的否定”和“非有否定”的区分。

汉语里“有”是“有”，“是”是“是”，“有”和“是”是两个分立的概念，所以否定“有”有否定“有”的否定词“没”，否定“是”有否定“是”的否定词“不”。“是”的概念在汉语里通常无须用“是”字来表达，如“陈婴者，故东阳令史”和“老王上海人”，只有否定它的时候才加否定语词“非”和“不是”，如“鲸非鱼也”和“我不是上海人”。

“是”属于“非有”范畴。“非有”的注意点在“做不做这件事”，而“做不做这件事”跟“是不是这件事”一样是个“是非”问题，不是真正的直陈。在应对命令/禁止的时候，用的也是一个“是”字：

（22）他不开枪？——是。（是不是这件事）
　　　开枪射击！/别开枪！——是。（做不做这件事）

而“有没有这件事”是个“有无”问题，是真正的直陈，“有无”问题跟非直陈无关：

(23) 有没有开枪？——有。(有没有这件事)
开枪射击！/别开枪！——*有。(做不做这件事)

汉语里的“是”不完全对应于英语里的 be，“是”的源头跟“指示”有关，引申义跟“是非”有关，都有主观性和非直陈性。像“人家是丰年”“我是日本太太”这样的“是”字句，表达的是一种“主观认同”或说话人的“移情”（沈家煊 2008c，2009b）。否定“是”的“不”在否定其他动词的时候有语用上的隐涵义“有意不”，如“他不去”有“他不愿意去”的意思。

英语表达“是”的概念用 be，表达“有”的概念用 there be，仍然离不开 be。否定 be 是 be not，否定 there be 还是 there be not。可见英语里“是”和“有”是不怎么分的，“There is a unicorn in the garden”（花园里有一只麒麟）这句话，可以把 there is 看作一个单位，也可以把 there“那儿”和 is 各看作一个单位，there 看作句子的主语。有很多证据支持 there be 里的 there 是一个独立的成分，例如：

(24) Mary did homework and wrote a letter this morning. （玛丽今天上午做作业写信。）
*Mary wrote and Tom received a letter. （*玛丽写了汤姆收到一封信。）
There are two cats and also a dog on the mat. （地席上有两只猫和一只狗。）

前二例表明“等同名词删略”只适用于主语，不适用于宾语，因此最后一句里的 there 应该是主语。下面两句在结构上完全对应：

(25) We believe *Smith* to be the culprit. （我们相信史密斯是罪犯。）

We believe *there* to be an error in this proof.（我们相信校样有一处错误。）

there 对应于独立的 Smith，所以 McCawley（1988：84－88）认为“There is a unicorn in the garden”一句应该是“A unicorn is in the garden”（有一只麒麟在花园里）插入主语 there 的结果。

归纳起来我们可以说，英语里 there be“有”也是一种 be“是”。赵元任（1976）曾经说过下面一段话：

> ［英语的］“There is”无法直译成汉语，汉语里只有“有”。“There is a man”译成“有人”。……碰巧的是，“There is”与“has”都译作“有”，而“有”字与作“是”字解的“is”没有任何关系。所以，西方哲学中有关“存在（being）”的问题很难用汉语说清楚，除非特别切断“存在”与“是”的联系，把它与“有”挂钩。

这段话的意思可以解释为：英语里讲“being”（是）的概念不能不跟“there is”（有）的概念挂钩，汉语里讲“是”的概念可以不跟“有”的概念挂钩，“是”的概念是独立的，所以汉语的“有”不完全对应于英语的 there be。

英语 have 表“拥有”，（there）be 表“存在”，两个概念是分开的，而汉语三千年来“有”字同时表“拥有”和“存在”（余霭芹 2009）。在中国人的心目中，“拥有”和“存在”有紧密的联系，可以互相转化，“X 拥有 Y”意味着“X 那儿存在着 Y”，可比较“你还有多少钱”和“你手里还有多少钱”（袁毓林等 2009，任鹰 2009）。这是汉语“有”不完全对应于英语 there be 的另一个方面。“是”“存在”“拥有”三个概念表达的英汉比较见表 1。

<table>
<tr><th>概念</th><th>英语</th><th>汉语</th></tr>
<tr><td>是</td><td rowspan="2">be</td><td>“是”</td></tr>
<tr><td>存在</td><td rowspan="2">“有”</td></tr>
<tr><td>拥有</td><td>have</td></tr>
</table>

表 1

中国人学英语，老师首先告诉 there is 的用法，提醒不要把“公园有很多游人”说成“The park has many people”，要说“There are many people in the park”。西方人学汉语，经常听到他们该说“山上有座庙”的时候犹豫不决，说成“山上是座庙”。对西方人来说，to be 还是 not to be，这是个首要问题；对中国人来说，“有”还是“无”，这是个首要问题。①

总之，从否定词的分合上看出，英语不像汉语那样注重“有”和“非有”（包括“是”）的区别。

4 首先区分什么？

最后汉语才在“否定名词”还是“否定动词”上有所区分。为什么只是说“有所区分”呢？这可以从两个角度来讲。

一、如果不把“没”看成“没有”的缩略形式，认为“没”本身是一个否定词，那么汉语的情形是：虽然“不/未”只否定动词（“不”是

① 有人提出疑问，说“山上是座庙”也属于存在句，也表示存在。其实“山上是座庙”就是表示山上“是”座庙，说话人关注的是“是不是”的问题，“是不是”一座庙的问题虽然以“有”某物（不一定是一座庙）的存在为前提，但是本身不是“有没有”这个概念上的“存在”问题。用不同的否定词来否定，正是汉语里“是”和“有”是两个不同概念的最有力的证明。英语表达前者是 On top of the hill is a temple，后者是 On top of the hill there is a hill，都要用 is，都用 not 来否定。总之，汉语“是”和“有”二者的对立大于联系，英语 is 和 there is 二者的联系大于对立。

“非有否定”，“未”是“有的否定”)，但是“没/无”既否定名词又否定动词。

(26) 不去　　　＊不车
　　 没去　　　没车
(27) 未回　　　＊未车
　　 有去无回　无车

“不车”虽然不说，“不茶不烟”“不冠不袜”这些说法也比较常见，尽管它们是较特殊的修辞用法。还有“不几天”“不两三日”“不一小会儿”等说法。另外，在“非有否定”里“不”否定动词，但是“非”既否定名词（非人非鬼），又否定动词（非不为也）。

二、如果把“没”看成“没有”的缩略形式，“没钱”其实是“没有钱”，“没”首先否定的是动词“有”，那么我们可以说“汉语的名词本身不受否定”。吕叔湘（1942/1982：234）就说过：“名词，汉语里似乎觉得他本身不受否定，所以没有和英语的 no 相当的否定词。可是我们可以否定事物的存在，就是否定‘有’，这儿不用‘不’；我们也可以否定两个事物的符合，就是否定‘是’，这个文言里也不用‘不’。”(文言否定两个事物的符合用“非”，肯定则不用“是”。)

不管从哪一个角度讲，可以说汉语的名词和动词都能用同一个否定词“没”或“无”或“非”来否定。这表明汉语注重区分“有”和“是”(属于“非有”)，“有无”和“是非”的区分如上所述也是“直陈”和“非直陈”的语气区分，所以注重“有”和“是”的区分也就是注重“直陈”和“非直陈”的区分；而“有没有这样东西”和“有没有这件事情”汉语不怎么区分，“是不是这样东西”和“是不是这件事情”汉语也不怎么区分。和汉语相反，英语里 be“是”和 there be“有”不怎么区分，注重的是“有没有是不是这样东西”（没有或不是用 no）和“有没有是不是这件事情”(没有或不是用 not) 的区分，所以首先区分的是“否定名词”和“否定动词”。当然英语也不是没有用 not 和 no 来区分语气的情形，区分的是否定语气的强弱，不过这种区分在英语里显然是第二位的：

（28） I am not a writer. （我不是作家。）

I am no writer. （我根本不会写文章。）

（29） He is not wiser than his brother. （他没有他弟弟聪明。）

He is no wiser than his brother. （他和他弟弟一样笨。）

（30） Write a composition of not less than 500 words. （写一篇作文不少于500字。）

No less than 500 people were injured or killed in the accident. （这次事故伤亡人数多达500人。）

中国人习惯于首先区分不同的语气否定，所以对英语中这一区分还是比较敏感的，也容易理解，尽管汉语里没有相当于no的否定词。

5 否定词缀

陈平（1981）在比较英语和汉语的否定词缀的时候，先指出汉语里所谓的“词缀”不是道地的词缀，然后列出两种语言的否定词缀跟名、动、形三类词根的结合情况如下（见表2、表3）：

英语

	non –	dis –	un –	in –	a –	– less
名词根	+	+	+	+	+	+
动词根	–	+	–	–	–	–
形容词根	+	+	+	+	+	–

表 2

汉语

	不 –	非 –	无 –	莫 –	未 –
名词根	（–）	+	+	–	–
动词根	+	+	+	+	+
形容词根	+	+	+	+	+

表 3

我们着眼于两个方面的差别。首先，英语的形容词根跟名词根表现一致（只有-less例外），而汉语的形容词根跟动词根表现一致。这是形容词的地位在类型学上的差异，汉语的形容词接近于动词，英语的形容词接近于名词。其次，英语总体上名词根和动词根形成对立，六个否定词缀只有dis-一个跟名词根和动词根都能结合。汉语名词根和动词根的对立是很有限的，五个否定"词缀"只有两个（莫和未）存在名词根和动词根的对立，三个（不、非、无）没有这样的对立。"不"和名词根的结合要是把"不日""不时""不力""不法""不一""不道德""不规则""不科学""不名誉"等放进来的话，也可以标（+）。汉语的主要对立是"不、非、无"和"莫、未"之间的对立。"莫"表示禁止（劝君莫惜金缕衣）或表示"无人"（狂者伤人，莫之怨也），"未"否定既事相，相当于英语的not yet（吕叔湘1942/1982：187、240、305）。

6 汉语里的"有"

与其说"汉语的名词似乎本身不受否定，没有相当于英语no的否定词"，不如说"汉语的名词似乎受'没'的否定，其实本身不受否定"。"没"否定的是"有"，而"有"在汉语里无论从历史看还是从现代方言看，都是既表示"物"（thing）的存在，又表示"事"（event）的存在：

(31) 有车　没有车/没车　有没有车
　　 有去　没有去/没去　有没有去

这是因为在中国人的心目中，"事"也是"物"，抽象的、动态的物而已；汉语里的"动词"也是"名词"，抽象的、动态的名词而已。

从甲骨文到《诗经》，再到现代方言，汉语肯定"物"和"事"的存在都是用"有"（余霭芹2009）。《诗经》里"有来"犹言"来也"，"有行"犹言"行矣"，"有哀"犹言"哀哉"（郭绍虞1979：479）。李佐丰（1985）说："'有'表示出现，不但人和事物可以出现，行为、变化等也可以出现。所以，‘有’既可以用表示人和事物的名词词语做宾语，也可以用表示行为、变化的动词词语、主谓短语做宾语。”例如：

（32）小国妄守则危，况有灾乎。（《左传·昭公十八年》）
惠公之薨也，有宋师。（《左传·隐公元年》）
人弃常则妖兴，故有妖。（《左传·庄公十四年》）
齐有彗星。（《左传·昭公二十六年》）
秋，有蜮。（《左传·庄公十八年》）
（33）齐有乱。（《左传·僖公十六年》）
十年春，王正月，有星出于婺女。（《左传·昭公十年》）
有使者出，乃入。（《左传·哀公十五年》）

李文还指出，先秦汉语里的“有”记异，而“异”包括异物和异事。前者如“有蜚，有灾，有妖，有彗星，有宋师，有年”等，后者如“有乱，有惑，有食之，有使者出”等。

就拿现代汉语普通话里的“有x有/无y”结构来说，x和y包括名、动、形三类词：

（34）有血有肉　　有去无回　　有肥有瘦
有山有水　　有吃有穿　　有大无小
有滋有味　　有说有笑　　有长有短
有板有眼　　有劳有逸　　有多有少
有口无心　　有恃无恐　　有新有旧
有气无力　　有得有失　　有高有矮
有名有姓　　有借有还　　有紧有松
有名无实　　有赏无罚　　有快有慢

据刁晏斌、李艳艳（2010），《汉语大词典》和《现代汉语词典》（第5版）中收有的以及该文作者自举的“有+单音节动素”式动词有：

(35) 有亡 有成 有同 有似 有行 有如 有若 有待 有染 有容 有得 有劳 有烦 有慢 有关 有碍 有救 有赖 有请 有损 有失 有违 有获 有变 有加 有售 有辱

其中有的古已有之（有成，有如），有的刚产生不久（有关，有售），“有”字有的已经虚化为一个没有多少意义的词头，但是大多数还是一个保留实义的动词。他们还认为“有V”表示动作的完成，“有”是一个时体标记。

其实，认为“有V”是表示“动作的完成”，把“有”看成“完成体”的标记，这是对“有”的误解，“有”就是表示“有无”的“有”，不表示别的。[①] 这在南方方言里看得最清楚，例如粤语里“有”和“无”就是表示“有没有”这件事情，跟动作的“完成没完成”是两个不同的概念：

(36) 佢今日有无食烟？（他今天有没有抽烟？）
佢不溜都有无食烟？（他平时都抽不抽烟？）

在闽南话和南部吴语里这样的用法保留最多，郑敏惠（2009）列举福州方言的用例如下：

(37) 门只昕有开。（门这时开着。）
后日有上堂。（后天要上课。）
我有想去考研究生。（我想去考研究生。）
伊有拍算起蜀落厝。（他打算盖一座房子。）
楼顶有住蜀隻侬客。（楼上住了一位客人。）
明旦伊有去，我无去。（明天他去，我不去。）

① 黄正德（1988）虽然把“他有没有去？”叫作“完成句”，但是说“完成句在语义上其实也是存在句的一种。所不同的是存在句意指人或物的存在，而完成句则意指事件或动作的存在”。

头先无遇雨，只瞒有遇雨。(刚才没下雨，现在下着雨。)
汝有看电影过来蜀下。(你要是看电影过来一下。)
伲囝都有哘读书。(孩子都在读书。)

这些用例里“有”都是表示某种动作的发生或某种状态的存在，跟未发生、不存在的“无”相对，而不是表示动作或状态的完成。吕叔湘（1942/1982：238）说：“‘未’和‘没（有）’不限于否定既事相，他的用处实较英语的完成式否定句为广。”吕先生这话所针对的现象是英语 He didn’t go（过去时）和 He hasn’t gone（完成时）在汉语里都是“他未去”或“他没（有）去”，表达后者不一定非加“还”“尚”等字，中国人不会觉得这两处的“未”字有什么两样。而上面的用例表明汉语里的“有”不仅涵盖英语的过去时，还涵盖现在时和将来时，只要是表示动作或状态的存在，就都可以用“有”。①

现代汉语普通话，否定动作的存在还说“没有去”，肯定动作的存在不再说“有去”，因为已经有了表动作实现的“了”，说“去了”，而动作的实现也就意味着动作的存在。不过我们仍然不应把“了”和英语里的完成体等同看待，例如：

(38) 门口站了一个警卫。
他们打了起来。
山上的叶子红了大半。
小王现在有（了）很大的改变。(王伟 2010)

第一例也可以说成“门口站着一个警卫”，意思基本不变；第二例到底是动作“打”的完成还是开始？第三例到底是性状“红”的终结还是出现？最后一例“了”可有可无，因为“了”已经有“有”的意思。另外，近年来南方方言“有去”的说法又在普通话里复活，特别是年轻人用来取代“去了”的说法，因为普通话本来就有“有没有去”的说法。

① 完权向笔者提供了一个他听到的实例：甲问：“他是住在北语附近吗？”乙答：“没有。”

总之，汉语“拥有”和“存有”不分，“有事物”和“有事件”也不怎么分，这可用下面的两对例子来概括：

(39) 他/眼眶里有眼泪　他/眼眶里的眼泪
狱警/牢里有打骂　狱警/牢里的打骂

7 “有”的引申义

“有”引申出“量多，丰富”义，汉代以后的经师直至戴震都指出这一点，余霭芹（2009）指出这一引申见于多种南方方言，如吴语“有得受他的气哩”，温州话“好不有”，“受得气有”等，其实普通话也不乏“有的是”“有钱”“有意思”这样的说法。

值得注意的倒是“有”表“多”也不限于名词，还用于动词和形容词，“有+名/动/形”都变成表达“量多”的摹状词，从古代到现代都是如此。《诗经》的例子：

(40) 乐且有仪（《小雅·菁菁者莪》）
有秩斯怙（《商颂·烈祖》）
中心有违（《邶风·谷风》）
明星有烂（《郑风·女曰鸡鸣》）
四牡有骄（《卫风·硕人》）
有恍有溃（《邶风·谷风》）

现代方言的例子更多，如厦门话、台湾话、梅县话等（余霭芹2009），“有”已经虚化为摹状词的标志，凸显状态的存在：

(41) 有额，有岁（年纪大），有销（畅销），有穿（耐穿），有重（够斤两），有煮（米的出饭量大），有水（漂亮）

还值得注意的是，《诗经》里“有 x”和重叠形式“xx”一样，起到摹状的作用（王显 1956），而重叠的 x 大多是形容词或动词，如：有忡 = 忡忡，有荡 = 荡荡，有楚 = 楚楚，有赫 = 赫赫，有蕡 = 蕡蕡，有扁 = 扁扁，有力的例证来自对文和互参：

（42）四牡有骄，朱愤镳镳。（《卫风·硕人》）
行道迟迟，中心有违。（《邶风·谷风》）
桃之夭夭，有蕡其实。（《周南·桃夭》）
幽幽南山（《小雅·斯干》）
其叶有幽（《小雅·隰桑》）
有秩斯怙（《商颂·烈祖》）
秩秩斯干（《小雅·斯干》）
有皇上帝（《小雅·正月》）
皇皇后帝（《鲁颂·闷宫》）

另有华玉明（2008）的研究表明，现代汉语普通话里“性质形容词/动词/名词 + 重叠”也都变为摹状词（状态形容词），例如：

（43）丝　河面上漂浮着丝丝霞光。
山水　山山水水地画个不停。
抖　母亲吃力地抬起手臂，抖抖地指着墙上挂的干粮筐。
摇摆　花儿在风中笑得摇摇摆摆。
白　把脸抹得白白的。
随便　随随便便说了几句。

总之，这些事实都表明，汉语里的词从古至今，首先区分直陈词和非直陈词（摹状词），其次直陈词里才对名、动、形有所区分。以往对现代汉语否定词的说明和研究（Li & Thompson 1981，Teng 1975，Thomas 1995，Yeh 1995，Xu 1999）大多没有像吕叔湘（1942，1942/1982）那样跟汉语史上否定词的分合连起来考虑，没有注意到“不（是）”和“没（有）”的区别根本上是“是”和“有”的区别，有的虽然注意到了，但是比照英语将“有”看作完成体的标记，结果仍然没有说明二者的本质区别。

8 哲学背景

哲学界也在讨论中国和西方在一些根本观念上的差异。刘利民（2009）一文论证，西方哲学是围绕being而进入形而上学的思辨，而中国先秦名家则是通过对动词“有”的反思而进入形而上学的思辨，“有无”概念是中国传统哲学本体论中的核心概念。该文还认为汉语给思辨者提供的焦点是“名”，名家的思想特质是“专决于名”，而“名”显然不限于具体“物”的名，也包括“事”和“性状”的名。尚杰（2009）一文认为，汉语里“是”是个默认的无标记概念，“有”才是一个有标记概念，是一个不同于“是”的概念，是特别要注意的。中国人习惯于“类比”（analogy），把“是”变成了“好像是”或者“就当是”，“甲，乙也”是传统的训诂学的基本格式，所以“是不是”的问题不值得深究，不值得注意。这也许就是中国“是有分立”而西方“是有包含”（there is 也是一种is）的哲学背景。

尚文还认为，在西方属性虽不离事物却又非事物，而在中国属性不但属于事物，它自己也是“事物本身”。杨国荣（2010）一文则指出，中国哲学很早已注意到“物”与“事”之间的联系，郑玄在界说《大学》中的“物”时，便认为：“物，犹事也。”（《礼记注·大学》）这一界定一再为后起的哲学家所认同，如朱熹在《大学章句》中便上承了对物的如上界说，王阳明也认为：“物即事也。”（《王阳明全集》，上海古籍出版社2011年版，第53页）这也许就是西方语言“名动分立”而汉语“名动包含”的哲学背景。

在语言学家看来，哲学上讨论的概念差异只有在语言形式上找到证据才算数。赵元任（1976）首先从语言形式上看到，英语里“there is”和“is”密切联系，汉语里没有这样的联系。这就是说，汉语重视“有”和“是”的区分，英语不重视“有”和“是”的区分。前面说过，“有”和“是”的区分在汉语里也是“直陈”和“非直陈”的区分。汉语里“我是日本太太”“人家是丰年”“我是炸酱面”这样的说法是正常说法，这就表明我们确实不深究“是不是”的问题。郭绍虞（1979：142）认为，中国古人对于事和物是同等看待的，不过有虚实之分而已，最有力的证据是汉语里跟“事”有关的时间词和空间词都是当作名词用的，修饰语尾“的”和“地”口语里不分，汉语名量词丰富发达。本文对英汉两种语言否定词分合的描述和比较，就是进一步提供语言形式上的证据。

9 结论

通过对英语和汉语否定词的分合的比较，我们得出的结论是：

西方“名动分立”而“是有包含”。名词有名词的否定词 no，动词有动词的否定词 not；而 is “是”和 there is “有”都用 not 否定，there is 也是一种 is。

中国“是有分立”而“名动包含”。“是”有“是”的否定词“不”，“有”有“有”的否定词“没”；而名词和动词都能用“没”否定，动词也是一种名词。

讲汉语语法，不应过分注重名词和动词的区分。过分注重汉语里名词和动词的区分就是用印欧语“名动分立”的眼光来看待汉语，已经带来不良的后果。例如，它使我们迟迟看不清“鸟之将死”和“这本书的不出版”里的“之”和“的”究竟起什么作用①（参看沈家煊、完权 2009），还使我们看不清汉语补语的实质②，把宾语和补语对立起来，结果造成汉语语法体系的不协调、不简洁（参看沈家煊 2010b）。

① 英语 The bird is going to die 和 the bird's coming death 语法性质很不一样，前者是句子，后者是词组，die 是动词，death 是名词。过去我们比附英语，将“鸟将死”和“鸟之将死”的区别看作同英语一样的区别，于是就有了词组化、名词化、指称化这些说法。其实汉语里的“鸟将死”既是句子也是词组，“死”既是动词（相当于 die）也是名词（相当于 death）。

② 英语 John painted the house red（约翰把房子漆成红色）里的 red 是“次级谓语”，John slept on the floor 里的 on the floor 是“后置状语”，有人仿照英语，说汉语“哭红了眼睛”的“红”和“躺在沙发上”里的“在沙发上”也分别是次级谓语和后置状语。其实英语之所以那样分析，是因为英语的宾语（补语）只能是名词性成分，然而汉语的动词性成分可以自由充当宾语（补语）。

参考文献

陈　平 1981,《英汉否定结构对比研究》，中国社会科学院研究生院语言系硕士学位论文。

刁晏斌、李艳艳 2010,《试论“有 + 单音节动素”式动词》,《语言教学与研究》第 1 期。

丁声树 1935,《否定词不，弗》，载《历史语言研究所集刊外编第一种 · 蔡元培先生六十五岁纪念论文集》。

龚　波 2010,《从假设句的否定形式看甲骨文中的“勿”、“弜”与“不”、“弗”之别》,《中国语文》第 2 期。

郭绍虞 1979,《汉语语法修辞新探》，商务印书馆。

华玉明 2008,《汉语重叠功能的多视角研究》，南开大学文学院博士学位论文。

黄正德 1988,《说“是”和“有”》,《“中研院”史语所集刊》第 59 本第 1 分册。

金立鑫 2009,《解决汉语补语问题的一个可行性方案》,《中国语文》第 5 期。

李佐丰 1985,《试谈〈左传〉“日有食之”中的“有”》,《内蒙古大学学报》(哲学社会科学版) 第 2 期。

刘利民 2009,《先秦“辩者二十一事”的语言哲学解读》,《哲学研究》第 9 期。

吕叔湘 1942,《论毋与勿》，原载《华西协和大学中国文化研究所集刊》第 1 卷第 4 期，又载《吕叔湘文集》第 2 卷，商务印书馆，1990。

吕叔湘 1942/1982,《中国文法要略》，商务印书馆。

上海外国语学院英语系英语教研组 1963,《中国学生英语典型错误分析》，上海教育出版社。

尚　杰 2009,《横向的逻辑与垂直的逻辑——从中西语言的差异追溯两种不同的思想制度》,《中国社会科学院研究生院学报》第 4 期。

沈家煊 2007,《汉语里的名词和动词》,《汉藏语学报》第 1 期。

沈家煊 2008a,《“病毒”和“名词”》，中国语言学会第 14 届学术年会（浙江温州）论文。

沈家煊 2008b,《我看汉语的词类》,《语言科学》2009 年第 1 期。

沈家煊 2008c,《“移位”还是“移情”? ——析“他是去年生的孩子”》,《中国语文》第 5 期。

沈家煊 2009a,《从“演员是个动词”说起——“名词动用”和“动词名用”的不对称》，两岸三地句法与语义学小型研讨会（新竹，台湾清华大学）论文，《当代修辞学》2010 年第 1 期。

沈家煊 2009b，《汉语的主观性和汉语语法教学》，《汉语学习》第 1 期。

沈家煊 2010a，《我只是接着向前跨了半步——再谈汉语的名词和动词》，《语言学论丛》第 40 辑。

沈家煊 2010b，《如何解决“补语”问题?》，第 16 届现代汉语语法研讨会（香港城市大学）论文。

沈家煊、完　权 2009，《也谈“之字结构”和“之”字的功能》，《语言研究》第 2 期。

王　伟 2010，《“了$_1$”表“有”论：汉英对比初探》，国际中国语言学学会第 18 次学术年会（IACL－18）暨北美汉语语言学第 22 次学术会议（NACCL－22），美国哈佛大学。

王　显 1959，《〈诗经〉中跟重言作用相当的有字式、其字式、斯字式和思字式》，《语言研究》第 4 期。

《王阳明全集》，上海古籍出版社，2011。

杨国荣 2010，《意义世界的生成》，《哲学研究》第 1 期。

余霭芹 2009，《如何结合方言和古代文献研究汉语的历史——以“有”的用法为例》，在中国社会科学院语言研究所的演讲稿。

袁毓林、李　湘、曹　宏、王　健 2009，《“有”字句的情景语义分析》，《世界汉语教学》第 3 期。

郑敏惠 2009，《福州方言“有＋VP”句式的语义和语用功能》，《福建师范大学学报》（哲学社会科学版）第 6 期。

Chao, Yuen Ren 1955. Notes on Chinese Grammar and Logic. *Philosophy East and West* 9 (1), 31－41, also in Anwar S. Dil ed., *Aspects of Chinese Socio-linguistics*. Stanford: Stanford University Press. 237－249, 1976. 中译文《汉语语法与逻辑杂谈》（白硕译，叶蜚声校），载《赵元任语言学论文集》，商务印书馆，2002。

Li, Charles N. and Sandra A. Thompson 1981. *Mandarin Chinese: A Functional Reference Grammar*. Auckland: University of California Press.

Jacobson, R. 1932. Structure of the Russian verb. In Waugh, L. R. & M. Halle eds., 1984, *Russian and Slavic Grammar: Studies, 1931－1981*. The Hague: Mouton.

Jacobson, R. 1939. Zero sign. In Waugh, L. R. & M. Halle eds., 1984, *Russian and Slavic Grammar: Studies, 1931－1981*. The Hague: Mouton.

Kaufman, Daniel 2009. Austronesian Nominalism and Its Consequences: A Tagalog Case Study. *Theoretical Linguistics* 35 (1): 1－49.

Larson, K. Richard 2009. Chinese as a Reverse *Ezafe* Language. A lecture delivered at Peking University (February 2009). 又载《语言学论丛》第 39 辑。

McCawley, Jamese D. 1988. *The Syntactic Phenomena of English*. Vol. 1. Chicago and London: The University of Chicago Press.

Teng, S. H. 1975. Negation in Chinese. *Journal of Chinese Linguistics* 2 (2): 125 – 140.

Thomas, Ernst 1995. Negation in Mandarin. *Natural Language and Linguistic Theory* 13: 665 – 707.

Trubetzkoy, N. S. 1931. Die Phonologischen Systeme. *Travaux du Cercle Linguistique de Prague* 4: 96 – 116.

Xu Dan 1999. Syntactical Distribution of Negative Markers in Mandarin Chinese. *Cahiers de Linguistique de l'NALCO*, 1 – 2, 71 – 79.

Yeh, Ling-hsia, 1995. Focus, Metalinguistic Negation and Contrastive Negation. *Journal of Chinese Linguistics* 23 (2): 42 – 75.

（原载《中国语文》2010 年第 5 期）

“名动词”的反思：问题和对策*

1 “名动词”的定义和判别

按照朱德熙（1982，1985a，1985b）诸文的论述，“名动词”是兼有名词性质的动词，也可以看作名动兼类词，如“研究、调查、准备”等，它们只出现在汉语的书面语里，而且都是双音动词。名动词的语法特点或判别标准，按朱先生的论述归纳起来有这么一些：1）能做动词“有”的宾语。2）能做形式动词“进行、加以、给予、予以、作”等的宾语。3）可以不加“的”直接修饰名词。4）可以受名词直接修饰。5）做形式动词的宾语的时候不受副词修饰，不能带宾语，并列只能用“和”而不能用“并”连接，有的还可以受表示数量的词语修饰。

名动词是建立在名词和动词这两个类“分立而小有交叉”的基础上的，交叉的部分也就是属于名动词的部分只能是少数，不然就不应该算作兼类。

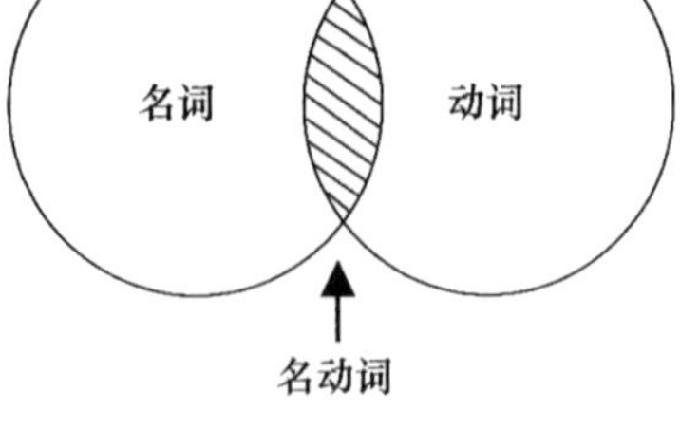

* 本文是提交“高名凯先生学术思想研讨会——纪念高名凯先生诞辰100周年活动”（2011.3.26—27，北京）的论文，会后听取张伯江先生的一些意见和建议后做了修改。错误和不当之处由本人负责。

名动词不是指动词的名化（名词化或名物化）形式。动词名化或是泛指动词做主宾语的时候已经转化为名词，或是指动词在主宾语位置上受名词修饰的时候取得了名词的特点。朱先生是反对动词名化说的，这个立场并不因为名动词的提出而改变。

2 “名动词”的问题

2.1 标准不好把握，范围难以确定

名动词的上述定位存在两个问题，一是标准不好把握、范围难以确定，二是导致理论上矛盾、体系上不一致。

先说第一个问题，裘荣棠（1994）一文有详细论述，我们将主要内容转述如下，并加以补充。首先，能做形式动词宾语的双音动词中有大量不能做或很难做“有”的宾语，例如“包办、奔波、报名、粉碎、摧毁、查明、抄写、打扮、发表、发扬、改正、攻关、航行、解决、解除、拘留、克服、摸底、没收、确定、起草、忍受、说服、挑剔、投票、消灭、制定、重视”等。裘文统计，这样的词在能做形式动词宾语的双音动词中约占40%。与此相反，不能做形式动词宾语的双音动词，有的能做“有”的宾语，或者可以直接受名词修饰，例如“迷信、发现、顾虑、失误、种田、流行、讲究、指望”等。裘文说，能做“有”的宾语的动词可以说是具有名词性，因为绝大多数名词可以做“有”的宾语，但是能做形式动词的宾语的动词并不能说具有名词性，因为除了“战争、手术、口试”等几个名词外，绝大多数名词不能做形式动词的宾语。

其次，能做形式动词宾语的双音动词也不是都能直接受名词修饰，特别是动补式和表示心理状态的双音动词，前者如“提高、澄清、查明、批准、肃清、廓清、纠正、摧毁、改进、改正、说服”等，后者如“尊重、重视、注意、肯定、信任、反对、赞赏、拥护、体贴、反省”等，据裘文统计，大概占到23%。拿可以受名词直接修饰做标准来判别名动词，那是以为名词能做定语、不能做状语。但是名词做状语的情形并不少，最近出

版的《现代汉语描写语法》（张斌 2010：4）甚至认为“名词直接修饰动词”是汉语语法不同于英语的一个特点，我们补充下面这些对举的例子，意在表明双音名词做状语跟双音动词做状语经常可以交替：

笑脸相迎	微笑相迎	现场采访	在场采访
公费读博	付费读博	低价出售	减价出售
掌声欢迎	鼓掌欢迎	高薪延聘	提薪延聘
网络联系	上网联系	点球获胜	罚球获胜
团体采购	组团采购	食物中毒	过食中毒

还要补充很重要的一点，能受名词直接修饰的不限于名动词和一般双音动词，还可以是单音动词，例如“三级跳、仙人跳、龙虎斗、窝里反、姐弟恋、鸳鸯配、姑嫂争、胡马会、西藏行、欧洲游、七日游、十日谈、秋雨吟、壁上观、百日咳、散文选、十三问、全年租、假声唱、母狮吼、本字考、双日休、包包控”等。

再次，可以直接修饰名词的不光是名动词，其他双音动词也可以，例如“出发地点、打架原因、吵架结果、跳舞姿势、结婚费用、逃跑路线、出席代表、讨厌程度、放假日期、下台干部、说话口气、咳嗽声音、经过地点、喜欢对象、洗澡目的、睡眠方式、下岗教师、领头小组、上岗条例、跳动范围、育人方针”等。被一般动词直接修饰的名词多数是抽象名词，而朱先生列举的受名动词直接修饰的名词也多数是抽象名词，可比较下面左右二列：

教育方针（进行教育）	育人方针（*进行育人）
斗争哲学（进行斗争）	逃跑哲学（*进行逃跑）
招聘条例（进行招聘）	招人条例（*进行招人）
领导人物（进行领导）	领先人物（*进行领先）
表述口气（进行表述）	说话口气（*进行说话）
写生工具（进行写生）	画画工具（*进行画画）

冲洗目的（加以冲洗）　洗澡目的（＊加以洗澡）
休息时间（予以休息）　睡眠时间（＊予以睡眠）
旁听名单（给予旁听）　出席名单（＊给予出席）

包括名动词在内的双音动词修饰名词的时候还可以带宾语（右边二列为笔者所补充），例如：

到达时间　到达北京时间　强奸罪　强奸男人罪
适应能力　适应环境能力　自制机　自制酸奶机
解决办法　解决问题办法　侵犯案　侵犯隐私案
复习情况　复习功课情况　拐卖罪　拐卖儿童罪

单音动词一般要带上宾语才能直接修饰名词，例如“跨世纪人才、印假钞机器、留美博士、打拐民警”等，然而“能带宾语”却是朱先生将动词区别于名词的一条重要标准。

名动词做形式动词的宾语的时候有的能带数量修饰语，这也难以说明它们具有名词的性质，因为动词都可以受“一次”“这种”的修饰，还能带宾语，不限于双音动词，例如“这一次去北京多亏了你”，“这种开玩笑可要不得”。还有“有一点慢”，“有些儿快”，“三分赞成、七分反对”，“一分同情、九分担心”之类的说法。另外还有下面一些例子：

问个明白　吃个没够
来一个不吭声　好一个教书育人
搞它个水落石出　打得个落花流水
北风那个吹　瞅他那个胖
往床上一躺　吃完了一散
动他个一动　试上他一试
导演冯小刚这三个转身都很华丽

两对情人的这两个告别都成了诀别[①]

虽然量词限于“种”“次”“个”几个，但是抽象名词如“东西、事物、过程、良心、战争、手术”等也只能用这么几个。其实朱先生在《语法答问》（1985a：16）里也说，能受数量词修饰并不是名词区别于动词的语法特点。

最后，我们补充，做形式动词的宾语的时候不受副词修饰，这一条也不是绝对的，有的副词可以修饰名动词，例如“进行互相评价、进行大肆出货、进行肆意搜捕、予以即时报道、加以稍许改变”等。[②]

总之，要是全部满足各条标准，名动词的范围会很小，要是只需满足一条标准就算数，名动词的范围会很大，据裘文统计，接近双音动词的一半。这还没有涉及各个形式动词之间的差异（例如“＊进行放行/给予放行”，“加以支持/＊作支持”），加上形式动词的范围有人要扩大，有人要缩小，“作”和“做”又难以分清，名动词的判别标准就更不好把握，范围更难以确定。现在有人批评语言工程给语篇标注词性的时候，同一个名动词的标注经常前后不一致，这是因为名动词的范围本来就难以确定。

2.2 理论上矛盾，体系上不一致

标准不好把握、范围难以确定，这个问题还不是太大，标准可以进一步明确和改进[③]，出于不同的目的和需要，标准的选择也可以有差别。比较严重的问题是，名动词的定位导致理论的自相矛盾和体系的前后不一致。

叶斯帕森把英语动词的现在分词形式（“V-ing 形式”）比喻为动词和名词的混血儿，兼有动词和名词双重性质，例如：

---

① 最后二例是根据张伯江提供给我的例子改写的。

② 事实和例子都是曾骞指出和提供的。

③ 陆丙甫（2009）改进了对“形式动词”（准谓宾动词）的判别标准，不过他发现“形式动词”跟“正常的动词”（即只能带体词宾语的动词）之间差别并不大，都是“体宾动词”。

Brown deftly painting his daughter is a delight to watch.

Brown's deft painting of his daughter is a delight to watch.

动词 paint 的分词形式 painting 在前一句里受副词 deftly 修饰，带宾语 his daughter，表现出动词的性质，在后一句里受三个定语 Brown's、deft 和 of his daughter 的修饰，表现出名词的性质。朱先生认为汉语的名动词“是类似的现象”，也是动词和名词的混血儿，兼有动词和名词双重性质（朱德熙 1985a：26）。以名动词“研究”为例，作为动词，可以受副词修饰（“不研究”），可以带宾语（“研究文学”），作为名词，可以受名词和数量词修饰（“历史研究”“一些研究”），可以做动词“有”的宾语（“有研究”）。朱先生进而认为“没有研究”是歧义结构（朱德熙 1985b）：

没有研究$_N$（没有历史研究，没有一些研究）

没有研究$_V$（没有马上研究，没有研究文学）

“是歧义结构”不仅是“有歧义”，歧义结构关涉词类，一个结构里的“研究”是名词，一个结构里的“研究”是动词。按照名动词的这种定位，就可以推论“调查很重要”也是歧义结构，袁毓林（2010b）正是这么推论的，没有什么理由可以阻止这样的推论。

调查$_N$很重要（彻底的方言调查很重要）

调查$_V$很重要（彻底地调查方言很重要）

“调查$_N$”受名词“方言”直接修饰，带定语“彻底的”，“调查$_V$”带宾语“方言”，受状语“彻底地”修饰。既然“调查很重要”可以说是歧义结构，那么我们也可以推论“去很重要”“跳很严重”也是歧义结构，也没有什么重要的理由可以阻止这样的推论①。

去$_N$很重要（刘备的第三次去很重要）

去$_V$很重要（接二连三地去茅庐很重要）

跳$_N$很严重（富士康的第十一跳很严重）

跳$_V$很严重（连续不断地跳高楼很严重）

“去$_N$”和“跳$_N$”受数量词修饰，带定语，“去$_V$”和“跳$_V$”带宾语，受状语修饰。

严重的问题是，一旦承认“去很重要”也是歧义结构，那就等于说汉语所有的动词都兼有动词和名词的性质了。然而请看《语法答问》在论证汉语

① 我们只想到一个可能用来阻止这后一个推论的理由：朱德熙（1982：61）曾经指出，“有调查”既能反驳“无调查”，也能反驳“未调查”，而“有去”只能反驳“无去”，不能反驳“未去”，反驳“未去”要说“去了”。按照这个理由，由“没有调查”是歧义结构不一定能推出“没有去”是歧义结构，由“调查很重要”是歧义结构也就不能推出“去很重要”是歧义结构。但是这个理由是站不住的，是只看枝节，不顾大局。如果这么看重“没有调查”和“没有去”的那点差别，进而认为“调查”有名词性而“去”没有名词性，那会导致很严重的后果，跟朱先生已经确立的语法体系发生冲突。朱德熙（1982：71）在论证汉语谓词性成分前头的“没”和“没有”是动词而不是副词的时候，列出了结构上的平行性如下：

A（肯定）	B（否定）	C（否定）	D（问句）	E（回答问题）
有孩子	没孩子	没有孩子	有孩子没有	有～没有
去了	没去	没有去	去了没有	去了～没有

朱先生说：“通常认为体词性成分前边的‘没’和‘没有’是动词，谓词性成分前边的‘没’和‘没有’是副词。其实这两种位置上的‘没’和‘没有’的语法功能在许多方面都是平行的。”“只有A项不平行（E项的肯定形式也不平行，但这跟A项是一回事），可是有的方言里（例如粤语和闽南语）‘没有+动词’的肯定形式正好是‘有+动词’。从这些方面考虑，把谓词性成分前头的‘没’和‘没有’看成动词是合理的。”朱先生在建立语法体系的时候是非常重视结构上成系统的平行性的，在《语法答问》一书里就至少有三处（1985a：31、33、52）运用了结构平行性的原理。通观上面列出的ABCDE，平行是大局，不平行是枝节。还有一点十分重要，朱先生把谓词性成分前边的“没”和“没有”看成动词，这跟他一贯坚持的汉语的动词跟名词一样可以做主宾语而没有发生“名词化”的观点是一致的。这就是说，如果要用上面那点儿理由来阻止从“没有调查”“调查很重要”是歧义结构推出“去很重要”“跳很严重”是歧义结构，不仅违背语法体系赖以建立的“结构平行性”原理，还会动摇汉语动词做主宾语的时候没有发生“名词化”这一重要立场。

动词做主宾语没有“名词化”的时候所举的七个例子（朱德熙 1985a：23）：

去是有道理的。
不去是有道理的。
暂时不去是有道理的。
他暂时不去是有道理的。
他的去是有道理的。
他的不去是有道理的。
他的暂时不去是有道理的。

朱先生说，按照建立语法体系的“简单性原则”，没有必要说动词“去”（以及“不去”等动词结构）的性质转来转去，“去”只有一个词性，就是“动词”。

袁毓林（2010a）认为，“图书出版”里的“出版”是名词，因为它不能受副词修饰，不能带宾语，而“图书的出版”里的“出版”是动词，因为它能受副词修饰，可以带宾语。郭锐（2002）进一步认为，前一个“出版”在词汇层面已经从动词转化为名词，后一个“出版”在句法层面才发生动词到名词的转化。对于“版权保护和特别保护”这样的并列结构，也说前一个“保护”是名词（受名词修饰），后一个“保护”是动词（受副词修饰），同样分别经历词汇层面和句法层面的名词化。这种分析法十分繁复，起因就是名动词的提出和定位。严重的是，名动词的定位最终导致违背“简单性原则”，放弃“汉语动词做主宾语的时候还是动词”的立场，跟朱先生建立的语法体系的主体（见沈家煊 2011a）发生难以调和的冲突。

3 问题产生的原因

名动词的以上两大问题，产生的原因有两个：一个是对语言事实的认识有偏误，另一个是受先入为主的观念的误导，这两点互相关联。

3.1 对语言事实的认识有偏误

语言的实际情形是，有大量的关系不是一一对应的关系，而是赵元任先生多次强调的“扭曲关系”（Chao 1959，Chao 1968：1.1.3，赵元任 1980）。朱德熙（1982：61）在谈到名动词做“有”的宾语的时候是这样说的：“没有人”的“没有”文言说“无”，“没有来”的“没有”文言说“未”。两个格式的宾语一个名词一个动词，意思也不一样，“没有人”表示不存在或不具有，“没有来”表示动作没有完成或是事情没有发生。但是当名动词做“有”的宾语时，“没有（一点）影响”和“没有影响（工作）”就变成了同形的格式。从这一段话可以看出，朱先生在否定词“无”“未”和名词、动词之间建立起如下的对应关系（“影响”换用“调查”）：

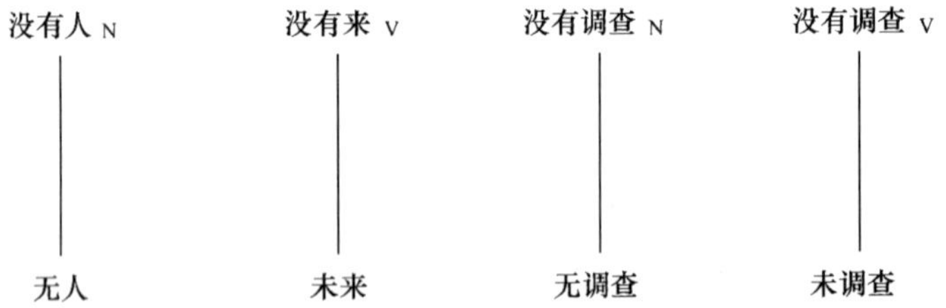

否定名词“人”和“调查$_N$”，文言用“无”，否定动词“来”和“调查$_V$”，文言用“未”，一一对应，这是确立“调查”为名动词的重要事实依据。然而，这并不是语言的实际情形，实际情形是赵元任先生所说的扭曲关系：

“没有人”“没有调查$_N$”的“没有”文言只能说“无”；“没有来”“没有

调查$_V$”的“没有”文言可以说“未”，也可以说“无”。文言以单音词为主，单音动词和单音名词一样可以用“无”来否定，“无”既否定名词又否定动词的用法还很大程度上保存在现代汉语里：

有头无尾　有口无心　有一无二　有意无意　无声无息　有教无类
有死无二　无偏无党　有始无终　无私有弊　有去无回　有备无患
有恃无恐　有惊无险　无拘无束　无怨无悔　无尽无休　无可无不可
有过之无不及　有一搭无一搭　无折无修无进水（手机广告用语）

肯定式“有＋单音V”虽然在现代汉语普通话的口语里大多说成“单音V＋了”，但是“有＋单音V”的说法仍能见到，而且表达的意义不完全等同于“单音V＋了”。例如：

有得就有失　　得了就失了
有还才有借　　还了才借了
有赚也有赔　　赚了也赔了

左列是在讲一种道理，右列是在讲一个过程。

沈家煊（2010b）还说明，现代汉语里否定词“不”和“没”的区别也是这样一种扭曲关系，虽然“不”只否定动词，但是“没（有）”既否定名词又否定动词，在否定动词的时候既能否定动作的实现（如“他还没有来”），也能否定动作的存在（如“没有来就没有去”）。从古代汉语到现代汉语，在几个并存的否定词里，总是有一个既否定名词又否定动词，形成的是扭曲关系，而不是英语“not”否定动词、“no”否定名词这种一一对应的关系。否定词的这种功能扭曲跟连词“并”与“和”的功能扭曲是一致的：

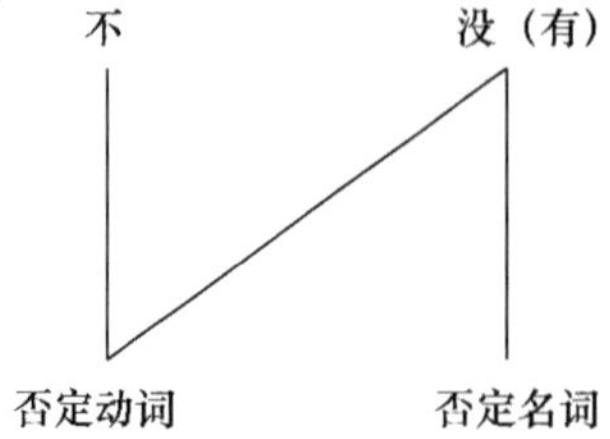

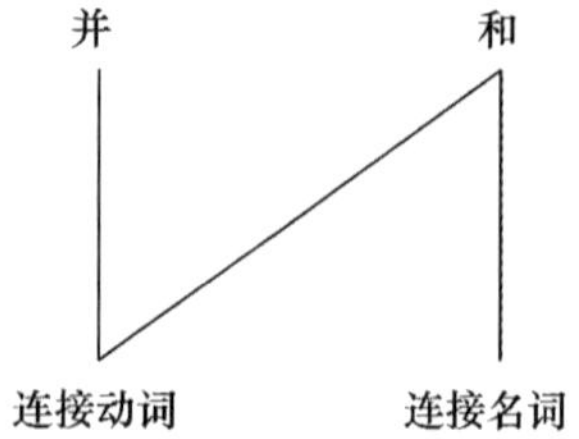

汉语的实际是，虽然“并”“又……又……”只连接动词性成分，但是“和”“与”既连接名词性成分，又连接动词性成分。

逻辑上“只能”和“可以”的区别可不是小区别，朱先生在别的地方是很重视的，比如在朱德熙（1961）和朱德熙（2010：97）里他明确地说：“怎么样”**只能**替代谓词性成分，“什么”既**可以**替代名词性成分，又**可以**替代谓词性成分，并且举例如下：

替代名词性成分	替代谓词性成分
看什么？看电影。	看什么？看下棋。
怕什么？怕鲨鱼。	怕什么？怕冷。
考虑什么？考虑问题。	考虑什么？考虑怎么样把工作做好。
葡萄、苹果、梨，什么都有。	唱歌、跳舞、演戏，什么都会。

一个“可以”、一个“只能”，造成的必定是扭曲关系：

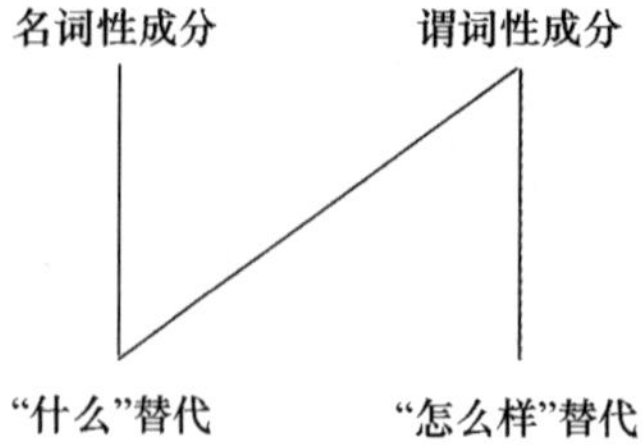

这样的扭曲关系告诉我们，当用“无/未”“和/并”“什么/怎么样”来测试是名词性还是动词性的时候，我们只能肯定一个词语不具有动词性，但是不能肯定一个词语不具有名词性。汉语的实词，不管是表示事物

还是表示动作，天然地具有名词性，这就不难理解为什么汉语的名词“本身不受否定”（吕叔湘 1942/1982：234，沈家煊 2010b），也不难理解我们很难从正面给汉语的名词定下一个仅为名词所有的语法特点——名词的语法特点是从反面讲的，即名词不能做谓语。朱德熙（1985a：16）说，能做主宾语、能受定语修饰、能受数量词修饰，这三条没有一条称得上是名词的语法特点，因为这些语法功能动词和形容词也有。朱德熙等（1961）说得更明确：“名词和谓词的真正对立在于谓词能做谓语、能受副词修饰、能带后加成分‘了’‘着’等等。而名词不能。”这是十分精辟的见解①，只可惜朱先生没有贯彻始终，原因见下。

3.2 受先入为主的观念的误导

问题产生的另一个原因是受先入为主的词类观念的支配，以为名词和动词一定是“分立而小有交叉”的关系，这一传统观念过于强大。朱先生所定义的名动词和英语动词的“V-ing 形式”其实并不是对当的同类现象，重要的差别在于：英语所有的动词都有“V-ing 形式”，而朱先生定义的名动词只是汉语动词中的一小部分。要着重指出的是，实际上汉语里跟英语的“V-ing 形式”对当的不是“名动词”，而是整个“动词”类。大家已经知道，从名词到动词构成一个连续统，Quirk，*et al.*（1985：1290）列出英语“painting”一词的用例共 14 个，下面只是其中的 7 个，从上到下名词性逐渐减弱、动词性逐渐增强：

1）some paintings of Brown's
2）Brown's paintings of his daughter
3）Brown's deftly painting of his daughter is a delight to watch.

---

① 有人问，名词能重叠表示全量，动词不能，这不是名词的特点吗？其实表示全量而重叠的不是名词，而是量词，名量词能重叠，动量词照样能重叠：

我买了几瓶奶，瓶瓶都是坏的。
＊我买了几瓶奶，奶奶都是坏的。
我买了几次奶，次次都是坏的。

4) Brown's deftly painting his daughter is a delight to watch.

5) Brown deftly painting his daughter is a delight to watch.

6) Painting his daughter, Brown noticed that his hand was shaking.

7) He is painting his daughter.

要说明这种连续性差异不是冠以一个"V-ing 形式"就能解决问题的，也不是分出"动名词"(gerund)和"分词"(present participle)两个名目就能解决问题的。同样，汉语里朱先生举出的单音动词"去"的七个例子（见上）也是这个情形，用例还可以增加，如"三去三回是有道理的"，"去三次是有道理的"，"他去过那儿是有道理的"，"他的去过那儿是有道理的"，"去了又去是有道理的"，等等，没有两个"去"的用例在名性或动性的强弱上会完全相同。所以吕叔湘（1979：47）说："语义没有明显变化，但是语法特点有不同程度的改变，改变到什么程度就该认为词类已经转变，颇难决定。这个问题主要发生在'动词名用'上，情况相当复杂，需要专门研究。有人主张一概称为'动名词'，以为可以解决问题。其实这是不能解决问题的，因为'动名词'只适用于一般的'动词名用'，不能兼指已经转变成表示动作的真正名词。例如挨批评的批评只是动词名用，而文艺批评的批评则是正式的名词，二者是有区别的。"我们说汉语的整个动词类相当于英语的"V-ing 形式"，当然也不是要解决名动强弱的连续性问题，而是要解决汉语动词和名词之间关系的大格局。[①]只有先解决好这个大格局，才有利于刻画名动强弱的连续性（见下一节）。

既然实际是汉语的整个动词类相当于英语的"V-ing 形式"，为什么朱先生会认为只有"名动词"跟"V-ing 形式"对当呢？究其原因，还是受传统的词类观念的束缚，先入为主地认为汉语的名词和动词跟英语的 noun 和 verb 一样是两个"分立而小有交叉"的类，以为不是这样的话区分名

① 陆丙甫（2009）指出，英语动词做主宾语的时候有 V-ing 和 to V 两种形式来区分指称性的强弱。汉语没有这样的形式区别，要区分指称性的强弱更加困难，所以陆文也说，由于动词的宾语的指称性是渐变的，我们最终无法彻底解决文本中谓词性宾语的词性标注问题。

词和动词就成了一件没有意义的事情，而要充实那个小有交叉（兼类）的部分，就设法找一些标准建立一个"名动词"类，没有想到在有的语言里名词和动词不一定是"分立"关系，也可以是下面所说的"包含"关系，而名、动的区分仍然有意义。

4　解决问题的对策

我们提出的解决问题的对策是两条：一、确立汉语"名动包含"的模式。二、首先用单音、双音来区分动性强弱不同的动词。

4.1　确立汉语"名动包含"的模式

"名动分立"并不是世界语言唯一的词类模式，沈家煊（2007，2009，2010a，2010b）诸文已从几个不同的角度论证汉语名词和动词属于"名动包含"模式。

英语"名动分立"　　汉语"名动包含"

英语 noun 和 verb 的对立好比"男人"和"女人"的对立，而汉语名词和动词的区别好比"man"和"woman"的区别。从一个角度看，可以说汉语里名词和动词是不分的，因为动词也是名词；从另一个角度看，可以说汉语里名词和动词又是分的，因为名词不都是动词。这个格局就是名词和动词的包含模式，动词作为一个特殊的次类包含在名词这大类里边。这个模式跟朱先生"名词和谓词的真正对立在于谓词能做谓语、能受副词修饰、能带后加成分'了''着'等等"这一论断是一致的。换言之，汉语里的动词其实全都是"动名词"，即具有动词和名词两种性质的词，相当于英语的"V-ing 形式"。注意，英语里所有动词都有"V-ing 形式"，左图 noun 和 verb 交叉的部分并不是“V-ing 形式”，而是“jump，dream，kick”这样的名动同形词。

有人问，如何为“名动包含”的模式“建立一个简单的集合论模型”呢？（袁毓林 2010b）我们的回答很简单：集合论怎么表示“man”和“woman”的关系，也就怎么表示汉语名词和动词的关系；集合论要是真的不适合表示“man”和“woman”的关系，也就不适合表示汉语名词和动词的关系。过去有一种误解，以为一旦承认动词包含在名词中，区分名词和动词就变成一件没有意义的事情了，其实不然，区分名词和动词还是有意义的，因为名词不都是动词。

把汉语的动词看作名词的一个次类打破了传统观念，也带来许多好处。首先我们能很好地解释上述跟名词和动词有关的种种实际存在的扭曲分布。更重要的是，在利用词类来讲结构类型的时候，不需要增加新的层次，不需要在词汇层面的词性上面再增加一个句法层面的词性，不需要将词性转来转去，也不需要在“的$_3$”之外再增添一个“的$_4$”①，增加层次或名目和转换词性都违背建立语法体系必须遵循的“简单性原则”。在遵守简单性原则的同时也不会违背“中心扩展规约”和“并列条件”，解决“这本书的出版”的中心语和整个短语性质不一致的难题，也解决“傲慢与偏见”的两个并列成分性质不一致的难题。这都是因为汉语的动词和动词结构本来就都具有名词性。

汉语“名动包含”的模式也告诉我们，汉语里名词和动词的区别并不像英语 noun 和 verb 那种分立模式的区别那么重要。事实也确是如此，汉语里名词和动词的区分经常还不如单音词和双音词的区分重要。《现代汉语词典》到第 5 版（2005 年）才开始标注词性，“房屋”标为名词，“出租”标为动词，但是在没有上下文的时候你居然不知道“出租房屋”是述宾结构还是定中结构。然而改变音节的数目，把单音和双音互相搭配，“出租房”[2+1] 十有八九是定中不是述宾，“租房屋”[1+2] 肯定是述宾不是定中（吕叔湘 1963）。这表明，在汉语里要确定一个组合是述宾

① “这本书的内容”里的“的”是“的$_3$”，袁毓林（2010b）认为“这本书的出版”里的“的”是不同于“的$_3$”的另一个“的”。

结构还是定中结构（暂不谈其他结构），主要不是看这个组合的成分哪个是名词、哪个是动词，而是看哪个是单音、哪个是双音。

4.2　首先用单音、双音来区分动性强弱

确认汉语的"名动包含"模式并不是要否认动词内部可以按动性的强弱做出区分，而是可以改进这种区分。原来按"名动分立"的观念在动词内部划出一类"名动词"，前面已经说明划分的标准并不好掌握，范围难以确定，名动词和一般双音动词的区分也不那么重要。那么，什么区分是重要的区分呢？什么标准是比较可靠的标准呢？

区分词类（包括分小类）的目的是要讲结构类型，能够区分结构类型的词类区分是重要的区分。从这个角度出发，单音动词和双音动词的区分比名动词和一般双音动词的区分重要，用单音、双音做划分标准也比较可靠。先看下面的定中结构：

A	B	C	D
教育方针	育人方针	*教方针	*育方针
斗争哲学	逃跑哲学	*斗哲学	*逃哲学
招聘条例	招人条例	*招条例	*聘条例
领导人物	领军人物	*领人物	*导人物
表述口气	说话口气	*表口气	*说口气
冲洗目的	洗澡目的	*冲目的	*洗目的
休息时间	睡眠时间	*休时间	*睡时间
旁听名单	到会名单	*听代表	*到代表
书写要领	写字要领	*写要领	*书要领
绘画工具	画画工具	*画工具	*绘工具
阅读心得	读书心得	*读心得	*阅心得

作为定中结构，A列是名动词直接修饰名词，B列是一般双音动词直接修饰名词，被修饰的名词都是抽象名词为主，名动词和一般双音动词之间并没有重要差别。C列和D列表明，不管是名动词还是一般双音动词，要是

改为单音就都不能直接修饰名词。定中结构以［2+1］的音节组合为常态，［1+2］往往不成立，这个单双音节的搭配模式跟中心语是名词还是动词无关：

A	B	C	D
煤炭店	*煤商店	双虎斗	*虎争斗
手表厂	*表工厂	全年租	*年租用
汽水瓶	*水瓶子	欧洲游	*欧旅游
油漆工	*漆工人	论文集	*文结集
演讲稿	*讲文稿	十三评	*九评论
舞蹈家	*舞专家	本字考	*字考证

成立的情形，单音中心语既可以是名词（A），也可以是动词（C）；不成立的情形，双音中心语也包括名词（B）和动词（D）。

述宾结构以音节组合［1+2］为常态，［2+1］为非常态，这也跟宾语是名词还是动词无关：

A	B	C	D
租房屋	？出租房	比长跑	？比试跑
种大蒜	？种植蒜	想玩乐	？想念玩
读报纸	？阅读报	促销售	？促进售
买粮食	？购买粮	学画画	？学习画
关门窗	？开关窗	谈订购	？谈判订
筹经费	？筹备费	受煎熬	？经受熬
写文章	？撰写文	做调查	？进行查
扫街道	？打扫街	做调整	？加以调

成立的述宾结构的宾语既可以是名词（A），也可以是动词（C），不成立的述宾结构的宾语也包括名词（C）和动词（D）。做述语或做宾语的双音动词有的是名动词，有的不是名动词（如“开关、画画、煎熬”），可见

这跟双音动词是一般动词还是名动词也关系不大。注意 C 和 D 最后二例的述语是形式动词“做”。

单双音的区分既然如此重要，如果我们要在动词内部区分动性的强弱，自然就应该首先按单音、双音来区分。单音、双音的区分类似形态手段，说一不二，便于把握，单音动词可以叫“动强名词”，双音动词可以叫“动弱名词”，不管动强、动弱，都是“动名词”。这个做法跟英语里区分动性强弱的时候首先分出个“V-ing 形式”来是一样的。

沈家煊（2011b）论证，汉语的形容词，也应该按单音、双音来区分摹状词和属性词，而不是像朱德熙（1956）那样按其他一些标准来区分性质形容词和状态形容词。这样动词和形容词的内部都首先按单音、双音来区分内部的小类。具体地说，形容词应该把“寒冷”和“冰冷”归为一类，叫“摹状词”；把“冷”单独列为一类，叫“属性词”。动词应该把“阅读”和“读书”归为一类，叫“动弱名词”；把“读”单独列为一类，叫“动强名词”。

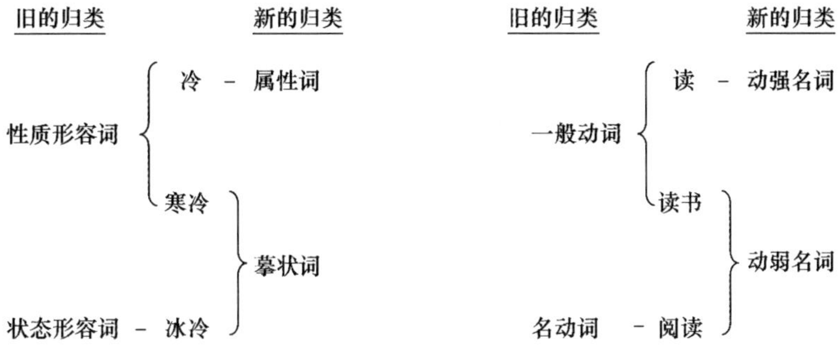

单双音节的区别作用过去被低估了，在沈家煊（2011c）里，双音化被视为汉语的一种“准形态”手段，起“增强名性、减弱动性”的语法作用，对名词和动词（及形容词）都起作用。[①]

最后，把汉语动词看作名词的一个次类，还可以对形式动词的作用做出简单统一的说明。朱德熙（1985b）认为，形式动词从语法上讲有两个

① 名词的双音化也是增强名性、减弱动性，详见沈家煊（2011c）。

作用，一个作用在于“使名词性成分转成谓词性成分”：

*他们一些小的调整。　他们进行一些小的调整。

“一些小的调整”是名词性成分，不能做谓语，前边加上形式动词“进行”后就能做谓语了。注意，加上“进行”后，整个“进行一些小的调整”成为谓词性成分，“一些小的调整”本身并没有转成动词性成分。下面是同类的情形：

*没有力量战争　　没有力量进行战争
*张大夫手术　　张大夫作（做）手术

朱先生认为，形式动词还有一个作用，在于“使介词结构后边的名动词复杂化以适应结构上的要求”：

*他们把这批资料整理。　他们把这批资料加以整理。

单独一个“整理”不能做这种句式的谓语，前边加上形式动词以后就可以了。很难看出这个作用和上面那个作用有什么内在的联系。要是把“整理”一词在本质上看作我们定义的动名词，即表示动作的名词，“加以”的作用也在于“使名词性成分转成谓词性成分”（也是整个“加以整理”成为谓词性成分，“整理”本身并没有转为动词性成分①），那么上面所说的形式动词的两个作用就可以统一为一个。

① “整理”本身不仅没有转为动词性成分，而且因为做了“进行”的宾语而增强了名词性或指称性，或者反过来说，只有增强了“整理”的名词性或指称性，“进行整理”才能表现出谓词性。这就可以解释为什么“对这批资料加以整”不成立，原因是单音的“整”是“动强名词”，名词性或指称性不强。

5 争点所在

我们把本文说明的要点归纳如下。在朱德熙先生的汉语语法体系里有两个论断，A 和 B，论断 A 是“动词做主宾语的时候还是动词，没有名词化”，论断 B 是“名动词是兼具名动两种性质的词，类似于英语动词的分词形式”。论断 A 为主，论断 B 为副（参看沈家煊 2011a）。本文证明，如果认定 B 就不能认定 A，如果认定 A 就不能认定 B，A 和 B 都要认定就自相矛盾。这种内在的矛盾不少人或多或少都意识到了，为了解决这个矛盾，现在有两种对策，一种是坚持 B 而修正 A，另一种是坚持 A 而修正 B。许多人采取前一种对策，他们转而认为动词做主宾语的时候有一定程度或一定方式的名词化，说“如果不假设一定的‘名词化’手续，是解不开这个死结的”，“英语裹挟着汉语进行动词的名词化”（袁毓林 2010a、b），词汇层面没有名词化的话，句法层面也要假设有名词化（郭锐 2002）。我们采取的是后一种对策，转而认为汉语里兼具名动两种性质并类似于英语“V-ing 形式”的词不是名动词，而是整个动词类。

前一种对策主次不分，整体和部分不分，结果是费力不讨好，得不偿失。动词内部动性的强弱差别是个连续统，别说没有词形变化的汉语，就是英语“动名词”和“分词”的界限也不清楚，所以不少英语语法书干脆用“V-ing 形式”来统括。别说只分出“动名词”和“分词”来，就是分出个五类六类、七类八类来，也不完全解决问题，因为没有两个“V-ing 形式”的动性强弱会完全一样，也没有一个“V-ing 形式”在两个不同的上下文里动性的强弱会完全一样，就如 Quirk 列出“painting”一词的十四种用例那样。同样，按若干条标准在汉语的动词里分出一个带有名性的“名动词”类，标准多一条少一条、宽一点严一点、哪条为主哪条为副，划出来的范围都不一样。然而，前一种对策的代价却是巨大的，要放弃构建语法体系的“简单性原则”，要修正语法结构的“中心扩展规约”，还要忽略跟名词、动词有关的种种扭曲分布。“这本书的出版”这个老问题得不到解决，不是“奥卡姆剃刀”无关痛痒，也不是“中心扩展规约”在作祟，是定位有误的“名动词”在作祟，误以为汉语只有部分动词具有名词性，在还没有解决汉语名动关系这个主要问题的时候就去解决动词内部动性强弱这个次要问题。

我们采取的后一种对策是先把握住大格局，用大格局管小格局，不仅不需要放弃“简单性原则”，也不需要修正“中心扩展规约”，尊重实际存在的跟名词、动词有关的扭曲分布，而且为汉语动词内部区分动性的强弱提供一条更管用、更重要的标准，即单双音标准。

之所以有那么多人采取前一种对策，那还是受传统词类观念的束缚。归纳起来讲，传统的思路是：1. 重视名动区别，低估单双区分。2. 名动分立，然后在动词内部按若干条标准区分动性的强弱，动性强的是一般动词（不分单双音），动性弱的是“名动词”（双音）。3.“名动词”是已经或正在向名词转化的双音动词。

我们的新思路是：1. 重视单双区分，淡化名动区别。2. 名动包含，动词都是“动名词”，双音化对名词和动词都起“增强名性、减弱动性”的作用，在动词内部首先按单音、双音区分动性的强弱，单音是动强名词，双音是动弱名词。动弱名词内部再细分的话，也不妨分出动性更弱的一类（相当于“名动词”）来，但这是第二步要做的区分。3.“动名词”是已经或正在朝动词方向转化的动作名词，其中的单音词已经朝动词方向深度转化，经常做谓语、带宾语，而双音词朝动词方向转化的程度还比较低（沈家煊 2011c），虽然能做谓语，但还经常要借助形式动词的帮助。

这个新思路在两个方面都是覆盖而不是推翻朱先生的理论，“名动包含”模式覆盖“汉语的动词做主宾语时没有‘名词化’”这一观点[①]，“首先按单音、双音区分动性的强弱”覆盖“双音的‘名动词’是动性较弱的动词”这一想法，结果是原来的难题都迎刃而解。

参考文献

郭　锐 2002，《现代汉语词类研究》，商务印书馆。

郭　锐 2011，《朱德熙先生的汉语词类研究》，《汉语学习》第 5 期。

---

① 郭锐（2011）说“名动包含”的观点是更彻底的“名物化论”，恰恰相反，不是更彻底的“名物化论”，而是更彻底的“反名物化论”。

陆丙甫 2009，《基于宾语指称性强弱的及物动词分类》，《外国语》第 6 期。

吕叔湘 1942/1982，《中国文法要略》，商务印书馆。

吕叔湘 1963，《现代汉语单双音节问题初探》，《中国语文》第 1 期。

吕叔湘 1979，《汉语语法分析问题》，商务印书馆。

裘荣棠 1994，《名动词质疑——评朱德熙先生关于名动词的说法》，《汉语学习》第 6 期。

沈家煊 2007，《汉语里的名词和动词》，《汉藏语学报》第 1 期。

沈家煊 2009，《我看汉语的词类》，《语言科学》第 1 期。

沈家煊 2010a，《我只是接着向前跨了半步——再谈汉语的名词和动词》，《语言学论丛》第 40 辑。

沈家煊 2010b，《英汉否定词的分合和名动的分合》，《中国语文》第 5 期。

沈家煊 2011a，《朱德熙先生最重要的学术遗产》，《语言教学与研究》第 4 期。

沈家煊 2011b，《从韵律结构看形容词》，《汉语学习》第 3 期。

沈家煊 2011c，《从“优雅准则”看两种“动单名双”说》，第三届两岸三地句法语义小型研讨会（8. 12—14，北京）论文。

袁毓林 2010a，《汉语和英语在语法范畴的实现关系上的平行性——也谈汉语里名词/动词与指称/陈述、主语与话题、句子与话段》，《汉藏语学报》第 4 期。

袁毓林 2010b，《汉语不能承受的翻译之轻——从去范畴化角度看汉语动词和名词的关系》，《语言学论丛》第 41 辑。

张　斌 2010，《现代汉语描写语法》，商务印书馆。

赵元任 1980，《语言问题》，商务印书馆。

朱德熙 1956，《现代汉语形容词研究》，《语言研究》第 1 期。

朱德熙、卢甲文、马　真 1961，《关于动词形容词“名物化”的问题》，《北京大学学报·人文科学》第 4 期。

朱德熙 1982，《语法讲义》，商务印书馆。

朱德熙 1985a，《语法答问》，商务印书馆。

朱德熙 1985b，《现代书面汉语里的虚化动词和名动词》，《北京大学学报》（哲学社会科学版）第 5 期。

朱德熙 2010，《语法分析讲稿》，商务印书馆。

Chao, Y. R. 1959. Ambiguity in Chinese. In Søren Egerod and Else Glahn (ed.), *Studia Serica Bernhard Karlgren Dedicata*, 1 - 13. Copenhagen: Ejnar Munksgaard. 袁毓林译：《汉语中的歧义现象》，载《赵元任语言学论文集》，商务印书馆，2002 年。

Chao, Y. R. 1968. *A Grammar of Spoken Chinese*. Berkeley and Los Angeles: University of

California Press. 吕叔湘节译：《汉语口语语法》，商务印书馆，1979 年。

Quirk, R. , S. Greenbaum, G. Leech, & J. Svartvik 1985. *A Comprehensive Grammar of the English Language*. London and New York: Longman.

（原载《世界汉语教学》2012 年第 2 期）

名词和动词：汉语、汤加语、拉丁语

1 词类跨语言比较的共同基础

Sapir（1921：121）说，区分名词和动词是“维持语言的生命所必需的”，语言学家大多接受“所有语言都有名动之分”的观点。当前的“生成语法”理论先验地假设名词具有［+N］特征，动词具有［+V］特征，形容词的特征是［+N］［+V］，假设这种区分是人类天赋语言机能的一部分。但是仍然有不少人认为有一些语言没有名词和动词的区分，经常提到的有北美西北部的Salishan语、Wakashan语、Chimakum语，北美东部广大地区的Iroquoian语（如Nootkan语），中太平洋群岛的Polynesian语（如汤加语Tongan），南太平洋群岛的Austronesian语（如斐济语、他加禄语）等（见Vonen 1997：18—19，131—144）。争论持续了一百多年，没有停息，后一种观点原先只见于一些语言的“参考语法书”里，大多没有语法理论的背景，然而近来有一些语言类型学家也开始主张有的语言没有名词和动词的区分，甚至认为名动分合是区分语言类型的一个重要参项，于是在语言类型学内部出现了两种相反的观点，一种认同名动之分的普遍性，另一种不予认同。这两种观点的对立在Vogel & Comrie（2000）合编出版的论文集《词类的类型学研究》里有集中的体现。

要对名词和动词的分合做跨语言的考察，需要有一个共同的标准作为比较的基础，目前看来比较合理有效的共同标准是，看词在两个位置上的分布状况，即指称语位置和陈述语位置。如果不用这个标准，就根本无法从事跨语言的词类比较，因为我们无法判定语言甲按自身的分布标准划分出来的一类词跟语言乙按自身的分布标准划分出来的一类词是不是同类的或对等的。

所以不管是反对还是赞同“有的语言没有名动之分”的人都承认，名词一般充当指称语，动词一般充当陈述语，“指称”和“陈述”这两个概念是进行名词和动词跨语言比较的基础，而“指称”和“陈述”又跟句法成分“主宾语”和“谓语”有明显的对应关系，即主宾语是指称语，而谓语是陈述语（Croft 1991，Hengeveld 1992）。比较的时候还要遵守一条原则，就是都要拿词库里的词来比较，不能拿词在语句里呈现的形式来比较。

2　汤加语“名动不分”的情形

汤加语经常被提到是名词和动词不分的语言，论证汤加语名动基本不分，最重要的一篇文章是 Broschart（1997），发表在《语言类型学》杂志创刊号上。该文作者曾对汤加语做了历时 5 个月的实地调查，他提供的材料和对汤加语的认识比较客观，值得我们重视。下面我们在转引他的例证和说明的时候会比照汉语的情形做一些评说，一来是帮助理解汤加语，二来是为了最后对汤加语和汉语做类型上的比较。Broschart 指出的一个重要事实是，汤加语里大多数的词在词库里看不出来是指称性的还是陈述性的，而到了语句里加上冠词就都能做指称语，加上时体标记就都能做陈述语。例如：

（1）e　　　　tangatá
　　ART. SPEC　人 . DEF[①]
　　“那个人”
　　e　　　　‘alú
　　ART. SPEC　去
　　“那个去”
（2）na’e　kata　（e　　　tangatá）
　　PAST　笑　ART. SPEC　人 . DEF

① 本文例句和行文中出现的语法成分的缩写名词有：ABS = 通格，ALL = 向格，ART = 冠词，CL = 量词，DEF = 定指，FUT = 将来时，PAST = 过去时，PL = 复数，POSS = 领属格，PRES = 现在时，PRST = 存现助词，SPEC = 特指，TOP = 话题标记。

"（那个人）笑了。"

ʹe ʻuha

FUT 雨

"要下雨。"

词库里的 tangatá（人）和ʻalú（去）二词加上冠词 e（e 是专指冠词，还有一个非专指冠词 ha）都成为指称语，kata（笑）和ʻuha（雨）二词加上时体标记（na'e 是过去时标记，ʹe 是将来时标记）都成为陈述语。注意，汤加语词库的词（光杆词）如果不加冠词或时体标记，就不能充当指称语或陈述语，加冠词和时体标记是强制性的。

（3）na'e ʻalú （ʻ）a Sione ki kolo

PAST 去 ABS 肖纳 ALL 城

"肖纳去城里了。"

（4）ko e ʻalú ʻa Sione ki kolo

PRST ART 去 GEN. ALL Sione ALL 城

"肖纳现正去城里呢。"

（3）是ʻalú（去）加过去时标记 na'e 做陈述语，而在（4）里ʻalú又加冠词 e 做指称语指称"去"这个动作，前面的 ko 是一个表存现的助词，意思相当于"有"，ʻa 是领属格标记，相当于"的"，句子的字面解读是"现有肖纳的去城里"。作者特别提醒我们，（4）里的ʻalú（去）并没有因为前加 e 而转化为名词，汤加语里没有什么"动词的名词化"，因为所谓的"动词"几乎全都可以前加 e 做指称语。作者遵循的原则就是"简单原则"，"凡是在相同条件下，同类的词都可以这样用的，不算词类转变"（吕叔湘 1979：46）。

如果拿汉语来比照，闽南话（福州）里说"头先无遏雨，只瞒有遏雨"（刚才没下雨，现在下着雨），"有遏雨"的"有"就相当于（4）开头的那个 ko。闽语等南方话里"有"的这种用法上承古汉语，正在向北方扩散，普通话本来能说"没有下雨"和"有没有下雨"，接纳"有下雨"的说法很自然，例如在最近很火的一档电视征婚节目《非诚勿扰》里，就听到北方人说出“我有恋爱过”“我喜欢踢足球，一直有在踢”“你问我想过没有，我有想”这样的话。因为汉语的动词跟名词一样可以做主宾语（指称语），因此我们可以将“现在有下雨，老张没有去”看成和“现在有大雨，老张没有车”一样，“下雨、去”和“大雨、车”都是“有”的宾语[1]，“下雨”和“去”也没有发生什么“动词的名词化”。汉语和汤加语不一样的地方只是，汤加语表示动作的词虽然都可以加冠词做指称语，但是做指称语的时候不能不加冠词标记，而汉语的动词做指称语不用加什么标记。

汤加语里一般认为是名词性的短语可以加时体标记做谓语，例如：

(5) ‘oku fu’u fo’i ‘ulu lanu pulu：‘a e kakaá
PRES CL.大 CL.圆 头 颜色 蓝 ABS ART 鹦鹉.DEF
“这只鹦鹉又圆又大的蓝脑袋。”

Broschart 特别指出，头里的现在时标记‘oku 并不是将一般认为是指称性短语的 fu’u fo’i ‘ulu lanu pulu：（又圆又大的蓝脑袋）转变为“长着又圆又大的蓝脑袋”这样的陈述语，它只是“将‘又圆又大的蓝脑袋’跟当前场景中的某个指称对象‘这只鹦鹉’在时间上联系起来”。从对应的汉语译句可以看出，(5) 跟汉语的名词性成分做谓语的判断句相当，经常引用的例子是“小王黄头发”和“老王上海人”。“又圆又大的蓝脑袋”和“黄头发”“上海人”虽然做谓语，但是“它本身仍旧是名词性成分”（朱德熙 1985：47）。汤加语和汉语不一样的地方只是，汤加语必须有一个时体标记起联系作用，汉语不需要这样的标记。

(6) na’e Mekipefi ‘a Sione
PAST 麦克白斯 GEN 肖纳
“（那天）肖纳的麦克白斯。”

---

① 动词前的“没有”是动词而不是副词，详见朱德熙（1982：71）的论证。动词前的“有”也是动词而不是完成体标记，详见沈家煊（2010c）。

这一句的意思是“那天是肖纳扮演麦克白斯”，‘a 是一个相当于“的”的领属格标记，可比照汉语“昨晚马连良的诸葛亮”，指称性短语 Mekipefi ‘a Sione（肖纳的麦克白斯）虽然加了过去时标记 na'e，但是它本身仍旧是个指称性的名词短语。

（7）na'e　kau　faiakó　（‘）a　e　Siasí
PAST　PL. HUM　教师. DEF　ABS　ART　教堂. DEF
“教堂曾有那些个教师。”

不要被汉语译文所误导，过去时标记 na'e 并不是将指称性短语 kau faiakó（那些个教师）转变为“有那些个教师”或“提供那些个教师”这样的陈述语，它也只是“将‘那些个教师’跟过去场景中的某个指称对象‘教堂’在时间上联系起来”。因此（7）实际是跟汉语的存在句“树上三只喜鹊”或“屋里这么多客人”相当。差别在于汤加语要有一个时体标记起联系作用，汉语不需要时体标记。这句里的（‘）a 虽然标作通格标记，但是它也是领属格标记 ‘a 的变体，因此句子实际是由指称“教堂的那些个教师”的名词性短语加上过去时标记组成。

值得注意的是，Broschart 还指出，上面（3）那个句子 na'e alu（‘）a Sione ki kolo（肖纳去城里了）也可以定性为是由指称“肖纳的去城里”的名词性短语加过去时标记组成，因为（‘）a 是领属格标记 ‘a 的变体。这就是说，汤加语里的陈述性短语其实都可以分析为指称性短语。陈述性词语可以分析为指称性词语，这并不奇特，汉语里说“老张去了那里就好办了”，“老张去了那里”这样的陈述性词语既可以独立成句，也可以作为指称性成分做主语（总是可以后加“的话”），而且独立成句的时候和指称性主语一样可以后加“啊、吧、嘿、呢”（参看赵元任 1968：第二章）。

总之，Broschart 用上面那些例子说明：第一，汤加语词库里的词（光杆词），表示动作的都能跟冠词相容，表示事物的都能跟时体标记相容，没有单独一类像印欧语那样跟名词对立的动词，因此没有什么动词的“名词化"；第二，汤加语指称事物的短语可以带时体标记做谓语，做谓语的时候本身仍旧是指称性质的；第三，汤加语表示动作的短语带时体标记的时候也具有指称性，从形式上就可以分析为指称性短语。

3 "型－例"语言和"名－动"语言

3.1 两种类型的词类系统

Broschart 进一步提出，在名词和动词的分合上，汤加语和拉丁语代表两种不同的语言类型，汤加语属于"型－例"类型的语言，拉丁语（还有其他印欧语）属于"名－动"类型的语言。这里先把他的两个示意图（图 1）放上，然后再做解释。为了便于大家理解，我把拉丁语的例词换成英语的，虽然英语不算最典型的"名－动"语言：

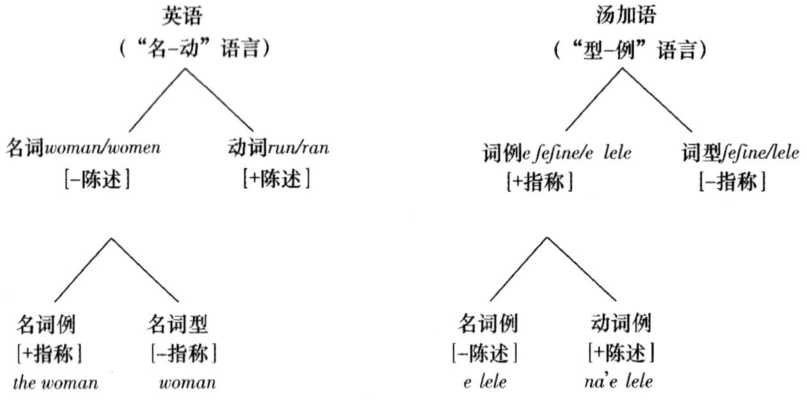

图 1

先解释一下"型"和"例"。词库里存放的词（光杆词）是抽象的词、概括的词，是备用成分，这是"型"（type），或叫"词型"；词用到语句中，实现为具体的指称语、陈述语、修饰语等，由备用成分变为使用成分（通常不再是光杆形式），这是"例"（token），或叫"词例"。

印欧语（拉丁语、英语）第一个层次区分名词和动词，名词有名词的形态变化，如 woman/women（拉丁语还有性和格的变化），动词有动词的形态变化，如 run/ran；动词能充当陈述语（［+陈述］），名词不能充当陈述语（［-陈述］）。第二个层次才区分词型和词例，名词例 the woman 能充当指称语（［+指称］），名词型 woman 不能充当指称语（［-指称］）。汤加语第一个层次区分词型和词例，词型如 fefine（女人）和 lele（跑）不能充当指称语（［-指称］），词例 e fefine（冠词+女人）和 e lele（冠词+跑）才能充当指称语（［+指称］）。第二个层次才区分名词例和动词例，动词例 na'e lele（过去时+跑）能充当陈述语（［+陈述］），名词例 e lele（冠词+跑）不能充当陈述语（［-陈述］），前面说过，名词短语即使带时体标记，做谓语的时候本身也还是指称性的。第一个层次是主要层次，第二个层次是次要层次，所以印欧语叫"名-动"语言，汤加语叫"型-例"语言。从"指称"和"陈述"的角度看，印欧语的词主要区分能不能充当陈述语（［±陈述］），汤加语的词主要区分能不能充当指称语（［±指称］）。

注意这个类型模式并不完全否认所有的语言包括汤加语在内都有名动之分这一共性，不过这个模型强调，名动之分的地位在不同的语言类型里是不一样的，在印欧语里地位很重要，是第一位的，在汤加语里地位不重要，是第二位的，汤加语的"词型"确是"名动基本不分"。

3.2 名动之间的不对称

接下来要解释为什么"名-动"的区分是根据［±陈述］，而"型-例"的区分是根据［±指称］。"名-动"的区分根据［±陈述］，这是基于这样一条普遍性原理：动词具有做陈述语的内在特征（［+陈述］），名词不具有这个内在特征（［-陈述］）。为什么依据的原理不是"名词具有做指称语的内在特征（［+指称］），动词不具有这个内在特征（为［-指称］）"呢？这是由名词和动词之间功能的不对称决定的：动词用作指称语是一般现象，而名词用作陈述语是特殊现象。这种不对称的实质是一种概念上的不对称，即事物概念和动作概念之间的不对称：事物概念可以独立于动作的概念而存在，而动作概念的存在依赖于跟动作相关的事物概念（详见 Langacker 1987：299，Clark & Clark 1979，沈家煊 2010）。汤加语虽然所有的词型都可以加冠词做指称语，也都可以加时体标记做陈述语，但是在词例上也体现了这种不对称，前文已经说明这种语言带时体标记的陈述性短语都具有指称性，可以看作指称性短语，而指称性短语做谓语的时候本身保持其指称性，没有转变为陈述语。这种不对称也存在于汉语，汉语的动词和动词短语都具有指称性，可以直接做主宾语，反过来“小王黄头发”和“树上三只喜鹊”这样的名词短语做谓语的判断句和存现句，“黄头发”和“三只喜鹊”仍然保持其名词性。如果不是判断句和存现句，名词短语做谓语就属于特殊的修辞现象，例如“我也来淑女一回”的“淑女”和“电梯坏了，要腿着了”的“腿”。这种不对称在其他常被认为是名动区分不明显的语言里也存在，例如 Manipuri 语（一种藏缅语）动词根可以带名词后缀发生“名词化”，而名词根不能带动词词缀发生“动词化”，毛利语（Maori，新西兰的一种 Polynesian语）粗看好像名词和动词都能做主宾语和谓语，细看名词做谓语还是受限制，不能做陈述事件的谓语（Anward 2000）。北美的易洛魁语（Iroquoian）名词用作主宾语，但是从来不做谓语（Mithun 2000），非洲 Khoisan 语系的!Xun 语也是如此（感谢 B. Heine 教授提供以下例子）：

（8） mí má cŋ$ g‖ú.
我 TOP 喝 水
“我喝水。”
cŋ$ má kàhin.
喝 TOP 是.好
“喝（水）好。”
*mí má g‖ú dèbe.
我 TOP 水 小孩
“*我水小孩。”（给小孩喂水）

Broschart 说，名动之间的不对称可以用 Jokobson（1971：1－2）的标记理论（markedness theory）来说明：在能否做陈述语这一点上，名词是无标记类（unmarked category），即没有标明能否做陈述语（［－陈述］），而动词是有标记类（marked category），特别标明能做陈述语（［＋陈述］）。我们将这种不对称关系图示如下：

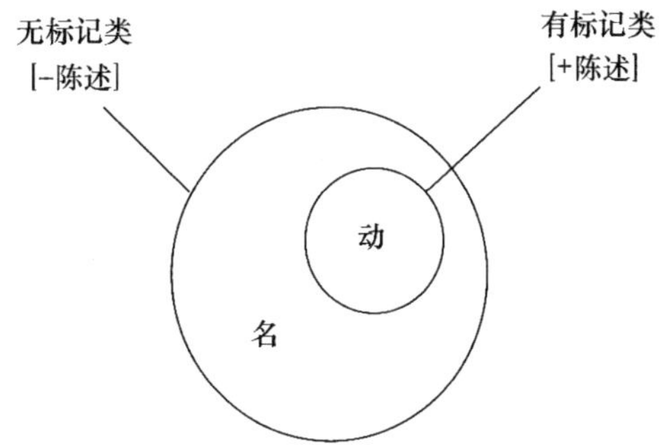

图 2

注意，［－陈述］这个标识有时候表示“没有陈述性”，有时候表示“没有标明是否有陈述性”，这里的［－陈述］是表示后者，而不是表示前者。这种对立有如英语 man 和 woman 二词的对立，man 是无标记项，没有标明是否有阴性特征（［－阴性］），woman 是有标记项，特别标明有阴性特征（［＋阴性］）。

下面来说明为什么型－例的区分是根据［±指称］。说汤加语的光杆词（词型）没有名动之分，是因为它没有一类光杆词具有做陈述语的内在特征，不管是表示事物的，还是表示动作的，光杆词都可以加冠词标记（ART）做指称语，或者加时体标记（TAM）做陈述语。既然汤加语的光杆词在“TAM ____”和“ART ____”这两个句法槽里都能出现，那就表明 TAM 短语和 ART 短语二者有共同点，这个共同点就是都能充当指称语（光杆词不能），都具有指称性（［＋指称］）。须知指称的对象除了人和事物外，还有动作和事件，这就是 Broschart 提到的“谓词逻辑”中“指称饱和”（referentially saturated）的概念。在“谓词逻辑”里所有的光杆词都是［－指称］的，即都是“非指称饱和”的谓词①。光杆词（词型）入句实现为“词例”之后才是“指称饱和”的，不管它实现为指称语还是陈述语。拿汤加语来说，na'e ‘uha（过去时＋雨）这个 TAM 短语是陈述语，但它也是“指称饱和的”，而且事实上可以分析为指称语（见上）。所以，型－例的区分是根据［±指称］，这还是因为动性的陈述语和名性的指称语之间是不对称关系：

① 这里的“谓词”是指谓词逻辑里的谓词，不同于语法学里的谓词。

陈述语也能用于指称（自指动作本身），而指称语一般不能用于陈述。

“谓词逻辑”忽视词型上指称和陈述的差别，重视的是指称饱和的“词例”和非指称饱和的“词型”之间的差异，而汤加语的情形正好跟谓词逻辑相一致，作为“词例”的指称语和陈述语都是“指称饱和”的（[+指称]）。Broschart 用布尔代数（只用“和”“或”“非”三个算符）来刻画“型-例”语言和“名-动”语言的区别如下：

“型-例”语言（汤加语）

例 [+指称]：有时体标记 [+TAM] **或** 有冠词标记 [+ART]

型 [-指称]：无时体标记 [-TAM] **或** 无冠词标记 [-ART]

“名-动”语言（拉丁语）

名 [-陈述]：有冠词、性数格标记 [+ART] **和** 无时体标记 [-TAM]

动 [+陈述]：无冠词、性数格标记 [-ART] **和** 有时体标记 [+TAM]

3.3 汤加语是“指陈包含”

为了更明显地看出“名-动”语言和“型-例”语言的异同，我们把图1改造成下面更加简明的直观图：

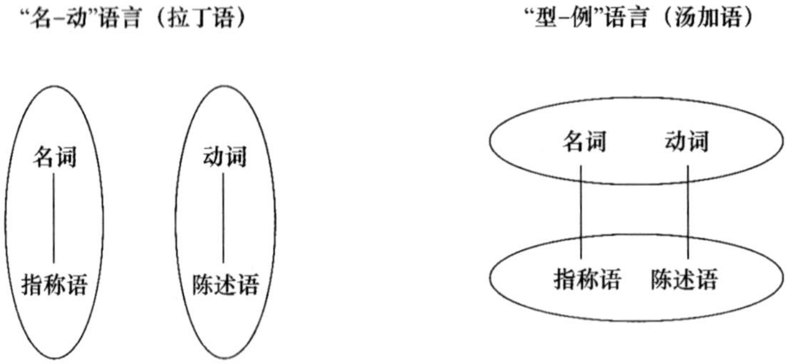

图3

“名-动”类型的拉丁语，名词和动词的对立是主要的，名词/动词和指称语/陈述语的对立是次要的；“型-例”类型的汤加语，词型和词例的对立是主要的，名词/指称语和动词/陈述语的对立是次要的。

然而图3没有反映上一节说明的名词和动词之间、指称语和陈述语之间普遍存在的不对称关系，图示如下：

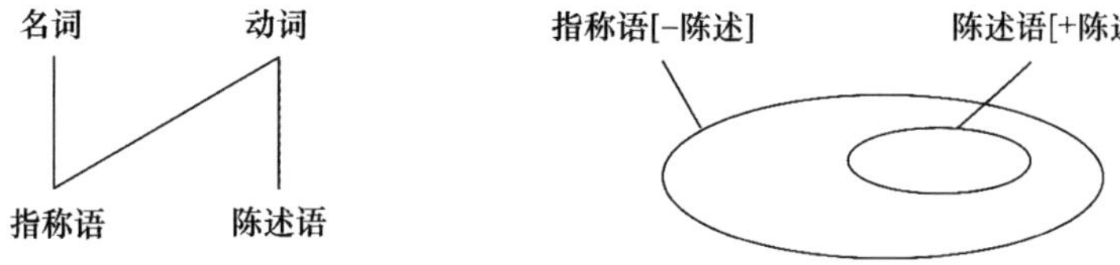

图4

左图表示，在“名-动”语言（拉丁语）里，名词和动词的关系是不对称的，动词除了充当陈述语外，通过变形充当指称语是一般现象，而名词一般只充当指称语，充当陈述语是特殊现象。右图表示，在“型-例”语言（汤加语）里，在词例即短语的层面上指称语和陈述语的关系也是不对称的，陈述语都具有指称性，而指称语做谓语（陈述语）的时候本身仍然保持指称性。比照图2，指称语是无标记类，没有标明是否有陈述性，陈述语是有标记类，特别标明有陈述性。前面说过这两种不对称的实质都是概念上事物和动作之间的不对称。把这种不对称关系在图3里表现出来，我们就得到下面的图5：

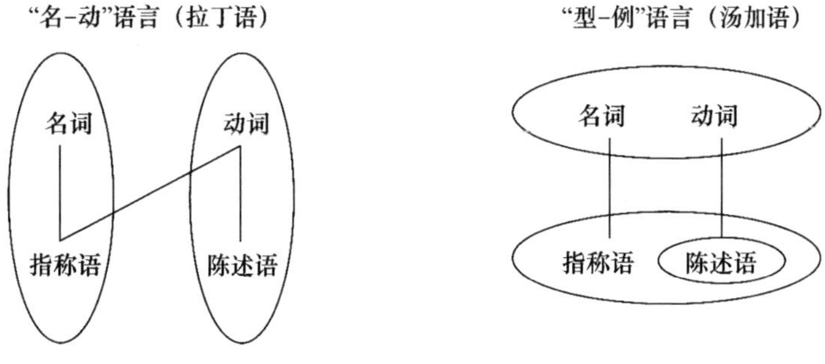

图5

右边的图表明，汤加语在词型上是“名动不分”，在词例上是“指陈包含”，即指称语包含陈述语，虽然指称语不都是陈述语，但是陈述语都是指称语，是指称语类里特别标明［+陈述］特征的一个次类，这正是Broschart着力要说明的汤加语的实际情形。

4 汉语属于“型例合一，名动包含”语言

现在我们可以拿汉语来和汤加语以及拉丁语做一比较。首先，我们不能将汉语归为“型-例”语言，汉语的光杆词“女孩”无须加标记就能入句做各种指称语，包括类指、定指、不定指等（详见沈家煊2007、2009、2010b）：

女孩比男孩乖。（类指）
女孩床上睡觉呢。（定指）
他欺负女孩了。（类指/定指/不定指）

光杆词“跑”也无须加标记就能做各种陈述语，包括一般时、进行时、过去时、完成态等：

他专跑100米。（一般时）
他到处跑呢。（进行时）
他昨天还跑呢。（过去时）
他跑三圈后跑不动了。（完成态）

加在动词后头的“了、着、过”都不是强制性的，经常是可加可不加（吕叔湘1979：92）。前面一再说汤加语的词型如果不加上ART或TAM标记就不能成为词例，所以汉语不像汤加语那样在第一层次“型例二分”，恰恰相反，汉语是“型例合一”的语言。

其次，我们也不能将汉语归为“名-动”语言。汉语的“跑”除了充当陈述语，还能跟“女孩”一样不加标记做指称语（沈家煊2012）：

跑比走快。

我喜欢跑。

这样的句子在汉语里是正常的句子，这就是说，汉语没有单独一类在词形上特别标明［+陈述］特征的词，所以汉语也不像拉丁语那样在第一层次区分名词和动词。另外，我们也已经一再说明，汉语的名词如“女孩”做陈述语限于判断句和存现句，还受其他一些限制（只能用于肯定句，一般要有修饰成分），不然就一定是临时的修辞用法，例如“我也女孩一回”“我把他女孩了一下”，这里的“女孩”到底表示什么意思，要靠上下文才能确定。这就是说汉语里名词和动词之间同样是不对称关系。

那么，汉语究竟属于什么类型呢？汤加语在词例上是指称语包含陈述语（“指陈包含”，见图5右），而汉语和汤加语的区别就在于汉语的词型就是词例，名词和动词就是指称语和陈述语，所以汉语属于“型例合一，名动包含”语言，图示如下：

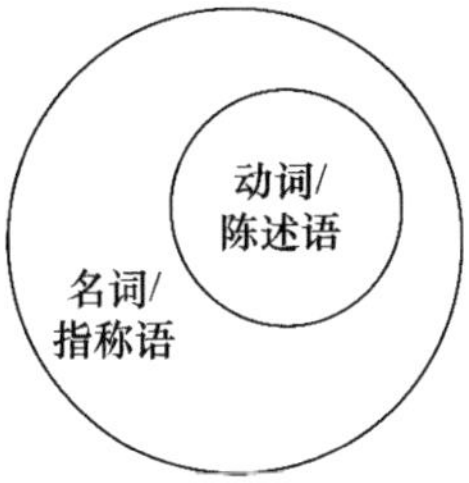

图6

“型例合一”是指汉语里的名词/动词和指称语/陈述语二者合一，无须用形式的变化来实现由“型”到“例”的转化，“名动包含”是指汉语里的动词/陈述语包含在名词/指称语内，前者是后者的一个次类。

不要以为“动词是名词的一个次类”是十分奇特的，上面说过，从标记理论来讲，这样的名动关系很正常，就像英语 man 和 woman 的关系以及汉语“管家”和“女管家”的关系。所以 Broschart 引用 Steinitz（1994：

1）的话说："N 和 V 一起构成 ……一个自然类，充当指称语的词汇中心。" Larson（2009）在"生成语法"理论的框架内论证，汉语很可能跟伊朗的一些语言一样，名词是包含动词的一个"大名词类"。Kaufman（2009）论证他加禄语没有一个独立的动词类，所有的动词和动词短语都可以分析为名词和名词短语。Broschart 也说可能还有不同于英语和汤加语的其他语言类型，提到 Iroquoian Cayuga 语既不像英语那样区分名词和动词，也不像汤加语那样区分"词型"和"词例"。Iroquoian Cayuga 语的情形到底什么样还有待深入的研究（参看 Mithun 2000），不管怎样，重要的是要弄清楚每种语言究竟注重什么样的区分，而不是沿用印欧语的眼光在别的语言里寻找传统认定的区分。

有两点要再澄清和强调一下。第一点，之所以认定汤加语跟英语不一样，是属于"型－例"语言，那不是因为汤加语的光杆词必须加标记才能入句充当指称语和陈述语（因为英语也是如此），而是因为汤加语的光杆词不管是表示事物的还是表示动作的，都可以加 ART 标记做指称语，也都可以加 TAM 标记做陈述语，这是跟英语大不一样的地方。换句话说，英语词型的词性和词例的词性之间基本上是严格对应的关系，词型（woman）是名词性的，词例（the woman）是指称性的，词型（run）是动词性的，词例（ran）是陈述性的，所以英语"词型"和"词例"的区别不重要，重要的是"名词"和"动词"的区分。汤加语不一样，词型看不出是名词性的还是动词性的，变为词例后加的什么标记就是什么词性，加 ART 标记成指称性的，加 TAM 标记成陈述性的，"词型"和"词例"之间的关系是灵活的，所以"词型"和"词例"的区别很重要，"名词"和"动词"的区别相对不重要。Hengeveld（1992）正是从这个角度说英语属于"刚性"（rigid）语言，汤加语属于"柔性"（flexible）语言，详情可参看完权、沈家煊（2010）。

第二点，汤加语的光杆词不分类别都可以加 ART 标记做指称语，也都可以加 TAM 标记做陈述语，这样灵活的标记等于不起什么作用，跟不加标记差不多。不加标记就可以做指称语和陈述语，这正是汉语的情形，可回顾前面对（1）—（7）诸例与汉语的比照说明。汉语词型和词例之间的关系也是灵活的[1]，用朱德熙（1985）的话说就是，汉语里词类（指词型的类）和句法成分（由词例充当）之间缺乏印欧语那种一一对应的关系，动词除了充当谓语，还能充当主宾语，名词除了充当主宾语，在特定条件下也能充当谓语。所以汉语跟汤加语一样，“名－动”的区别不像印欧语那么重要。汉语和汤加语的差别是，汉语因为“型－例”同形（合一），所以“型－例”的区别也不像汤加语那么重要。汉语所着重的只是名词/指称语和动词/陈述语之间的不对称关系。

5 词类系统的“语法化”程度

综上所述，拉丁语是“型例二分，名动二分”语言，汤加语是“型例二分，名动合一”语言，汉语是“型例合一，名动包含”语言。最后我们可以从“语法化”（grammaticalisation）的角度来看名词和动词的分合。Vogel（2000）在Broschart那个“型－例”和“名－动”二分模型的基础上提出，在名动的分合上，德语（比英语更像“名－动”语言）和汤加语分别属于两种不同的类型，可以图示如下：

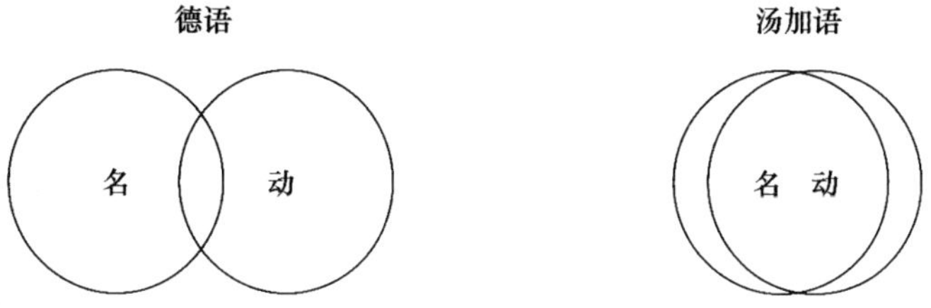

图7

① Hengeveld将汉语归为“刚性”语言，认为汉语里名词和动词是分化的两个类，但是他承认自己对汉语的实情并不太了解。按照他的“专门化”标准，汉语的事实是并没有一类词不加标记专门做陈述语而不做指称语，像“跑、打、吃”这些词不加标记既可以做陈述语又可以做指称语，这一类词并没有和一个特定的功能槽位绑定，而是灵活应用于两个槽位。所以单就名词和动词的分合而言，汉语应当属于“柔性”语言，而不是“刚性”语言。

德语里名词和动词是两个分立的类，名词用作指称语，动词用作陈述语，交叉部分（兼类）很小，名词和动词的语法化程度高；汤加语里名词和动词大部分交叠，既可以加标记做指称语，又可以加标记做陈述语，可以说是名动基本不分，名词和动词的语法化程度低。

用来衡量词类系统语法化程度高低的标准究竟是什么呢？Vogel分析说，汤加语的光杆词（词型）绝大部分是［－指称］［－陈述］的，即不能直接做指称语或陈述语，所以说是名动基本不分；到了短语加上标记成为词例，具有［＋指称/＋陈述］特征的是动性的陈述语，具有［＋指称/－陈述］特征的是名性的指称语，因此汤加语的主要区分在词型［－指称］和词例［＋指称］。德语的光杆词虽然也是［－指称］，但是区分［－陈述］和［＋陈述］，所以说是名动二分；德语的短语有［＋指称］特征，也分［－陈述］和［＋陈述］，因此德语的主要区分是［－陈述］的名性词语和［＋陈述］的动性词语。可见，用来衡量名词和动词语法化程度高低的标准，归根结底是看“是否有一种固化的形式给某一部分光杆词标记［＋陈述］特征”。如果有了这种固化的标记，那么就有了跟“名词”对立的“动词”类，不同的光杆词就和不同的句法槽位（指称语槽位和陈述语槽位）有了固定的联系，词类系统的语法化程度就高，反之则低。从这个角度着眼，我们可以看出，在名词和动词的语法化程度上，汉语是最低的，德语是最高的，汤加语处在介于二者之间的过渡阶段：

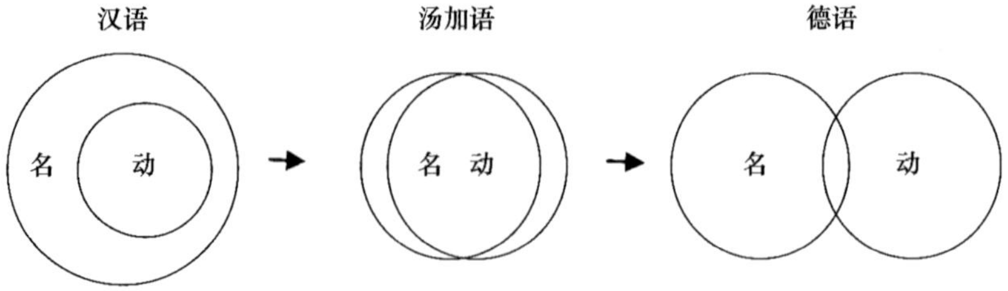

图8

就像细胞分裂一样，印欧语（德语）的实词类已经裂变出两个相对独立的类“名词”和“动词”，汉语的实词类至今还没有出现这样的裂变，而汤加语正处于这个裂变的过程之中。这个“裂变”过程也就是词类的“语法化”的过程，即具体的语用范畴（指称语/陈述语）虚化为抽象的句法范畴（名词/动词）的过程，可以从两个角度来看。从一个角度看，汉语名词和动词没有互斥的部分，动词还包含在名词里；汤加语名词和动词大部分交叉，小部分互斥；印欧语名词和动词已经是大部分互斥，只有小部分交叉。从另一个角度看，汉语虽然在短语层面上已经有标记［+陈述］特征的形式（主要是表示时体的“了、着、过”），但是它们都还不是强制性的标记，更没有成为词形的一部分；汤加语里短语层面上这种标记形式（TAM）已经成为强制性的，光杆词不加这样的标记就不能做陈述语，但是这种标记还没有成为词形的一部分；德语特别是拉丁语里这种时体标记不仅是强制性的，而且已经固化为词的形态标记，所以是词类语法化程度最高的。

Vogel（2000）还认为，跟德语、拉丁语相比，英语的屈折形态衰减的程度已经很高，因此英语是一种正在“去语法化”（degrammaticalized）的语言。那样的话，我们可以合理地推测语言词类系统的类型演化是循环性的，英语是一种正在向汉语型语言回归的语言（图9）。

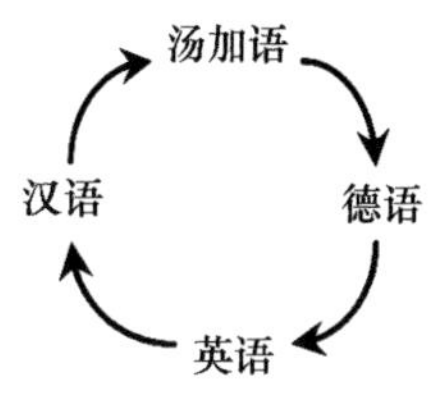

图9

英语如果继续变下去，词的形态消失殆尽，就会变得跟古代汉语一样。现代汉语已经出现谓语后头的“了、着、过”，主语名词表示定指的时候，在有的方言里要前加“只”或“个”，这可以视为汉语出现向汤加语演变的迹象。而古代汉语很可能也是更古老的汉语“去语法化”的产物。[①] 汉语词类的类型学价值在于，它为人类语言词类系统循环演变的假设提供了一个不可或缺的支点。

---

① 已经有证据表明，原始汉藏语动词的形态标记和“名词化”标记在上古汉语里有遗迹（梅祖麟2011）。

参考文献

吕叔湘 1979，《汉语语法分析问题》，商务印书馆。

梅祖麟 2011，《原始汉藏语动词后缀 * -s 在上古汉语里的遗迹——去声别义新证》，在中国社会科学院语言研究所的报告。

沈家煊 2007，《汉语里的名词和动词》，《汉藏语学报》第 1 期。

沈家煊 2009，《我看汉语的词类》，《语言科学》第 1 期。

沈家煊 2010a，《从"演员是个动词"说起——"名词动用"和"动词名用"的不对称》，《当代修辞学》第 1 期。

沈家煊 2010b，《我只是接着向前跨了半步——再谈汉语的名词和动词》，《语言学论丛》第 40 辑。

沈家煊 2010c，《英汉否定词的分合和名动的分合》，《中国语文》第 5 期。

沈家煊 2012，《"名动词"的反思：问题和对策》，《世界汉语教学》第 1 期。

完 权、沈家煊 2010，《跨语言词类比较的"阿姆斯特丹模型"》，《民族语文》第 3 期。

赵元任 1968，《中国话的文法》，吕叔湘节译本《汉语口语语法》，商务印书馆，1979。

朱德熙 1985，《语法答问》，商务印书馆。

Anwood, Jan 2000. A Dynamic Model of Part-of-Speech Differentiation. In Vogel & Comrie (eds.), *Approaches to the Typology of World Classes*, 3 – 46. Berlin & New York: Mouton de Guyter.

Bhat, D. N. S. 2000. Word Classes and Sentential Functions. In Vogel & Comrie (eds.), *Approaches to the Typology of World Classes*, 47 – 64. Berlin & New York: Mouton de Guyter.

Broschart, Jürgen 1997. Why Tongan Does it Differently: Categorial Distinctions in a Language without Nouns and Verbs. *Linguistic Typology* 1: 123 – 165.

Croft, William 1991. Syntactic Categories and Grammatical Relations. Chicago: University of Chicago Press.

Clark, E. V., & H. H. Clark 1979. When Nouns Surface as Verbs. *Language* 55 (4): 767 – 811.

Hengeveld, Kees 1992. *Non-verbal Predication: Theory, Typology, Diachrony.* (Functional Grammar Series 15) Berlin: Mouton de Gruyter.

Jokobson, Roman 1971. Zur Struktur des Russischen Verbums. In John Haiman (ed.), *Iconicity in Syntax*, 151 – 186. Amsterdam: Benjamins.

Kaufman, Daniel 2009. Austronesian Nominalism and its Consequences: A Tagalog Case Study. *Theoretical Linguistics* 35 (1): 1 -49.

Langacker, Ronald 1987. *Foundations of Cognitive Grammar*, Vol. 1. Stanford: Stanford University Press.

Larson, K. Richard 2009. Chinese as a Reverse *Ezafe* Language. A Lecture Delivered at Peking University (February).

Mithun, Marianne 2000. Noun and Verb in Iroquoian Languages: Multicategorisation from Multiple Criteria. In Vogel & Comrie (eds.), *Approaches to the Typology of World Classes*, 397 - 420. Berlin & New York: Mouton de Guyter.

Sapir, Edward 1921. *Language*. New York: Harcourt, Brace & World.

Steinitz, Renate 1994. Lexikaische Kategorisierung: Ein Vorschlag zur Rivision. Unpublished manuscript, Forschungsschwerpunkt Allgemeine Sprachwissenschaft, Berlin. Rivised version to appear in Elisabeth Lōbel & Gisa Rauh (eds.), *Lexikalische Kategorien und Merekmale*. Tübingen: Niemeyer.

Vogel, Petra M. 2000. Grammaticalisation and Part-of-Speech Systems. In Vogel & Comrie (eds.), *Approaches to the Typology of World Classes*, 259 -284. Berlin & New York: Mouton de Guyter.

Vogel, P. M. & B. Comrie (eds.) 2000. *Approaches to the Typology of Word Classes*. Berlin & New York: Mouton de Gruyter.

Vonen, A. Muruvik 1997. *Parts of Speech and Linguistic Typology: Open Classes and Conversion in Russian and Tokelau*. (Acta Humaniora 22) Oslo: University of Oslo, Faculty of Arts/Scandinavian University Press.

[原载《现代中国语研究》（日）第 14 期，2012 年]

论“虚实象似”原理*

——韵律和语法之间的扭曲对应

1 “单双之分”比“名动之别”重要

讲语法离不开讲结构的类型（主谓、定中、述宾等），而讲汉语的语法结构类型，单音节和双音节的区分甚至比名词和动词的区别还重要。这个话听上去新奇，却是事实。就以“定中”和“述宾”两种结构而言，“房屋”是名词，“出租”是动词，但是在没有上下文的时候我们不知道“出租房屋”这个组合是述宾结构还是定中结构，“养殖对虾、冷冻猪肉、组装衣柜、研究方法”等都是同类例子。同样，“田”是名词，“耕”是动词，没有上下文，“耕田”可以理解为述宾结构，也可以理解为定中结构，“赛车、跑马、蹦床、劈柴、煎饼、剪纸、印花、染衣”等都是同类例子。① 然而改变音节的数目，把单音和双音互相搭配，[2+1]的“出租房、轮耕田、养殖虾、比赛车”十有八九是定中不是述宾，[1+2]的“租房屋、耕农田、养对虾、赛单车”肯定是述宾不是定中。这就是吕叔湘（1963）最早指出的，三音节的组合，定中以[2+1]为常态，述宾以[1+2]为常态。

---

* 本文写作过程中听取陆丙甫、端木三、柯航等人的意见进行修改，特此致谢，存在的问题概由本人自负。

① 重读在前在后只有部分的区别作用，虽然“耕.田”（前重后轻）一定是定中，但是“耕ˈ田”（前轻后重或前后并重）还是有两种可能，述宾或定中。下面还会讨论到这一点。

	[2+1]	[1+2]
定中结构：	出租房	*租房屋
述宾结构：	*出租房	租房屋

要指出的是，由动词充当定中结构的中心或述宾结构的宾语，仍然是这个格局：

定中结构：	全年租	*年出租
述宾结构：	*商谈租	谈出租

这表明，在汉语里要确定一个组合是述宾结构还是定中结构，主要不是看这个组合的成分哪个是名词、哪个是动词，而是看哪个是单音、哪个是双音。名词和动词的区分不是一点没有用，还是有点用的：对于“房屋出租”和“房租”这样的组合，知道“房屋”和“房”是名词，可以判定它是定中（“房租”里的“租”转指租金，“房贴、房补”是同类例子），而把述宾排除掉，它不会按述宾理解为，比如说，“用房屋来支配出租”。实际的情形是，汉语只排除名词做述语（临时活用的不算），不排除动词做宾语、定语和中心语。另外，在非常态的音节组合里，名动之别有明显的作用：

定中 [1+2]	纸房子	*租房子
述宾 [2+1]	？出租房	*纸板房

定中 [1+2] 不是常态，单音定语为名词成立，为动词不成立；述宾 [2+1] 也是非常态，双音述语为动词勉强成立（“出租房”常见于招贴），为名词绝对不成立。

总之，说汉语里名动之别的作用有限，是指这样两个方面：第一，名词动词和句法成分发生联系的时候，只排除名词做述语；第二，在非常态的音节组合里，名动之别才有明显的作用。讲语法结构的类型居然主要不靠名动之别而靠单双之分，以印欧语的眼光来看，这有点不可思议。人们不禁要问：为什么汉语能靠单双之分来区分结构类型呢？单音双音如何跟名词动词挂上钩呢？韵律结构［2+1］和［1+2］如何跟语法结构［定中］和［述宾］发生联系呢？

2 轻重象似："动轻名重"的扭曲对应

陆丙甫和端木三（Lu & Duanmu 1991，2002）先提出"辅重原则"：定中结构的定语和述宾结构的宾语都是中心语（主要成分）的辅助成分，辅助成分韵律上要重，汉语里韵律的轻重就体现为单音双音，所以定中为［2+1］而述宾为［1+2］。"主轻辅重"一说暂且撇开名词动词，只用"主"和"辅"这两个概念，对解释定中结构"煤炭店/*煤商店"的对立、"离别恨/*离悔恨"的对立（都不涉及名动分别）特别管用，只是对非常态组合里定中"纸房子/*租房子"的对立和述宾"?出租房/*纸板房"的对立缺乏解释力。

继提出"辅重原则"之后，端木三（2007）又提出"信息量原则"，把"主轻辅重"跟名词动词联系了起来，联系的纽带是"信息量"：按照信息论的原理，一个项目潜在的对比项越多，信息量就越大；潜在的对比项越少，信息量就越小。辅助成分潜在的对比项比主要成分多，因而信息量大，名词潜在的对比项比动词多，因而信息量大，所以名词是动词的辅助成分，"动主名辅"。信息量大用双音，信息量小用单音，所以从"主轻辅重"可以推导出"动单名双"（动词为单音、名词为双音）来，这样就把单音双音跟名词动词挂上了钩。"动单名双"体现了韵律和语法之间的一种"象似性"（iconicity）——"轻重象似"：韵律的"单轻双重"对应或象似于信息的"主轻辅重"或"动轻名重"。

"动单名双"如果确定为"单音动词才是典型的动词，双音名词才是典型的名词"这种一一对应的关系，可以解释一部分事实：定中"租房屋"不成立，是因为单音动词动性强，不适合做定语；述宾"出租房"不好，是因为双音动词动性弱，不适合做述语；定中"煤商店"不好，是因为单音名词名性弱，不适合做定语。但是还有一部分事实得不到解释。第一点，常态定中"出租房"恰恰是"动双名单"，单音名词如果说它名性弱，那又怎么适合做常态定中的中心呢？有人说这是因为单音名词有较强的粘附性（王洪君 2001），这个理由不管用，因为有第二点，常态定中的中心不仅是单音名词，也有单音动词，例如：

三级跳　撑竿跳　俯卧撑　龙虎斗　窝里反　姐弟恋　鸳鸯配
姑嫂争　胡马会　西藏行　欧洲游　秋雨吟　安乐死　三七开
壁上观　离别恨　出国热　百日咳　阴阳判　散文选　论文集
十三问　连锁变　全年租　人来疯　妻管严　本字考　包包控

这些组合中有一些可能是由主谓结构整个儿变成复合名词的，如“龙虎斗”，即便如此，在成为复合名词后，它们就重新分析为定中结构。这些例子的数量多少还在其次，重要的是，这些［2+1］定中同样跟［1+2］形成对立：

双虎斗　*虎争斗　全年租　*年租用
欧洲游　*欧旅游　论文集　*文结集
包包控　*包控制　离别恨　*离悔恨
十三问　*三问答　本字考　*字考证

最近连续发生的富士康跳楼事件，“第十一跳”可以说成“十一跳”，而“第九跳”只能说成“九连跳”，不能说“九跳楼”。至于“现代化、人生观、唯心论”里的“化、观、论”，这些单音动词因为经常出现在中心的位置，已经变为准后缀。第三点，说定中“租房屋”不成立，是因为单音动词不适合做定语，说“粉碎机/*碎机”对立，也是这个原因，遇到“砍刀、躺椅”这种定中组合，就说是“特殊词法”（王洪君 2001），但是事实是，“砍刀”这样的组合并不特殊，数量极大：

躺椅　摇杆　睡床　站笼　唱机　按钮　挂钩　挡板　养女　蹲坑
打手　赢家　做法　抗体　施主　看台　笑脸　哭腔　进程　升力
欠条　签证　叫名　拼盘　骗局　跑车　念珠　说辞　耕牛　炼狱

来路　动脉　冻疮　开本　租费　倒爷　剩女　煮夫　锐词　租客

而且这种构词法在现代汉语里仍然是能产的，可以类推：

唱机　唱本　唱段　唱功　唱腔　唱谱　唱片　唱碟　唱词　唱名
刨床　冲床　剪床　锯床　拉床　磨床　铣床　旋床　钻床　镗床

名词“租房”仿照“住房、卧房、堆房”造了出来，如说“找租房快上新浪房友在线”，说不定哪一天随着新机械的发明和普及，就会仿照“唱机、战机、钻机”创造出一个“碎机”来。

上面列举的三点事实本来用“主轻辅重”倒很好解释，改用“动单名双”后反而解释不通了。还有一个事实，“主轻辅重”和“动单名双”都解释不了，那就是［2+1］述宾和［1+2］定中在可接受的程度上不对等：［2+1］述宾确实是非常态，不仅实例的数量少，而且种类单一，有一项统计表明，250 万字的语料中仅出现 38 例，而且大多数的宾语都是“人”字（柯航 2007），但是［1+2］定中的数量和种类都很多，可以说是一种“准常态”，如果定语是形容词，［1+2］还是常态，［2+1］反而是非常态（沈家煊 2011a）：

［2+1］述宾（非常态）尊重人　吸引人　得罪人　相信鬼　上下车
［1+2］定中（准常态）鸭骨架　泥菩萨　党代表　校领导　乡政府
纸老虎　肉丸子　汤年糕　皮坤包　布沙发
年利率　水立方　火凤凰　木疙瘩　铁娘子
煤老板　冻猪肉　涮羊肉
（常态）大房间　红皮鞋　黑天鹅　软包装　冷空气
强动词

以上种种事实合起来表明：第一，虽然双音动词不是典型的动词，但是单音名词也是典型的名词；第二，单音动词虽然是典型的动词，但是仍然具有名词的性质。如果还要使用“动单名双”这个说法，应该明白：动词名词和单音双音之间的“轻重象似”不是一一对应的关系，而是一种“扭曲对应”，图示如下：

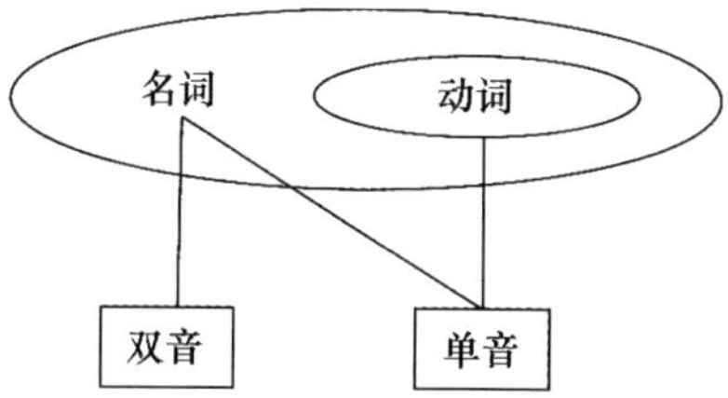

按照沈家煊（2007，2009，2010a，2010b，2010c，2010d，2011a，2011b，2011c，2012）诸文的论证，汉语名词和动词的关系不是分立关系，而是包含关系，动词作为一个次类包含在名词这个大类里，所有的动词（不管双音还是单音）其实都是“动名词”，兼有动词和名词两种性质。这种“名动包含”格局充分体现了名词和动词的“不对称”关系：凡动词都是名词，而名词不都是动词。动词名词和单音双音之间是一种不对称的扭曲对应：只有单音动词才是典型的动词，双音名词和单音名词都是典型的名词；单音动词虽然是典型的动词，但是仍然具有名词的性质。这种扭曲对应的“轻重象似”才符合汉语的实际情形。

3 松紧象似：“重轻格构词、轻重格造语”的扭曲对应

同样是为了解释三音节的组合，定中以［2+1］为常态、述宾以［1+2］为常态，冯胜利（1997，2000）提出“［2+1］构词、［1+2］造语”的规则，如“出租房、养殖虾”是复合词，“租房屋、养对虾”是短语。为什么是［2+1］构词、［1+2］造语，而不是相反呢？

这个问题的解答是“松紧象似”原理在起作用。韵律上［2+1］组合紧而［1+2］组合松，吴为善（1989）最先用连读变调来证明这一点，柯航（2007）以公共汽车路数995［2+1］和955［1+2］（不带意义，9和5都是上声［214］）为例，指出连读变调的时候995里5前那个9变为

直上调［24］，是大变化，而955里的9变为半上调［211］，是小变化，从而从韵律自身证明［2+1］紧而［1+2］松。

语法上，语松词紧，无须赘述。柯航又用方言中大量三音节组合连读变调的材料推导证明，定中结构内部组合紧，述宾结构内部组合松，所以［2+1］是定中而［1+2］是述宾。柯航还发现，同是“名+名”定中，也是［2+1］比［1+2］紧。例如“学校店”是以学校师生为基本顾客群的商店，一般地处学校周边，而“校商店”一般指学校拥有产权和设在学校里的商店，二者在概念上是前者紧而后者松，因为一般情形下服务对象比产权归属更能说明商店的性质。同样，概念上“纸板房”比“纸房子”紧，“纸板房”的“纸板”限定房子的材质，而“纸房子”的“纸”是在描摹房子，有“像纸糊的”这种意思。盖的房子如果很不结实，我们说“这房子跟纸房子似的”，不大会说“这房子跟纸板房似的”，同类的例子有“铁娘子、木疙瘩、火凤凰”等。总之，“［2+1］构词、［1+2］造语”和“［2+1］为定中、［1+2］为述宾”都是“松紧象似”原理作用的结果。

柯航还进一步指出，虽然［1+1］音步有“重轻”［X .X］和“轻重”［X ˋX］两种格式，但是给人的整体感不同，重轻格比轻重格容易形成一个整体，具有对外的排他性和对内的凝聚性，例如乐曲中以休止符起首的节拍（轻重格）给人停顿感、终止感不强的感觉就是因为整体性不强。叫一声“爸爸”，重音一般在前一个“爸”，听上去干脆紧凑，如果重音落在后一个“爸”上，是港台腔，一定是女儿在向爸爸撒娇，听上去不干脆、不紧凑，余音袅绕。这就是说，轻重格松而重轻格紧。这种松紧差别投射到语法上就是，重轻格构词而轻重格造语（张洵如1956）：

构词：兄 .弟　东 .西　买 .卖　反 .正
造语：兄 ˋ弟　东 ˋ西　买 ˋ卖　反 ˋ正

按照端木三的看法，三音节组合［2+1］也是重轻格，［1+2］也是轻重格，所以“［2+1］构词、［1+2］造语”也就是“重轻格构词、轻重格造语”。陆丙甫（2011）还指出，动补结构“跑得快、看得清”，重音在前面动词上的重轻格是表示可能的动补复合词，重音在后头补语上的轻重格是表示结果的动补短语。同样，英语重轻格 **black**board、**green**house 是复合词，轻重格 black **board**、green **house** 是短语。可见“重轻格构词、轻重格造语”是普遍规律。

要注意的是，这只是个简便的说法，实际的情形也是一种扭曲对应，即“重轻格只构词，轻重格既造语也构词”，例如双音词“兄弟”和“反正”重轻格和轻重格是两可的，而二字短语“兄弟”和“反正”就只能是轻重格。同样，构词除了重轻格［2+1］，轻重格［1+2］如“鸭骨架、冻猪肉、黑天鹅”等也很普遍，而造语就几乎只是轻重格［1+2］。

4 续松紧象似：“重轻格构名、轻重格造动”的扭曲对应

然而“重轻格构词、轻重格造语”这个说法还掩盖了一个重要事实，那就是还有名动的区别：构词构的是复合“名词”，造语造的是“动词”短语。［2+1］和［1+2］有这个区别，［1+1］音步也一样，例如：

复合名词：煎 .饼　劈 .柴　烧 .纸　炒 .饭（重轻格）
动词短语：煎 ˋ饼　劈 ˋ柴　烧 ˋ纸　炒 ˋ饭（轻重格）

英语靠重音位置区分的成对的名词和动词，重音在前的一定是名词，重音在后的一般是动词，例如：

名词：**im**port **pro**gress **inter**lock **trans**form **re**search **dis**count（重轻格）
动词：im**port** pro**gress** inter**lock** trans**form** re**search** dis**count**（轻重格）

陆丙甫（2011）还指出，英语中“短语动词”（phrasal verb）变成复合名词的时候就要连写，并且读音也从轻重格变为重轻格，如 set-down、set-in、set-off。

看来“重轻格构名、轻重格造动”，这也是普遍规律。加上“重轻格

构词、轻重格造语”，这就得出“动性为语、名性为词”的规律，简称“动语名词”。过去有一个一直未曾解答的问题：为什么 [2+1] 构词构的是名词而不是动词，[1+2] 造语造的是动词短语而不是名词短语？或者问：为什么“词”和“名”联系在一起、“语”和“动”联系在一起呢？现在可以回答，这也是“松紧象似”的缘故，因为动词和名词在概念上有松紧区别，“动松名紧”。这可以从两个方面来理解。第一，名词指称实在的事物（实体），动词表示虚灵的动作或事件，实的紧而虚的松。第二，一个复杂的概念，包括复杂的动作或事件概念，只有在“紧凑化”也就是凝聚成一个整体之后，人们才会给这个概念取个名称、给它个名目，例如“速滑”和“跳马”像个“名”，而“快滑”和“骑马”就不像，前者因为更紧实而包含更丰富的“内涵”。Langacker（1991：21）从认知心理的角度讲，表示事件的动词是次第扫描（sequential scanning）的结果，而指称事件的名词是整体扫描（summary scanning）的结果。Thom（1983）认为，名词性跟语义密度（semantic density）有关，一般来说名词的语义密度高，动词的语义密度低（转引自胡建华 2010）。二人讲的都是这个道理，复合名词概念上紧实，而动词短语概念上虚松。所以说“动语名词”也是“松紧象似”——概念结构的松紧对应于语法结构的松紧——这一原理作用的结果。

不过要注意，重轻格构词构名、轻重格造语造动，进而得出“动语名词”，这个说法虽然简单醒目，但是也容易让人误解这种“松紧象似”是一一对应的关系，而实际情形不是一一对应，仍然是扭曲对应。虽然重轻格 [X .X] “煎 .饼、烧 .纸”一定是复合名词，但是轻重格 [X 'X] “煎 '饼、烧 '纸”可以是动词短语，也可以是复合名词。虽然 [2+1] 几乎只构成复合名词，但是 [1+2] 既构造动词短语，也构成复合名词。这种扭曲关系赵元任（Chao 1959，1968：11，1980）曾多次指出和强调过。英语也体现这种扭曲关系，虽然重轻格如 **pro**gress、**im**port 一定是名词，但是轻重格如 re**search** 和 inter**lock** 可以是动词，也可以是名词。

“动松名紧”的扭曲对应关系图示如下：

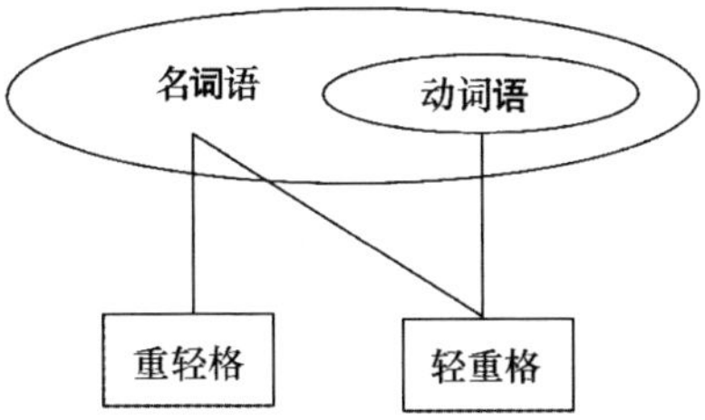

按照“名动包含”，动词语是名词语的一个次类，在概念结构和语法结构“松紧象似”的作用下“动语名词”，名词语倾向成“词”，动词语倾向成“语”（这种倾向性用黑体字表示）。语法结构和韵律结构的扭曲型“松紧象似”是：动语一定是轻重格，名词既可以是重轻格，也可以是轻重格；或者，重轻格只构成名词，轻重格既构成动语，也构成名词。

5 虚实象似：韵律和语法的扭曲对应

上面讲了两条跟名词和动词有关的象似原理，“动单名双”是“轻重象似”，“重轻格构名、轻重格造动”是“松紧象似”，也已说明这两种象似并不是一一对应而是扭曲对应。我们可以进一步用“虚实象似”这一条原理把“轻重象似”和“松紧象似”联系和统一起来，说明如下。

韵律上，韵律成分的轻重“单轻双重”和松紧“轻重格松重轻格紧”（包括“[1+2] 松 [2+1] 紧”和“[X 'X] 松 [X .X] 紧”）可以统一为“前者虚后者实”，前者统称“虚韵”，后者统称“实韵”，因为在同等条件下，分量重的当然比分量轻的实，结合紧的当然比结合松的实。同样，语法上语法成分的轻重“动轻名重”和松紧（包括“语松词紧”和“动松名紧”）也可以统一为“前者虚后者实”，前者统称“实词语”，后者统称“虚词语”。“语松词紧”就是“语虚词实”，无须多讲。“动虚名实”有两个含义：第一，动词的信息量小，名词的信息量大，也就是端木三（2007）按信息论定义的“动轻名重”；第二，动词表示虚灵的动作，是次第扫描，名词指称实在的事物，是整体扫描，前者时间稀松，后者时间密集，也就是 Langacker（1991：21）按认知理论定义的“动松名紧”。

总之，“松紧”和“轻重”互相推导，同等条件下松的就轻、紧的就重，轻的就松、重的就紧。这就是韵律结构和语法结构之间的“虚实象似”原理，概括如下。

韵律结构：单音词因为轻而虚，双音词因为重而实，轻重格［1+2］和［X 'X］因为松而虚，重轻格［2+1］和［X .X］因为紧而实。

语法结构：动词和动词短语因为轻和松而虚，名词和复合名词因为重和紧而实。

说动词和名词的区别属于“虚”和“实”的区别，这个观点不是什么新观点，古人就认为名为实、动为虚，清代的袁仁林在《虚字说》里说，“春风风人、夏雨雨人、解衣衣我、推食食我”里的名词“风、雨、衣、食”是“实词虚用”。当今“认知语言学”的观点是，动词用作主宾语的时候，就是将抽象虚灵的动作看作具体实在的事物，也就是“视虚为实”。

当然，“虚实象似”也是扭曲对应，而不是一一对应，图示如下：

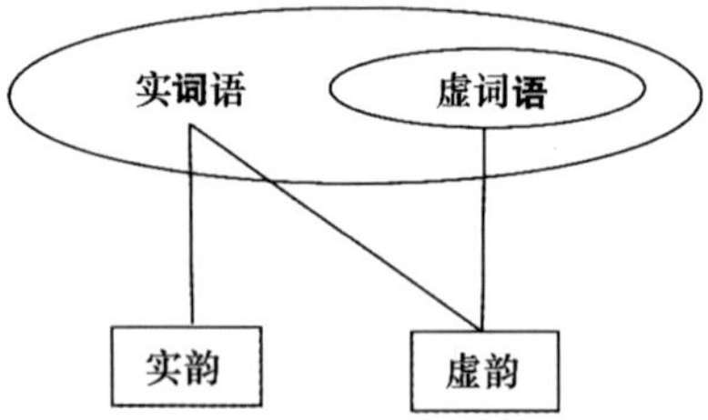

从“虚”和“实”出发来讲韵律结构和语法结构的联系，这样做带来两大好处。第一，可以把“轻重象似”和“松紧象似”联系和统一起来，使解释的原理变得更加简单，因为简单性是建立语法体系的重要目标。第二，可以说明汉语和印欧语的异同，从而丰富一般的语言理论，具体说明如下。

6 汉语和印欧语的异同

拿汉语和英语做比较①，两种语言的着重点不同，英语着重于名动之分，汉语着重于虚实之别。英语名词和动词的区分是语法范畴的区分，汉语实词和虚词的区别是语义或语用范畴的区别：语义上实词表达具体概念，虚词表达抽象概念；语用上实词用来指称，虚词用来陈述。请看《红楼梦》第三十七回“秋爽斋偶结海棠社，蘅芜苑夜拟菊花题”，这一回写宝钗和湘云连夜为海棠诗社的聚会拟诗题，二人商定题目只用两个字，要一个“实字”一个“虚字”，实字定为“菊”，跟虚字搭配成十二个题目如下：

忆菊　访菊　种菊　对菊　供菊　咏菊
画菊　问菊　簪菊　菊影　菊梦　残菊

请注意，“忆、种、问、残”等动词和“影、梦”两个抽象名词都属于“虚字”，“菊”这样的实体名词才属于实词。这表明在中国的传统意识里，第一，名词和动词的区分不重要，重要的是实字和虚字的区别；第二，实字和虚字是语义上的区别，具体概念和抽象概念的区别，不是语法上的对立。我们用下面的简图来表示：

<table>
<tr><th>字 词</th><th>英 语
语法范畴</th><th>汉 语
语义语用范畴</th></tr>
<tr><td>菊
chrysanthemum</td><td rowspan="2">名词</td><td>实字</td></tr>
<tr><td>影 梦
shadow dream</td><td rowspan="2">虚字</td></tr>
<tr><td>忆 种 问
recall plant ask</td><td>动词</td></tr>
</table>

① 拿英语来跟汉语比较不是太好，应该拿形态更发达的其他印欧语来比较。英语的形态正在衰减，名动兼类词的比例已经很高。参看沈家煊（2011c）。

如果把汉语里的抽象名词“影、梦”算作半虚半实的字，比照英语，我们也不妨说汉语里实字和虚字的分别大致相当于英语里名词和动词的分别。换一个角度，英语比照汉语，英语虽然是名动二分，但是，如果把dream和shadow算作名动兼类词，那么我们也可以认为英语里动词和名词的对立其实也是虚词和实词的区别。语义上的虚实之别是语法上名动之分的基础，这是语言的共性，对英汉两种语言都适用，陆丙甫（2011）在考察事件名词的时候提供了很多这方面的证据。

然而，汉语和英语的差别又是很明显的，《红楼梦》第三十八回接着上一回写吃蟹咏诗，在宝钗作的《忆菊》诗、宝玉作的《访菊》和《种菊》诗里有这样必须对仗的四联：

《忆菊》：空篱旧圃秋无迹，冷月清霜梦有知。
《访菊》：霜前月下谁家种？槛外篱边何处秋？
《访菊》：蜡屐远来情得得，冷吟不尽兴悠悠。
《种菊》：昨夜不期经雨活，今朝犹喜带霜开。

《忆菊》一联，“梦有知”对“秋无迹”，虚字“知”对虚字“迹”，“知”和“迹”一样做谓语动词的宾语，在汉语里很正常，要是按英语说就是动词对名词了；《访菊》一联，“何处秋”对“谁家种”，虚字“秋”对虚字“种”，“秋”和“种”一样做谓语动词，在汉语里也可接受，按英语说就是名词对动词了。

英语和汉语的差别不止于此，还有更加重要的。再看《访菊》的另一联，“冷吟”对“蜡屐”，虚字“吟”和实字“屐”一样做主语（名词短语的中心语）；《种菊》一联，“不期活”对“犹喜开”，虚字“活”和“开”都做动词的宾语。这表明，“知、吟、活、开、忆、访、种”这类词（所谓“动词”）能直接做主宾语是汉语的常态，这些词其实是“高度虚化的实词”，因为高度虚化才称其为“虚”，而“秋、迹、梦、影”这类词（即“抽象名词”）其实是“比较虚化的实词”；“屐、菊”这类词（即“具体名词”）才是道地的实词，它们做谓语跟“解衣衣我、推食食我”里的“衣、食”一样是临时活用性质的“实字虚用”

（沈家煊 2010c）。

这就是说，虚实之别只是个程度问题，不是二分对立的，所以在上面的图表中只用虚线区别虚实。确切地说，“虚化实词”也是“实词”，是一类特殊的“实词”而已，因此二者是包容关系。如果用语用上“指称”和“陈述”这对概念来讲实和虚，那么汉语的陈述词（虚化实词）也是一种指称词（实词），它既用来陈述动作，也用来指称动作本身。有人会问，划分词类是凭词的语法功能，你这样来定义虚实的关系有语法功能的依据没有？我们的回答是，正是从语法功能上看，虚实之间应该确定为这样的关系：一般实词所具有的语法功能“虚化实词”都具有，反之则不然。具体而言，一般实词能做主宾语（蜡屐远来，带霜），虚化实词也能做主宾语（冷吟不尽，有知）；一般实词能做名词短语的中心（冷月，他的脸），虚化实词也能做名词短语的中心（冷吟，他的笑）；一般实词能受形容词修饰（冷月，慢车），虚化实词也能受形容词修饰（冷吟，慢跑）；一般实词能用“没”否定（没钱），虚化实词也能用“没”否定（没去）；一般实词能用“和”并联（酒和菜），虚化实词也能用“和”并联（吃和喝）；一般实词能用“什么”替代（看什么？看电影），虚化实词也能用“什么”替代（看什么？看下棋）；一般实词能受数量词修饰（一桌一椅，两种人，来个勺和碗），虚化实词也能受数量词修饰（一来一去，两种死，来个打和骂）。“反之则不然”表现在：虚化实词经常做谓语、带宾语，一般实词不能；虚化实词能受副词（包括“不”）修饰，一般实词不能；虚化实词能用“又”并联，一般实词不能；虚化实词能用“怎么样”替代，一般实词不能。

这就是说，要把一般实词跟虚化实词区分开来，一般实词只能从反面来定义，它“不能怎么怎么”，无法从正面来定义它“能怎么怎么”。相比之下，英语里除了名动兼类词，是名词就不是动词，是动词就不是名词，名词和动词各有各的定义，各有各的形态手段，而且是强制性的。我们用下面的图来表示汉语和英语的差别：

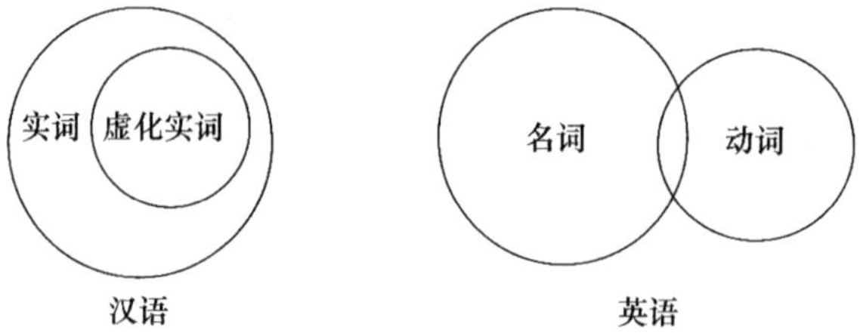

如果我们在讲汉语语法的时候还想继续使用“名词”和“动词”这对名称，那么应该明白，英语是“名动分立”——是名不是动，是动不是名；汉语是“名动包含”——是名不都是动，是动都是名。

从“语法化”的角度看，汉语和英语的异同可以这样来表述：抽象的语法范畴“名词”和“动词”是具体的语义语用范畴“实词”和“虚化实词”在语法上固化下来的产物，这是语言的共性。两种语言的差异是：汉语所谓的“名词”和“动词”是还没有语法化的语义语用范畴，二者的关系还仍然是实词和虚化实词的包含关系，虚化实词虽然已经虚化，但是还属于实词，没有从实词里分离出来成为独立的一类；而在英语里实词和虚化实词的区别已经语法化，虚化实词已经从实词里分离出来独立，形成了名词和动词两个对立的语法范畴。用来判断是否已经语法化的标准是，看那些虚化实词做谓语的时候是否已经具有强制性的标记，这些标记是否已经成为词形的一部分（Vogel 2000）。如果有了这种固化的标记，那么就有了两类对立的实词分别和两种最重要的句法成分——主宾语和谓语——有了固定的联系，词类的语法化程度就高。打个比方，就像细胞分裂一样，英语的实词类已经裂变出两个相对独立的类：名词和动词，汉语的实词类至今还没有实现这样的裂变。

“虚实象似”的原理对英语也起作用，例如 create 和 creation、commit 和 commitment、poor 和 poverty 等，前者动、后者名，体现“轻重象似”；**im**port 和 im**port**、**re**search 和 re**search**、**pro**gress 和 pro**gress** 等，前者名、后者动，体现“松紧象似”（陆丙甫，2012）。但是，由于英语的名词和动词是已经语法化的语法范畴，各有说一不二的形态手段，就没有必要再用韵律手段来区分名动，英语的语法书从来不用音节的多少作为区分名动的标准。英语有不少名动兼类词既表示动作，又指称动作本身，它们大多是单音词，如 call，jump，kick，shout，crash，cough，frown，sneeze，whistle，等等，但是也有双音词，如 whisper，mutter，stutter，stammer，grimace 等，甚至有多音词，如 ridicule，不管音节多少，都可以靠形态标记来区分名动。汉语没有英语那样的形态标记把名动截然区分开来，但是单音、双音以及它们的组配方式可以用来区分虚性或实性的相对强弱：双音词比单音词有较强的实性，重轻格比轻重格有较强的实性，双音化具有“增实”的作用[①]，上面那些英语兼类词要是用汉语来表达，表示动作就倾向用单音，如“叫、喊、跳、笑”，指称动作就倾向用双音，如“喊叫、叫喊、跳跃、微笑”。正是从这个意义上讲，单双音区分及其组配方式是汉语自身的一种语法形态手段（详见沈家煊 2011b）。单双区分和轻重格重轻格的区分是对立的、互斥的，而实词和虚词的区分不是对立的、互斥的，所以汉语在区分语法结构类型的时候单双之分比名动之别更加重要。

7 解释和预测

在韵律结构和语法结构之间建立“虚实象似”关系，并且明确这种象似是“扭曲对应”，这样的做法切合汉语的实际情形，因此可以解释原来得不到解释的那些事实，具体说明如下。

因为汉语的动词和名词是虚实关系，“名动包含”，名动的区别有限，所以在区分语法结构类型的时候名动之别起不了多大的作用，不能用来区分“出租房屋”和“耕田”是定中还是述宾。因为“是动都是名”，单音动词和双音动词都是名词，所以单音动词做常态定中的中心（全年租，十一跳）和做［1+1］定中的定语（砍刀，租房），双音动词做常态定中的定语（出租房，养殖虾），这些都不成为什么问题。另外，“是名不都是动”，“房屋”和“房”就不是动词，所以“房屋出租”和“房租”不可能理解为述宾。双音化有“增实”的作用，双音动词比单音动词动性弱而名性强，所以有定中“出租房/＊租房屋”的对

① “增实”不是“动词的名词化”，汉语的动词本来也是名词，谈不上什么名词化。虚、实相对而言，只有程度区别，“增实”对动词和名词都起作用。

立，有述宾“租房屋/＊出租房”的对立；双音名词比单音名词名性强而动性弱，所以有述宾“租房屋/＊出租房”的对立，有定中“纸板房/纸房子”的语义差别。还有，［2＋1］述宾和［1＋2］定中在可接受度上的不对等现象也能得到解释：“名动包含”充分体现名动之间的不对称，对动词来说，单音虚性强，双音化“增实”的作用明显，双音确实比单音实得多，而对一般名词来说，单音本来就实性不弱，双音化“增实”的作用不明显，双音并不比单音实多少，所以［2＋1］述宾确实是非常态，而［1＋2］定中是准常态。

“虚实象似”原理不仅能更充分地解释事实，还能做出倾向性的预测，这种预测可以用“如果A成立，B也成立，反之则不然”这样的“单向蕴含式”来表述，具体有如下一些。

如果［1＋2］定中成立，那么［2＋1］定中也成立，反之则不然。例如，有“校商店”也有“学校店”，但是有“煤炭店”没有“煤商店”。

如果［2＋1］述宾成立，那么［1＋2］述宾也成立，反之则不然。例如，有“出租房”（见于招贴）也有“租房子”，但是有“造房子”没有“建造房”。

如果［2＋1］述宾成立，那么［1＋2］定中也成立，反之则不然。例如，有述宾“出租房”也有定中“纸房子”，但是有定中“草房子”没有述宾“建造房”。

如果“动＋名”［X ˋX］能复合成名词，那么［X .X］也能复合成名词，反之则不然。例如，有复合名词“炒ˋ饭”，也有复合名词“烙.饼”，但是有复合名词“烧.纸”，没有复合名词“读ˋ报”。

倾向性的预测只能叫作“弱预测”，虽然预测性弱，但是并不缺乏科学性，它们是可以证伪的。由于语言系统的开放性和变动性，语法研究追求的“不过分”的目标是对语言事实做出这种“弱预测”（沈家煊2004）。赵元任（Chao 1959，Chao 1968：11，赵元任 1980）多次告诫研究者，“不要期望韵律特征和［语法］结构之间会有一种十分简单的对应关系”，在语言现象中寻找系统性和对称性不要“走得太远”。对于汉语这种语法化程度还不高的语言来说，扭曲对应关系就更是常态而不是非常态，沈家煊（1999）论证，这种扭曲对应是语音和语法演变不同步的必然结果，是语言保持生命和活力的必需条件。过犹不及，“过分”和“走得太远”的结果往往是连充分的解释也做不到。

8 需要一种“投射理论”

当今以乔姆斯基的“生成语法”为代表的普遍语言理论有一个重要的假设，即语法部分和语音部分是语言的两个独立的构成模块，语法部分处理完毕得出的结果（语法结构）输入语音部分，语音部分只是起一个“拼读”（spell out）的作用，韵律作为语音的一部分，当然作用也限于此。然而汉语的事实表明，这个假设的普遍性是值得怀疑的。汉语不仅语法可以控制韵律，韵律也可以控制语法，语音部分可以对语法部分不合格的产品“退货”（冯胜利 2011），单音双音及其搭配方式本身就是一种语法形态，能控制语法结构的类型。这就是说，语音部分至少是其中的韵律部分，也是语法的一部分，语法和语音不是截然二分的。近年来生成语法学坚持的语法和语音各自独立的观点已经有所松动，开始承认两个部分之间有一个交界面（interface），语法和语音在这个交界面里互动，种种“界面理论”也应运而生，但是从汉语的实际来看，语法和韵律之间也许根本不存在什么交界面，因为语法结构和韵律结构之间的联系靠的是“虚实象似”关系，这种关系不是什么交界交叉关系，而是一种投射对应关系，尽管这种对应是扭曲对应，而不是一一对应。这种投射对应关系不仅存在于语法和语音之间，还存在于语法、语义、语用三个部分之间（沈家煊 1995），所以“界面理论”至少在语法和韵律的关系上不怎么适用于汉语，我们还需要的是一种“投射理论”。这种理论对于汉语作为第二语言的教学，特别是克服“洋腔洋调”，也有重要意义。

参考文献

端木三 2007，《重音、信息和语言的分类》，《语言科学》第 5 期。

冯胜利 1997，《汉语的韵律、词法与句法》，北京大学出版社。

冯胜利 2000，《汉语韵律句法学》，上海教育出版社。

冯胜利 2011，《韵律句法学研究的历程与进展》，《世界汉语教学》第 1 期。

胡建华 2010,《实词的分解和合成》,第 16 届现代汉语语法学术讨论会论文。

柯　航 2007,《现代汉语单双音节搭配研究》,中国社会科学院研究生院语言系博士学位论文。

陆丙甫 2012,《汉、英主要“事件名词”语义特征》,《当代语言学》第 1 期。

吕叔湘 1963,《现代汉语单双音节问题初探》,《中国语文》第 1 期。

沈家煊 1995,《正负颠倒和语用等级》,《语法研究与探索》第 7 辑。

沈家煊 1999,《语法化和形义间的扭曲关系》,载石锋、潘悟云主编《中国语言学的新开拓》,香港:香港城市大学出版社。

沈家煊 2004,《语法研究的目标——预测还是解释?》《中国语文》第 6 期。

沈家煊 2007,《汉语里的名词和动词》,《汉藏语学报》第 1 期。

沈家煊 2009,《我看汉语的词类》,《语言科学》第 1 期。

沈家煊 2010a,《“病毒”和“名词”》,《中国语言学报》第 14 期。

沈家煊 2010b,《我只是接着向前跨了半步——再谈汉语的名词和动词》,《语言学论丛》第 40 辑。

沈家煊 2010c,《从“演员是个动词”说起——“名词动用”和“动词名用”的不对称》,《当代修辞学》第 1 期。

沈家煊 2010d,《英汉否定词的分合和名动的分合》,《中国语文》第 5 期。

沈家煊 2011a,《从韵律结构看形容词》,《汉语学习》第 3 期。

沈家煊 2011b,《从“优雅准则”看两种“动单名双说”》,第三届两岸三地句法与语义小型研讨会(北京)论文。

沈家煊 2011c,《从认知、哲学和类型学看汉语里的名词和动词》(Nouns and Verbs in Chinese—Cognitive, Philosophical and Typological Perspectives),第 11 届国际认知语言学大会(陕西西安)主题报告。

沈家煊 2012,《“名动词”的反思:问题和对策》,《世界汉语教学》第 1 期。

王洪君 2001,《音节单双、音域展敛(重音)与语法结构类型和成分次序》,《当代语言学》第 4 期。

吴为善 1989,《论汉语后置单音节的粘附性》,《汉语学习》第 1 期。

张洵如 1956,《北京话里轻声的功用》,《中国语文》第 5 期。

赵元任 1980,《语言问题》,商务印书馆。

Chao, Y. R. 1959. Ambiguity in Chinese. Søren Egerod and Else Glahn (eds.), *Studia Serica Bernhard Karlgren Dedicata*. Copenhagen: Ejnar Munksgaard, 1 – 13.

Chao, Y. R. 1968. *A Grammar of Spoken Chinese*. Berkeley and Los Angeles: University of California Press. 吕叔湘译《汉语口语语法》,商务印书馆,1979 年。

Langacker, Ronald W. 1991. *Foundations of Cognitive Grammar*, Vol. 2, Descriptive Application, Stanford University Press.

Lu, Bingfu and Duanmu San 1991. A Case Study of the Relaition between Rhythm and Syntax in Chinese. Paper presented at the Third North America Conference on Chinese Linguistics.

Lu, Bingfu and Danmu San 2002. Rhythm and Syntax in Chinese: A Case Study. *Journal of Chinese Language Teachers Association* 37 (2): 123 – 136.

Vogel, Petra M. 2000. Grammaticalisation and Part-of-Speech Systems. In Vogel & Comrie (eds.), *Approaches to the Typology of Word Classes*. Berlin & New York: Mouton de Gruyter. 259 – 284.

[原载 *CASLAR* (*Chinese as a Second Language and Research*) 第1卷第1期]

“零句”和“流水句”*

——为赵元任先生诞辰120周年而作

1 引言

赵元任先生是中国现代语言学之父，他在中国语言学许多重要领域的影响力至今没有消退。在语法学方面，以1948年《国语入门》的语法部分为基础，经过20年的酝酿，出版于1968年的《中国话的文法》，采集鲜活的口语材料而非闭门造车，注重确凿的形式证据而去主观臆测，从语言的实际出发，摆脱印欧语的窠臼，提出的一系列关乎汉语语法体系的观点具有深邃的洞察力，十分重要。有许多观点已经为学界所接受、继承和发展，争议很少，这些观点有：主谓结构可以做谓语；主语和谓语不一定是动作者和动作的关系，受事位于动词前不是宾语倒装；主语的类型包括动词，做主语的动词没有变成“动名词”；形容词是动词的一个次类，不及物动词；及物动词和不及物动词的区别不在能不能带宾语，而在能带什么种类的宾语。有的观点现在有争议，如汉语的主语就是话题，当今的主流观点却认为主语和话题是性质不同的两个范畴，说这是语言的共性。然而在笔者看来，赵先生对汉语主语的看法恰恰一语中的，道出了汉语的特点。还有的观点十分重要，却没有得到学界充分的重视，如汉语的谓语不

---

* 本文初稿在语言研究所4月19日纪念赵元任先生诞辰120周年的语言学沙龙上报告，发表前听取张伯江、方梅、董秀芳、完权、乐耀等人的意见，做了一些补删和修改，错误和不当之处概由笔者负责。引文大多采用吕叔湘（1979）的节译本《汉语口语语法》，该本删略未译的部分由笔者自译，或采用丁邦新（1980）的全译本。引文所在页码如无特别说明，是吕译本的页码。

宜按名、动、形来区分类型，有更合适的区分方式。笔者认为，上面这些观点都发端于“整句由两个零句组成”的零句说，是零句说的自然延伸。对零句说理解不透，造成对汉语主语和谓语的认识有偏误。也只有充分重视零句说，才能深刻认识汉语多“流水句”的特点，克服多年来对“流水句”的研究停滞不前的状况。本文结合笔者近年关于汉语词类的研究和提出的“名动包含说”，系统地阐释零句说，揭示“流水句”的特点和性质，期望汉语语法研究进一步摆脱印欧语的窠臼，开创新的局面。

2　零句说阐释

根据《中国话的文法》第二章“句子”的论述，零句说可以用赵先生的三句话来概括：（一）整句由零句组成。（二）零句是根本。（三）零句可以独立。下面分别加以阐释。

2.1　整句由零句组成

“句子”的定义是“两头被停顿限定的一截话语。这种停顿应理解为说话人有意作出的”。这样定义的句子在汉语里“可以从结构上分为整句和零句。整句有主语、谓语两部分，是连续话语中最常见的句型。零句没有主语－谓语形式。它最常见于对话以及说话和行动参杂的场合。大多数零句是动词性词语或名词性词语”（第41—42页）。“零句”译自 minor sentence（丁译本“小型句”），“零”是畸零、零碎的意思。

整句的主语和谓语之间可以“用停顿、可能的停顿或四个停顿助词之一（啊、呐、嘿、吧）隔开”，这是整句的“形式特征”（第44页）。赵先生说这个形式特征的重要性还可以从汉语标点的使用上看出来。大多数古书是不加标点的，但是不加标点不能证明作者写书的时候不作呼吸的停顿，而少数加标点的书，标点总是加在主语后头，即便主语只有三个或四个字长，有时候只有一两个字，例如，“大学之道，在明明德”。跟汉语对比，书面英语里句子的主谓之间从来不用标点隔开。此处有一脚注，举例说英语只有在主语特别长、谓语也特别长的时候才会在主谓之间加个逗号（原书第68页）。

根据整句的形式特征，“我们得出一个令人惊异然而明明白白的结论：一个整句是一个由两个零句组成的复杂句”（第 51 页）。这就是说，汉语里主谓齐全的单句如果中间用停顿或停顿助词隔开，就成为复杂句，主语是一个分句，谓语是另一个分句。没有主语的谓语是一个句子，这好接受，因为在印欧语里，有的语言（如意大利语）也允许主语落空。没有谓语的主语也是一个句子，而且是正常的句子，这在以动词为句子中心的印欧语眼光来看就不好接受。但是赵先生在“主语、谓语作为一问一答”一节（第 50 页）里，给出强有力的形式证据，那就是 a，ne，me，ba 这四个助词都有表疑问和表停顿两种作用，既可以加在疑问句后边，也可以加在主语后边。举例如下：

这个人啊，一定是个好人。　　他是哪儿的人啊？
他自己的小孩呐，也不大听他的话。　　小孩儿都上哪儿去了呐？
他辞职的意思嚜[mə]，已经打消了。　　你知道他要辞职了吗［ma]？
丈夫吧，找不着事儿；孩子们吧，又不肯念书。我们问问她的丈夫吧？

“上面的现象不是偶然的，是来源于主语作为问话、谓语作为答话的性质。”问和答熔合为整句的三个阶段是：（1）两人对话。（2）自问自答。（3）把问和答合成一个整句，中间没有停顿。例如：

（1）饭啊？　还没得呐。　饭呐？　都吃完了。
（2）饭啊，　还没得呐。　饭呐，　都吃完了。
（3）饭　还没得呐。　饭　都吃完了。

第一、第二阶段的“饭啊”“饭呐”（名词性词语）也是正常的独立的句子。笔者在此发表一点感言：这么明显、整齐、确凿的形式特征，其重要性不言而喻，有人放着这么重要的特征而不顾，反而想方设法去找一些隐蔽、零碎、牵强的证据来证明，比如说，汉语的谓语也跟印欧语一样有定式和不定式的区分，这种“丢了西瓜捡芝麻”的做法不可取。

在“从属小句的种类”一节（第 67—69 页）里，赵先生又把“一问一答”扩展到“你不来（,）我不去”这种条件主从句，因为对话不限于“问和答”，可以是各种“引发和应答”，你说你不来引发我回应我不去。主语、问话、条件小句这三种句式互相接近，仍然“可以从它们的后边可以有相同的停顿或停顿助词这一点得到证明”。还有一个证据是条件小句后边总是可以加上“的话”，如“要是不肯的话，那就算了”。英语里老式的条件句用倒装词序，这是条件小句和问话接近的一个旁证：

Should it rain tomorrow（/, /～/?/）that would be too bad.

“这里的语调究竟是/, /还是/?/，实际语音上分辨不出。”笔者想到十年之后 Haiman（1978）发表在美国《语言》杂志上的那篇引用率很高的文章《条件小句就是话题》，其实只是重提赵先生的观点而已。赵先生还认为，不仅是条件小句，表示让步、原因、时间、处所的小句也都可以当成主语，它们都出现在句子的头上（除非是追补的话），也都可以加“啊、呐、嚜、吧”。

虽然我想发财……　　我虽然想发财……
因为他太太病了……　他因为太太病了……

这种让步、原因小句的“所谓从属连词总是能够搁在主语之后，修饰动词”（第 66 页），这也是一个形式上的证据。

我昨儿晚上上床（的时候），客人还没全走。
大家用功（的地方），你不能大声儿说话。

读轻声的“的时候”“的地方”的作用跟一个连词相当，加这些词的句子“虽然可以翻译成外语的副词小句，但是在我们的分析里还是一个大主语”，“是一个普通的体词性主语”。这一分析同样适用于“……以前”“……以后”：

我吃完了（以后）你吃。

票还没买（以前）你不能上船。

从属小句虽然用了表示时间的语尾“了”以及与此相当的否定词“没(有)”，可是时间小句和条件小句相似（德语都用连词 wenn），表时间的“了”也可以用于条件小句（原书第 117 页）：

我死了丧事从简。　　（时间）

我死了你顶好再嫁。　（条件）

总之，问话是主语，“所有表示让步、原因、条件、时间、处所的小句，说来说去不外乎是主语”（第 69 页）。

2.2 **零句是根本**

“整句只是在连续的有意经营的话语中才是主要的句型。在日常会话中，零句占优势。”（第 51 页）虽然其他语言的对话里零句也用得多，但是在汉语里零句“更是根本，甚至更加常用”（Chao 1959）。汉语“由这种零句组成整句，这就使得整句中的主语和谓语的结构形式多种多样这一现象成为完全可以理解了”（第 51 页）。“主语和谓语的结构形式多种多样”是指，主语除了是名词性词语，也可以是表时间、处所、条件的词语，也可以是动词性词语、介词短语和主谓短语，谓语除了是动词性词语（包括形容词），也可以是名词性词语和主谓短语。“尽管名词性主语和动词性谓语是最常见的主谓组合，可是一个整句的两个成分的可能形式实际上是没有限制的。”（第 56 页）汉语里甚至有动词性主语加名词性谓语的句子，举的例子有：

逃僝头。

（他）不死一百岁了。

不下雨已经三个月了。

赵先生的意思是，要解释这个“多种多样”和“没有限制”，只需承认零句是根本。当今“生成语法”规定句子的转写规则是S → NP + VP，NP + VP实际就是“主语 + 谓语”，主语是名词性词语，谓语是动词性词语。朱德熙（1985：64）说这条规则“在汉语里是行不通的”，赵先生已经说出了“行不通”的原因——零句是根本，可能的形式没有限制，主语可以是VP，谓语也可以是NP。后来朱先生坚持汉语的动词做主宾语的时候，仍然是动词没有变为名词，这是继承赵先生“主语和谓语的结构形式多种多样”的观点①。

朱先生不仅继承赵先生“零句是根本”的思想，明确说“没有主语的句子跟有主语的句子同样是独立而且完备的”（朱德熙 1987），还进一步引申出一个相关的命题，就是“主谓结构跟其他类型的词组地位完全平等”（朱德熙 1985：8）。吕叔湘（1979：31）也说：“不用主谓关系的有无来区别句子和短语。句子可以在形式上不具备主语和谓语两部分；短语可以包括主谓短语。”朱先生还在此基础上建立“以词组为本位”的汉语语法体系，他说，“汉语句子的构造原则跟词组的构造原则的一致性还特别表现在主谓结构上。汉语的主谓结构独立的时候相当于英语的句子，不独立的时候相当于英语的子句。按英语语法的观点来看，它是和词组相对立的东西。汉语的主谓结构实际上也是一种词组，跟其他类型的词组地位完全平等。它可以独立成句，也可以做句子成分。…… 跟印欧语比较的时候，主谓结构可以做谓语是汉语语法的一个明显的特点”（朱德熙 1985：8）。

主谓结构可以做谓语，赵先生称之为“中国话之谜”（Chinese puzzle，Chao 1955），谜之解就在零句是根本，于是也就有了“大句主语（大主语）”和“小句主语（小主语）”的名称。赵先生说，“大句主语和小句主语的关系可紧可松。二者之间关系紧密，如领属，全体与部分，类与成员。二者之间关系松弛，如大句的主语表示时间、处所、条件或其他不关

① 赵先生在讲到动词做主语、名词做谓语的时候（原书第 94 页）举例：“编，贾波林；出演，贾波林；导演，贾波林；演，贾波林。”并且说，这些做主语的动词，特别是单音的“编”和“演”，虽然都翻译成英语的“动名词”，但是绝不可比附着说（by any stretch of terminology）它们也变成了动名词。

重要的情节”（第 57、60 页）。关系松弛的实际例子：

电影儿我看报了，没什么好的。
我结婚的总送这个。（对于结婚的人，我总送这个。）
留学的事情政府早规定了办法了。
中国话“cigarette”怎么说？／“cigarette”中国话怎么说？
你浮水学会了没有？

现在很多人承认汉语的主谓结构可以做谓语这一点，却忽视“零句是根本”说，这是不应该的，因为前者是从后者推导出来的。对“零句是根本”的忽视也是现在很多人对汉语主语和话题的关系认识有偏误的原因（见本文第 3 节）。

2.3 零句可以独立

这也是零句说的一个重要组成部分，缺了这个部分就不是完整的零句说。“两个零句相连，不一定构成一个整句。如果每句都有整句语调，那就是两个句子。”（第 61 页）例如：

这个人！也不跟朋友打招呼！
下雨了，冒泡儿了；王八戴了草帽儿了。（儿歌）

“下雨了，冒泡儿了”是两个并列的零句构成一个复合的零句。

由于主谓结构可以做整句的主语（如“他不来也成”）和谓语（如“这个人耳朵软”），又由于“零句是根本”，因此主谓齐全的句子在汉语日常口语里倒是一种特殊的句子。总之，汉语句子的判定，是不是主谓齐全根本不重要，“停顿和语调这个因素最重要”（第 62 页），另可参看王洪君（2011）的论述。在判定两个主谓齐全的片段是不是构成一个复合句的时候，赵先生仍然依靠这个标准，例如“他不来。我不去。”是两个句子而不是一个复合句，可是如果中间不停连起来说，就只是一个句子，意思是如果他不来，我就不去（第 41 页）。“但是”“可是”“况且”等连词

“也常在一个句子已结束、第二个句子起头的地方，因此这种连词不能作为复合句的无疑问的标记。还得考虑别的因素”（第 62 页）。举例：

天气很好。但是我不能出去。

“好”字全上声，后边有全停顿，这是两个句子。“好”字全上或半上带拖腔，那就只是一个并列复合句。正因为主要靠语调和停顿界定句子，所以汉语一段话往往是一逗到底，或用相当于逗号的其他符号，而英语就要用许多句号（原书第 106 页）。

“零句可以独立”这个命题十分重要，将直接导致汉语“特多流水句”，下面会详细说明，但是要先说一说从“零句根本说”引申出来的“主语话题说”（第 3 节）和“谓语类型说”（第 4 节）。

3　汉语的主语就是话题

赵先生的观点是“汉语的主语就是话题”，现在通行的观点却说“主语和话题的语法性质不同”。其实命题“零句是根本”直接导致命题“汉语的主语就是话题”：因为零句是根本，所以主谓结构和其他结构“地位完全平等”（朱德熙语），一样可以做谓语，那么这种谓语前头的主语自然还是主语，没有必要说它是性质不同的另一个东西。

在“主语、谓语的语法意义”一节（第 45—48 页）里，赵先生说：“主语和谓语的关系可以是动作者和动作的关系。但是在汉语里，这种句子（即使把被动的动作也算进去，把‘是’也算进去）的比例是不大的，也许比 50% 大不了多少。因此，在汉语里，把主语、谓语当作话题和说明来看待，比较合适。主语不一定是动作的作为者；在‘是’字句里不一定等于‘是’字后边的东西；在形容词谓语前头不一定具有那个形容词所表示的性质。它可以是这种种，但不是必得是这种种。”举的例子有：

这件事早发表了。
这瓜吃着很甜。

他是个日本女人。(意思是：他的用人是个日本女人。)

主语是表时间、处所、条件的词语（第52页）：

今儿冷。	今儿不去了。
这儿是哪儿？	这儿不能说话。
他死了的话简直不堪设想了。	他死了的话，就不容易解决了。

赵先生说，右边三句翻译成英语都得补充主语，“今儿”等都成了副词或副词小句，“但是汉语句子的主语的作用只是引进话题，动作者无须出现，除非防止产生歧义。就语法形式而论，这两组句子是没有分别的”（着重点为笔者所加）。同样：

用人是个日本女人。　　他是个日本女人。

“就语法形式而论”，左右两句是没有分别的。“有时候主语和谓语关系松散到了如果放在别的语言里将成为不合语法的程度。”“讲究语言规则的人，尤其是懂些西方语言的，要是听到自己的小孩或学生说这种话的时候，很可能会改正他们，但他自己不留神时也会照样说——事实上，谁会留神听自己的话？”（丁译本第81页）赵先生还用诗词和对联里“经常遇到”的情形来证明汉语主语的语法意义是话题，如“云想衣裳花想容”（李白）和“琴临秋水弹明月，酒近东山酌白云”（原书第71页）。

在“主语、谓语作为话题和说明”这个标题下赵先生特意加了一个脚注（原书第69页）：“注意我们是将‘话题’和‘说明’用作语义术语，而不是像很多讨论汉语语法的作者那样当作语法术语。”主张“主语和话题的语法性质不同”的人也许会根据这个脚注说，看，语法上主语和话题就是不同的东西！我们的看法恰恰相反，赵先生在明明知道有许多人在语法上把话题和主语区分开来，却仍然说汉语主语的“语法意义”就是话题，这才是耐人寻味的。赵先生当然知道日语里主语用标记ga，话题用标记wa，也知道印欧语里主语和谓语动词有一致关系，主语必是谓语动词的一个论元，赵先生逻辑学的功力更是非常人可及①，他的高明之处在于摆脱日语和印欧语的眼光，道出了汉语的特点。因为从形式上看，汉语主语的标志就是停顿、可能的停顿和停顿助词“啊、呢、嘿、吧”，主语和谓语的联系本来就可以是松弛的，是对话中引发语和回应语之间的关系。总之，赵先生关于汉语主语的观点跟他关于零句是根本的观点、主谓结构可以做谓语的观点都是勾连在一起的。

在分析方法上赵先生始终贯彻一条“尽量少说省了字的原则”（第56页）。对于单个的动词性词语作为陈述句，如“对！”“行。”“有。”“摔！（小心摔着！）”“烫！”等，赵先生说，这种动词性词语应该认为是“自足”的，因为（1）可以补出不止一种形式的主语，（2）有时候补不出主语。比如“对”，有时候可以说是“你说的对”的简略形式，但是也可能是“你说的话对”，“你说的那个对”，还可能是老师教学生做个什么，学生依着做，老师说“对”（第42页）。对于“吃饭得使筷子”，“买票请排队”这种主谓联系松弛的句子，也许可以在主语后边补上“……的时候”“……的地方”“……的人”等，但是既然说不好该补充的是哪几个字，那么“吃饭”等就应该分析为动词性主语（第51—52页）。对于“是”字做谓语的系词句，如“人家是丰年”，“说不出省略了的是哪几个确定的字”，不管怎么填补，“人家的年是丰年”和“人家是个丰年的人家”都听上去别扭（第45页）。对于“今儿下午体操”这样的句子，因为说不清是省了“有”啊，“上”啊，“教”啊，所以应该承认它是名词性词语做谓语的句子（第56页）。

吕叔湘（1979：67—68）也坚持这条分析原则。“关于省略，从前有些语法学家喜欢从逻辑命题出发讲句子结构，不免滥用‘省略’说。”他也认为说省略是有条件的，有一个条件是“填补的词语只有一种可能”。

令人遗憾的是，现在不少人完全忽视赵先生的分析原则，想方设法把小句主语补出来，例如张和友、邓思颖（2010，2011）这样来补“不合逻辑的系词句”的主语：

① 可参看 Notes on Chinese Grammar and Logic（汉语语法和逻辑杂谈），How Chinese Logic Operates（汉语的逻辑如何运作）二文，均载于 Dil（1976）。

那场大火，(原因) 是电线跑了电。
我 (点的餐) 是炸酱面。

其实只要有一定的语境，“空主语”完全可以是其他种种：

那场大火，(结果) 是电线跑了电。
我 (用的材料) 是炸酱面。

后一句可设想“我”是一个前卫艺术家，在跟别人谈论用什么特别的材料做装置。理论上讲，语境无穷多，空主语的解读也无穷的多。英语的谓语动词和主语之间要形态一致，口语里也偶尔会出现主谓关系松弛的句子：

(Who's responsible for delivering which sandwiches?) I'm the sandwiches on the table. And you're those sandwiches that John put in the refrigerator, remember? (Ward, 2004, ex. 18)

可见英语的主语实际是已经“语法化”的话题，汉语的话题还没有“语法化”，所以主语就是话题。主张“空主语”的人认为话题和主语的关系是“广义的领属关系”，可以插进去一个表领属的“的”字，如“他（的用人）是个日本女人”，“那场大火（的原因）是电线跑了电”。然而赵先生敏锐地发现，插进“的”后不仅结构发生变化，意思也会不一样（第57—58页），例如：

她肚子大了。　　他耳朵软。
她的肚子大了。　他的耳朵软。

“她肚子大了”主要表示“她怀孕了”，“她的肚子大了”主要表示“她肚子变大了（各种原因）”。“他耳朵软”可以是他轻信，“他的耳朵软”只是说他的耳朵（物质的）软。有“的”的句子多半会照字面讲，而 S-P

谓语（即不加"的"）则多半有专门意义或比喻意义。不仅如此，有的"S，S－P"还不能变换成"S的S P"，例如：

今儿天好。⇒ 今儿的天好。

今儿王先生来。⇏ 今儿的王先生来。

需要指出的是，说"汉语的主语就是话题"跟说"汉语的动词可以做主宾语"一样是遵循理论的"简单原则"。汉语的动词本来就可以做主宾语，设"名词化"是多此一举。汉语里主语和谓语的关系本来就可以是松弛的，设"空主语"也是多此一举。不设空主语比不说名词化的理由还更充分：1）非论元主语超过50%；2）可补出的主语不是唯一的，有的根本补不出来；3）"S，S－P"和"S的S P"意义和结构都有差别。

自从Li & Thompson（1976）提出英语是"主语凸显"语言，汉语是"话题凸显"语言，许多人接受了这一观点。其实这种观点的前提还是"主语是主语、话题是话题"这种二分观，还是印欧语的眼光，不符合汉语"主语就是话题"的情形，在揭示汉语特点的道路上，与其说是前进，不如说是倒退了一步，因为在赵先生的心目中，要区分语言类型的话，首先要区分的是"主语不是话题"的类型和"主语就是话题"的类型。

汉语的主语就是话题，不管由什么成分充当的主语因此都具有指称性（详见本文第6节）。

4 谓语类型的新分法

按照零句说，汉语句子的谓语在结构上不限于动词词组，因此在"谓语的类型"一节（第53—57页）里，赵先生着重于形式，提出了一种有别于传统的谓语分类法，值得重视和深思。赵先生说，传统上将谓语的类型分为动词性谓语、形容词性谓语、名词性谓语，大致对应于叙述、描写、判断，而"另一种分类在形式上更有依据（着重点为笔者所加），是按谓语的作用

（原文是 the nature of predication）来分①：（1）对比，（2）肯定（assertive），（3）叙述（narrative）”。

对比性谓语：我现在（是［.sh］）说话（不是打架）。
肯定性谓语：我现在'说话。/我现在'是说话（不是不说话）。
叙述性谓语：我现在说话了（刚才不说）。

这个新的三分横贯（cut across）原来“动词、形容词、名词”的三分，因为名词性谓语和形容词谓语同样能这么三分：

对比性：今儿（是［.sh］）礼拜（不是礼拜一，等等）。
　　　　这瓜甜。/这瓜是甜的（不是酸的、苦的）。
肯定性：今儿'礼拜。/今儿'是礼拜（不是非礼拜）。
　　　　这瓜甜。/这瓜是甜（不是不甜）。
叙述性：今儿礼拜了。
　　　　这瓜甜了（先前没熟）。

为什么说这样分类“在形式上更有依据”呢？赵先生没有明说，但是显然是指“是”的轻重隐现及其与“了”的对立，笔者阐释如下。汉语的形容词属于动词，所以传统的三分可以看作动词性谓语和名词性谓语二分。但是汉语里找不到名词性谓语和动词性谓语之间明显的形式区别。赵先生在书中用不少篇幅举例讲各种名词性谓语的句子（原书第 63—67 页，第 90—94 页），说名词性谓语跟动词性谓语一样可以受副词的修饰，例如：

那个人简直骗子嘿！　　一定好消息。　　这个人真君子。

① 丁译本译作“根据谓语的性质而定”。两种译法都有道理：汉语是按“作用”决定谓语的“性质”。

说名词和动词一样可以前面加形容词做谓语，例如：

那个人怪样子。　　这个孩子坏脾气。　　这个人大舌头。

"快下雨了"是带修饰语的动词性零句，"毒药！"是带修饰语的名词性零句，还可以把名词和形容词的次序颠倒过来，如"这个人犟脾气"和"这个人脾气犟"，"这个人死心眼儿"和"这个人心眼儿死"（第59页）。赵先生这里要表达的是，别看"脾气犟"和"心眼儿死"是主谓结构，在做谓语的时候跟"犟脾气"和"死心眼儿"这样的名词性零句并没有形式上的重要区别。名词性零句在诗词里特别常见，诗人只想设定一个场景，不想说明东西怎么样或出现什么情形，例如（原书第64页）：

啼莺舞燕。小桥流水飞红。

这里一共有五个名词性零句，每一句都可以把两个词颠倒过来变为整句："莺啼"，"燕舞"，等等，颠倒前后文体有差别，前者灵动，后者呆板。这同样是要说明"莺啼、燕舞"和"啼莺、舞燕"语法上有同质性，差别主要是文体差别而已。

赵先生提出的新的三分也可以归并为二分，因为"肯定"其实也属于"对比"，是跟否定对比，如"我现在'是说话"的"'是说话"是跟"不说话"对比，而且这是最典型的对比，所以对比可以视为肯定的一个特例。这样的话，新的三分可以看作肯定性谓语和叙述性谓语二分，而这个二分有明显的形式依据：肯定性谓语常用判断动词"是"（轻重隐现决定肯定的程度），否定的时候用"不"，而且"是"字必须显形，而叙述性谓语常用时体助词"了"，"了"和"有"相通，否定的时候用"没（有）"。也就是说，赵先生认为，给谓语分类，要找形式依据的话，"是"和"有/了"的对立、"不"和"没"的对立是重要的，而"名"和"动"的区别不重要。最近笔者通过汉语和英语否定词的比较独立论证（沈家煊 2011b），英语是"名动对立"而"是有包含"，因为"有"（there is）也是一种"是"（be），汉语是"是有对立"而"名动包含"，因为动词也是一种名词，即动态名词。这个结论跟赵先生的谓语类型新分法相契合。要指出的是，按照“零句说”汉语谓语的类型“多种多样”和“没有限制”，但是这不等于说名词做谓语和动词做谓语没有区别。相对动词性谓语而言，名词性谓语是比较特殊的谓语，这也是不争的事实（详见Clark & Clark 1979，沈家煊2010c、d诸文的论证）。“名动包含”说承认名动之间的“不对称”，并且认为这是语言的共性。

针对赵先生对谓语的新三分，杨联陞先生指出一个事实，叙述类也“横贯”对比类和肯定类，例如“他昨儿（是［. sh］）回ˋ家了”和“他昨儿ˋ是回家了”二句都可加语尾“了”。对于这个事实，赵先生解释说，带“了”的谓语一般不涉及对比或肯定。这个解释对维护新的三分说不够有力，所以只是在脚注（原书第88页）里提了一下。如果从“名动包含”说着眼，可以这样来解释：不是对比和肯定性谓语可以后加“了”，而是叙述性谓语可以前加“是”，因为谓语（包括带“了”的）除了有陈述性，还有指称性，总是可以充当动词“是”的宾语。[①] 这样解释的形式依据是：“他昨儿回家了”在许多南方方言里说成“他昨儿有回家”，普通话的否定式就是“他昨儿没有回家”，“有”和表示时体的“了”相通。带“是”字的谓语前面不能再加“（没）有”［“他昨儿（没）有是回家了”不成话］，但是带“（没）有”的谓语前面却可以再加“是”，如“他昨儿是没有回家”或“他昨儿是回家了”。汉语的谓语除了陈述性还有指称性，而指称语不都具有陈述性，这正是“名动包含”说的要义。正因为汉语的谓语也具有指称性，名词性词语可以做谓语这一现象就成为完全可以理解的了。

对“名动包含”型的汉语来说，名词和动词虽然也有区别（因为名词不都是动词），但是区别有限（因为动词都是名词），因此名动区别不像“名动分立”的印欧语那么重要。这一点赵元任先生早已敏锐地发现了，“名动包含说”其实是“零句说”及新的“谓语类型说”的自然延伸（见下）。

---

① 即便是“是”字开头的句子也是如此，如“是谁告诉你的”，吕叔湘（1979：53）说，这个句子也是一种无主句，它本来是个主谓句，让“是”字在头里一站，把后边的全打成谓语了——意思也就是主谓句“谁告诉你的”成了动词“是”的指称性宾语。

5 从零句到流水句

吕叔湘先生在《汉语语法分析问题》（第27页）里使用了“流水句”这个名称，他说：“用小句而不用句子做基本单位，较能适应汉语的情况，因为汉语口语里特多流水句，一个小句接一个小句，很多地方可断可连。试比较一种旧小说的几个不同的标点本，常常有这个本子用句号那个本子用逗号或者这个本子用逗号那个本子用句号的情形。”读古书因断句不同而释读有异的情形很多。造成汉语“特多流水句”的原因就是零句占优势，零句可以组合成整句又可以独立成句，句与句之间除了停顿和终结语调，没有其他形式标志，有没有关联词不能作为判别标准，而且关联词经常不用，意义上的联系靠上下文来推导。胡明扬（1989）也说流水句的特点是“似断还连”和“可断可连”，并且对流水句的停顿做语音测试，证明同一段文字不同的人来念，停顿的地方和长度不一样。下面是一个笔者自拟的由一系列独立的零句（没有主语或没有谓语）构成的对话流：

老王呢？又生病了吧！也该请个假呀！走不动了嘿！儿子女儿呢？上班忙吧？请个保姆嘿！工资低呀！先借点呢？犟脾气一个呀！……

这段对话也可以是一个人自问自答的独白流——不限于问和答，是一系列的“引发语-应答语”。要注意两点，一点是，一个应答零句同时起引发下一个零句的作用，例如“又生病了吧”是对问话“老王呢”的回应，同时又引发下面的“也该请个假呀”，而“也该请个假呀”又引发下面的“走不动了嘿”，依此类推。除了首尾两句，每一句既是引发的结果，本身又引发下一个回应，这是对话的普遍现象，是继赵先生的零句说之后“会话分析”（conversation analysis，CA）的一个重要发现（参看Goffman 1976，Coulthard 1977），汉语不仅适用这一分析，而且提供形式上的证据，引发语和应答语用同一套停顿助词“啊、呐、嘿、吧”（沈家煊1989）。汉语还特多“链式话题结构”，指连续出现的话题结构中，后一个话题结构的话题与前一个话题结构的述题相同（董秀芳2012），例如：

逸则淫，淫则忘善，忘善则恶心生。(《国语·鲁语下》)

国君不可以轻，轻则失亲；失亲，患必至。(《左传·僖公五年》)

鬼不祟人则魂魄不去，魂魄不去则精神不乱，精神不乱之谓有德。(《韩非子·解老》)

类似的例子现代汉语里也十分常见。这就意味着，我们可以把任何两个前后相继的零句组合为一个整句，只要取消中间的全停顿和终结语调，例如：

老王呢又生病了。　请个保姆嘿工资低。　先借点呢犟脾气一个！

这就是说，每一个零句都能充当整句的主语，就连最后那个零句“犟脾气一个呀”也是一个潜在的主语，如“犟脾气一个嘿也得改”，开头那个“老王呢”也可以视为对一个潜在主语的评述，如“老张不在的话老王呢？”还有一点是，引发语和应答语之间的语义联系是可紧可松的，我们可以感觉“请个保姆嘿”和“工资低呀”两个零句有某种语义上的“相关性”，但是这种相关性是靠人的一般认知能力来推导的，不管应答语说的是什么，对话双方总认为是跟引发语“相关的”(Sperber & Wilson 1986)，可以找到一个相关的语境，所以组合成的整句“请保姆嘿工资低”的主谓联系也只是一种松弛的相关。

正因为处处是“可断可连”，上面那个典型的对话流通过“有意经营”可以形成多种不同的独白篇章，仅举二例如下：

老王又生病了，请假又走不动，儿子女儿上班忙，请个保姆工资低，先借点呢犟脾气一个！

老王呢，生病也该请个假，走不动的话儿子女儿呢？上班忙就请个保姆嘛，工资低就先借点。(真是) 犟脾气一个！

吕先生20世纪60年代初提出用“句段结构”这个新框架来分析汉语

语法的设想，摆脱西方传统语法的窠臼，“句段”就是用停顿和语调划定的零句和整句［王洪君2010主张将“句段”改叫“逗（读）”］，但是研究工作因“十年动乱”而中断。动乱结束后范继淹（1985）想继续这项工作，先搭了个分析框架，给“句段”分类，先分主段和小段，主段包括主谓段和谓语段，小段包括体词段、副词段、介词段和叹词段。该文提出，“句段独立成句（单段句）和句段联接成句（多段句）是汉语的两种基本造句单位”。例如下面a是两个独立的单段句，b是一个联接的多段句，用停顿（长停顿//和短停顿/）、语调（终结语调↓和非终结语调→）、重音（加 ˋ 的为重音）三项标准来区分：

a. //我走了↓//你也该休息了↓//
b. //我走了→/ 你也该休息了↓//
a. //ˋ爸爸↓//交水电费↓//
b. //交水电ˋ费↓//爸爸↓//

可惜范先生逝世过早，研究中断。范文发表到现在30多年，这期间除胡明扬等（1989）、Shen & Gu（1997）、王洪君（2011）零星几篇文章外，鲜见继续的研究或思考。“流水句”的研究停滞不前，一个重要的原因正如胡明扬先生所说，是“要牵涉到一系列句法的基本问题”，而“我们的语法理论和分析方法、分析格局基本上都是从西方来的，汉语化将是一个漫长的过程…… 恐怕要经过几代人的艰苦努力才能做到”。

6 流水句的并置性和指称性

流水句要牵涉哪些“句法的基本问题”呢？首先一个是句法的“递归性”（recursion）问题。当前的主流语法学说认为句法的递归性属于人类天赋的语言机能，是人类语言的共性，例如“如果狗叫，邮递员会逃跑”这个主从复合句可以不断地内嵌一个个条件小句：

［如果狗叫，［如果胆小，［如果狗主不在，［……［邮递员会逃跑］］］］］。

然而 Evans & Levinson（2009）指出，不是所有的语言都必须采取这种递归方式，有的语言这样来表达同样的意思：

狗会叫。邮递员可能胆小。狗主可能不在。…… 邮递员会逃跑。

他们因此挑战递归性是人类语言共性的论断。因为汉语的整句（如“狗叫[的话] 邮递员会逃跑”）由两个零句组成，而零句可以独立，独立后就是两个并置的句子，所以上面的表达方式正有如汉语一个个“似断似连”的句段组成的流水句，其特点之一就是并置性（juxtaposition），句与句之间的语义联系或相关不必靠句法关联手段，可以靠人的一般认知能力来推导。

语言学家大多接受“所有语言都有名动之分”的观点，当前的主流语法学先验地假设人类语言都有名词和动词的区分，并且假设 S → NP + VP。我们面临的另一个“句法的基本问题”是：既然汉语里主语和谓语的类型“多种多样”和“没有限制”，都可以是名词性词语和动词性词语，都可以独立成句，而且是正常的句子，例如上面所举的那个典型对话流里，名词性零句和动词性零句并置，那么名词和动词的区分是否真的那么重要？

这个理论上的难题，由于当代语言类型学在词类研究上的新进展（Hengeveld 1992，Broschart 1997，Vogel 2000 等）而有了解答的可能。上面提到笔者近年来将语言分为“名动分立”和“名动包含”两种类型，印欧语属于“名动分立”型语言，汉语属于“名动包含”型语言（另参看沈家煊 2007，2009，2010a、b，2012a、b）。“名动包含”型语言，名词和动词也有区别，但是区别不像“名动分立”型语言那么重要，因为动词性词语都具有指称性。笔者现在意识到，汉语的动词性词语都具有指称性，其实可以从赵先生的零句说推导出来：

∵　零句都能是主语。
∵　主语是指称性的。
∴　零句都有指称性。

又因为谓语也是零句，所以谓语（一般为动词性词语）有指称性。我们由此得出一个"令人惊异然而明明白白的"结论，汉语的流水句是：

$$S \rightarrow S'_{NP} + S'_{NP} + S'_{NP} \cdots\cdots$$

组成流水句的每一个句段 S'都具有指称性，可以标为 S'_{NP}，只是有的 S'_{NP} 兼有陈述性（$S'_{NP/VP}$）而已。"指称性"是流水句的另一个特点。①

从印欧语"动词中心"的眼光来看，名词性词语只能用来指称，不能用来陈述，但是这是一种偏见。语言大同而大不同（Evans & Levinson 2009），不少语言就是能用名词性词语来陈述事情的经过，那就是把动作或事件当作一个指称对象"指"给人看。例如汤加语（中太平洋的一种波利尼西亚语），按照 Broschart（1997），用名词性短语来陈述一个事件"肖纳去城里了"有两种表达方式：1）表达为"有 + 冠词 + 肖纳的去城里"，2）表达为"过去时 + 肖纳的去城里"。

（1）ko e 'alú 'a Sione ki kolo.
存现助词 冠词 去 属格 肖纳 向格 城
"肖纳正去城里呢。"

（2）na'e 'alú （'）a Sione ki kolo.
过去时 去 通格/属格 肖纳 向格 城
"肖纳去城里了。"

（1）里'alú（去）加冠词 e 成为名词性短语，指称"去"这个动作，前面的 ko 是一个意思相当于"有"的存现助词，'a 是领属格标记，相当于"的"，句子的字面解读是"现有肖纳的去城里"。（2）可以定性为过去时标记

① 何莫邪（1983）提出，先秦汉语的名词具有动词性，从本质上说是一种"表示类属的"分类性动词（classificatory verb）。按照这个观点，S'都是动词性的，$S \rightarrow S'_{vp} + S'_{vp}$。笔者（沈家煊 2010c）曾指出，这还是"动词中心论"在作怪，应该倒过来说 S'都是名词性的。

na'e 加名词性短语 'alú(')a Sione ki kolo（肖纳的去城里）组成的句子，因为(')a 既是通格标记，也可以分析为领属格标记 'a 的变体。汤加语里"名词性短语+时体标记"可以用来陈述一个事件，正像汉语"老王城里人了"也用来陈述一个事件。前一种表达方式拿汉语来比照也不算奇特，"（有）老王去了那里，事情就好办了"，"老王去了那里"可以看作动词"有"的名词性宾语，"有"不出现的时候可以看作整句的名词性主语（尽管带有时体标记"了"），也可以是一个独立的名词性零句。[①]

7 结语

"零句说"解释为什么汉语"特多流水句"。流水句的研究长期停滞不前的一个原因是"要牵涉到一系列句法的基本问题"，而我们理论的准备还不足，如流水句的并置性和指称性就牵涉语言的递归性和名动分合这两个大问题。流水句是把语用上都具有指称性的零句并置，语义上的联系依靠语用推理而不必采用递归句法。"名动包含说"是"零句说"的延伸，也为流水句的深入研究扫清理论障碍。

从流水句着眼，一些过去难以解决的重大难题也许可以因此而得到解决。例如按照当前的语言类型学，凡是 SVO 词序的语言，关系从句一律位于它所修饰的中心名词之后，唯有汉语是例外（吴福祥 2012），这个问题实在令人费解。有了流水句的观念，这个问题也许根本不成为问题，因为汉语是大量用并置的流水句来表达后置关系从句表达的从属关系的，例如：

那位女同志，昨天来过了，怎么又来了？

他在找一个人，走路有点儿一拐一拐的，已经找了半天了。

北屋东边儿这家儿，住的是张大娘，她跟闺女一块儿住，女婿在前线

① 汤加语和汉语的不同之处是，汤加语词库里的词没有名动区别，因为表事物和表动作的词都可以加冠词，也都可以加时体标记，只有到短语层面上才形成"指陈包含"，即指称性短语包含陈述性短语。而汉语的名词和动词就是指称语和陈述语。参看沈家煊（2012c）。

保卫边疆。(胡明扬等 1989)

西厢房住的这位叫李力，他的职业是体育教员。(同上)

杜十娘拿出一件件首饰，都是价值连城，统统投入江中。

如果用英语来表达，那些画线的句子就都成为后置的关系从句了。

想用“生成语法”理论来研究汉语的人，首先面临“逃僝头”和“不死一百岁了”这类句子颠覆 S → NP + VP 这条规则的问题。承认流水句的指称性并采纳“名动包含说”才是摆脱这个困境的最简捷的出路，因为“名动包含说”还是承认名动有别的：虽然 VP 都是 NP，但是 NP 不都是 VP；NP 可以做谓语是因为谓语具有 NP 的性质，而不是因为 NP 本身具有 VP 的性质。

在大的方面最能体现汉语特点的流水句建立在可以独立的零句之上，西方的语法学家能理解和欣赏赵先生零句说的人不多，他们大多习惯于找一些“参考语法书”（reference grammar）来了解不熟悉的语言，然而这种参考语法书基本上是按印欧语的语法观念搭的框架，S → NP + VP 就是种种框架的重要部分。这就好比国外的中餐馆，为了迎合西方人的口味，做的饭菜已经不是地道的中餐。曾经有一句流传很广的话：“按照乔姆斯基，火星上来访的科学家一定得出结论，除了词汇互相听不懂，地球人说的是同一种语言。”（Pinker 1994：232）然而笔者更赞同 Evans & Levinson（2009）的观点，认为还是这样说好：“火星上来访的科学家一定得出结论，地球上生物多种多样，人类的语言也多种多样。”语言大同而大不同，大同在语用上，大不同在句法结构上。语言共性何处觅？不在句法在语用。仔细研读赵先生的著作，深刻领会其中的精髓，从大局上和根本上把握汉语的特点，仍然是当今每一个从事汉语语法研究和一般语法理论研究的人必须要做的功课。笔者相信，继承赵元任先生开创的零句说，进一步摆脱印欧语的窠臼，加深流水句的研究，汉语语法和语法理论的研究一定可以有更多的建树。

参考文献

董秀芳 2012,《上古汉语议论语篇的结构与特点：兼论联系语篇结构分析虚词的功能》,《中国语文》第 4 期。

范继淹 1985,《汉语句段结构》,《中国语文》第 1 期。

何莫邪（Harbsmeier, Christoph）1983—1985,《先秦汉语的名词从何处来?》（Where Do Classical Chinese Nouns Come from?）《古代中国》（*Early China*）第 9 - 10 期。

胡明扬、劲　松 1989,《流水句初探》,《语言教学与研究》第 4 期。

吕叔湘 1979,《汉语语法分析问题》，商务印书馆。

吕叔湘译 1979,《汉语口语语法》，商务印书馆。

沈家煊 1989,《不加说明的话题——从“对答”看“话题—说明”》,《中国语文》第 5 期。

沈家煊 2007,《汉语里的名词和动词》,《汉藏语学报》第 1 期。

沈家煊 2009,《我看汉语的词类》,《语言科学》第 1 期。

沈家煊 2010a,《我只是接着向前跨了半步——再谈汉语的名词和动词》,《语言学论丛》第 40 辑。

沈家煊 2010b,《英汉否定词的分合和名动的分合》,《中国语文》第 5 期。

沈家煊 2010c,《关于先秦汉语名词和动词的区分》，中国语言学会第 14 次年会（呼和浩特）论文。

沈家煊 2010d,《从“演员是个动词”说起——“名词动用”和“动词名用”的不对称》,《当代修辞学》第 1 期。

沈家煊 2012a,《“名动词”的反思：问题和对策》,《世界汉语教学》第 1 期。

沈家煊 2012b,《怎样对比才有说服力——以英汉名动对比为例》,《现代外语》第 1 期。

沈家煊 2012c,《另看名词和动词：汉语，汤加语，拉丁语》，在中央民族大学做的语言学前沿问题的报告，未刊。

王洪君 2011,《汉语语法的基本单位与研究策略》，载王洪君《基于单字的现代汉语词法研究》，商务印书馆。

吴福祥 2012,《试说汉语几种富有特色的句法模式——兼论汉语语法特点的探求》,《语言研究》第 1 期。

张和友、邓思颖 2010,《与空语类相关的特异型“是”字句的句法、语义》,《当代语言学》第 1 期。

张和友、邓思颖，2011,《空语类的允准及普通话、粤语话题类系词句的句法差异》,《语言科学》第 1 期。

朱德熙 1985，《语法答问》，商务印书馆。

朱德熙 1987，《句子和主语——印欧语影响现代书面汉语和汉语句法分析的一个实例》，《世界汉语教学》第 3 期。

Chao, Yuen Ren 1955. Notes on Chinese Grammar and Logic. *Philosophy East and West* 5 (1): 31 – 41. Also in Dil eds. (1976) 237 – 249.

Chao, Yuen Ren 1959. How Chinese Logic Operates. *Anthropological Linguistics* 1 (1): 1 – 8. Also in Dil eds. (1976) 260 – 274.

Chao, Yuen Ren 1968. *A Grammar of Spoken Chinese.*《中国话的文法》Berkeley and Los Angeles: University of California Press. 吕叔湘节译本《汉语口语语法》，商务印书馆（1979）。丁邦新全译本《中国话的文法》，香港：香港中文大学出版社（1980）。

Clark, E. V., & H. H. Clark 1979. When Nouns Surface as Verbs. *Language* 55 (4): 767 – 811.

Coulthard, M. 1977. *An Introduction to Discourse Analysis.* London: Longman.

Dil, Anwar S. ed. 1976. *Aspects of Chinese Sociolinguistics: Essays by Yuen Ren Chao.* Stanford: Stanford University Press.

Evans, N. & S. C. Levinson 2009. The Myth of Language Universals: Language Diversity and Its Importance for Cognitive Science. *Behavioral and Brain Sciences* 32: 429 – 492.

Goffman, E. 1976. Replies and Responses. *Language in Society* 5: 257 – 313.

Haiman, John 1978. Conditionals are Topics. *Language* 54: 564 – 589.

Li, Charles N. & S. A. Thompson 1976. Subject and Topic: a New Typology of Language. In Charles N. Li (ed.) *Subject and Topic.* New York: Academic Press.

Pinker, Steven 1994. *The Language Instinct.* Penguin Science.

Shen, Jiaxuan & Gu Yueguo, 1997. Conversation and Sentence-hood. *Text* 17 (4): 477 – 490.

Sperber, D. & D. Wilson 1986. *Relevance: Communication and Cognition.* Cambridge, Mass.: Harvard University Press.

Vogel, P. M. 2000. Grammaticalization and Part-of-Speech Systems. In Vogel, P. M. & B. Comrie (eds.) *Approaches to the Typology of Word Classes.* Berlin & New York: Mouton de Gruyter.

Ward, G. 2004. Equatives and Deferred Reference. *Language* 80: 262 – 289.

（原载《中国语文》2012 年第 5 期）

谓语的指称性

1 名词做谓语

北京市内到处张贴着标志“北京精神”的八个大字，实际是四个双音词，下面还带有英文对译：

爱国	创新	包容	厚德
Patriotism	Innovation	Inclusiveness	Virtue

这四个汉语词都是动词，因为它们都能受副词“不”修饰，“不爱国，不创新，不包容，不厚德”（“厚德”是动宾结构），名词一般是不受“不”修饰的，不说“不北京，不国家，不汽车，不空气”，等等。而对译的英文词显然都是名词。对于英语和汉语的这一差别，许多翻译家如林同济（1980）说，汉语是注重动词的语言，英语是注重名词的语言。一般人接受这个说法，而语学家就会说得多一点，如朱德熙（1985：22）说英语有动词和形容词的“名词化”（上面四个英语名词有三个是名词化的产物），汉语没有动词（含形容词）的“名词化”，汉语的动词做主语和宾语的时候还是动词。这个说法跟上面那个说法没有矛盾。有的语学家观点相反，如郭绍虞（1979）认为汉语是注重名词的语言，主要理由是汉语有名词专用的量词。笔者接受朱德熙先生的说法并进一步说，汉语的动词之所以没有“名词化”，那是因为汉语的动词本来也是名词，一种兼有动词性的名词，叫“动名词”。从表面上看，这个说法跟汉语注重动词的观点对立，因为这样说可以理解为汉语比英语更加注重名词。

翻译家和语学家关注的问题和着眼点不一样，有不同的说法很自然，现在语学家有两种说法就值得深思。就上面四对词而言，一种说法是："爱国、创新"等都是动词，汉语注重动词，"patriotism、innovation"等都是名词，英语注重名词。另一种说法是：汉语的动词"爱国、创新"等也是名词，是名词中的一个次类"动名词"。英语也有"动名词"，叶斯帕森曾把它比喻为动词和名词的混血儿，兼有动词和名词双重性质，例如：

Brown deftly painting his daughter is a delight to watch.

Brown's deft painting of his daughter is a delight to watch.

动名词 painting 在前一句里受副词 deftly 修饰，带宾语 his daughter，表现出动词的性质，在后一句里受 3 个定语 Brown's、deft 和 of his daughter 的修饰，表现出名词的性质。Quirk, *et al.*（1985：1290）列出英语 painting 一词的用例共 14 个，下面只是其中的 7 个，从上到下名词性逐渐减弱、动词性逐渐增强：

some paintings of Brown's

Brown's paintings of his daughter

Brown's deftly painting of his daughter is a delight to watch.

Brown's deftly painting his daughter is a delight to watch.

Brown deftly painting his daughter is a delight to watch.

Painting his daughter, Brown noticed that his hand was shaking.

He is painting his daughter.

正因为从名性到动性是一个连续统，动名词和分词的界限不清楚，所以英语语法常用"V-ing 形式"来概括。两个 V-ing 比较，比如 painting 和 writing，名性或动性的强弱也不一样。汉语的动名词也有名性动性强弱的区别，如单音动词的名性不如双音动词强。汉语和英语的重要区别是，汉语的动词本来就是动名词，以单音动词"去"和"跳"为例：

a. 接二连三地去茅庐很重要。

b. 刘玄德的第三次去很重要。

a. 连续不断地跳高楼很严重。

b. 富士康的第十一跳很严重。

a 句“去”和“跳”带宾语，受状语修饰，表现出动词的性质，b 句“去”和“跳”受数量词修饰，带定语，表现出名词的性质。

汉语的动词本来都是动名词，这种观点现在被称为汉语的“名动包含说”（沈家煊 2007，2009，2010，2012a）。汉语“名动包含”和英语“名动分立”的区别图示如下：

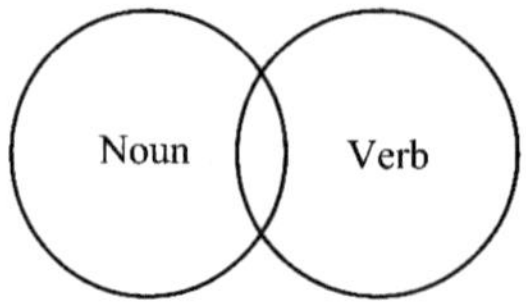

英语 Noun 和 Verb 分立，Verb 用作 Noun（做主宾语）的时候要名词化。汉语名词包含动词，动词也是名词，谈不上动词的名词化。虽然都用“动名词”这个名称，但是所指不同，英语的“动名词”是动词名词化的一种形式，汉语的“动名词”指整个动词类，这是一定不能搞错的。

主张汉语注重动词的人举出许多例证，表明英语多用名词而汉语多用动词，下面的例证见于刘丹青（2010）：

Obama! Obama!　欢迎奥巴马！/ 支持奥巴马！

Attention!　注意！/ 立正！

Wet floor.　当心地滑。

No photos!　禁止拍照！

Death to invaders!　让侵略者统统去死吧！

Shorter working time!　缩短工作时间！

英语可以省略谓语动词而汉语不可以的情形：

I ate noodles, and he rice.
我吃面条，他 *（吃）米饭。
George likes noodles, and me too.
乔治喜欢面条，我也 *（喜欢/是）。
His son is learning (to play) basketball.
他儿子在学 *（打）篮球。

英语的名词有全量限定词 all，汉语要用修饰动词的副词“都”：

All the students are gone.
（所有）学生 *（都）走了。

英语用定语的地方汉语要用补语或状语，补语和状语是补充和修饰动词的：

to marry a *wrong* man　嫁错了人
to buy one *more* book　再买一本书

这些例证当然都能说明汉语注重动词，但是唯独有一个重要事实得不到解释，那就是汉语的名词可以直接做谓语，英语的名词不能直接做谓语。名词可以直接做谓语，这是汉语有别于英语的一个重要特点，赵元任（Chao 1968/1979：63－67，90－94）花了很多篇幅来谈这一点，另见陈满华（2008），例如：

小王大学生。｜我太太美国人。｜四川好地方。｜今儿礼拜天。｜小张黄头发。｜树上三只喜鹊。｜屋里许多蚊子。｜这小孩儿四岁。｜我，傻子？｜逃儒头。｜我卖菜的。｜一个人一块钱。｜昨儿夜里大风暴。｜

我们两个男孩儿一个女孩儿。｜不死一百岁了。

名词性谓语还能受副词修饰，如：

他都大学生了。｜你才傻瓜呢！｜刚好五个人。｜一定好消息。｜这个人真君子。｜那个人简直骗子嘛！｜不下雨已经三个月了。

这些句子要是用英语来表达就都要加上谓语动词。名词可以直接做谓语，这不能不说是汉语注重名词的一个有力证据，是主张汉语注重动词的人无法回避的一个重要事实。要解决这个问题，只要接受“名动包含说”，不仅支持汉语注重动词的那些例证都可以得到解释（至少不与“名动包含说”冲突），而且汉语的名词可以直接做谓语这个事实也可以顺当地得到解释（详见下）。其实“注重动词”和“注重名词”都是比较含糊的说法，不同的角度和标准会得出不同的判断。“名动包含说”已有明确的阐释，按照“名动包含”这个格局，一方面应该说汉语注重名词，因为汉语的动词也是名词，只不过是名词的一个次类，另一方面也不妨说汉语注重动词，因为汉语的实词天然是名词，而动词是其中很特殊的、要特别关注的一类词。“名动包含说”覆盖“汉语注重动词”一说（详见沈家煊2012b）。

2　名词做谓语的解释

为什么汉语的名词可以做谓语呢？一般认为名词充当指称语，特征是［+指称］，动词充当述谓语（简称谓语），特征是［+述谓］。能不能说名词也跟动词一样具有［+述谓］特征呢？不能。如果这么说的话，那就会造成名动不分的结果，因为按照“名动包含说”，动词除了具有［+述谓］特征，还具有［+指称］特征，现在又加上名词具有［+述谓］特征，名词和动词就没有特征区别了。然而这不符合以汉语为母语的人的语感，格律诗对仗和对联一般都要遵守名词对名词、动词对动词的规则（张伯江2012）。Sapir（1921：121）说，区分名词和动词是“维持语言的生命所必需的”，语学家也大多接受“所有语言都有名动之分”的观点。汤加语（及其他一些语言）常被认为是没有名动区别的语言，但是语学家仔细考察后发现，这种语言在词型（word type）上没有名动区别，在词例（word token）上仍然有名动区别。详见 Broschart（1997），沈家煊（2012c）。汉语的“名动包含”格局也并不否认名动有别，尽管动词也是名词，但是名词并不都是动词，名词和动词还是有区别的。

第二种解释是说名词在谓语位置上出现的时候发生了“动词化”（verbalization），正如动词在主宾语位置上出现时发生了“名词化”（nominalizatioan）。这种解释对英语来说还说得通，对汉语来说就说不通。英语名词做谓语都是临时活用的修辞现象（Clark & Clark 1979），例如：

Mummy trousers me.（妈咪给我穿裤子。）

The boy porched the newspaper.（报童把报纸扔在门廊前。）

She certainly had me fooled.（她确实把我给骗了。）

She mothered all her young lodgers.（她慈母般照顾所有年轻的房客。）

They Christmas-gifted each other.（他们俩互赠圣诞礼物。）

The car rear-ended the van.（小卧车撞上大货车的尾部。）

My sister Houdini'd her way out of the locked closet.（我妹妹像魔术师胡迪尼似的从上了锁的壁橱里脱身。）

The mayor tried to Richard Nixon the tapes of the meeting.（市长试图像尼克松那样抹掉会议的磁带录音。）

汉语名词有类似的用法，现代汉语和古代汉语都有：

临走还袋了一匣火柴。

电梯已坏，待修理了。天啊！要腿着了。

他可真能阿Q自己。

她就那么和母亲距离着。

尔欲吴王我乎？（《左传·定公十年》）

光喜，乃客伍子胥。（《史记·吴太伯世家》）

乃以其女妻陵而贵之。(《史记·李将军列传》)

从左右，皆肘之，使立于后。(《左传·成公二年》)

名词做谓语的这种用法不妨说是名词的“动词化”，但是我们说汉语的名词可以直接做谓语，这通常是指上一节列出的“老王上海人”“树上三只喜鹊”“他都大学生了”等一般的非修辞说法，特别是“名词+了”做谓语，如“大学生了”“礼拜天了”“最后一道题了”，几乎所有的名词都可以进入这个格式。有人说能进入这个格式的名词必须有“顺序义”，“小学生、中学生、大学生”，“礼拜五、礼拜六、礼拜天”，“第三道题、第四道题、最后一道题”，等等，都构成一个序列。其实只要有一定的语境，任何名词都可以进入。假设一个语境是打扫房间，桌椅、地面等都已清扫，就可以说“门窗了”，尽管“门窗”没有顺序义。既然几乎所有的名词都可以做谓语，再说名词做谓语的时候发生了“动词化”那就是多此一举，因为我们完全可以简单地说做谓语是名词本身就具备的功能。

第三种解释是省略，说名词做谓语的时候省略了一个动词。省略说早就被赵元任（Chao 1968/1979：56）批评过，赵先生主张在分析方法上应该贯彻“尽量少说省了字的原则”，像“今儿下午体操”这种名词做谓语的句子，因为说不清是省了“有”啊，“上”啊，“教”啊，所以应该承认它就是名词做谓语的句子。吕叔湘（1979：67—68）也坚持这条分析原则，反对从逻辑命题出发滥用“省略”说，他认为说省略是有条件的，有一个条件是“填补的词语只有一种可能”。

对名词可以做谓语最合理、最简单的解释是，汉语句子的谓语有指称性。谓语有指称性，这就使名词可以做谓语这件事变得很容易理解。做谓语的名词受副词修饰，这也不是因为名词有述谓性，而是因为谓语除了指称性，还有述谓性。这个解释不需要假设名词具有述谓性，因此不会抹杀名词和动词的区别。这个解释也无须多此一举说名词做谓语的时候发生了“动词化”，因为名词本来就可以做谓语，它可以做谓语是因为谓语有指称性。“名动包含说”表面上是说动词具有名词性，其实质是说谓语具有指称性，所以“名动包含说”能简单合理地解释名词做谓语这个事实。

3 汉语的谓语有指称性

先要说明汉语的“是”是一个判断动词，起加强判断的作用。汉语动词的宾语既可以是名词性成分，也可以是动词性成分，这是汉语的通则，也适用于动词“是”的宾语。朱德熙（1982：105）说，“是”后边的宾语可以是体词性成分，也可以是谓词性成分，“是”字都读轻声。试比较下面成对的句子的宾语，在形式上是没有区别的：

他是骗子。	他是骗人。
这是战争。	这是打仗。
事实就是事实。	不懂就是不懂。
他是忙人，不是懒人。	他是有事，不是偷懒。
那场火是电线跑的电。	那场火是电线跑了电。
我是一百个拥护，一千个赞成。	我是绝对拥护，坚决赞成。
她的笑是那样甜，那样可爱。	她的笑是多么甜，多么可爱。
你是你，我是我，你和我不一样。	说是说，做是做，说和做不一样。

古代汉语里表示判断的“也”字句，句末的“也”也是既可以放在名词性成分后边（如“安平君，小人也”；“亚父者，范增也”），也可以放在动词性成分后边，参看李佐丰（2004：378—393）和张玉金（2010），后者例如：

快意而丧君，犯刑也。（《国语·晋语三》）
勍敌之人隘而不列，天赞我也。（《左传·僖公二十二年》）
三十二年，春，城小谷，为管仲也。（《左传·庄公三十二年》）
夏用戈，征不备（服）也。（《郭店楚简·唐虞之道》）
升为天子而不乔（骄），不流也。（同上）
桀纣之失天下也，失其民也。（《孟子·离娄上》）

下面二例，“是”还是个指示词（主语），名词短语“寡人之过”和动词短语“逆天帝命”直接做谓语：

天帝使我长百兽，今子食我，是逆天帝命也。（《战国策·楚策一》）
吾不能早用子，今急而求子，是寡人之过也。（《左传·僖公三十年》）

后来“是”才变成判断动词，承担判断语气，“也”随之消失，成为“寡人之过”和“逆天帝命”做“是”的宾语。可见上述通则古今都适用，现代的“是”字句跟古代的“也”字句一脉相承。

受印欧语眼光的束缚，很多人误以为汉语跟印欧语一样，动词后边的宾语只能是名词性成分，于是就把谓语“是+动词性成分”头里的“是”字看作一个强调标记或语气副词，不把它看作一个动词。例如，傅玉（2010）这样来论证“是”是一个强调标记：

I like Syntax, and John *does* too.
我喜欢句法学，小王也<u>是</u>。
I *do* not like Syntax very much.
我不<u>是</u>很喜欢句法学。
I *do* like Syntax.
我<u>是</u>很喜欢句法学。

英语句子里的 do 可以定性为强调标记。第一句 does 有替代作用，但是不强调可以省略不说；第二句借助 do 来否定谓语动词，否定也是一种强调；第三句的 do 明显是强调标记。汉语的“是”跟英语的 do 对应，所以“是”也应该定性为强调标记。但是，这是只管“是”和 do 对应的情形，不管“是”和 do 不对应的情形，英汉之间的重要差异被掩盖了，请看：

（1） *I do not like Syntax, and John does too.（要说“John doesn't, either”）
　　我不喜欢句法学，小王也是。

（2）I do not like Syntax, and John doesn't, either.

*我不喜欢句法学，小王也不是。[要说“小王也不（喜欢）”]

（3）I like Syntax, and John, too.

*我喜欢句法学，小王也。（要说“小王也是”）

英语do做动词的时候，后头的宾语只能跟名词性成分或已经名词化的“V-ing形式”，如do something, do my work, do a movie, do me a favor, do 80 miles in an hour, do the shopping, do some reading, do a lot of running, do my washing and ironing，等等，如果后头跟了动词性成分，do就是强调标记，不再是动词。这样的区分在英语里是合理的，但是对汉语来说不合理，汉语动词后头的宾语可以是名词性成分，也可以是动词性成分。如果把汉语的“是”统一定性为判断动词，强调判断的时候出现，不强调的时候不出现，后边跟名词性成分和动词性成分都可以，那么不仅那些跟英语对应的汉语句子解释得通，上面跟英语对立的汉语句子也能得到合理的解释：（1）中汉语句成立和（2）中汉语句不成立，这都是因为“是”是判断动词，它以动词性成分“不喜欢句法学”作为自己的宾语，在（1）中宾语可以承前省略，在（2）中省略造成语义矛盾。（3）中汉语句不成立也是因为“是”是判断动词，不像英语do是强调标记容易省略，有了副词“也”就不能省略。

把“是”定性为强调标记还有一个原因是受印欧语眼光的束缚，误以为汉语跟印欧语一样，主语和谓语之间有紧密的语义联系。就判断句而言，英语也是这样，系词be主要是表示主谓之间的等同或归属。汉语里主谓之间的语义联系可以十分松散（Chao 1968/1979：45），如“你（的鞋）也破了”，“你（的小松树）要死了找我”，“这场火幸亏消防队来得早”，等等。就判断句而言，“是”虽然也常表示等同（如“《狂人日记》的作者是鲁迅”）和归属（如“鲸鱼是哺乳动物”），但是不表示等同和归属的情形是大量的，在本地人的语感里它们都是正常的句子：

人家是丰年｜小王是黄头发｜他是个日本女人｜他是两个男孩儿｜七月的北京是最热的天气｜他还是一身农民的打扮｜这裤子是晴雯的针线｜我

们家吃鱼是四川风味｜昨天是马连良的诸葛亮｜中国最近的雪灾是2007年｜怎么对总是你，错总是我？｜成是萧何，败也是萧何｜欧洲战火是希特勒，亚洲战火是裕仁天皇｜我们两个村子，一个是河东，一个是河西｜我们两个，一个是炸酱面，一个是肉丝面｜狐狸是一个洞，野兔是三个洞

既然如此，“我是不喜欢句法学”这类句子的“是”定性为动词（虽然不表示等同和归属）就很容易理解了。

用朱德熙（1985：31，33，52）提出的“结构的平行性原则”更可以判定“是”是判断动词而不是表示强调语气的副词。“他是买房子”跟“他是买房人”“他想买房子”具有结构上的平行性，而跟“他也许买房子”或“他反正买房子”（“也许”和“反正”是语气副词）没有多少相似之处。

A（肯定）	B（否定）	C（问句）	D（问句）	E（回答问题）
他是买房人	他不是买房人	他是不是买房人	他是买房人不是	是 - 不是
他想买房子	他不想买房子	他想不想买房子	他想买房子不想	想 - 不想
他是买房子	他不是买房子	他是不是买房子	他是买房子不是	是 - 不是

“他也许买房子”没有“他不也许买房子”“他也许不也许买房子”“他也许买房子不也许”这些说法。回答问题的时候虽然能单说“也许”，但是不能说“不也许”，并不破坏平行的大格局。所以把“他是买房子”里的“是”看成判断动词是合理的。有人说，可以用重读、不重读来区分判断动词和语气副词，可以重读的是语气副词，“他是买房子”的“是”可以重读。这也是行不通的，事实上“他是买房人”里的“是”必要的时候也可以重读，“他是买房子”里的“是”一般也不重读（吕叔湘1979：80）。朱先生认为，本地人的语感就来自结构的平行性，或者说，结构的平行性是决定本地人语感的重要因素，因此在确定一个词的语法性质的时候要遵循这条原则。

在明确“是”是判断动词、其宾语可以是动词性词语后，发现汉语句子的谓语（通常为动词性词语）都在前头隐含一个“是”，是它的指称性

宾语，如“我（是）吃过饭了”“我（是）忙着呢”“我（是）不喜欢句法学”等，只是在不需要强调的时候“是”不出现罢了，这就明白无误地表明汉语的谓语具有指称性。也正因为谓语前经常加“是”来加强判断而又是可加可不加，所以汉语史上才有大量“连词/副词＋是”发生词汇化的现象，如“但是，可是，若是，总是，还是，越是，不管是，或者是，好像是，尤其是”，等等（参看董秀芳 2004）。

汉语句子的谓语具有指称性，这个结论还可以从赵元任（Chao 1968/1979：50－51）的“零句说”推导得出。按照“零句说”，汉语的整句由两个零句组成，例如“饭呐都吃完了”是由没有谓语的名词性零句“饭呐”和没有主语的动词性零句“都吃完了”加合而成，而零句都可以充当整句的主语，“都吃完了（的话）就不浪费了”就是由动词性零句“都吃完了”充当整句的主语，而主语作为话题当然是指称性的，所以做谓语的“都吃完了”也具有指称性。我们由此得出一个令人惊异然而明明白白的结论，汉语的整句“饭呐都吃完了”是由隐形的“是”联系的两个指称性短语加合而成的。过去受印欧语眼光的束缚，总以为句子只能由“指称语＋述谓语”组合而成，想不到还可以由“指称语＋指称语”组合而成，前一个指称语是话题，后一个指称语是对话题的说明，指称性谓语就是用指称事物的方式来对前面的话题加以说明。

4 汤加语的谓语有指称性

句子的谓语是一个指称语，用指称事物的方式来对前面的话题加以说明，这并不是一件十分奇怪的事情。世界的语言像生物那样多种多样，确实有一些语言其谓语是由指称语充当的，汤加语（中太平洋的一种波利尼西亚语）就是其中之一，参看 Broschart（1997）和沈家煊（2012c）。

前面第 2 节提到汤加语在“词型”上没有名动区别，在“词例”上有名动区别。词型上没有名动区别，这是指汤加语里大多数的词在词库里看不出来是指称性还是述谓性，加上冠词就能做指称语，加上时体标记就能做述谓语。例如：

（4）e　tangatá

ART. SPEC　人．DEF[①]

"那人"

e　'alú

ART. SPEC　去

"那去"

（5）na'e　kata　（e　tangatá）

PAST　笑　ART. SPEC　人．DEF

"（那人）笑了。"

′e　' uha

FUT　雨

"要下雨。"

词库里的 tangatá（人）和'alú（去）二词加上冠词 e（e 是专指冠词，还有一个非专指冠词 ha）都成为指称语，kata（笑）和 ' uha（雨）二词加上时体标记（na'e 是过去时标记，′e 是将来时标记）都成为述谓语，尽管在概念上"人"和"雨"指事物，"去"和"笑"表动作。

说汤加语在词例上有名动区别，这种区别是有限的，也呈"名动包含"格局：述谓语都是指称语，而指称语不都是述谓语。正因为述谓语具有指称性，所以指称语可以充当句子的谓语。看下面的例子：

（6）na'e　'alú　（' ）a　Sione　ki　kolo

PAST　去　ABS　肖纳　ALL　城

"肖纳朝城里去了。"

（7）ko　e　'alú　'a　Sione　ki　kolo

PRST　ART　去　GEN. ALL　肖纳　ALL　城

① 标注汤加语的缩写符号：ABS = 通格，ALL = 向格，ART = 冠词，CL = 量词，DEF = 定指，FUT = 将来时，GEN = 属格，HUM = 人类，PAST = 过去时，PL = 复数，PRES = 现在时，PRST = 存现助词，SPEC = 专指。

“肖纳现正朝城里去呢。”

（6）是‘alú（去）加过去时标记 na’e 做谓语，而在（7）里‘alú又加冠词 e 做指称语，指“去”这个动作，‘a 是领属格标记，相当于“的”，头里的 ko 是一个表存现的助词，意思相当于“有”，句子的字面解读是“现有肖纳的朝城里去”。注意，（7）里的‘alú（去）并没有因为前加冠词 e 而转化为名词，汤加语里没有什么“动词的名词化”，因为所谓的“动词”几乎全都可以前加冠词做指称语。因此（7）实际就是用一个指称语来陈述一个事件，用指明现有“肖纳的朝城里去”这件事来陈述“肖纳现正朝城里去”。拿汉语来比照，闽南话（福州）里说“头先无遏雨，只瞒有遏雨”（刚才没下雨，现在下着雨），“有遏雨”的“有”就相当于（7）头里的那个 ko，也是用指明现有“下雨”这件事来陈述“现在下着雨”。

再回过头来重新看（6）。那个句子也可以定性为是由指称语“肖纳的朝城里去”前加过去时标记组成，因为(‘)a 虽然标为通格，但是可以分析为领属格标记 ‘a 的变体。再看下面一句：

(8) na’e　kau　faiakó　(‘)a　e　Siasí
PAST　PL. HUM　教师 . DEF　ABS　ART　教堂 . DEF
“教堂曾有那些个教师。”

这句里的(‘)a 也是领属格标记 ‘a 的变体，因此句子是由指称语“教堂的那些个教师”加上过去时标记组成的。不要被汉语译文所误导，句子实际是跟汉语的名词谓语句“屋里这么多客人”“树上一群麻雀”相当。

这就是说，汤加语里的述谓性短语其实都可以分析为指称性短语，有领属格标记 ‘a 及其变体为证。正因为汤加语的谓语具有指称性，这种语言里一般认为是指称性的词语都可以加时体标记做谓语也就不难理解了，例如：

(9) ‘oku　fu’u　fo’i　‘ulu　lanu　pulu：‘a　e　kakaá
PRES　CL. 大　CL. 圆　头　颜色　蓝　ABS　ART　鹦鹉 . DEF

“这只鹦鹉又圆又大的蓝脑袋。”

（10）na’e Mekipefi ‘a Sione

PAST 麦克白斯 GEN 肖纳

“（那天）肖纳的麦克白斯。”（肖纳演麦克白斯，同“马连良的诸葛亮”）

从汉语的对译句就可以看出，这两句跟汉语名词短语做谓语的句子一致，差别只在汤加语要加时体标记而已。

5 他加禄语的谓语有指称性

Kaufman（2009）从历史语言学、语言类型学、生成语言学三个方面论证，在菲律宾的他加禄语（属南岛语）里，所谓的动词性谓语其实都是名词性成分，别的语言里的主谓结构在这种语言里都是由一个隐形系词联系两个名词短语的结构。本文介绍如下，并拿汉语加以比照。

他加禄语有所谓的加在动词上的语态词缀，共有四种：施事语态 AV，受事语态 PV，处所语态 LV，替事语态 CV。不同的语态选择不同的主目（argument）充当小句的主语（格标记是 ang）。例如，下面四个句子都表达“猫（施事）在盘子上（处所）替狗（替事）吃了耗子（受事）”的意思，但是动词 k-áin（吃）所带的语态词缀不同，选择的主语也不同：

（11）a. k <um> áin nang = dagà sa = pinggan pára sa = áso **ang = púsa**

<AV:BEG>吃 GEN = 耗子 OBL = 盘子 for-OBL = 狗 NOM = 猫[①]

动词 k-áin 带 AV 缀 um（兼表起始体 BEG），púsa（猫）带主格标记做主语。

b. k <in> áin-ø nang = púsa **ang = dagà** sa = pinggan pára sa = áso

<BEG>吃 - PV GEN = 猫 NOM = 耗子 OBL = 盘子 for - OBL = 狗

① 标注他加禄语的缩写符号：BEG = 起始体，EMPH = 强调标记，GEN = 属格，LIM = 限量标记，LNK = 联系词，NOM = 主格，OBL = 旁格，for-OBL = 替格，s = 单数。

动词 k-áin 带 PV 缀 ø，dagà（耗子）带主格标记做主语。

c. k <in> áin-an　nang = púsa　nang = dagà　**ang = pinggan**　pára sa = áso

<BEG> 吃 – LV　GEN = 猫　GEN = 耗子　NOM = 盘子　for – OBL = 狗

动词 k-áin 带 LV 缀 an，pinggan（盘子）带主格标记做主语。

d. i-k <in> áin　nang = púsa　nang = dagà　sa = pinggan　**ang = áso**

CV – <BEG> 吃　GEN = 猫　GEN = 耗子　OBL = 盘子　NOM = 狗

动词 k-áin 带 CV 缀 i，áso（狗）带主格标记做主语。

跟这个语态系统有关的是，在构成疑问句、话题化、关系小句化的时候，名词性成分的“提取”（extraction）受一定的限制，只有充当主语的名词短语可以提取。这条限制在保留这个语态系统的南岛语里普遍存在，引起广泛的关注。看下面的例子：

（12）a. Sino　ang = b < um > ili　nang = téla?

who　NOM = < AV : BEG > buy　GEN = cloth

“Who bought the cloth? /谁买了那块布?”

b. * Sino ang = b < in > ili-ø　ang = téla?

who　NOM = < BEG > buy – PV　GEN = cloth

（13）a. Ano　ang = b < in > ili-ø　nang = babái?

what　NOM = < BEG > buy-PV　GEN = woman

“What did the woman buy? /那女人买了什么?”

b. * Ano　ang = b < um > ili　ang = babái?

what　NOM = < AV : BEG > buy　NOM = woman

在（12）里 a 句施事语态缀选择施事做主语，它可以提取出来做句首的疑问词，而像 b 句那样的受事语态要提取施事就不合语法。同样，在（13）里 a 句受事语态缀选择受事做主语，它可以提取出来做句首的疑问词，而像 b 句那样的施事语态要提取受事就不合语法。话题化和关系小句化的提取也受同一限制，不再举例。这一限制也适用于（11）各句。

Kaufman（2009）指出，要解释这一现象，只需要采纳“生成语法”

早先提出的一个普遍适用的限制条件，即禁止从名词短语（或限定词短语）内提取名词性成分，而无须采用其他更加复杂的解释。这一简单解释的前提就是回到他加禄语的传统分析法，所谓的主谓结构都是系词（隐形）结构，所谓的动词性谓语其实都是名词性成分。按这种分析法，下面四句是（11）中四句的减缩，主干结构不变，英语翻译更接近于他加禄语本来表达的意思：

（14） a. k<um>áin　nang = dagà　**ang = púsa**
<AV:BE>吃　GEN = 耗子　NOM = 猫
"The cat was the eater of a rat."

b. k<in>áin-ø　nang = púsa　**ang = dagà**
<BEG>吃 – PV　GEN = 猫　NOM = 耗子
"The rat was the eaten one of the cat."

c. k<in>áin-an　nang = púsa　nang = dagà　**ang = pinggan**
<BEG>吃 – LV　GEN = 猫　GEN = 耗子　NOM = 盘子
"The plate was the cat's eating place of the rat."

d. i-k<in>áin　nang = púsa　nang = dagà　**ang = áso**
CV – <BEG>吃　GEN = 猫　GEN = 耗子　NOM = 狗
"The dog was the cat's 'eating benefactor' of the rat."

Kaufman 强调，这样的句子在他加禄语里是基础句式，不是派生而成的，所谓的动词语态缀其实是名词的词缀，而且这种定性更符合这些词缀的历史来源。跟英语比照，AV 缀相当于英语的施事缀-er，PV 缀相当于英语的受事缀-ee，只是英语名词没有相当于 LV 的处所缀和相当于 CV 的替事缀。英语动词 amputate（截肢）带有两个主目，一个是施事主语，一个是直接宾语指截下的肢体，但没有一个主目指被截肢的人，因此没有"The doctor amputated John"的说法，然而，这并不妨碍英语构成 amputee（被截肢者）一词。只要在概念上"截肢"这个动作涉及一个被截肢的人，就可以这么构词，尽管"被截肢者"不是 amputate 的句法主目。这正是他加禄语等南岛语里所谓的语态词缀的实质。

不难发现，（14）四个英语译句一句比一句不自然，不如我们翻译成自然的汉语“话题－说明”句：

（15）a. 猫，吃耗子的$_{AV}$。
b. 耗子，猫吃的$_{PV}$。
c. 盘子，猫在那儿吃耗子的$_{LV}$。
d. 狗，猫替它吃耗子的$_{CV}$。

这四个汉语句都是以“的”煞尾的名词性短语充当谓语的句子，系词隐而不显，因此都是用一个指称性谓语对话题加以说明。有意思的是，汉语一个统一的“的”相当于他加禄语的属格标记 nang，而“的”又作为名词性短语的标记（朱德熙 1961）涵盖了他加禄语 AV、PV、LV、CV 四种名词词缀（分别表示施事、受事、处所、替事）。回到前面（12）（13）两个疑问句，英语和汉语的翻译并不完全符合他加禄语的本义，准确的汉语对译应该是“谁买的那块布”和“那女人买的什么”两个名词性短语，“的”字对应于属格标记 nang。

Kaufman 还指出，他加禄语做谓语的动词短语其实都是名词短语的原因是，这种语言的词根都是名词性的，包括那些表示典型动作的词根。例如：

（16） dalawa = ng　**kuha** = ngà = lang　nang = i ~ isang　ibon
two = LNK　take = EMPH = only　GEN = LIM ~ one　bird
“two takes (photos) of only one bird”
（17） saan　ang = **lákad** = mo　ngayong　gabi
where　NOM = walk = 2S. GEN　now : LNK　night
“Where is your walk tonight?”

（16）表动作的词根 kuha“照（像）”受数量词的修饰，数量词有属格标记 nang，好比汉语说“一鸭的两吃”，他加禄语是用“一鸟的两照”来表达“一只鸟照了两次”的意思。（17）表动作的词根 lákad“走”带有通常名词带的数－格标记，句子好比汉语说“你今晚哪儿的一走？”他加禄语这种表动作的词根如果不加语态标记就不能做谓语，这表明这种词根的名词性不是由其所在的句法位置带来的，而是内在的。这一点还可以从掺杂西班牙语借词的他加禄语句和掺杂他加禄语词的洋泾浜英语里看出来：

(18) a. mag-*ice-cream*
AV-ice-ream
“eat ice cream”

b. mag-*basketbol*
AV-basketball
“play basketball”

(19) a. mag-*trabaho*
AV-work
“to work”

b. *p* < um > *arada*
< AV > stop
“to park”

(18) 是他加禄语借用英语的名词 ice-cream “冰激凌” 和 basketball “篮球”（没有对应的动词）加上语态标记做谓语，(19) 是借用西班牙语的名词 trabaho “工作” 和 parada “停靠”（有对应的动词）加语态标记做谓语。我们发现汉语里有类似的情形，例如：

(20) 你 iphone 了吗？
你 3G 了吗？
我也 blog 了。

(21) 你 parking 好了吗？
你今天 swimming 了吗？

借用英语的名词 iphone、3G、blog 加时体标记“了”做谓语，这与其说是名词临时用作动词的修辞用法，不如说是汉语里用作谓语的动词本来就具有名词性，因为这样说的人多半不知道这些英语借词是名词还是动词。(21) 两句在明知英语有动词 park 和 swim 的情形下却还用它们的名词形式，这就更说明问题。

（22） a. Let's make *pasok*（'enter'）*na* to our class!（我们进教室吧！）

b. Wait *lang*! I'm making *kain*（'eat'）*pa*!（等一等，我正在吃呢！）

c. Come on *na*, we can't make *hintay*（'wait'）anymore!（快点，我们不能再等！）

这是掺杂他加禄语借词的洋泾浜英语，情形正好跟上面相反：因为他加禄语表示"进""吃""等"等动作的词根 pasok、kain、hintay 有名词性，所以插入英语句子的时候要前加一个动词"make"。我们发现在掺杂汉语借词的洋泾浜英语里有类似的情况，特别是遇到一些不好翻译的汉语动词（其实是动名词）的时候：

（23） We can't make *zheteng*（折腾）anymore!（我们不能再折腾了！）

Let's do some *zouxue*（走穴），too!（我们也去走走穴吧！）

He is doing *huyou*（忽悠）again!（他又在忽悠了！）

经常是先这么权宜一说，接着尽量对"折腾""走穴""忽悠"这些词做些解释。如果不假设这些词有名词性，就很难说明为何还要前加"make"或"do"。

6 反观英语谓语的指称性

通过跟英语的比较，发现汉语、汤加语、他加禄语的谓语都具有指称性，现在可以回过头来反观英语，这会使我们对英语的谓语有更深刻的认识。（参看王伟、沈家煊 2011）

6.1 "V-ing 形式"是"准指称语"

看下面三句中的"killing"：

a. His job is killing people mercilessly.

他的工作是滥杀无辜。

b. Killing people mercilessly is unimaginable.
滥杀无辜不可想象。

c. He is killing people mercilessly.
他（是/在/是在）滥杀无辜呢。

在 a 和 b 两句中“killing people mercilessly”分别做主语和宾语（表语），表现出指称性，是指称语；而在 c 句中，同样的形式是谓语的一部分，一般认为只有述谓性没有指称性。但是从汉语来反观英语，也可以认为 c 句中的“killing”是一种“准指称语”，而且这跟 Jespersen（1924：277—281）认为“be V-ing”是表示“扩展时态”（expanded tense）而不是“进行时态”（progressive tense）的观点是一致的。定性为“进行时态”，注意点在“V-ing”上，在动作的进行或延续上；定性为“扩展时态”，注意点在时间标志“be”上，“V-ing”只是环绕“be”扩展的时间框架。图示如下：

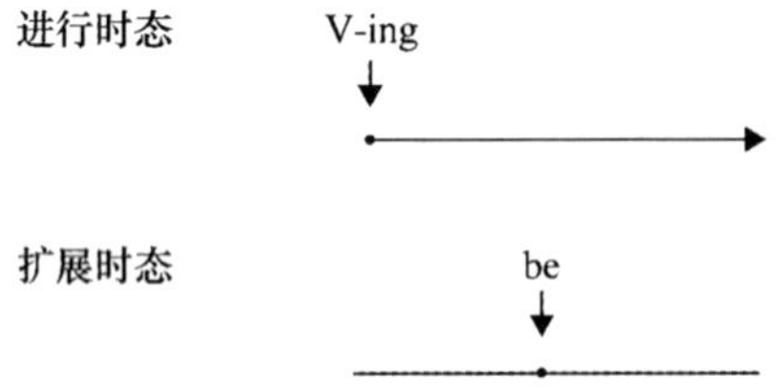

例如，“he is hunting”的意思是“he is in (the middle of) the action of hunting”（他正在打猎的动作之中），由“hunting”一词所表示的动作扩展到“is (was)”所表示的时刻之前和之后。“扩展时态”的着眼点不在一个动作的进行或延续，而在动作的时间相对另一动作来说比较短。例如，“Methuselah lived to be more than nine hundred years old”（美修萨拉活了九百多岁）——这里的“lived”是“非扩展时态”，表示存活延续很长一段时间；“He was raising his hand to strike her, when he stopped short”（他举起手来正要打她，突然又停住了）——这里的“was raising”就是“扩展时态”，表示举手要打的动作时间很短。

定性为扩展时态有助于我们理解现代英语“be V-ing”形式所表达的确切意义，例如，这个形式常常表示某种短暂状态，跟表示长久状态的非扩展时态相对立，试比较：

He is staying at the Savoy Hotel.（他暂住沙乌埃饭店。）

He lives in London.（他常住伦敦。）

What are you doing for a living? I am writing for the papers.（你目前何以为生？我暂时为报纸写写稿。）

What do you do for a living? I write for the papers.（你以什么为生？我为报纸写稿。）

再比如，习惯性行为一般必须用非扩展时态来表达：

A great awe seemed to have fallen upon her, and she *was behaving* as she *behaved* in church.（她似乎突然陷入一种深深的敬畏之中，举止就像平时在教堂里一样。）

Thanks, I *don't smoke*.（谢谢，我不吸烟。）比较 I am not smoking（我现在不吸烟）。

但是，习惯性行为如果被看作另一行为的时间框架，就需要用扩展时态：

I realize my own stupidity when I *am playing* chess with him.（我一跟他下棋就意识到我的愚笨。）

Every morning when he *was having* his breakfast his wife asked him for money.（每天早上他一吃早饭，他妻子就问他要钱。）

定性为扩展时态还有助于解释以下一系列事实：1）从英语史看，“be V-ing”结构主要是由“on 介词结构”的介词 on 脱落词首元音造成的：is on huntinge → is a-hunting → is hunting（演变过程同 burst out on weeping → ... a weeping → ... weeping，set the clock on going → ... a going → ... going）。这

种结构变得使用频繁的时候，正是词首元音脱落现象（如 on bœc → a back → back）十分常见的时候。2）表示被动意义的“the house was building”原来是“the house was on building”（房子在修建中），现在还常用的同类说法有“while the tea was brewing”（茶煮着的时候），“my MS is now copying”（我的手稿在抄写中）等。3）表示心理状态或感情的动词一般不能用扩展时态，因此不能说“he is on（engaged in，occupied in）liking fish”（他正在/忙于/沉溺于喜欢鱼），除非是谈及一个短暂的状态，如“I am feeling cold”（我现在觉得冷）。4）拍卖师在举锤的时候说“Going，going，gone”（有了，有了，成交！），“going”表示瞬息状态，这就不难理解为什么“be coming”和“be going”能表示即将时：

I *am going* to Birmingham next week.（我下周去伯明翰。）

Christmas *is coming*, the geese are getting fat.（圣诞节快到了，鹅也在肥起来。）

叶斯帕森认为，表示时间框架的“on V-ing”本质上是个名词结构，他称之为“带介词 on 的动性名词结构”。拿汉语来比照这个说法很好理解，汉语“他在打猎（之中）”就是“he is in（the middle of）hunting”这个意思的自然表达，系词隐而不显，它跟“他在山上”结构相同，“山上”和“打猎”都是名词性的。总之，将英语谓语部分的“V-ing”视为“准指称语”并不过分。

6.2 “V-ed 形式”是“潜在指称语”

看下面三句里的“killed”：

a. He killed a man.
   他杀了一个人。
b. He did kill a man.
   他是杀了一个人。
c. He has killed a man.

他有杀过一个人。

从汉语反观英语，英语谓语部分的“V-ed”具有潜在的指称性。在a中这种潜在指称性一点看不出来，在b句里指称性半隐半现，“killed a man”等于“something”，“He did kill a man”就是“He did something”，汉语“杀了一个人”就是隐形“是”的指称性宾语。c句中的“killed a man”就可以看作“has”的指称性宾语了，正如汉语“杀了一个人”是动词“有”的指称性宾语，“有”是动词而不是什么完成体标记，这已经有很充分的论证。

将“V-ed”定性为潜在指称语，这跟Jespersen（1924：269－271）认为“have V-ed”不是表示“体”（aspect）而是表示“时”（tense）的观点是一致的。他在讨论“体”的时候（同上：286－289），认为英语的“完成体”（perfective）是“完成时”（perfect），而“完成时”其实属于“现在时”，是一种“稳状现在时”（permansive present），即把过去事件产生的结果表示为现在的稳性状态。这样定性得到以下的事实的支持：1）“have V-ed”可以与副词now连用，如“Now I have eaten enough”，而不能与表示过去时间的词语连用，“I have eaten enough yesterday”不合语法。它表达的意思也跟过去时有很大差别，例如“He has become mad”的意思是他现在疯了，而“He became mad”与现在状态毫不相干。2）古雅利安语（Old Aryan）的完成体原先是一种强调性的“稳状现在时”，表示的是状态：odi（我恨），memini（我记得），hestēka（我站着），kektēmai（我拥有），kekeutha（我藏在心里），heimai（我穿着），oida（我眼前有）。盎格鲁－爱尔兰语有一种完成体的表达方式是“He is after drinking”，即用“他在喝后状态”表达“他已经喝了”的意思。这是因为“现在状态”和“过去事件的结果”之间有推导关系，例如“He who possesses has acquired”（一经获得，即成拥有），“He who wears a garment has put it on”（一经穿上，即成穿着）。3）主句用“have V-ed”的从句用现在时，比较：

He has given orders that all spies are to be shot at once.（他已下令间谍一律立即枪毙。）

He gave orders that all spies were to be shot at once.（他曾下令间谍一律立即枪毙。）

叶斯帕森说，把“have V-ed”看作“完成体”，着眼点在完成，在“V-ed”上（-ed是过去分词后缀），在动作完成还是没有完成上；而把“have V-ed”看作“完成时”，着眼点在时间，在“have”上（-ed是过去时后缀），在过去发生的事情跟现在的联系上。这就是说，在叶氏看来，“have V-ed”里的“V-ed”可以看作动词“have”（现在时）的指称性宾语，把he在过去做的一件事“killed a man”看作he现在稳定持有的一种结果状态，就成了“He has killed a man”。换言之，英语过去时的“V-ed”和过去分词的“V-ed”同形并不是偶然的，而是有理据的，就是谓语“killed a man”具有潜在指称性。

7　名词分化的程度

Heine & Kuteva（2002）通过大量语言（尤其是非洲语言）的调查，假设人类语言的词类最初就是一个名词大类，然后分化出动词类、形容词类、副词类等，而分化的程度各种语言是不一样的。Vogel（2000）指出，如果一种语言已经出现一套固化的形式给某一部分名词标记［+述谓］特征，那么动词就分化出来成为一个跟名词对立的类，形成“名动分立”的格局。以拉丁语为代表的印欧语就属于这样的语言，因为动词已有一套强制使用的“时—体—态”变形格式（paradigm）。

因为英语名动分立，英语语法一般不把谓语里的“V-ing”和“V-ed”视为指称性成分，上面说的“准指称性”或“潜在指称性”应该看作名动分立前动词原形指称性的残留。这可以从不定式“to VP”里V（原形动词）保留的指称性看出。Huddleston & Pullum（2002：1184）指出，“to VP”的to来源于同形介词to，这在当代英语中仍有反映。从分布限制上看，不定式“to VP”跟介词短语“to NP”一样不能充当介词宾语：

* We are thinking of *to London*. （我们想着去伦敦。）

* We are thinking of *to travel by bus*. （我们想着坐巴士去旅行。）

其次，在某些成对的反义动词中，不定式的 to 和介词 from 和 against 相对应：

I persuaded her *to* buy it.	I dissuaded her *from* buying it.
I warned her *to* stay indoors.	I warned her *against* staying indoors.

但是英语名词和动词毕竟已经分立，尽管当代“I agreed to it”和“I agreed to go”都合乎语法，但是 it 和 go 不能并列（＊I agreed to it and go），不定式的 to 和介词 against 也不能并列（＊I don't want you warning her to or against），所以不定式的 to 还是应该定性为“动词的附加标记”，跟介词区分开来。

汉语、汤加语、他加禄语的动词都还没有形成一套标记［＋述谓］特征的强制性变形格式。汉语已经有出现在动词后的“了、着、过”，但是它们还没有成为词形的一部分，而且不是强制性的，经常是加不加两可，如“带回来（了）两张票”，“一边吃（着）饭一边看电视”，“他曾经开（过）飞机出海”（吕叔湘 1979：92）。汤加语倒有强制使用的时体标记，但是名词和动词都可以加这种标记。他加禄语所谓的动词语态标记其实还可以分析为名词的词缀。所以这几种语言的动词还没有从名词里分化出来，谓语具有指称性，名词可以直接做谓语。

参考文献

陈满华 2008，《体词谓语句研究》，中国文联出版社。

董秀芳 2004，《“是”的进一步语法化：由虚词到词内成分》，《当代语言学》第 1 期。

傅　玉 2010，《最简句法框架下的谓词省略研究》，《外语教学与研究》第 4 期。

郭绍虞 1979，《汉语语法修辞新探》，商务印书馆。

李佐丰 2004，《古代汉语语法学》，商务印书馆。

林同济 1980，《从汉语词序看长句翻译》，《现代英语研究》第 1 辑。

刘丹青 2010，《汉语是一种动词型语言——试说动词型语言和名词型语言的类型差异》，《世界汉语教学》第 1 期。

吕叔湘 1979，《汉语语法分析问题》，商务印书馆。

沈家煊 2007，《汉语里的名词和动词》，《汉藏语学报》第 1 期。

沈家煊 2009，《我看汉语的词类》，《语言科学》第 1 期。

沈家煊 2010，《我只是接着向前跨了半步——再谈汉语的名词和动词》，《语言学论丛》第 40 辑。

沈家煊 2012a，《"名动词"的反思：问题和对策》，《世界汉语教学》第 1 期。

沈家煊 2012b，《怎样对比才有说服力——以英汉名动对比为例》，《现代外语》第 1 期。

沈家煊 2012c，《名词和动词：汉语、汤加语、拉丁语》，《现代中国语研究》（日）第 14 期。

王　伟、沈家煊 2011，《汉语为什么没有真正的谓语——名动的"指称/述谓"不对称》，第三届两岸三地现代汉语句法语义小型研讨会（北京）论文。

张伯江 2012，《双音化的名词性效应》，《中国语文》第 4 期。

张玉金 2010，《出土战国文献中的语气词"也"》，张显成主编《简帛语言文字研究》第五辑，巴蜀书社。

朱德熙 1961，《说"的"》，《中国语文》第 12 期。

朱德熙 1982，《语法讲义》，商务印书馆。

朱德熙 1985，《语法答问》，商务印书馆。

Broschart, J. 1997. Why Tongan Does It Differently: Categorial Distinctions in a Language without Nouns and Verbs. *Linguistic Typology* 1: 123 – 165.

Chao, Y. R. 1968. *A Grammar of Spoken Chinese*. Berkeley and Los Angeles: University of California Press.（吕叔湘节译：《汉语口语语法》，商务印书馆，1979 年）

Clark, E. V. and H. H. Clark 1979. When Nouns Surface as Verbs. *Language* 55 (4): 767 – 811.

Heine, B. and T. Kuteva 2002. On the Evolution of Grammatical Forms. A. Wray (ed.), *The Transition to Language*. Oxford: Oxford University Press.

Huddleston, R. and G. K. Pullum 2002. *The Cambridge Grammar of the English Language*. Cambridge: Cambridge University Press.

Jespersen, O. 1924. *The Philosophy of Grammar*. London: George Allen & Unwin Ltd.

Kaufman, D. 2009. Austronesian Nominalism and Its Consequences: A Tagalog Case Study. *Theoretical Linguistics* 35 (1): 1 – 49.

Sapir, E. 1921. *Language*. New York: Harcourt, Brace & World.

Vogel, P. M. 2000. Grammaticalisation and Part-of-Speech Systems. In Vogel, P. M. & B. Comrie (eds.), *Approaches to the Typology of Word Classes*. Berlin & NewYork: Mouton de Gruyter.

（原载《外文研究》2013 年第 1 期）

汉语的逻辑这个样，汉语是这样的*

——为赵元任先生诞辰120周年而作之二

解　题

题目的意思是“汉语的逻辑之所以这个样，是因为汉语是这样的”。汉语就是这样，经常用两个句段的并置来表达意义上的各种关联，又比如“你不去，我去”，“因为、但是、如果”之类的关联词都可以不用。尽管某些语法学家指责这样的说法含糊不清，这仍然是老百姓经常采用的口头表达方式，交流中一般不会引起误解。大导演比利·怀尔德提出过著名的“编剧十大原则”，第七条叫“刘别谦定理”：给出二加二，让观众自己去得到等于四的答案。刘别谦（Ernst Lubitsch）是20世纪初好莱坞最出名的喜剧大师，他的编剧原则就是尊重观众的智力。比如在他拍摄的《风流寡妇》里，丹尼洛上校溜进索尼娅夫人家里去向夫人求爱，翻墙出来的时候，看院子的狗爬到墙头冲他叫，他回头说了句：“没有意大利腊肠了。”一句话就让观众明白，这家伙之前是怎么绕过凶恶的大狗靠近夫人的，而不需要专门拍出用腊肠引诱狗的戏，不然就是低估观众的智力，因为大家都知道二加二等于四（张明2009）。“善删者字去而意留”（《文心雕龙·熔裁》），汉语就是一种遵循“刘别谦定理”的语言，简单明了，从不多余，让听者自己得到答案。

赵元任先生有两篇讲“汉语的逻辑”的文章，这两篇文章，分别是发

* “之一”为《“零句”和“流水句”》一文，载《中国语文》2012年第5期。本文初稿曾在第六届汉语方言语法国际学术研讨会（2012年10月，四川绵阳）上宣读。

表于1955年的《汉语语法与逻辑杂谈》（Chao 1955）、1959年的《汉语的逻辑如何运作》（Chao 1959），后收录在《赵元任社会语言学论文集》（Dil *ed.* 1976）和《赵元任语言学论文集》（吴宗济、赵新那主编2002）里。本文是研读赵先生的《中国话的文法》和这两篇文章的心得，结合笔者近来对汉语词类和流水句的研究，进一步阐释“汉语的逻辑这个样，汉语是这样的”。

1 什么是“汉语的逻辑”？

“汉语的逻辑”指什么？赵先生解释说，是指汉语中与句子真值（truth value）的运作有关的那个方面，探讨汉语的逻辑就是探讨那些基本的逻辑概念——“and”“or”“all”“if. . . then”“not”等——在汉语里是如何表达的，特别是如何用语法形式表达的。赵先生又说，汉语的逻辑其运作必定受制于汉语自身允许的运作范围，换言之，因为汉语是这样的，所以汉语的逻辑是这样的。因此“要找出汉语逻辑运作的方式，实际是找出逻辑在汉语里的运作方式”。

2 汉语是这样的

赵先生在《中国话的文法》里说：“在所有汉语方言之间最大程度的一致性是在语法方面。我们可以说，除了某些小差别，例如在吴语方言和广州方言中把间接宾语放在直接宾语后边（官话方言里次序相反），某些南方方言中否定式可能补语的词序稍微不同，等等之外，汉语语法实际上是一致的。甚至连文言和白话之间唯一重要的差别也只是文言里有较多的单音节词，较少的复合词，以及表示所在和所从来的介词短语可以放在动词之后而不是一概放在动词之前。此外，文言的语法结构基本上和现代汉语相同。”（吕译本《汉语口语语法》第13页）在懂得很多种汉语方言的赵先生眼中，方言的语法大同小异。当前我们大力提倡方言语法的研究，是以研究方言之间的差异为主，而且差异的程度比我们想象的要大一些，这对于推进汉语语法的研究无疑十分重要，但是我们仍然不可忽视赵先生

"汉语语法大体上一致"这个基本判断，从总体上把握汉语语法有别于其他语言特别是印欧语的特点，仍然是更加重要的。也只有更好地把握汉语的总体特点，方言语法的研究才会进行得更加有效。

在赵先生的眼中，跟其他语言特别是印欧语比较，汉语是怎样的呢？是这样的。

1. 汉语语法依靠四个要素：虚词，词序，层次结构，超音段成分。关于词序，主语一律位于谓语之前，修饰语一律位于被修饰语之前①。超音段成分，它是汉语语法的要素之一。四个要素没有一个是单单为逻辑运作服务的，它们都还有逻辑以外的功能。

2. 整句由两个零句（没有主语或没有谓语的句子）组成，零句是根本，零句可以独立，不是只有主谓齐全的句子才是正常的句子。

3. 主语和谓语的关系是话题和说明的关系，主语就是话题，谓语就是说明，因此主谓联系可以是松弛的，联系紧密的主谓关系只是话题—说明关系的一个特例。主谓结构可以做谓语，句子可以有多重主语。

4. 整句中主语和谓语可能的结构形式多种多样、没有限制。主语可以是动词性词语和主谓短语，谓语可以是名词性词语和主谓短语。从形式着眼，谓语不宜区分为名词性谓语和动词性谓语，适合的区分是分"肯定性（assertive）谓语"和"叙述性（narrative）谓语"。

以上四点都是在《中国话的文法》里论述的，第一点总述，后三点分说，沈家煊（2012b）将其概括为赵先生的"零句说""主语话题说""谓语类型说"，并且论证从这个"三说"可以自然地推导出"名动包含说"（沈家煊 2007，2009，2010a，2012a）：汉语的名词包含动词，动词是名词的一个次类"动态名词"，这意味着汉语的动词和动词短语以及句子的谓语都不仅有陈述性，而且有指称性。沈文还说明，这"三说"能解释汉语为何"特多流水句"，流水句除了有"指称性"还具有本文开头所说的"并置性"，即不用任何关联词语，并置的句段就能表达意义上的各种关联。

---

① 赵元任（1970）甚至认为，广东话"俾啲水我添"（再给我添点水）里后置于动词的"添"在句法上"最好是当作并列结构的第二项"，"你去先"也可分析为"你去的是先（一件事）"。

3 汉语的逻辑是这样的

因为汉语的整句由两个零句组成，零句是根本，所以探讨句子的真值就必须探讨零句（动词性零句如“有人”，名词性零句如“飞机!”）的真值。在这一概括说明之后，赵先生就以下一些方面来谈汉语逻辑的运作方式。

3.1 Φ (a) 和 R (a, b, c)

汉语主语和谓语的联系是松散的，主谓结构的含义并非像大多数印欧语言那样是动作者与动作的关系，而是话题与说明的关系。作为一个特例，动作者与动作的关系也含于其中。赵先生说，这种主谓关系跟逻辑函项式 Φ (a) 十分接近，a 不一定是某个动作 Φ 的动作者。当谓语动词为“是”时也是如此，如“我是两毛钱”，这不太符合亚里士多德的逻辑，如英语必须说“The thing I bought was priced at twenty cents”。笔者还想到一个例子，英语如果说“Many people have all come”也不合乎亚里士多德的逻辑，“all”和“many”发生矛盾，所以不合英语语法，而汉语却可以说“很多人都来了”（现在很多讨论“都”的逻辑含义的文章都回避这一说法），原因也是汉语的主谓联系是松散的话题说明关系，接近现代逻辑形式 Φ(a)。

关心形式逻辑的人都注意到所谓的“实质蕴含怪论”：任何命题都蕴含真命题，而假命题则蕴含任何命题。赵先生说，貌似怪论的实质蕴含在汉语里有家喻户晓的表达形式，这个怪论在汉语的逻辑里显得并不怎么“怪”。例如汉语常说：“假如 p 是真的，我就不姓王。”一个对言者来说为假的命题蕴含了随便什么事情，甚至包括他“不姓王”这样的事情。又如：“除非太阳从西边出来，这种事情才会发生。”之所以在汉语里怪论不怪，还是因为汉语的主语就是话题，跟谓语的联系松散。按照赵先生的分析，条件小句在汉语里是话题也是主语，“假如 p 是真的”和“除非太阳从西边出来”都是主语，“我就不姓王”和“这种事情才会发生”都是谓语，主谓关系也接近 Φ (a)。

汉语里主谓结构可以做谓语，所以句子可以有多重主语，形成多个主语带一个谓语 R 的形式，其中 S－P 作为一个整体做 S’ － P’中的 P’，而这个 S’ - P’再作为一个整体用作 S” - P”中的 P”，如“华盛顿 十一月二十一日 美国人类学会 开会”。赵先生说，这与现代西方逻辑中形式为 R（a，b，c）的分析法相容，按照这种逻辑，可以有任何多个“变目”（arguments）跟函项 R 发生关系。

另外，汉语只由谓语构成的句子也是一种常见的句型，如“有人”和“下雨了”。这种句子翻译成英语后容易使人产生误解，好像它们不过是一种易位的主谓结构，但是赵先生说这种理解不适用于汉语的实际情况，“下雨了”“走了水了”是典型的动宾结构，从语法的角度看，汉语的主 - 谓语序是没有例外的。

总之，汉语的主语就是话题，相当于西方语言里“主语”的东西在汉语里只是话题的一个“特例”而已。这就意味着汉语里主语和话题的关系不是分立的关系，而是“话题包含主语”的包含关系。我们将汉语和印欧语的这一差别图示如下：

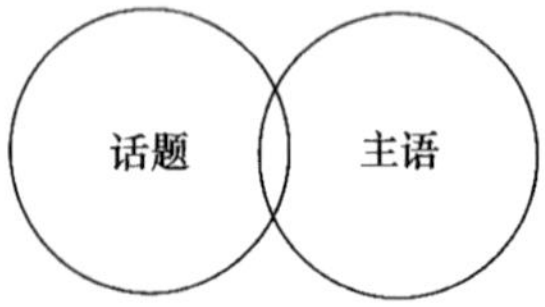

印欧语

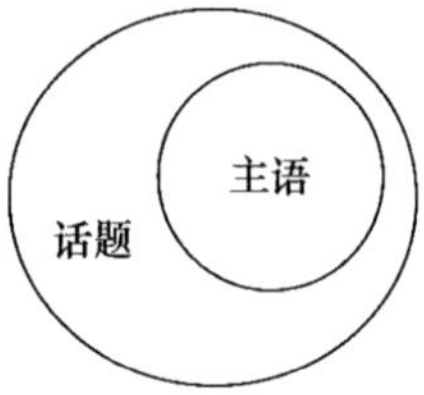

汉语

换言之，印欧语的“主语”已经从语用范畴“话题”里分离出来成为一个独立的、与“话题”对立的句法范畴，而汉语的“主语”还没有从语用范畴“话题”里分离出来成为一个独立的句法范畴，它还只是“话题”的一个特例。正是汉语的这个特点决定了汉语的主谓关系跟现代逻辑形式 Φ（a）和 R（a，b，c）更加接近，也使得貌似怪论的实质蕴含在汉语的逻辑里显得并不怎么“怪”。

3.2　肯定和否定

赵先生说，印欧语的逻辑靠“肯定和否定”来运作，而汉语的逻辑是靠“真（True）和假（False）”来运作，用“同意不同意”的方式来表述。汉语里如果同意“咱们没有香蕉”，就说“是的，咱们没有香蕉”，如果不同意“你一点没教养”，就说“不是，我有教养”，“是的”表示“你说的是真的，我同意”，“不是”表示“你说的是假的，我不同意”。而英语表示同意说“No，we have no bananas”，表示不同意说“Yes，I am a gentleman”，“yes”和“no”分别表示肯定和否定。

类型学家调查语言，首先调查句类，陈述句、疑问句、祈使句等，疑问句首先调查是非问，对于是非问的应答有两种类型：“答句定位型”和“问答关系型”，两者的差别表现在是非问否定式的应答上。英语是答句定位型，针对否定式问句“Didn't John go there”，如果实际他去了，用“yes”应答，因为答句是肯定句“he did”，如果实际他没去，用“no”应答，因为答句是否定句“he didn't”。汉语是问答关系型，针对否定式问句“老张没有去吗”，如果实际他去了，用“不（不是，不对）”应答，因为答句“他去了”跟问句命题不一致，如果实际他没去，用“是（是的，对，对的）”应答，因为答句“他没去”跟问句命题一致。这方面日语的逻辑跟汉语型一样，俄语两种类型都用，但是答句定位型是基本的、无标记的型式（刘丹青 2008：26—27）。

大家都有经验，中国人学英语和外国人学汉语在这个上面都常常搞错，引起误解，造成汉语和英语这一重要差异的深层原因是什么呢？赵先生虽然没有说明，但是可以从他描述的“汉语是这样的”找到答案。答案是，英语是一种“句法型”语言，而汉语是一种“语用型”语言。句法型语言区分句法范畴：句子（sentence）、主语和谓语、名词和动词，等等；语用型语言区分语用范畴：话段（utterance）、话题和说明、指称语和陈述语，等等。同样，肯定和否定是句法范畴和句法手段，同意和不同意是语用范畴和语用手段。汉语的应答词“是的”和“不是”既是对命题的真假判断，又是对言语行为“你说”所做的是非判断，实际上应答语“是的”经常说成“（你）说的是”，“不是”经常说成“（你）说的不是”：

（1）a.（你）说的是，咱们没有香蕉。

b.（你）说的不是，我有教养。

“答句定位型”是句法型，只跟答句的肯定否定有关，“问答关系型”是语用型，不仅跟答句的肯定否定有关，还跟是否同意问句的命题有关。用“语法化”（grammaticalization）的理论来讲，表示同意、不同意的手段在英语里已经语法化，成为谓语的肯定、否定形式，而在汉语里这种语法化还没有实现，还仍然采用语用的手段。这跟赵先生指出的“汉语的主语就是话题”（话题还没有“语法化”而成为主语）是一致的，跟赵先生指出的“汉语的句子以零句为根本”（这意味着“汉语的句子就是话段”，话段还没有“语法化”而成为句子）是一致的，跟笔者指出的“汉语的名词就是指称语、动词就是陈述语”（指称语、陈述语还没有“语法化”而成为名词、动词）的现象也是一致的。总之，句法和语用的关系，汉语和印欧语是不同的，区别可以图示如下：

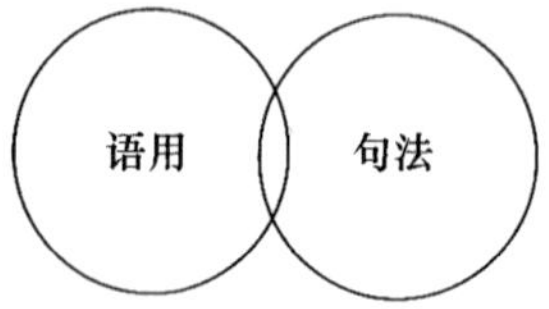

印欧语

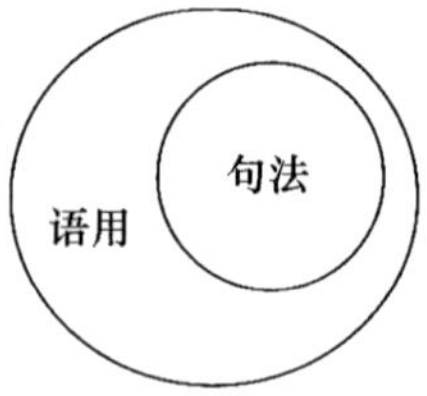

汉语

正因为汉语的句法还包含在语用法之内，所以我们说，汉语离开了语用法就没有办法讲句法，或者没有多少句法可讲。沈家煊（2012c）将汉语这种句法和语用的关系概括为“用体包含”，作为语言结构之“体”的句法包含在语用法之内。

汉语的逻辑靠真和假来运作，这个特点还跟汉语谓语有指称性有关系。汉语里的“零句”一律具有指称性，这可以从赵先生的“零句说”推导出来：

∵　零句能做整句的主语。
∵　主语是指称性的话题。
∴　零句具有指称性。

谓语也是零句，所以谓语（一般为动词性的）也有指称性。汉语的谓语有指称性，这也是汉语的逻辑注重“真和假”的一个原因。判断真假既对陈述的“事”（这件事情是真是假?），也对指称的“物”（这样东西是真是假?），归根结底是对指称的“物”，因为“事”也可视为抽象的“物”。我们判断“这样东西是真还是假”，但是一般不会判断“这样东西是肯定还是否定”，肯定、否定一般只是对“事”不对“物”。英语和汉语的差别在于，英语表示肯定、否定的“yes”和“no”是针对句子的陈述性谓语的应答，汉语表示真和假的“是的”和“不是”是针对指称性话段（包括名词性零句和动词性零句）的应答。

3.3 “There is”

赵先生说：“‘There is’无法直译成汉语，汉语里只有‘有’。‘There is a man’译成‘有人’。…… 碰巧的是，‘There is’与‘has’都译作‘有’，而‘有’字与作‘是’字解的‘is’没有任何关系。所以，西方哲学中有关‘存在’（being）的问题很难用汉语说清楚，除非特别切断‘存在’与‘是’的联系，把它与‘有’挂钩。”① 为什么汉语的逻辑里没有“there is”这个概念呢？沈家煊（2010b）给“是”“存有”“拥有”三个概念画出一张“语义地图”，英语和汉语在地图上的划分方式是不一样的：

<table>
<tr><th>概念</th><th>英语</th><th>汉语</th></tr>
<tr><td>是</td><td rowspan="2">be</td><td>“是”</td></tr>
<tr><td>存有</td><td rowspan="2">“有”</td></tr>
<tr><td>拥有</td><td>have</td></tr>
</table>

① 汉语很难说清楚西方哲学中的“存在”（being）问题，可以从宋继杰（2011）主编的论集中看出。

汉语里“有”是“有”，“是”是“是”，“有”和“是”是两个分立的概念，各有各的表达词。否定形式也不一样，否定“有”有否定“有”的否定词“没”，否定“是”有否定“是”的否定词“不”。英语表达“是”的概念用“be”，表达“存有”的概念用“there be”，仍然离不开“be”。否定“be”用“not”，否定“there be”还是用“not”，可见英语里“是”和“有”是不怎么分的，“there be”（有）也是一种“be”（是）。英语“have”表“拥有”，“（there）be”表“存有”，这两个概念倒是分开的。从上图可以看出，英语“be”是一大块，包括“是”和“存有”两个概念，汉语“有”是一大块，包括“存有”和“拥有”两个概念。由此也可以说，英语注重“是”（be）而汉语注重“有”。“是”的注意点在“做不做这件事”，“做不做这件事”跟“是不是这件事”一样是个“是非”问题，而“有”的注意点在“有没有这件事”，不是“是非”问题，而是个“有无”问题。有无问题属于直陈的语气，“是非”问题是主观判断，属于非直陈语气。汉语“是”字的源头跟“指示”有关，引申义跟“是非”有关，都有主观性和非直陈性。汉语的“有”字三千年来同时表“拥有”和“存有”，在中国人的心目中，“拥有”和“存在”有紧密的联系，可以互相转化，“X 拥有 Y”意味着“X 那儿存在着 Y”，请比较：

（2） a. 你还有多少钱？
　　　b. 你手里还有多少钱？

中国人学英语，老师首先告诉他“there is”的用法，提醒不要把“公园里有很多游人”说成“The park has many people”，要说“There are many people in the park”。西方人学汉语，经常听到他们该说“山上有座庙”的时候犹豫不决，说成“山上是座庙”。对西方人来说，“to be”还是“not to be”，这是个首要问题；对中国人来说，“有”还是“无”，这是个首要问题。

汉语的名词和动词倒是都能用同一个否定词“没”来否定，对中国人来说，“有没有这样东西”和“有没有这件事情”的区分并不重要：

（3）a. 有车　　没有车/没车　　有没有车
　　 b. 有去　　没有去/没去　　有没有去

“有去”在普通话里不怎么说，但是现在受南方方言的影响，这样说的人越来越多，这也很自然，古代汉语就能这么说么！汉语历史上否定词在更替，但是不管哪个时期，总是有一个否定词既否定名词又否定动词。汉语的名词和动词也都能用“是”来否定，对中国人来说，“是不是这样东西”和“是不是这件事情”的区分也不重要：

（4）a. 是学生　　不是学生　　是不是学生
　　 b. 是上学　　不是上学　　是不是上学

跟汉语相反，英语里“是”（be）和“有”（there be）不怎么区分，注重的是“有没有或是不是这样东西”（没有或不是用“no”）和“有没有或是不是这件事情”（没有或不是用“not”）的区分，所以首先区分的是“否定名词”和“否定动词”。

总之，我们得出的结论是，印欧语“名动分立”而“是有包含”，“有”（there be）也是一种“是”（be），汉语“是有分立”而“名动包含”，动词也是一种名词。这就是汉语逻辑里没有“there is”这个概念的深层原因。要着重指出的是，这个解释跟赵先生关于汉语谓语类型的观点互相吻合，即“汉语是这样的”，它的谓语在形式上无法区分名词性谓语和动词性谓语，从形式上能区分的是“肯定性谓语”（可带“是”）和“叙述性谓语”（可带“有/了”），这种区分“横贯”（cut across）名词和动词两类（沈家煊 2012b）。关于汉语的“名动包含说”，请参看沈家煊（2007，2009，2010a，2012a）诸文的论证。

3.4 **“not”，“all”，“some”**

赵先生说，汉语否定一个陈述用否定词“不”，遵循修饰语先于被修饰语的一般原则，位于谓语前。他又说汉语没有相当于英语“no”的形容词，“No one comes”用汉语来说是“没有人来”，因此西方关于“nothing”“nobody”等的那些哲学问题或者笑话很难翻译成汉语（现在有一首很火的韩语流行歌，反复吟唱“I'm nobody”），因为形容词“no”是用“副词+动词”的形式“没有”（there is not 或 have not）来表达的。

赵先生还指出，汉语里也没有一个一般的形容词或代词与英语的“all”对应，“all”的概念与“not”一样在汉语里是用副词来表达的，一般是在主语和谓语之间插进“都”“全”或文言的“皆”。西方人初学汉语时的通病就是把“都”放在主语前。“凡”（或“凡是”）貌似形容词，经常被翻译家用来与“all”对应，如“凡人皆有死”，“凡是发亮的都是金子”，其实这些都是乔装打扮的“if... then”句式，汉语里“if”的成分经常省略，相当于“then”的成分在后头有另一个副词（如“皆”和“都”）的情形下也可以省略。这样一来，“凡是发亮的都是金子”按逻辑结构译成英语就成了：Generally being | glittering || things ||| in all cases | are || gold。逻辑学教材经常花大量篇幅来讨论西方语言里“All that glitters is not gold”这种有歧义的表达方式（有“发亮的不都是金子”和“发亮的都不是金子”两种意思），而在汉语里“all”都是用副词来表达，而且修饰语总是先于被修饰语，所以区分“不都”和“都不”的逻辑含义是件轻而易举的事情。

在汉语里也没有与“some”相当的形容词，正如没有与“all”相当的形容词。“Some men tell truth”的正常汉语是“有的人说真话”。“有”相当于“has”或“there is”，“的”是一个表从属关系的后缀词，“有的人”意为“men that there are”。换言之，“some men tell truth”用汉语表达就是“有（的）人说真话”，赵先生说这正好是现代逻辑（∃x）■Φ（x）的直接解读，而用英语来解读这个公式通常是“There is an x such that...”这种较为复杂的说法。赵先生还解释说，汉语的逻辑之所以如此，是由于“人”兼为前面动词“有”的宾语和后面谓语“说真话”的主语，这跟汉语造句法的精神——谓语总是跟在主语后面——是完全一致的。我们想补充，这也跟汉语主语和谓语的关系就是话题和说明的关系是一致的，说明如下。

汉语多“兼语式”，如“我们派他做代表”，“他请你帮忙”，“有人说真话”，“兼语”既是前面动词的宾语，又是后面动词的主语。兼语式跟宾语小句不同，兼语不能挪到前头去，但是兼语拷贝的话就可以前挪：

（5）a. 你想我怎么办呐？ → 我怎么办呐，你想？ （宾语小句）
b. 你叫我怎么办呐？ → *我怎么办呐，你叫？（兼语式）
c. 我怎么办呐，你叫我？ （兼语“我”拷贝）

赵先生用这个例子证明兼语既不是单纯的主语，也不是单纯的宾语，确实是“兼”主语和宾语，所以吕叔湘（1979：84）指出兼语式不适合层次分析和“二分法”。英语“saw him run”中的“him run”要是像叶斯帕森在《分析句法》里那样分析成主谓关系就比较勉强，因为 him 明明是宾格形式，而在汉语里这样分析就再自然不过，因为没有主格宾格的形式区别。前面说过，汉语的主谓关系就是话题和说明的关系，在“链式的”话题–说明结构中，前一个结构的说明或说明的一部分无须任何形态标识就可以直接成为后一个结构的话题（沈家煊 2012b），兼语式“我们派他做代表”只不过是“我们派他，他做代表”这种链式话题结构的紧缩形式而已。这是造成汉语多兼语式的一个原因，因此也是汉语“有（的）人说真话”直接解读逻辑公式（∃x）■ Φ（x）的原因。

汉语里没有相当于英语“no，all，some”的形容词，这还跟汉语是“名动包含”有关系。按照“名动包含说”，汉语的实词天然地具有名词性，这就容易理解为什么汉语的名词本身不受否定（吕叔湘 1942/1982：234）。汉语的名词都是物质名词（mass noun），没有可数、不可数的区分，在中国人的心目中，事物的存在天然是物质存在，所以名词本身也不受全称量和部分量的限定。汉语是用否定和量化跟“物”牵连的“事”的办法来否定和量化“物”，“事”也是“物”，一种“动态的物”，“事物”。也正因为汉语的动词也是一种名词，所以汉语的形容词既修饰名词，也修饰动词，如“快车”和“快跑”是同一个“快”，不同于英语的形容词只修饰名词而不修饰动词。

3.5 **“and”，“or”**

赵先生说，汉语没有与英语“and”对应的真正的合取词，表达并列关系靠的只是词语的并置（juxtaposition）。看似相当于“and”的“跟、同、和”和文言的“及、与”，以及“又……又……，并且、而且、也”和文言的“而”，它们主要是一个接续助词（resumptive word），而且都可以不出现，如“先生太太不在家”，“他老打人骂人”，而逻辑上合取的简化表示就是并置。Morris Swadesh 编过一个“与文化无关的二百词”词表，供调查语言之用。按字母顺序排列的前 5 个词为：all，and，animal，ashes，at。赵先生说其中“all，and，at”三个就很难在汉语里找到对等词，可见它们根本就不是与文化无关的，至多是印欧语的特征。

关于“or”，赵先生说，怀特海和罗素把“not”和“or”（记为∨）当作原始概念，把“if... then”（记做…⊃…）当作派生概念。即：

$$p \vee q = \sim p \supset q$$

汉语语法里情形刚好相反，通常不说“p 或者 q”，喜欢说“不是 p，就 q”，例如“你不来我就去”“不是你来就是我去”，“if…then”是原始概念，“or”是派生概念：

$$\sim p \supset q = p \vee q$$

汉语的逻辑之所以这样，是因为“if... then”句式在汉语里其实属于最常见的“话题－说明”句，而“or”表示的选择关系汉语习惯用“并置式”表达。赵先生指出，英语“Will you eat rice or noodles”之类的疑问句有歧义，可靠语调来消歧。如果用的是升调，表示“你吃这两样中的一样吗”，期望得到的是一个“yes-no”型的回答，这里的“or”是逻辑析取词，用汉语表达就是“你吃饭或是吃面吗”或者“你不是吃饭就是吃面吗”。如果在“rice”处用升调，在“noodles”处用降调，就成了要求听者进行选择的选择问句，汉语对应的提问方式在语法上是两个并列项的合取，最简单常用的格式还是“并置”：“你吃饭吃面？”赵先生说，这简直就是在朗读菜谱了。

总之，汉语多采用并置的方式和松散的话题说明句，“and”“or”“if... then”等意思都靠语境和语调来判断，而不是像西方语言那样要靠关联词。汉语中许多有表达力和生命力、大众喜闻乐见的熟语，如“一寸光阴一寸金”，“一日夫妻百日恩”，“三个女人一台戏”，“一个好汉三个帮”，“一分耕耘，一分收获”，“人前一笑，背后一刀”，等等，都是两个指称性词语的并置，主谓关系的地位远不如印欧语里那么重要。沈家煊（2012b）论述，汉语“零句是根本”是汉语“特多流水句”的原因，而流水句具有“并置性”和“指称性”两大特性。所以汉语逻辑的这个特点还是跟零句是根本有千丝万缕的联系。

汉语疑问句的类别也体现汉语注重“并置”这一特点。英语选择问采用的是跟是非问同样的句法手段（主－谓换位等），差别只在于选择问列举不止一个选择项供选择，所以选择问是是非问的一个小类。汉语的情形不同，是非问句尾用“吗”，选择问不能用“吗”，却可以跟特指问一样用“呢”，如“你吃米饭还是面条呢”“你吃什么呢”，所以选择问是独立的一类。汉语还有反复问（也叫正反问），是选择问的一个小类即“正反选择问”（刘丹青 2008：2）。选择问（包括反复问）在汉语里地位重要，单独成为一类，这还是因为选择问本质上是“并置问”，如“你吃饭吃面”是“吃饭”和“吃面”并置，“你吃不吃”是“吃”和“不吃”并置，而“并置”在汉语里具有极其重要的地位。

最后要提一提汉语里名词性成分和动词性成分可以并列，例如：

（6）a. 我并非为了<u>利益</u>和<u>出名</u>。
b. 昨晚梦见<u>蛇</u>和<u>被抓</u>。
c. 这是<u>力</u>与<u>美</u>的体现。
d. 我爱你的<u>条件</u>与<u>不争</u>。
e. 兄弟之间<u>感情</u>和<u>出名</u>哪个重要？

中国人并不觉得有什么特别之处，要是翻译成英文，里面的动词和形容词就都非得转化成名词不可，例如“罪与罚”必须是“sins and punishment”，不能是“sins and punish”，“傲慢与偏见”必须是“pride and prejudice”，不能是“proud and prejudice”。这显然是因为汉语是“名动包含”，动词也是名词，动词和名词都具有指称性。也正因为汉语里动词性词语跟名词性词语一样很容易并置，所以汉语多反复问，如“你去不去”，而从历时上看，汉语的是非问也是从反复问演变而来的（你去不去 > 你去不 > 你去吗）（刘丹青 2008：3）。

4　为什么一定要在汉语里寻找别的语言里有的东西呢？

赵先生说过（Chao 1976），“研究现代语言学的学者都同意，对于所研究的语言，不应该刻意去寻找在我们从前就碰巧会说的那种语言中十分熟悉的那些东西，而应该确定我们实际上碰到了什么，并给它们以适当的名称”。

汉语的动词本来就可以做主宾语，具有指称性，做主宾语的时候并没有发生什么“名词化”或“指称化”，为什么我们一定要在汉语里假设一个“隐性的”名词化或指称化呢？汉语本来没有跟“名词类”完全对立的“动词类”，所谓的“动词”都是“动态名词”，为什么我们一定要在汉语里把名词和动词完全对立起来呢？

汉语的主语和谓语的关系本来就可以是松弛的，是话题和说明的关系，主语不一定是谓语动词的主目，为什么我们一定要在汉语里为关系松弛的句子（如“我是两毛钱”）假设一个“空主语”呢？汉语本来没有跟“话题”完全对立的“主语”，所谓的“主语”就是话题的一个特例，为什么我们一定要在汉语里把“话题”和“主语”完全对立起来呢？

汉语本来没有一个“there is”既表“有”又表“是”，“有”是“有”，“是”是“是”，“有”和“是”是两个分立的概念，为什么我们一定要在汉语里也将“有”和“是”混为一谈呢？

汉语本来没有与英语“no，all，some”相当的形容词，相应的逻辑概念都是用副词、动词（兼语式）来表达的，为什么一定要在汉语里找出对应的形容词来呢？逻辑概念“and”和“or”本来在汉语里不一定要用有形的词来表达，靠“并置”加推理就能理解，为什么一定要采用欧化句式把“和”“或”说出来呢？

没有主语的句子在汉语里是正常的句子，如“有人、下雨了、起雾了、着火了、退烧了”等。有人说，汉语中不存在英语里“It rains”（德语“Es regnet”、法语“Il pleut”相仿）中的抽象体词性主语“it”，思维上也就缺少了客观地考察实体物质的能力，这也许是中国人没能在西方科学传入以前发展出一套自然科学体系的真正原因。对这种议论，赵先生回应说：第一，现代西方科学只是近三四百年的事，在整个人类文化史中占的比重极小；第二，实体物质的概念只是西方科学思想的某一发展阶段的产物，20 世纪的现代物理学理论中，恰恰出现了没有物质就可以产生的场，没有物质的振动就可以产生的波。就逻辑学而言，赵先生也已经指出汉语的逻辑恰恰在许多方面跟现代逻辑的表达形式相一致。所以赵先生最后说：“作为一个以汉语为母语的人，我很想说：瞧，这就是汉语在科学上优于西方语言的例证。然而作为一个研究语言的学者必须尽量做到不偏不倚，对语言和科学的最好的概括，就是不要去做任何概括。”

为什么一定要在汉语里寻找别的语言里有的或注重的东西呢？重要的是找出汉语自身有的和注重的东西。只有重视语言的多样性，语言共性的研究才能更加有效。赵先生对汉语逻辑的特点的论述对我们今天的汉语语法和语法理论的研究仍然具有重要的指导意义。

参考文献

刘丹青 2008，《语法调查研究手册》，上海教育出版社。

吕叔湘 1942/1982，《中国文法要略》，商务印书馆。

吕叔湘 1979，《汉语语法分析问题》，商务印书馆。

沈家煊 2007，《汉语里的名词和动词》，《汉藏语学报》第 1 期。

沈家煊 2009，《我看汉语的词类》，《语言科学》第 1 期。

沈家煊 2010a，《我只是接着向前跨了半步——再谈汉语的名词和动词》，《语言学论丛》第 40 辑。

沈家煊 2010b，《英汉否定词的分合和名动的分合》，《中国语文》第 5 期。

沈家煊 2012a，《“名动词”的反思：问题和对策》，《世界汉语教学》第 1 期。

沈家煊 2012b，《“零句”和“流水句”——为赵元任先生诞辰 120 周年而作》，《中国语文》第 5 期。

沈家煊 2012c，《如何解决状语问题》，第十七次现代汉语语法学术讨论会（上海）

论文。

宋继杰 2011,《BEING 与西方哲学传统》, 广东人民出版社。

张　明 2009,《刘别谦式触动》, 载张立宪主编《读库 0902》, 新星出版社。

赵元任 1970,《国语统一中方言对比的各方面》,《中央研究院民族学研究所集刊》第 29 期, 又载吴宗济、赵新那主编《赵元任语言学论文集》, 商务印书馆, 2002 年。

Chao Yuen Ren 1955. Notes on Chinese Grammar and Logic. Also in Dil (ed.), *Philosophy East and West* 5 (1): 31 -41. 1976, 237 -249.

Chao Yuen Ren 1959. How Chinese Logic Operates. Also in Dil (ed.), *Anthropological Linguistics* 1 (1): 1 -8, 1959. 1976, 250 -259.

Chao Yuen Ren 1976. Rhythm and Structure in Chinese Word Conceptions. Also in Dil (ed.), *Journal of Archeology and Anthropology* 37 and 38. 1976, 275 -292.

Dil, Anwar S. (ed.), 1976. *Aspects of Chinese Sociolinguistics——Essays by Yuen Ren Chao*. Stanford: Stanford University Press.

(原载《语言教学与研究》2014 年第 2 期)

从唐诗的对偶看汉语的词类和语法

1 唐诗有词类分别

律诗的对偶，在现代的语法观念形成之前，就是指："一，声音要平仄相对，二，意义要同类相对。"（张中行 1992：115）这个所指不涉及语法上的词类。对偶按讲究的程度分"工对""邻对"与"宽对"，工对最讲究，邻对次之，最后是宽对。有了语法词类的观念之后，王力在《汉语诗律学》里说，"宽对"是"只要词性相同，便可以对"，"词性相同"是指"只须名词和名词相对，动词和动词相对，形容词和形容词相对，副词和副词相对，就行了"（王力 2005：146，180）。曹逢甫（2004a）说，王力对"宽对"的说明意味着，声音、意义、词性三者，词性相同是对偶的最低要求，是底线。在唐诗里，名、动、形、副这四大类词一一相对的例子很多很多，仅举数例就可明了（字词的词性判定，均按照王力《汉语诗律学》里的判定法）。

（1）江山遥去国，妻子独还家。（高适《送张瑶贬五谿尉》）

（2）峡云笼树小，湖日落船明。（杜甫《送段功曹归广州》）

（3）南檐纳日冬天暖，北户迎风夏月凉。（白居易《香炉峰下新卜山居》）

（4）外地见花终寂寞，异乡闻乐更凄凉。（韦庄《思归》）

这表明，唐诗有名、动、形、副四类词的分别，这一点是首先要认定的。关于"词类"和"词性"，词类是指词汇总体上区分的类别，词性是指个别的词所属的词类，一个词属于什么词类就有什么词性。在唐诗里"词性"主要是指"字性"，一个词就是一个字，不然怎么叫五言句、七言句呢。

2 词性不同的词对偶

词性不同的词对偶，这在唐诗里并不是个别的现象，王力（2005）和曹逢甫（2004a）都有论述和举例。下面只就名、动、形、副四大类词来讨论，先说一种不成为问题的情形，即不及物动词经常跟及物动词相对，例如：

（5）红颜弃轩冕，白首卧松云。（李白《赠孟浩然》）
（6）感时花溅泪，恨别鸟惊心。（杜甫《春望》）
（7）几时杯重把，昨夜月同行。（杜甫《奉济驿重送严公四韵》）
（8）乡泪客中尽，孤帆天际看。（孟浩然《早寒有怀》）
（9）他乡生白发，旧国见青山。（司空曙《贼平后送人北归》）

不少语法学家认为（如赵元任1968/1979：61，292，朱德熙1982：58），汉语动词没有及物、不及物的区分，动词都是及物的，只是“所及物”的种类不同而已。唐诗的对偶完全支持这一看法。即使区分及物和不及物，这也是动词类内部的区分，所以不成为问题。

再说一种有点儿问题的情形，形容词经常跟动词相对：

（10）星垂平野阔，月涌大江流。（杜甫《旅夜书怀》）
（11）时有落花至，远随流水香。（刘昚虚《阙题》）
（12）路识梅花在，家存棣萼稀。（刘长卿《送李秘书却赴南中》）
（13）近泪无干土，低空有断云。（杜甫《别房太尉墓》）
（14）忽惊乡树出，渐识路人多。（李昌符《秋晚归故居》）
（15）绿垂风折笋，红绽雨肥梅。（杜甫《陪郑广文游何将军山林》）
（16）但将酩酊酬佳节，不用登临恨落晖。（杜牧《九日齐山登高》）

这种情形当然违背了“动词和动词相对，形容词和形容词相对”，不过语法学界很多人认为（如赵元任1968/1979：292），汉语的形容词可以视为动词的一个次类，是不及物动词，此外形容词还有“使成”用法，如

“雨肥梅”的“肥”，又如“疏钟清月殿，幽梵静花台”（储光羲《苑外至龙兴院作》）。因此形容词跟动词相对还是可以通融，实际上唐诗的对偶支持把形容词跟动词归为一类。

真正成为问题的是以下两种情形。一是副词经常跟动词相对。

(17) 有弟皆分散，无家问死生。(杜甫《月夜忆舍弟》)
(18) 犹瞻太白雪，喜遇武功天。(杜甫《喜达行在所》)
(19) 幽蓟余蛇豕，乾坤尚虎狼。(杜甫《有感》)
(20) 云罍心凸知难捧，凤管簧寒不受吹。(杜牧《寄李起居四韵》)
(21) 胡骑中宵堪北走，武陵一曲想南征。(杜甫《吹笛》)
(22) 传情每向馨香得，不语还应彼此知。(薛涛《牡丹》)
(23) 名岂文章著，官应老病休。(杜甫《旅夜书怀》)
(24) 敢将十指夸纤巧，不把双眉斗画长。(秦韬玉《贫女》)

王力（2005：257）指出，跟副词相对的动词多为“表示精神行为的动词”，这个观察正确，如“喜、知、想、问”都是，还有情态动词“应、敢”，它们都在意义上接近副词。这个观察很重要，下面还要提到。曹逢甫（2004a）则认为情态动词在语法上还是属于动词，副词对情态动词是属于词性的“邻对”。事实确是情态动词经常跟动词相对，例如：

(25) 云髻罢梳还对镜，罗衣欲换更添香。(薛逢《宫词》)
(26) 传情每向馨香得，不语还应彼此知。(薛涛《牡丹》)
(27) 圣代也知无弃物，侯门未必用非才。(罗隐《曲江春感》)

但是问题是，语法学家也许认可形容词和动词相对是邻对，但难以认可副词和动词相对也是邻对。①副词跟动词相对的时候出现副词修饰名词的情

① 王力和曹逢甫都把做状语的形容词也归入副词，如下例中的“新”和“难”：归鸿欲度千门雪，侍女新添五夜香(李颀《寄司勋卢员外》)。长得看来犹有恨，可堪逢处更难留(吴融《途中见杏花》)。但是跟印欧语不同，汉语的形容词如“新、难”，既可以做定语，也可以做状语，这种例子不宜列入“副词跟动词相对”。

形，例如“幽蓟余蛇豕，乾坤尚虎狼”里的“尚虎狼”，同类的例子下面还有。

动词“有”不仅与“无”和其他动词相对，还经常与“不”“未”相对，“不”“未”却是副词：

（28）不雨山长润，无云水自阴。（张祜《题杭州孤山寺》）
（29）无风云出塞，不夜月临关。（杜甫《秦州杂诗》之七）
（30）深山旗未展，阴碛鼓无声。（张籍《征西将》）

“雨”“夜”受副词“不”修饰，按王力的说法是名词“变性”为动词，下面例子中的“秋、诏、春、客、花”等字（与动词形容词相对）似乎也可以这么说：

（31）远寻寒涧碧，深入乱山秋。（李咸用《秋日访同人》）
（32）不待金门诏，空持宝剑游。（李白《寄淮南友人》）
（33）云霞出海曙，梅柳渡江春。（杜审言《和晋陵陆丞早春游望》）
（34）客路青山外，行舟绿水前。（王湾《次北固山下》）
（35）朱雀桥边野草花，乌衣巷口夕阳斜。（刘禹锡《乌衣巷》）

这些字在上面的例子里都是充当谓语，名词用作谓语如果就说是“变性”为动词，那就产生一个不小的问题，因为唐诗里名词或名词组做谓语而且前后句相对的情形很多、很平常，例子举不胜举：

（36）细草微风岸，危樯独夜舟。（杜甫《旅夜书怀》）
（37）鸡声茅店月，人迹板桥霜。（温庭筠《商山早行》）
（38）白花檐外朵，青柳槛前梢。（杜甫《题新津北桥楼得郊字》）
（39）秋声万户竹，寒色五陵松。（李颀《望秦川》）
（40）枫林社日鼓，茅屋午时鸡。（刘禹锡《秋日送客》）
（41）风尘逢我地，江汉哭君时。（杜甫《哭李常侍》）
（42）花远重重树，云轻处处山。（杜甫《涪江泛舟》）

(43) 深秋帘幕千家雨，落日楼台一笛风。(杜牧《题宣州开元寺》)
(44) 天上玉书传诏夜，阵前金甲受降时。(李郢《上裴晋公》)
(45) 故国犹兵马，他乡亦鼓鼙。(杜甫《送远》)
(46) 敏捷诗千首，飘零酒一杯。(杜甫《不见》)
(47) 丧乱秦公子，悲凉楚大夫。(杜甫《地隅》)

难道我们要说这些名词和名词组也都是“变性”为动词和动词组？人们的语感是这样的名词和名词组本来就能做谓语。名词在定语位置上跟形容词相对，例如“建德非吾土，维扬忆旧游”（孟浩然《宿桐庐江寄广陵旧游》），“青枫江上秋帆远，白帝城边古木疏”（高适《送李少府贬峡中王少府贬长沙》），我们不说名词“变性”为形容词，因为名词本来就能做定语。

副词跟动词相对直接导致一个严重后果，就是动词跟名词相对，例如：

(48) 细雨湿衣看不见，闲花落地听无声。(刘长卿《送严士元》)
(49) 深山旗未展，阴碛鼓无声。(张籍《征西将》)
(50) 牛马行无色，蛟龙斗不开。(杜甫《雨》)
(51) 欢笑情如旧，萧疏鬓已斑。(韦应物《淮上喜会梁州故人》)
(52) 风起不成文，月来同一色。(刘禹锡《蒙池》)
(53) 尚想旧情怜婢仆，也曾因梦送钱财。(元稹《遣悲怀三首》其二)

“无声”对“不见”，“无声”对“未展”，“无色”对“不开”，不仅是副词“不、未”跟动词“无”相对，而且是动词“见、展、开”跟名词“声、色”相对。“已斑”对“如旧”，不仅是副词“已”跟动词“如”相对，而且是形容词“旧”跟名词“斑”相对。“不成文”对“同一色”，“曾因梦”对“想旧情”，不仅是副词“不、曾”跟动词“同、想”相对，而且是动词组“成文、因梦”跟名词组“一色、旧情”相对。动词、形容词居然跟名词相对，这在传统认定的词类体系内，根本无法用词性的宽对来解释。王力（2005：175）说，“无”和“不”都是否定词，所以对仗，虽然名词和动词词性不对，但是又说“在诗句里，只有名动两种词为主要的成分，尤其是名词必须和名词相对”。曹逢甫（2004a）将“宽对”放宽到只需名词对名词、动词对动词，显然也不容许动词跟名词相对。[①]

3 动词跟名词相对

唐诗里动词（含形容词）跟名词相对的情形并不少见，不限于“无”跟“不、未”相对的时候，而且发生在主语、宾语、定语、谓语各种位置上：

(54) 事直皇天在，归迟白发生。（刘长卿《新安奉送穆谕德》）
(55) 世人皆欲杀，吾意独怜才。（杜甫《不见——近无李白消息》）[②]
(56) 五更疏欲断，一树碧无情。（李商隐《蝉》）
(57) 匈奴犹未灭，魏绛复从戎。（陈子昂《送魏大从军》）
(58) 千山鸟飞绝，万径人踪灭。（柳宗元《江雪》）
(59) 不爨井晨冻，无衣床夜寒。（杜甫《空囊》）
(60) 长江一帆远，落日五湖春。（刘长卿《饯别王十一南游》）
(61) 轩墀曾不重，翦伐欲无辞。（杜甫《苦竹》）
(62) 问姓惊初见，称名忆旧容。（李益《喜见外弟又言别》）
(63) 无才逐仙隐，不敢恨庖厨。（杜甫《鹿》）
(64) 浮云一别后，流水十年间。（韦应物《淮上喜会梁州故人》）
(65) 五湖三亩宅，万里一归人。（王维《送丘为》）
(66) 行李千金赠，衣冠八尺身。（杜甫《奉寄李十五秘书二首》）
(67) 感时花溅泪，恨别鸟惊心。（杜甫《春望》）
(68) 不堪玄鬓影，来对白头吟。（骆宾王《在狱咏蝉》）

① 词性不相同的情形，王力（2005）列出的还有：副词与疑问代词及“自、相”等字相对，如“谁料江边怀我夜，正当池畔望君时”（白居易《江楼月》），“映阶碧草自春色，隔叶黄鹂空好音”（杜甫《蜀相》），副词与连介词相对，如“来往皆茅屋，淹留为稻畦”（杜甫《自瀼西荆扉且移居东屯茅屋》），连介词与助词相对，如“畅以沙际鹤，兼之云外山”（王维《泛前陂》）。

② 此例和下一例表明，情态动词跟动词相对的时候也会出现动词对名词的情形。

（69）寥寥丘中想，渺渺湖上心。（常建《燕居》）

（70）光华扬盛矣，霄汉在兹乎。（高适《真定即事奉赠韦使君》）

（71）衡岳啼猿里，巴州鸟道边。（杜甫《寄岳州贾司马六丈、巴州严八使君两阁老五十韵》）

（72）船争先后渡，岸激去来波。（储光羲《官庄池观竞渡》）

（73）梦为远别啼难唤，书被催成墨未浓。（李商隐《无题》）

（74）关门令尹谁能识，河上仙翁去不回。（崔曙《九日登望仙台呈刘明府容》）

（75）却看妻子愁何在，漫卷诗书喜欲狂。（杜甫《闻官军收河南河北》）

（76）箸拨冷灰书闷字，枕陪寒席带愁眠。（来鹄《鄂渚除夜书怀》）

（77）千寻铁锁沉江底，一片降幡出石头。（刘禹锡《西塞山怀古》）

（78）无边落木萧萧下，不尽长江滚滚来。（杜甫《登高》）

（79）沉舟侧畔千帆过，病树前头万木春。（刘禹锡《酬乐天扬州初逢席上见赠》）

（80）尘埃一别杨朱路，风月三年宋玉墙。（唐彦谦《离鸾》）

（81）昔人已乘黄鹤去，此地空余黄鹤楼。（崔颢《黄鹤楼》）

（82）黄鹤一去不复返，白云千载空悠悠。（崔颢《黄鹤楼》）

（83）君游丹陛已三迁，我泛沧浪欲二年。（白居易《夜宿江浦闻元八改官》）

（84）春蚕到死丝方尽，蜡炬成灰泪始干。（李商隐《无题》）

（85）晓镜但愁云鬓改，夜吟应觉月光寒。（李商隐《无题》）

（86）残色过梅看向尽，故香因洗嗅犹存。（白居易《故衫》）

（87）鸾飞远树栖何处，凤得新巢想称心。（刘禹锡《怀妓》）

（88）邪佞每思当面唾，清贫长欠一杯钱。（杜牧《商山富水驿》）

虽然对偶的时候颔联和首联不讲究，为了押韵末字也可通融（王力2005：182），但是上面的例子大多不属于这种情形。名对名、动对动如果说是对偶的最低要求，通融也不能突破这个底线。

下面的例子，无论从单字看，还是从双音复合词看，也都是动对名：

(89) 耕凿安时论，衣冠与世同。(杜甫《吾宗》)

(90) 兴亡留白日，今古共红尘。(司马扎《登河中鹳雀楼》)

(91) 老耻妻孥笑，贫嗟出入老。(杜甫《赴青城县出成都寄陶王二少尹》)

(92) 白帝空祠庙，孤云自往来。(杜甫《上白帝城二首》)

(93) 江流天地外，山色有无中。(王维《汉江临眺》)

(94) 去矣英雄事，荒哉割据心。(杜甫《峡口二首》)

(95) 勋业频看镜，行藏独依楼。(杜甫《江上》)

(96) 楚地劳行役，秦城罢鼓鼙。(张谓《送裴侍御归上都》)

(97) 蕃汉断消息，死生长别离。(张籍《没蕃故人》)

(98) 文章千古事，得失寸心知。(杜甫《偶题》)

(99) 身多疾病思田里，邑有流亡愧俸钱。(韦应物《寄李儋元锡》)

(100) 三分割据纡筹策，万古云霄一羽毛。(杜甫《咏怀古迹》)

(101) 知君用心如日月，事夫誓拟同生死。(张籍《节妇吟》)

(102) 草木尽能酬雨露，荣枯安敢问乾坤。(王维《重酬苑郎中》)

(103) 谁爱风流高格调，共怜时世俭梳妆。(秦韬玉《贫女》)

(104) 一自分襟多岁月，相逢满眼是凄凉。(刘禹锡《赠同年陈长史员外》)

这种情形在所谓的“借对”里也存在。“借对”分“借义”和“借音”两种，例如：

(105) 酒债寻常行处有，人生七十古来稀。(杜甫《曲江》)

(106) 本无丹灶术，那免白头翁。(杜甫《陪章留后侍御宴南楼》)

(107) 事直皇天在，归迟白发生。(刘长卿《新安奉送穆谕德》)

(108) 马骄珠汗落，胡舞白蹄斜。(杜甫《秦州杂诗》)

“寻常”对“七十”表面看是数目词对数目词（八尺为一寻，二寻为一常），但这里用的是“寻常”的另一意义，即“平常”，这是借义。同样，借“炼丹”之“丹”为“红”，以便跟对句的颜色词“白”相对，也是借义。借“皇”为“黄”，借“珠”为“朱”，以便跟对句的颜色词“白”

相对，这是借音。蒋绍愚（1990：75）说，借对是巧妙地利用了字与词的复杂关系，是“字对而词不对”，就词来说，在句中并不对仗，但就字来说，在句中可看作对仗。我们补充，“词不对”既指词义不同类，也指词性不同，“黄、白”和作“平常”解的“寻常”都是形容词，“丹、皇”和“珠”都是名词，因此这样借对的前提条件是，诗人觉得形容词可以跟名词相对。

值得我们深思的是，上面列举的大量动词跟名词相对的例子，其中的大部分一般人并不觉得是“不对”或“不工”，有的诗评家甚至拿来作为“工对”的例子，如“兴亡留白日，今古共红尘”，“无边落木萧萧下，不尽长江滚滚来”，“沉舟侧畔千帆过，病树前头万木春”，“身多疾病思田里，邑有流亡愧俸钱”，等等。这是为什么？

4 面临的问题和已有的解释

在一般认定的汉语词类系统里，及物动词对不及物动词，情态动词对一般动词，形容词对动词，都可以说是词性的邻对或宽对，没有突破对偶的底线，但是对于副词对动词，尤其是动词对名词，那就不好这么说了。动词怎么能跟名词相对，这个问题解释不了，副词跟动词相对的问题就也解释不了，因为上面已经说明，这两个现象有密切的联系。

对于动词跟名词相对，已有的解释有以下几种。对于动词在主语、宾语、定语的位置上跟名词相对，一种说法是动词发生了“名词化”，或通过“零派生”变成了名词。但是朱德熙（1983）依据“简单原则”明确地说，所谓的“名词化”和“零派生”对于汉语来说“都是人为的虚构”，这个假设是多此一举，应该承认汉语的动词本来就能做主语、宾语、定语，再说唐诗时代的人很可能根本没有“名词化”的观念。对于谓语位置上名词跟动词相对，一种说法是名词临时“变性”为动词，这种说法的不妥之处上面第2节已经说明，这里不重复。还有一种是“省略”说，说做主宾语的动词是小句省略了主语，说名词充当的谓语是省略了一个动词。但是赵元任（1968/1979：42—56）不予认同，坚持“尽量少说省了字的原则”，吕叔湘（1979：67—68）也说不能滥用省略说，省略要讲条件，启功（1997：2）则说省略说“微有遁辞的嫌疑”。总之，以上三种说法都不是什么新观点，前贤都已经一一批驳过。对于名词做谓语还有一说是，名词除了指称性还有述谓性。按照这种说法，动词既有述谓性，又有指称性，名词既有指称性，又有述谓性，那就等于是承认汉语名词和动词不分，词无定类了，然而本文开头就已经认定，唐诗不是没有词类分别，名、动、形、副四类词是有分别的。

还有几种新的解释，有一种是用“词对而字不对”（跟借对是“字对而词不对”相反）来说明“宽对”。曹逢甫（2004a）说，到唐朝的时候汉语双音词化的趋势已经比较明显，在谈到词性要相同的时候，“就不能再以一个汉字为单位”。例如杜甫诗“古人俱不利，谪官语悠然”，从单个字看，“不利”不能对“悠然”，但二者已经是现成语（即已经“双音词化”），内部可以不讲究相对。

现成语内部可以不讲究相对，这种解释不无道理，但是不能完全解决问题。首先是不能解释单字的词性不对，这是多数，如“事直皇天在，归迟白发生”，“世人皆欲杀，吾意独怜才”。其次，对双音或多音组合而言，事实上也不宜过分强调“词对而字不对”。拿“青枫江上秋帆远，白帝城边古木疏”一联来说，可以说“秋帆”和“古木”已经词化，内部不讲究“秋”和“古”是否词性相同，但是“青枫江”和“白帝城”是地名，更像现成语，内部却是工对。唐诗里地名人名讲究字字相对的例子多不胜举，就是曹文也说，人名“孙行者”不能随便对一个“赵守成”，还是要对“胡适之”。连绵词相对也要考虑字性，譬如“鹦鹉”只能跟“凤凰”相对，不能对“荒唐”“参差”。再次，两个相对的双音组合，经常是一个已经词化、一个还没有词化，如“匈奴犹未灭，魏绛复从戎”，曹文也说“从戎”像是已经词化，但“未灭”明显不是。同样，讨论甚多的“夜琴知欲雨，晚簟觉新秋”一联，“新秋”也许已经词化，但“欲雨”明显不是。在汉语里一个组合是不是已经词化，实际很难明确地界定。即使已经完全词化的组合，如“悠然”（对“不利”），“然”字虽然已经像个词缀，但是仍然还保留实在的“样状”义。因此，讨论唐诗的词性对偶，还是要着眼于一个个字的字性，不管五言七言，诗人总是要尽量考虑字字相对。赵元任（Chao 1975）讲，汉语每个“字”长度和响度都大致相等，因此在节奏上呈整齐均匀的单音调，加上几乎字字都有意义，所以汉人对字的数目特别敏感，作诗（包括白话诗）和写散文都要凭借字的数目来构思。最后要说的是，字不对词也不对的情形很多，上面已举有十多个例子，从例（89）“耕凿安时论，衣冠与世同”到（104）“一自分襟多岁月，相逢满眼是凄凉”，从双音词看，也都是动词对名词。

还有一种解释也是新的，是用“结构或句型相近”来解释“宽对”。曹逢甫（2004a）举例说，“邪佞每思当面唾，清贫长欠一杯钱”一联，“当面唾”对“一杯钱”，虽然字性和词性都不同，但是结构上都是“偏正结构”，因此还能通融。“几年同在此，今日各驱驰”（李白《送友生游峡中》），虽然“驱驰”对“在此”不工，但二者同为动词组，意义也对得上，因此也可以接受。“关门令尹谁能识，河上仙翁去不回”，“去不回”对“谁能识”内部结构和词性都不合，但是从“话题—说明”这个句型看，都是对前面话题的说明，语法作用相当，可以勉强拿来相对。“独立三边静，轻生一剑知”（刘长卿《送李中丞归汉阳别业》），“独立”和“轻生”一个是偏正结构，一个是动宾结构，但都是句子的话题，还是可以算作宽对。

这种解释的问题是，“结构相近”可以放宽到什么程度？好像都由解释者自己来定。此外，曹文承认，有的诗句结构不工，而论字性倒是工对，例如“轻生”对“独立”。“平明端笏陪鹓列，薄暮垂鞭信马归”（岑参《西掖省即事》），“信马归”对“陪鹓列”也是字字工对，但结构不对，一个是偏正结构“信马｜归”，一个是动宾结构“陪｜鹓列”。还有，即使比较严格的结构相近，如“当面唾”和“一杯钱”都属于偏正结构，也还是一个为名词组，一个为动词组，跟对偶至少要名对名、动对动的说法相抵触。

总之，讲诗句的对偶，词类词性不讲还好，一讲就越讲越乱，前后矛盾的说法很多，剪不断理还乱。

5 重新认识汉语的词类系统

曹逢甫（2004a）说，“词类对偶一直是困扰着研究者的大问题”，我们把有待解决的难题归纳为：如果“宽对”再放宽到容许名词和动词相对，那么宽对就没有边界，造成“名动不分”，跟已经认定的事实“名动有别”相矛盾。如果“宽对”不容许名词和动词相对，那么事实存在的名动相对就跟“词性相同是对偶的底线”的认识相矛盾。究竟是“宽对是只要词性相同”这个说法有问题，还是我们对汉语词类的认识出现了偏差？

蒋绍愚（1990：168）在谈到对偶要词性相同的时候说了一句话，“所谓‘词性相同’，不能完全按照现代的语法观念”。这句话可以有两种理解，一种理解是唐诗时代字词的词性跟现代汉语不尽相同，例如，“野哭几家闻战伐，夷歌数处起渔樵”（杜甫《阁夜》），唐诗时代的“歌”经常单用作动词，所以“歌”对“哭”还算对得上。“苍苍竹林寺，杳杳钟声晚”（刘长卿《送灵澈》），唐诗时代的“晚”还经常单用作名词，所以“晚”对“寺”也算对得上。另一种理解是：从《马氏文通》开始才有的“现代的语法观念”，是深受印欧语眼光支配和影响的语法观念，它不切合汉语词类的实际情形。唐诗时代和现代相比，虽然就一个个字词而言，词性不尽相同，但是整个词类系统没有实质性的变化，按照赵元任（1968：13）的说法，不管是方言之间，还是文白之间，“中国话其实只有一个文法”，而且王力在《汉语诗律学》里论述和判定唐诗词性的时候，也是按照他在《中国现代语法》里确立的词类系统。因此我们认为，应该更重视“现代的语法观念”带有的印欧语语法观念的烙印，探究我们现在对汉语词类的认识跟汉语的实际有什么样的偏差。这种认识或观念上的偏差集中在名词和动词的关系上，下面将逐步说明。

5.1 字词“并置”

首先，词类跟结构关系密切相关，例如“无风云出塞，不夜月临关”，“不夜”对“无风”，如果认定“无”和“不”词性不同，“无”是动词，“不”是副词，那么结构关系也不同，“无风”是动宾关系，“不夜”是偏正关系。又如“独立三边静，轻生一剑知”，如果认定“独立”的“独”是副词，“轻生”的“轻”是形容词的动词用法（使成），那么结构关系也不同，“独立”是偏正关系，而“轻生”是动宾关系。曹逢甫（2004a）

用“结构相近”来解释“宽对”，但又说“严格要求结构相同是不可能的”，实际上结构关系不平行在唐诗中极普遍，蒋绍愚（1990：167—170）提供了大量的实例。结构不平行往往是词性也不相同，为什么结构会经常不平行呢？曹文说“这是一个相当难回答的问题”。

要回答这个问题，需从字词的“并置”说起。汉语的字词没有形态变化，五言七言的诗句都是一个个字的“并置”，就对偶来说，只要在声音和意义上字字相对，诗人并不十分重视结构关系。蒋绍愚（1990：168）讲唐诗结构“假平行”的时候也说“对仗的两句句子结构不一定相同”，“因为对仗主要是要求两句中相同位置上的字词性相同”，举的例子有：

（109）翠屏遮烛影，红袖下帘声。（白居易《人定》）

（110）波漂菰米沉云黑，露冷莲房坠粉红。（杜甫《秋兴八首》）

“遮｜烛影”是动宾结构，“下帘｜声”是名词性偏正结构，但是字字相对。“沉云｜黑”是主谓结构，“坠｜粉红”是动宾结构，但也是字字相对。字词并置，不受形态的束缚，结构关系其实是人们在理解的时候依靠语境和背景知识推导出来的，而且并不那么确定，如“遮烛影”分析为偏正的“遮烛｜影”也解释得通，“遮”是“烛”的定语，“坠粉红”的释读也有不同看法，有人认为也是“坠粉｜红”，“粉”指零落的花瓣。又例如上面讲到的“信马归”对“陪鹓列”，曹文分析前者是偏正结构“信马｜归”，后者是动宾结构“陪｜鹓列”，其实不一定要这么分析，“陪鹓列”也可以像“信马归”一样理解为偏正的“陪鹓｜列”，“鹓”（指朝官同僚）做“陪”的宾语，“列”按动词理解。又如与“独立”相对的“轻生”，形式上只是“轻”和“生”二字并置，在“轻生一剑知”里它是动宾结构还是偏正结构也不那么重要，因为从意义上讲，按动宾结构理解的“轻生”的“生”就是按偏正关系理解的“轻生”，假如一个人轻视生命，那么这个生命就是轻贱的。同样，“箸拨冷灰书闷字，枕陪寒席带愁眠”一联，一般分析“书｜闷字”是动宾结构，“带愁｜眠”是偏正结构，其实“带愁眠”理解为动宾的“带｜愁眠”也无妨，因为带愁而眠的“眠”就一定是个“愁眠”。汉语同类的例子举不胜举，如“耕田，劈柴，剪纸，煎饼，赛马，蹦床，染衣，印花，出租汽车，养殖对虾，冷冻猪肉，组装衣柜，研究方法"，等等，都有动宾和偏正两解。正因为中国人觉得这样的语义联系和语义推导人人都懂、都会，所以汉语不需要在词形上区分两种结构关系。启功（1997：16—17）曾以王维的一句诗"长河落日圆"为例，说明五个字颠来倒去变出十个句式，靠增添的上句理解意义，语法上都成立，限于篇幅这里仅抄列其中五个：

（111）a. 巨潭悬古瀑，长日落圆河。
b. 瓮牖窥斜照，河圆日落长。
c. 瀑边观夕照，河日落长圆。
d. 潭瀑不曾枯，圆河长日落。
e. 西无远山遮，河长日圆落。

可见，汉语造句的基本方式就是字词的并置。这就是为什么只要声音和意义字字相对，诗人并不十分重视结构关系的平行。这也好解释动词跟副词相对的情形，例如前面举过的"犹瞻太白雪，喜遇武功添"，动词"喜"跟副词"犹"相对，好像说不过去，其实"喜遇"是动宾关系还是偏正关系是不确定的，按偏正关系理解，那就跟"犹瞻"在结构上平行。王力观察到，动词跟副词相对，动词多为"表示精神行为的"，这是因为这类动词如"喜、知、想、应、敢"等（例见前）在语义上都接近副词。又如"牛马行无色，蛟龙斗不开"，"不开"对"无色"，重要的是"不"和"无"意义都表示否定，词性不重要，"开"和"色"的词性差别也不那么重要（见下）。这就告诉我们，诗句对偶真正重要的是声音和意义字字相对，词性和结构关系都在其次。

5.2 话题—说明

印欧语的语法，句子以"主谓结构"为本，S → NP + VP，名词组 NP 是主语，动词组 VP 是谓语，主语一般有主格标记，跟宾语的宾格标记对立，主语和谓语动词要保持形态一致（agreement）。然而汉语不一样，没有上面说的那种语法上的主谓结构，只有从语篇（text）上讲的"话题—

说明”结构，从用法（usage）上讲的“指称—述谓”结构。字词“并置”的自然顺序是，话题在先，说明在后，指称在先，述谓在后。这个自然顺序对汉语重要，中国人就靠这个自然顺序从字词的“并置”推导结构关系。如果说汉语也有“主语”和“谓语”，那么“主语”实际就是放在头里的话题或指称语，“谓语”就是放在后头的说明或述谓语。话题和说明之间不仅没有形态一致的要求，而且意义上的联系可以十分松散，只要有一定的语境和背景知识，都可以说得通，例如“他是个日本女人”和“这场火幸亏消防车来得早”，这已经是老生常谈。唐诗“香稻啄余鹦鹉粒，碧梧栖老凤凰枝”（杜甫《秋兴八首》其八）一联，讨论甚多，如果按印欧语的“主动宾”结构来分析很别扭，曹逢甫（2004b）指出，不应“沿用西洋语法架构”，应该按“话题—说明”结构来分析，“鹦鹉粒”和“凤凰枝”都是对前面话题的说明，尽管它们是名词组，即：香稻啄余者，鹦鹉之粒也；碧梧栖老者，凤凰之枝也。又例如上面说过的“关门令尹谁能识，河上仙翁去不回”一联，曹文说“去不回”和“谁能识”都是对前面话题的说明，所以可以相对，其实“谁能识”和“去不回”本身也都是“话题—说明”结构，“谁”和“去”都是话题，尽管一个是代名词，一个是动词。同样，“云霞出海曙，梅柳渡江春”，“云霞出海”和“梅柳渡江”都是话题，“曙”和“春”都是说明，尽管“曙”是动词，“春”是名词。这也应了赵元任（1968/1979：53—57）的判断，汉语的谓语（即对话题的说明）类型不受限制，不论动词还是名词。

5.3 链式话题结构

在语篇中，汉语特多“链式话题结构”，指连续出现的话题结构中，后一个话题结构的话题与前一个话题结构的说明（或说明的一部分）相同（董秀芳 2012），例如：

（112）逸则淫，淫则忘善，忘善则恶心生。（《国语 · 鲁语下》）

（113）国君不可以轻，轻则失亲；失亲，患必至。（《左传 · 僖公五年》）

（114）鬼不祟人则魂魄不去，魂魄不去则精神不乱，精神不乱之谓有德。（《韩非子 · 解老》）

这样的链式话题结构在唐诗里紧缩为所谓的“递系式”，如“牛马行无色，蛟龙斗不开”，它实际是“牛马行，行无色；蛟龙斗，斗不开”的紧缩形式。“星垂平野阔，月涌大江流”，实际是“星垂平野，平野阔；月涌大江，大江流”的紧缩形式。紧缩很容易实现，因为从说明转化为话题并不受形式上的束缚，所以“行”和“斗”既是说明也是话题，既是述谓语也是指称语。唐诗里递系式对偶的诗句很多（王力 2005：269）：

（115）鹤巢松树遍，人访荜门稀。（王维《山居即事》）
（116）蜀星阴见少，江雨夜闻多。（杜甫《散愁二首》）
（117）有猿挥泪尽，无犬附书频。（杜甫《雨晴》）
（118）飘零为客久，衰老羡君还。（杜甫《涪江泛舟》）
（119）石室无人到，绳床见虎眠。（孟浩然《陪李侍御访聪上人禅居》）
（120）峡云笼树小，湖日落船明。（杜甫《送段功曹归广州》）
（121）红入桃花嫩，青归柳叶新。（杜甫《奉酬李都督表丈早春作》）
（122）大声吹地转，高浪蹴天浮。（杜甫《江涨》）①

就是单个的“话题—说明”结构，如“床前明月光”，其中的说明“明月光”也是一个潜在的话题，还可以接着对它加以说明，如“（明月光）疑是地上霜”，因此实际是每个说明都具有指称性。这样我们得出一个“令人惊异然而明明白白”的结论，汉语所谓的“主语＋谓语”的句子实际是两个指称语的并置（详细参看沈家煊 2012），谓语也属于指称语，即 $S \rightarrow NP_1 + NP_2$，只不过 NP_2 经常是表示动态的 NP 而已。

5.4 “名动包含”格局

这意味着，汉语里名词和动词的关系不同于印欧语里名词和动词的关系。印欧语里名词和动词是“分立”关系，名词是名词，动词是动词，动词用作名词就要“名词化”，如 die 要变为 death，brave 要变为 braveness 或

① 《汉语诗律学》将此例归入“使成式”，其实也属于“递系式”。

bravery，然而在汉语里名词和动词的关系是名词包含动词的“名动包含”关系，名词是“大名词”，包含动词在内，动词也是一种名词，是“动态名词”，正因为如此，动词用作名词不需要“名词化”，谈不上“名词化”，例如“死”本来既是 die 又是 death，“勇”本来既是 brave 又是 braveness。总之，汉语的动词具有二象性，名词性和动词性兼备，指称性和述谓性兼备［参看沈家煊（2014）一文的综述］。因为汉语句子的谓语具有指称性，名词性成分可以做谓语就是一件自然而然的事，如“雨中黄树叶，灯下白头人”，“敏捷诗千首，飘零酒一杯”。动词的二象性也决定了动词跟名词可以相对，不管在主宾语、定语还是谓语位置，如“事直皇天在，归迟白发生”，“衡岳啼猿里，巴州鸟道边”，“行李千金赠，衣冠百尺身”。谓语的二象性也决定了名词充当的谓语也可以受副词修饰，如“故国犹兵马，他乡亦鼓鼙”。

因为汉语名词和动词的关系不同于印欧语，所以汉语形容词和副词的功能也不同于印欧语，印欧语形容词修饰名词，副词修饰动词，而汉语的形容词既修饰名词又修饰动词，例如“新衣”和“新添”，new 和 newly 都是“新”，“难事”和“难留”，difficult 和 difficultly 都是“难”。

汉语“名动包含”格局只是表明汉语里名词和动词的区别不那么重要，但是并不等于说名词和动词没有分别，因为动词虽然也是名词，但是名词不都是动词。现在可以重新来看唐诗里副词“不/未”跟动词“无”及其他动词（心理动词为主，以“知”为代表）相对的情形，逻辑上讲有四种可能性：

1）无/知 N － 不/未 V　牛马行无色，蛟龙斗不开。
2）无/知 V － 不/未 V　云罍心凸知难捧，凤管簧寒不受吹。
3）无/知 N － 不/未 N　无风云出塞，不夜月临关。
4）无/知 V － 不/未 N　（缺）

1）“不开”对“无色”和 2）“不受吹”对“知难捧”，我们无须假设“开”变性为名词后才与“色”相对，也无须假设“难捧”变性为名词组后才做“知”的宾语，因为它们本来就是名词（组），是“动态名词

（组）”。3）“不夜”对“无风”，名词“夜”做谓语给我们“活用”的感觉，但是无须假设它“变性”为动词，或假设名词有述谓性，因为谓语的二象性并不排除名词充当谓语。情形4）虽然逻辑上可能，但是我们找不到实例，估计能找到也极少，这是因为名词做谓语还是受一定的限制（特别是当前句的谓语是动词的时候）①，如果不受限制，就会造成名动不分。

6 结语：什么是对偶的“宽对”？

现在终于可以回答上面第5节开头提出的问题：是“宽对是只要词性相同”这个说法有问题，还是我们对汉语词类的认识有偏差？我们的回答是：那个说法没有错，是我们受印欧语眼光的支配对汉语的词类认识有偏差，特别是对名词和动词的关系认识有偏差，误以为这种关系也跟印欧语一样是“分立”关系。那么什么是唐诗对偶的“宽对”呢？“词性相同”也有宽严之别，“名动包含”格局里的动词是“动态名词”，动态名词以外的那部分名词（即传统所说的名词）是“静态名词”，词性的严对就是，静态名词对静态名词，动态名词对动态名词，而词性的宽对就是还容纳动态名词跟静态名词相对。唐诗的词性对偶佐证汉语是“名动包含”格局，反过来“名动包含”格局能对唐诗的词性对偶做出简洁的解释，并且消解以往解释的种种矛盾。

“宽对是只要词性相同”这句话虽然本身没有错，但是过去对汉语语法的认识偏差导致很多人对这句话的理解也有偏差。譬如，公司要招策划人员，老总说，“宽招”是“只要学历够了就行”。老总的本意是学历不那么重要，重要的是能力和经验，但是负责招人的却是个狭隘的学历至上者，在那儿死卡学历，说大专毕业的不行，大学是大学，大专是大专，大专不算大学，这显然是对老总的话理解偏了。同样，狭隘的语法至上者对王力所说的“宽对”理解偏了，以为词性相同是对偶的重要底线，其实王力的本意是词性相同不那么重要，重要的是声音平仄相对和意义同类相

① 汉语的谓语类型不受限制，不论动词还是名词（赵元任1968/1979：56），这不等于说名词做谓语不受限制。

对。只要意义是同一个门类（如器物、花草、颜色、行止、爱憎等），词性多半也相同，而词性相同，意义很可能不是同一门类。过去对“宽对”的理解出现不应有的偏差，原因是印欧语语法观念的影响在汉语语法学界过于强大，然而没有受到这种影响的人讨论对偶的时候，并不重视，甚至根本不谈及要词性相同。

唐诗的对偶让我们重新认识什么是汉语的“语法”。跟印欧语的语法是狭窄的“小语法”不同，汉语的“语法”是个“大语法”，它同时是“语义语法”“语用语法”“声韵语法”，不是单纯的“语法”，印欧语观念的那种“语法”在汉语里实际是包含在这个大语法之中的，没有成为一个独立的领域，离开了语义、语用、声韵这个本源，也就没有那种狭窄的语法。

总而言之，从唐诗的对偶看汉语的语法和词类，我们应该摆脱印欧语“小语法”的观念，树立“大语法”的观念，应该摆脱印欧语“小名词”的观念，树立“大名词”的观念。二者都跟中西方“范畴观”的差别有关（沈家煊 2015），这就不是本文所要论述的主题了。

参考文献

曹逢甫 2004a，《唐诗对偶句的形式条件与篇章修辞功能》，《从语言学看文学：唐宋近体诗三论》，台北：“中研院”语言学研究所。

曹逢甫 2004b，《从主题—评论的观点看唐宋诗的句法与赏析》，《从语言学看文学：唐宋近体诗三论》，台北：“中研院”语言学研究所。

董秀芳 2012，《上古汉语议论语篇的结构与特点：兼论联系语篇结构分析虚词的功能》，《中国语文》第 4 期。

蒋绍愚 1990，《唐诗语言研究》，中州古籍出版社。

吕叔湘 1979，《汉语语法分析问题》，商务印书馆。

启　功 1997，《汉语现象论丛》，中华书局。

沈家煊 2012，《“零句”和“流水句”——为赵元任先生诞辰 120 周年而作》，《中国语文》第 5 期。

沈家煊 2014，《汉语“名动包含说”》，《英汉对比与翻译》第 2 辑。

沈家煊 2015，《中西方的范畴观》，中国认知语言学会第九届学术研讨会（北京）主题报告。

王　力 2005，《汉语诗律学》，上海教育出版社。

张中行 1992，《诗词读写丛话》，人民教育出版社。

赵元任 1968/1979，《中国话的文法》，美国加州大学出版社，吕叔湘 1979 年译本改名《汉语口语语法》，商务印书馆。

朱德熙 1982，《语法讲义》，商务印书馆。

朱德熙 1983，《自指和转指——汉语名词化标记"的、者、所、之"的语法功能和语义功能》，《方言》第 1 期。

Chao, Y. R. 1975. Rhythm and Structure in Chinese Word Conceptions. 原载《台湾大学考古人类学刊》。中译文"汉语词的概念及其结构和节奏"收录于《赵元任语言学论文集》，商务印书馆，2006 年。

（原载《当代修辞学》2016 年第 3 期）

汉语词类的主观性*

引 言

语言的“主观性”（subjectivity）指语言中留下的说话人个性的印记，包括感情、态度、立场、视角等。交谈过程中，主观性体现在双方言谈的交替和互动之中，所以也叫“交互主观性”（inter-subjectivity）（参看 Stein & Wright 1995）。每种语言都多少带有主观性，但是主观性的强弱有差别，汉语这种语言属于主观性很强的语言，特别是它的词类系统有很强的主观性。有人问，区分词类只有一个标准，词的语法功能或“分布”（朱德熙 1985：11），这个标准是客观的，何来词类的主观性呢？划分词类的标准是客观的，但是一种语言的词之所以有这样的分布状态，是有人参与其中的。许国璋（1991）曾高度评价《文心雕龙》的语言理论，刘勰在承认客观世界形和体的同时，充分肯定语言“惟人参之”“心生而言立”的人为作用。我们所讲的汉语词类的主观性，是指以汉语为母语的人注重用自身习用的形式手段把带有主观性或主观性较强的同类词跟其他词区分开来。最明显的是汉语有一套用在句尾的语气词，本文的论述重点在语气词以外的实词上。

1 区分“大名词”和“摹状词”

字词的“重叠”是汉语的重要形态手段，依靠重叠首先区分“大名

* 本文初稿曾提交“主观化理论与汉语语法研究学术研讨会”（2014. 11. 21—24，威海），发表前有修改。

词”和“摹状词”。大名词包括事物名词（通常说的“名词”）、动作名词（通常说的“动词”）、属性名词（通常说的“性质形容词”）。

现行的词类体系先区分名词、动词、形容词，然后在形容词内部分出两个小类，性质形容词和状态形容词，后者大多是前者的重叠形式，是摹状性的，主观性较强。然而汉语的事实是，名词、动词、形容词，不管是单音还是双音，各自重叠后都变为摹状性的词。这一重叠规律还打破词和词组的界限，表明汉语里词和词组、词法和句法的分界也不那么重要（施其生 2011）。先看普通话的例子（大多摘自华玉明 2008）。

名词和名词组重叠：

年　　年年讲，月月讲，日日讲。
丝　　河面上漂浮着丝丝霞光。
虎　　眼睛瞪得虎虎的。
山水　山山水水地画个不停。
兴头　兴兴头头赶回家来。
妖精　打扮得妖妖精精的。
五秒　秒针跳着五秒五秒地走。
大把　钞票大把大把地往袋里扔。

动词和动词组重叠：

飘　　飘飘白雪飞扬在空中。
飞　　他在会场中进进出出，忙得飞飞。
跳　　电话铃声尖锐地叫了起来，头又开始跳跳地痛。
抖　　母亲吃力地抬起手臂，抖抖地指着墙上挂的干粮筐。
摇摆　花儿在风中笑得摇摇摆摆。
指点　她们指指点点地议论起来。
哭着　哭着哭着就瞌睡了。
一颤　车身颠得一颤一颤的。

形容词和形容词组重叠：

白　　　把脸抹得白白的。
慢　　　慢慢地朝前移动。
随便　　随随便便说了几句。
大方　　衣服要穿得大大方方的。
很烫　　很烫很烫地做了碗姜汤。
很小心　很小心很小心地挤出一点胶水。

单音的名、动、形加 XX 也都变成摹状的词：

单音名词 XX　夜沉沉　眼忪忪　情切切　月蒙蒙　血斑斑　心荡荡　路迢迢
单音动词 XX　叹连连　嗽声声　滴溜溜　呼啸啸　死虎虎　笑眯眯　骂不咧咧
单音形容词 XX　薄绡绡　冷冰冰　轻悠悠　静悄悄　软绵绵　红通通　臭烘烘

就连重叠的 X 本身也可以是名、动、形三类：

X 为名　冷冰冰　甜蜜蜜　黑漆漆　白雪雪　赤条条
X 为动　圆滚滚　香喷喷　动飘飘　直挺挺　气鼓鼓
X 为形　红彤彤　白茫茫　笑盈盈　病恹恹　清冷冷

蔡淑美、施春宏（2007）和叶祖贵（2014）分别考察了阎连科和贾平凹作品中的重叠形式，同样发现名、动、形三类词都有起摹状作用的重叠形式 AABB 和 AXX：

名词重叠　浪浪涛涛　波波浪浪　山山海海　山山岭岭　涕涕泪泪　枪枪炮炮　仇仇恨恨　物物什什　物物件件　缘缘由由

江江湖湖　谷谷糠糠　钉钉绳绳　汪汪洋洋　灾灾难难
血淋淋　水渣渣　烟团团　雾浓浓　汗渍渍

动词重叠　巴巴望望　哭哭唤唤　洗洗整整　腾腾雾雾　剪剪裁裁
闪闪灭灭　唱唱歌歌　捏捏搓搓
颤巍巍　笑吟吟　荡激激　气愤愤　潺哗哗

形容词重叠　烈烈炎炎　红红胖胖　木木然然　白白亮亮　柔柔和和
白白茫茫　美美丽丽
鲜明明　青痴痴　紧飘飘　白茫茫　红艳艳

参与重叠的 AB 有的是词，有的像临时组合，如“山海、洗整、烈炎”，名词性 AB 的重叠特别多。还有一种近似重叠的“一 X 一 Y”和“半 X 半 Y”格式（邵敬敏 2013：130—152），也是不分名、动、形，都有摹状性：

一前一后　一冷一热　一蹦一跳　一早一晚　一长一短　一拉一打
一分一秒　一快一慢　一抛一捡
半人半鬼　半对半错　半信半疑　半子半婿　半新半旧　半推半就

名词（组）和动词（组）重叠描摹状态的情形在方言里十分普遍。施其生（1997，2011）和林勇华（2011）提供大量闽、粤方言中的例子，并且认为重叠是汉语的一种“形态”。动词（组）重叠的例子：

两人行遘磨磨吟。（两人紧挨着走。）（汕头）
敢敢行！（放胆地走吧！）（汕头）
天卜落雨卜落雨。（天要下雨的样子。）（漳州）
我如今想呕想呕嗷做倒。（我现在有点儿想吐。）（廉江）
我大伯在呢［nei[55]］使牛使牛在。（我大伯在那儿犁田呢。）（廉江）

汕头话名词（组）重叠的例子：

布布（事物等韧而嚼而无味） 汁汁（湿漉漉的） 油油（油乎乎的） 纱纱（织物破烂成乱纱状且不结实） 水水（成水状的） 鼻鼻（鼻涕状的） 卵卵（圆而光秃秃的） 云云（眼睛如在雾中看不清） 柴柴（事物像木头一样纤维很粗而无味） 铁铁（像铁一样坚硬） 仙仙（懒散而满不在乎的样子） 书书（言谈举止带书卷气）

湖北大冶话（赣语）有一类带单音后缀的状态形容词，词根也是名、动、形三类（汪国胜 1991）：

名 + X　风溜（形容微风吹拂的样子），人流（形容神气十足的样子），褥里（软和、富有弹性）

动 + X　喜眯　哭扁　吵吼

形 + X　甜抿　香喷　黑黝

晋北方言甚至有领属代词的重叠（范晓林 2012）：

我我爷爷可看好我哩！

她她爸爸可有本事哩！

你你大爷人家还识俩个字哩！

这种重叠式具有明显的感情色彩，“我我爷爷”相当于“我那（可爱的）爷爷”，“我我”具有描摹作用。

涪陵话单音动词重叠变为状态形容词也很普遍，有 a 和 b 两种形式（李文莉 2011）：

a. 歇歇地走　抿抿地吃　耍耍地做　想想地哭　挨挨地敬（酒）　算算地打（牌）

b. 灯一直闪了闪的　火要熄不熄的　那几块砖要落不落的

普通话里虽然不说“吃饭别抢抢的”，“他天天在我面前晃晃的”，但是说

“抢来抢去”，“晃来晃去”，可见方言的差异只是重叠方式的差异而已。古代汉语的情形也一样，丁声树（1940）指出，《诗经》中动词和名词就都可以重叠成为摹状词，如“采采芣苢”和“燕燕于飞”。

根据以上事实以及赵元任（1970）“中国话的文法，不论是方言与方言之间，甚至文言与白话之间，实际上大致是一样的”的看法，应该得出结论：从语法体系来讲，如果把“年、山水”“飘、摇摆”“白、大方”分为名词、动词、形容词三个并立的类，那么把一律通过重叠而形成的状态形容词单单跟“白、大方”这类词定为一个类的两个小类就不合理；反过来，如果单单把“白、大方”这类词跟所有那些重叠而成的状态形容词定为一个类的两个小类，那么把重叠之前的“年、山水”“飘、摇摆”“白、大方”分为并立的三个类就不合理。合理的做法是，把状态形容词改称“摹状词”，名、动、形都归属“大名词”，汉语首先在第一个层次区分大名词和摹状词。相对于大名词和摹状词的区分，名、动、形的区分不那么重要，词和词组的区分也不那么重要。这就是为什么中国传统的文章学有“名”和“重言”的概念，但没有和“名”相对的“动”的概念。[①] 通常说汉语缺乏形态，其实重叠是汉语最重要的形态，是跟印欧语的形态不一样的一种形态，它首先把主观性很强的摹状词语分出来。

2 “肯定”和“叙述”大分野

笔者已从多个方面论证（沈家煊2009b，2012c，2013b，2014），汉语里名词和动词的关系不同于英语名词和动词的“分立”关系，而是“包含”关系，名词包含动词，动词是“（大）名词”的一个次类“动态名词”，兼有动性（述谓性）和名性（指称性）。汉语不怎么重视名词和动词的区分，重视的是“直陈”和“非直陈”的区分，“叙述”（narrative）和“肯定”（assertive）的区分。相对而言，直陈或叙述的客观性强，非直陈或肯定的主观性强。这可以从否定词的分合和谓语的分类两个方面来说明。

---

① 在《马氏文通》里，名字、动字、静字（指形容词）虽然并列，但从取名看，动字是跟静字对待的。

首先，沈家煊（2010）论证，英语的否定词按名动分立来区分，否定动词有否定动词的否定词 not，否定名词有否定名词的否定词 no，而汉语的否定词不是区分“否定名词”还是“否定动词”，而是区分“直陈否定”还是“非直陈否定”。从甲骨文到周秦汉语再到现代汉语，这个区分一脉相承。汉语注重这一区分特别表现在区分“有的否定”和“是的否定”。“有的否定”否定“有”，否定词用“没/无/未”，“是的否定”否定“是”（常隐而不现），否定词用“不/非”。“有的否定”关涉客观的“有无”问题，“是的否定”关涉主观的“是非”问题。在“否定名词”还是“否定动词”上，汉语只做“有限的”区分。虽然“不/未”只否定动词，但是“没/无”既否定名词又否定动词。汉语历史上否定词不断更替，但是不管哪个时期，总是有否定词既否定名词又否定动词。

其次，从谓语的类型来看，汉语也不重视名词和动词的区分，而是重视客观叙述和主观肯定的区分，这一区分“横贯”（cut across）名词、动词和形容词。沈家煊（2012b）和王冬梅（2014）在赵元任（1968/1979：53—57）这一看法的基础上做了进一步的论证，这一区分“在形式上更有依据”，这个形式依据就是“有”和“是”的区分，“了”和“的”的区分。“有、了”是客观的直陈，“是、的”是主观的判断。英语不同于汉语，there be（有）和 be（是）在形式上和概念上都没有大区别，there be 也是一种 be。

李佐丰（2004：64—67，2011）同意赵元任的观点，认为古汉语的句型不应该按谓语是名词、动词、形容词来划分，而应该按“叙事句”和“论断句”（判断句为主）来划分，明显的形式特征是，论断句的句末多用语助词“也”，其次“矣”“焉”，句首有时用语助词“夫”，主语和谓语之间有停顿，而叙事句的句末、句首一般不用语助词，否定用“不”“未”，主语和谓语之间无停顿。例如以“也”结尾的论断句，谓语在形式上不分名、动、形：

名：行则有随，立则有序，古之义也。（《礼记·仲尼燕居》）
今以三万之众而应强国之兵，是薄柱击石之类也。（《战国策·赵策三》）
动：不闻命而擅进退，犯政也。（《国语·晋语三》）
我未及亏，而又城下之盟，是弃国也。（《左传·哀公八年》）

形：身贤，贤也；使贤，亦贤也。(《谷梁传·襄公二十九年》)

倕，至巧也。(《吕氏春秋·重己》)

论断句和叙事句的区分在下面的对比句里十分明显：

秋七月，叔弓如家，葬共姬。(《春秋·襄公三十年》)

秋七月，叔弓如家，葬共姬也。(《左传·襄公三十年》)

(从者) 将行，谋于桑下。(《左传·僖公二十三年》)

公会齐侯于艾，谋定许也。(《左传·桓公十五年》)

上句是叙事句，下句是论断句。“也”是决断词，它的作用是：表示句子所述的内容反映了说话人的主观认识，主语和谓语之间的语义是一种断定关系，而不是实在关系。随着汉语的发展，“也”字逐渐淡出，代之而起的是从指代词演变而来的系词“是”。可见，汉语谓语的类型主要区分“肯定”和“叙述”，古今一脉相承。汉语语法的大分野是：

肯定/是非/非直陈	叙述/有无/直陈
“是/的”	“有/了”

现代汉语里这个大分野在形式上体现为“是/的”和“有/了”的分别，王冬梅（2014）一文提供了丰富的例证。

过去以为肯定和叙述只是语用或文体上的差别，这是印欧语的眼光，汉语的实际是，离开了语用就没有办法讲语法，或者没有多少语法可讲，汉语“大语法”是“形、音、义、用”四者的综合。

3 “大名词”内先区分形容词

3.1 形容词定语的逆节律常态

从单音变双音的双音化以及单双音节组配的方式（统称“单双区分”），跟重叠一样，也是汉语的一种形态手段（参看沈家煊 2012a，

2013a）。依靠单双音节区分，汉语在“大名词”内部首先区分名词（含动作名词，即通常所说的动词）和形容词（属性名词）。

先从单双组配方式看形容词为一头、名词动词为一头的分野。吕叔湘（1963）最早指出，三音节的组合，定中结构以［2+1］为常态，动宾结构以［1+2］为常态，王洪君（2001）称之为与结构类型有直接关系的“节律常态”。

定中结构：出租房　＊租房屋
动宾结构：租房屋　？出租房

在这个节律常态里，名词和动词的区别不起多大作用。常态的［2+1］定中，定语是不分名词还是动词的，例如：

［2+1］鞋帽店　中药铺　金钱梦　手表厂　衣帽间　氧气罩　报刊亭
［1+2］＊鞋商店　＊药商铺　＊钱梦想　＊表工厂　＊衣房间　＊氧面罩　＊报亭子
［2+1］出租房　瞭望塔　控制柄　打击面　演奏团　学习机　盗窃犯
［1+2］＊租房屋　＊望塔楼　＊控手柄　＊打面积　＊演团体　＊学机器　＊盗罪犯

而且中心语也有大量的单音动词，例如：

三级跳　俯卧撑　龙虎斗　窝里反　姐弟恋　鸳鸯配　姑嫂争　妻管严
胡马会　西藏行　欧洲游　秋雨吟　安乐死　三七开　壁上观　离别恨
出国热　百日咳　阴阳判　散文选　论文集　十三问　连锁变　全年租
人来疯　母狮吼　本字考　包包控

这种［2+1］定中同样跟［1+2］形成对立：

双虎斗/＊虎争斗　全年租/＊年租用　欧洲游/＊欧旅游
论文集/＊文结集
离别恨/＊离悔恨　母狮吼/＊狮吼叫　十三问/＊三问答
本字考/＊字考证

动宾结构以［1+2］为常态，当宾语为动词的时候也是双音好单音不好，这并不是因为单音动词缺名性，因为宾语为名词的时候也是同样格局，例如：

宾语为动词　比长跑/？比试跑　学画画/？学习画　谈买卖/？谈判买
宾语为名词　租房屋/？出租房　买粮食/？购买粮　关门窗/？开关窗

有一个重要的区别过去没有得到足够的重视：定中结构以［2+1］为常态，但是这只适用于定语是名词或动词的情况，当形容词充当定语的时候，上面说的那个"节律常态"正好反了过来，［2+1］受限制，［1+2］倒是常态，例如：

［1+2］大房间　冷空气　热开水　白脸蛋　黑皮肤　小房间
新皮鞋　旧衣服
［2+1］＊宽大房　＊寒冷气　＊温热水　＊煞白脸　＊黝黑肤
＊窄小房　＊崭新鞋　＊破旧衣

形容词做状语的状中结构也是这个格局，例如：

勤练习　假批判　乱闹腾　软着陆　冷相处　稳增长
？勤奋练　＊虚假批　＊胡乱闹　＊柔软落　＊冷淡处　＊平稳长

这也证明，受形容词修饰的是名词还是动词，这在汉语里并不重要。

总之，在定中结构的单双组配上，名词动词为一头，形容词为另一头，形成对立：

	[2+1] 定中	[1+2] 定中
名词	汽车房	*车房子
动词	出租房	*租房子
形容词	*宽大房	大房子

另外，在做定中结构的中心的时候，单音形容词又和单音名词、单音动词表现一致，都以［2+1］为常态，这个事实也很重要，它证明名、动、形都属于“大名词”：

名　汽车房　煤炭店　手表厂
动　全年租　三级跳　本字考
形　猩红热　妻管严　夕阳红

3.2 **“标记颠倒”和“松紧象似”**

形容词做定语呈现跟名词动词相反的单双组配方式，这是普遍存在的一种“标记颠倒”（markedness reversal）现象（详见陈刚、沈家煊 2012）。如果首先把形容词视为“大名词”内部的一个特殊次类，它除了具有一般名词（含动词）具有的［指称］特征，还特别具有［修饰］特征，这样就可以说它跟一般名词（含动词）形成“标记颠倒”格局，即形成两个“无标记配对”，一个定性，一个摹状：

	无标记配对 定性	无标记配对 摹状
名词 动词	纸板房［2+1］ 卷曲发［2+1］	纸房子［1+2］ 卷头发［1+2］
形容词	冷空气［1+2］	寒冷意［2+1］

这两个无标记配对的背后都是“松紧象似”原理在起作用，韵律结构的松紧对应于语法结构的松紧：韵律上［2+1］比［1+2］紧凑，这已有

柯航（2007）的证明；语法结构上，定性定语和中心词的结合比摹状定语紧。上面右边摹状的无标记配对表明，单音名词和单音动词做定语不是绝对不成立，但是它跟双音做定语相比，有概念联系的松紧差别，试比较：

[2+1] 纸板房　中药罐　水果篮　陶瓷馆　钢铁侠　枣花蜜
　　　焰火节　木材商　午夜场
[1+2] 纸房子　药罐子　果篮子　瓷娃娃　铁娘子　花蝴蝶
　　　火疖子　木脑袋　夜生活

拿第一对来讲，“纸板房”的“纸板”限定房子的质材，而“纸房子”的“纸”是在描摹房子，有“像纸糊的”这种意思，突出“纸”的某些属性（如“轻薄、不结实”等），因而“纸”在语义上变得更像是个形容词，具有摹状性，可见概念上“纸板房”比“纸房子”紧。“午夜场”和“夜生活”，前者的“午夜”只是限定场次的时间，后者的“夜”却可以引发“放纵、灯红酒绿”等许多联想，具有摹状性，也是概念上前者比后者紧。

动词做定语的情形也一样，试比较：

[2+1] 卷曲发　死亡岛　活动家　睡眠状　生病者
[1+2] 卷头发　死脑筋　活菩萨　睡美人　病西施

双音动词“卷曲”限定发型的样式，“卷曲发”倾向于成为发型的名称，“卷曲”是定性定语；而“卷头发”一般描写某个人头发的样子，所以“卷”具有摹状性，例如：

直发、波浪卷曲发、天然卷曲发，我们头发分以上三种。（百度知道）
天生的卷头发怎么办啊？帮我想想办法……（网易论坛）

如果将“卷头发”和“卷曲发”互相替换，二句就都显得不自然。同样，“死亡岛”指“登上岛的人都会死亡”，定语“死亡”是给“岛”定性，而“死脑筋”的“死”和“丧失生命”关系不大，它描摹“思想不开窍”的状态。

形容词做定语的单双组配虽然跟名词动词相反，但是仍然遵循“松紧象似”原理。例如：

[1+2]	定语定性	白颜色	冷空气	平视角	贵金属	稳办法
		暗房间	穷地方	强动词		
[2+1]	定语摹状	苍白色	寒冷意	平常心	名贵犬	安稳觉
		阴暗面	穷酸相	强硬派		

“白颜色”是给颜色定性，“苍白色”是在描摹一种脸色；“强动词”是给动词定性，“强硬派”是在描摹一个派别。定语的典型功能是“定性”，单音的定性形容词和中心词的结合方式［1+2］本身就是紧的，所以无须换成［2+1］这种紧的韵律结构，而双音的摹状形容词和中心词的结合是松的，所以韵律结构特别换用［2+1］，这就是所谓的“标记颠倒”，颠倒的动因是“松紧象似”原理。

跟名词动词相比，形容词具有较强的主观性。例如花儿的颜色是红是紫，离不开人的观察①，也离不开人对观察结果的描述，所谓“形容”是人对事物形象的描述。汉语在大名词内部先区分形容词，这还表现在词典的释义上，《现代汉语词典》在没有标注词性之前，形容词有专用的释义用语“形容……”，名词和动词没有专用的释义用语，而且释义不怎么顾及名动区分。

从双音化作为一种形态的角度看，形容词为一头，名词动词为另一头。对名词动词来说，双音化的语法作用都是“增强指称性”（详见沈家煊2013a），然而对形容词来说，双音化的语法作用主要是“增强摹状性”。

① 王阳明《传习录·下》：“你未看此花时，此花与汝同归于寂；你来看此花时，则此花颜色一时明白起来……”

4 形容词内部的重新分类

从上述的角度看，可以把形容词的双音化“白→苍白”“冷→寒冷”看作一种类似于重叠的手段，叫作“准重叠”，它的语法作用是增强摹状性。形容词内部的分类应该做相应的调整，首先按单音和双音来区分两类形容词，将同为双音的“寒冷、苍白”和“冰冷、煞白”归为一类词，叫摹状词，跟单音的定性词“白、冷”对立。

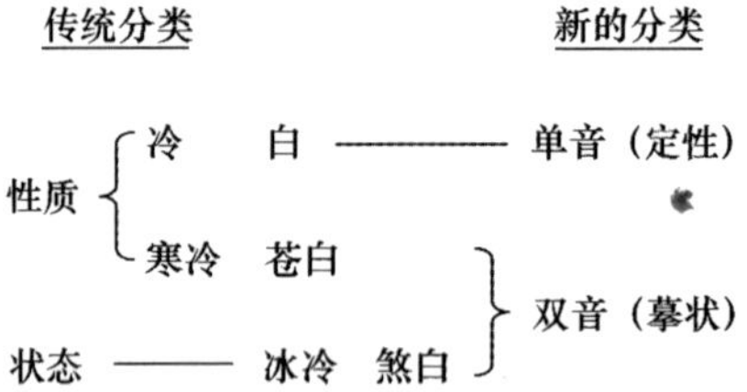

传统的分类按能不能受“很”修饰把“寒冷”与“冷”归为一类，与“冰冷”对立，把“白”与“苍白”归为一类，与“煞白”对立，这种分法低估了“单双区分”的重要性，夸大了受“很”修饰这一标准的可靠性。现实生活中正在大量出现“冰冷、煞白”类词加“很”的用例（李劲荣 2007），例如：

为什么一到冬天我的手脚就很冰冷，而夏天反而身体很烫？
我的皮肤算得上是白，但不是很雪白的那种，有点黄。

这是因为这类词的摹状性在磨损减弱，加“很”能重新增强摹状性。拿“冰冷”和“火热”比较，“通红”和“苍白”比较，差别只在“冰冷、通红”的摹状性没有“火热、苍白”磨损得厉害而已，所以前者一般还不能加“很”，后者加“很”已经很平常。明明放着可靠和重要的“单双区分”标准而不用，是因为认识上有一个误区，过分看重单音形容词直接做定语所受的语义限制，忽视结构上形名定中以［1+2］为常态这个事实。朱德熙（1956）说单音形容词直接做定语受限制，例如不说“重箱子”，只说“很重的箱子”，但是赵元任（1968：304）早就指出：这种限制“只能说是一种倾向，不算规律”，像“你不累吗，老提溜着那么个重箱子”的说法就很自然。重要的区别是，“重箱子”［1+2］要比“沉重箱”［2+1］自然得多。

双音形容词其实有一部分早已划归摹状词，如“通红、煞白、冰冷、死灰”等，只是它们不是通过重叠而是通过添加“通、煞、冰、死”等词头形成。一般所说的双音“性质形容词”，如“伟大、奇怪、豪华、敞亮、糊涂”等，它们本来也是摹状词（石锓2010），只是用得多了，摹状性磨损减弱，已经或正在向属性词漂移，有的已经能在有限的范围内直接做定语，如“豪华间、聪敏人、糊涂虫、安稳觉”，形成［2+1］定中，跟“纸板房”和“出租房”一样。正因为摹状性减弱，它们要通过加“很”和重叠等“叠添”手段来重新增强摹状性，这样的变化在不断地进行之中，单音为主的阶段如此，单双音并存的阶段也是如此。总之，双音形容词虽然在向属性词漂移，但是它们仍然带有摹状的本性。当然，在形容词内部首先按单音双音来区分小类，并不意味着双音形容词内部不必做区分，不过那是第二步才要做的事情。用单双音节来区分语法功能不同的两类形容词，这是汉语有别于印欧语的一个重要特点。

5　比较英语和汉语的词类格局

过去争论形容词的地位，出发点是“名动分立”，名词和动词分居两端，然后看形容词靠近哪一端。从“名动分立”出发，主—谓关系是基础的、核心的关系，其他结构关系是下位的、附庸的关系，因此就特别看重汉语的形容词可以跟动词一样直接做谓语这一点。如果摆脱这种眼光，认为汉语里主谓关系和其他结构关系的地位完全平等（朱德熙1985：8），如定中关系的地位并不亚于主谓关系，汉语的谓语跟定中组合一样具有指称性（沈家煊2012b，2013b），那么形容词做修饰语的时候，在单双组配方式上跟名词动词的对立就显得很重要，而形容词是靠近名词还是动词的问题就不再那么重要。再考虑到双音化对形容词的语法作用有别于名词动词，有充分理由认定，汉语名词（含动词）和形容词的区分是主要分野，而名词和动词的区分是次要分野。

在汉语里，如果把既修饰名词又修饰动词的词统称“饰词”，那么副词就是一种“副饰词”，即一般只修饰动词的饰词。这倒是十分符合英语 adjective 和 adverb 这两个词的本义：adjective 源自古法语 adjectif > -ive，后者源自拉丁语 adject- < adjicere“附加、修饰”，也是一般饰词的意思，adverb 是专门修饰动词的饰词。只是因为印欧语名词和动词已经分立，adjective 和 adverb 才成为两个分立的范畴。总体上看，汉语和英语的词类格局呈现如下的差异：

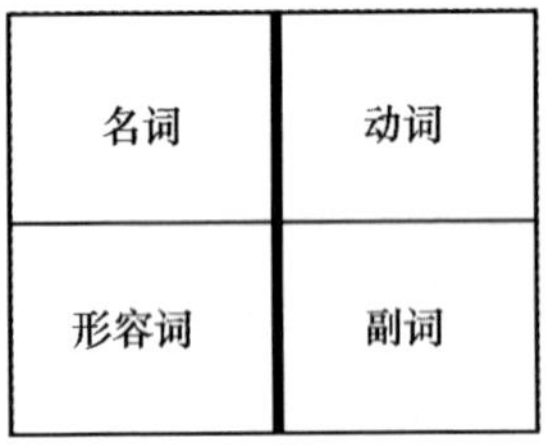

英语

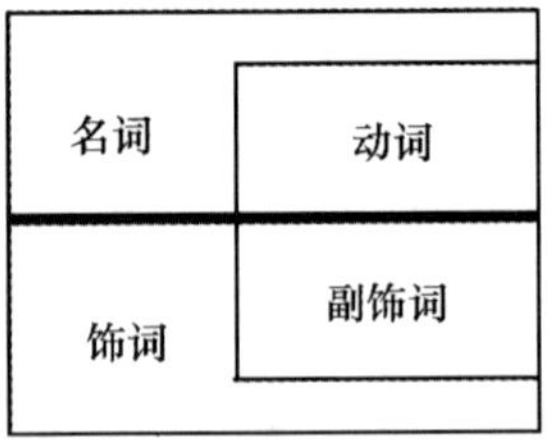

汉语

英语名词和动词是主要分野，形容词和副词的区分是根据这个主要分野来定的。汉语名词（含动词）和饰词（含副饰词）是主要分野，名词和动词的区分、饰词和副饰词的区分都是有限的，名词包含动词（动态名词），饰词包含副饰词。这样看来，过去仅从形容词可以直接做谓语这一点出发，说形容词是动词的一个次类，这个说法虽然不无道理，但还是过分受印欧语“动词中心论”的影响。①

6　动词内部的区分也体现主观性

不及物动词分为两类，一类是“非作格动词”，以“病”和“笑”为

① 这种观念根深蒂固，沈家煊（2009a）一文也还没有充分意识到这一点。不过，上面这个图示格局也有缺点，没有显示汉语的属性饰词（性质形容词）也属于“大名词”，图示总是有局限的，顾了这一头，顾不了那一头。

代表，叫“病笑类”；还有一类是“非宾格动词”，以“死”和“来”为代表，叫“死来类”。在汉语里区分这两类不及物动词所依据的主要语言事实是：

王冕的父亲病了。　＊王冕病了父亲。
王冕的客人笑了。　＊王冕笑了客人。
王冕的父亲死了。　　王冕死了父亲。
王冕的客人来了。　　王冕来了客人。

生成语法十分重视这个区分，“病笑类”动词唯一的论元在深层结构处于主语位置，论元结构是［NP + V］，表层不能带宾语说成 V + NP，如右列上面两句不成立；而“死来类”动词唯一的论元在深层结构处于宾语位置，论元结构是［V + NP］，表层也能带宾语说成 V + NP，如右列下面两句成立。

汉语虽然也有这个区分，但是并不重视这个区分。“王冕病了父亲”不大成立，但是“王冕家病了一个人”成立，“王冕病了一个工人”也成立（“王冕”理解为工头）。刘探宙（2009）一文更是发现了大量“病笑类”动词带宾语的句子，因为重要，抄列如下：

（非典的时候）小李也病了一个妹妹。
郭德纲一开口，我们仨就笑了俩。
在场的人哭了一大片。
不到七点，我们宿舍就睡了两个人。
不到六点，那群孩子就起了天天和闹闹两个。
立定跳远（全班）已经跳了三十个同学了。
我大学同学已经离婚了好几个了。
当年那几对小情侣现在就分手了小赵和小李一对。
这次流感小班的孩子咳嗽了五六个。
他们办公室接连感冒了三四个人。
学校毕业了一批又一批，同学结婚了一个又一个。

今天上午这台跑步机一连跑过三个大胖子。

刘文指出，这些例子最主要的共同点是动词后 NP 必须搭配计量成分，其实，对“死来类”动词而言，它们带宾语的句子有许多也要搭配计量成分，不然就听上去至少是不自然，例如：

他烂了五筐苹果。	？他烂了苹果。
他飞了三只鸽子。	？他飞了鸽子。
老王刚死一头牛。	*老王刚死牛。
他们队新来两个队员。	*他们队新来队员。
她又长两根白头发。	*她又长白头发。

这样一来，“死来类”和“病笑类”的差别缩小或模糊化了，原来区分这两类动词的主要语言事实，即“*王冕病了父亲”和“王冕死了父亲”的对立，“*王冕笑了客人”和“王冕来了客人”的对立，看来不是绝对的。而从表层的结构上看，“王冕死了父亲”和“王冕病了一个妹妹”之间的相似度显然大于“王冕死了父亲”和“王冕的父亲病了”之间的相似度。所以沈家煊（2009c）把“王冕死了父亲”这类句子的句式意义重新定位为：说话人认为事情有关得失并“计较”这种得失。说话人越是计较事情的得失，就越倾向于采用这种句式。“计量”是客观的，而“计较”是主观的。有人说，研究语法和语义，最好不要让人的心理因素掺和进来，但是这恐怕只是一厢情愿，事实上语言不是客观世界的直接反映，而是有人的心理作为二者的中介（参看沈家煊 2008）。

可见，动词内部“死来类”和“病笑类”的区分，在汉语里实质是说话人对“死来”类事情比对“病笑”类事情更容易计较得失的区分，也就是主观性强弱的区分，而不是句法次范畴的区分。

7 重视汉语自身重视的区分

研究一种语言，应该重视这种语言自身所重视的区分，而不是去寻找自己碰巧熟悉的语言中具有的那些区分。一种语言所重视的区分一定会用比较显著的形式表现出来。重叠和单双区分都是汉语自身的重要形态，具有“音、形、义、用”的综合性。汉语的词类系统有很强的主观性，表现在用这两种形态手段把带有主观性的同类词分出来。首先区分的是摹状词和大名词（包含动词和形容词）。“是”“有”二词的形式对立（不像英语be和there be形式上相连）造成“主观肯定”和“客观叙述”的大分野，这个分野“横贯”充当谓语的名词、动词、形容词。其次在大名词内部先把主观性较强的形容词（饰词）跟名词动词区分开来。再次，形容词内部先按单音和双音区分“定性”和“摹状”。最后，动词内部的分类，如“非作格动词”和“非宾格动词”，其实质是主观性强弱的区分，而不是基于论元结构的句法范畴的区分。

用叠添等形态手段把主观性强的词区分开来，这种“主观化”情形在汉语历史上重复、交叠发生。单音字通过重叠或双音化变为摹状词之后，长久地使用使得摹状性磨损，于是又通过新的叠添手段来增强摹状性。这里顺便说一说北京话及周边北方话里的“儿化”和“阴平化”。儿化作为一种形态手段，是对指称对象的“小称”，也覆盖名、动、形三类词，如“月－儿，花－儿，妹－儿”，“玩－儿，抠门－儿，抽空－儿”，“有趣－儿，淘气－儿，可怜－儿”。既然根词“月、花、妹”本来是名词，“－儿”的统一定性不能是“名词化后缀”，只能是“小称后缀”，根词都是指称词（包括指称动作和性状）。“－儿”也不宜定性为“转指事物的标记”，因为汉语的动词本来就有转指事物的可能性，如“送<u>来</u>迎<u>往</u>”“杀<u>富</u>济<u>贫</u>”“编辑”“导演”，还有“塞”和“托”，所以“塞－儿”“托－儿”并没有发生转指。将“－儿”定性为“名词标记”也不到位，因为汉语的实词本来就都是名词（指称事物、动作、属性等），名词无须标记，“小称”的名词才需要标记。据方梅（2015）的研究，当双音儿化词（包括“AA儿”）出现在状语位置的时候，为了增强摹状性，第二个音节一律变为阴平调，因为高调化是亲密小称的“区别性特征”（朱晓农2004）。阴平化同样覆盖名、动、形三类词，如：

斜碴儿（名）　那儿有个缝儿，你斜碴儿（xiéchār）杵进去。

敞开儿（动） 您就敞开儿（chǎngkāir）骂我吧。

麻利儿（形） 麻利儿（málīr）给我找去，找不着别回来！

可见，已有的摹状性即使没有磨损，在需要的时候也常用形式手段来进一步增强摹状性。“阴平化”也告诉人们，语音变化本身是汉语语法的组成部分，不能跟语法截然分开。

语言类型学家的研究重点从“词法”类型转向“词序”类型，当前又有转向“词类”类型的势头（参看 Broschart 1997，Vogel & Comrie 2000，Kaufman 2009，Hengeveld 2013，沈家煊 2015），并且开始认识到，像英语那样名、动、形、副四分的词类格局并不具有普遍性。汉语词类所体现的强主观性及其格局为词类的类型学提供了一个新的观察维度。

参考文献

蔡淑美、施春宏 2007，《阎连科作品中的重叠形式探析——兼谈语言表达形式的可能性和现实性》，《语言教学与研究》第 4 期。

陈　刚、沈家煊 2012，《从“标记颠倒”看韵律和语法的象似关系》，《外语教学与研究》第 4 期。

丁声树 1940，《诗卷耳芣苢“采采”说》，载国立北京大学四十周年纪念刊编辑委员会编，《国立北京大学四十周年纪念论文集》（乙编上），国立北京大学出版组，1—15。

范晓林 2012，《晋北方言领属代词的重叠》，《中国语文》第 1 期。

方　梅 2015，《北京话儿化词语阴平变调的语法意义》，《语言学论丛》第 51 辑。

华玉明 2008，《汉语重叠功能的多视角研究》，南开大学文学院博士学位论文。

柯　航 2007，《现代汉语单双音节搭配研究》，中国社会科学院研究生院语言系博士学位论文。

李劲荣 2007，《“很雪白”类结构形成的动因与基础》，《汉语学习》第 3 期。

李文莉 2011，《从修辞角度看涪陵方言单音节动词重叠》，《当代修辞学》第 5 期。

李佐丰 2004，《古代汉语语法学》，商务印书馆。

李佐丰 2011，《上古汉语的“也”和句子分析》，《历史语言学研究》第 4 辑。

林勇华 2011，《廉江粤语的两种短语重叠式》，《中国语文》第 4 期。

刘探宙 2009，《一元非作格动词带宾语现象》，《中国语文》第 2 期。

吕叔湘 1963，《现代汉语单双音节问题初探》，《中国语文》第 1 期。

邵敬敏 2013，《汉语语法的动态研究》，商务印书馆。

沈家煊 2008，《三个世界》，《外语教学与研究》第 6 期。

沈家煊 2009a，《我看汉语的词类》，《语言科学》第 1 期。

沈家煊 2009b，《我只是接着向前跨了半步——再谈汉语的名词和动词》，《语言学论丛》第 40 辑。

沈家煊 2009c，《“计量得失”和“计较得失”——再论“王冕死了父亲”的句式意义和生成方式》，《语言教学与研究》第 5 期。

沈家煊 2010，《英汉否定词的分合和名动的分合》，《中国语文》第 5 期。

沈家煊 2012a，《论“虚实象似”原理——韵律和语法之间的扭曲对应》，*CASLAR* (*Chinese as a Second Language and Research*) 1：89 – 103。

沈家煊 2012b，《“零句”和“流水句”——为赵元任先生诞辰 120 周年而作》，《中国语文》第 5 期。

沈家煊 2012c，《名动词的反思：问题和对策》，《世界汉语教学》第 1 期。

沈家煊 2013a，《“单双区分”在汉语中的地位和作用》，日本中国语研究学会第 63 次年会主题报告，日本东京，2013 年 10 月。

沈家煊 2013b，《谓语的指称性》，《外文研究》第 1 期。

沈家煊 2014，《汉语“名动包含”说》，《英汉对比与翻译》第 2 辑。

沈家煊 2015，《词类的类型学和汉语的词类》，《当代语言学》第 2 期。

石　锓 2010，《汉语形容词重叠形式的历史发展》，商务印书馆。

施其生 1997，《论汕头方言中的“重叠”》，《语言研究》第 1 期。

施其生 2011，《汉语方言中词组的“形态”》，《语言研究》第 1 期。

王冬梅 2014，《从“是”和“的”、“有”和“了”看肯定和叙述》，《中国语文》第 1 期。

王洪君 2001，《音节单双、音域展敛（重音）与语法结构类型和成分次序》，《当代语言学》第 4 期。

汪国胜 1991，《大冶金湖话的“的”“个”和“的个”》，《中国语文》第 3 期。

许国璋 1991，《语言符号的任意性问题——语言哲学的探索》，载许国璋《许国璋论语言》，外语教学与研究出版社。

叶祖贵 2014，《汉语方言中描摹性动词重叠的修辞学考察——以“VV 的”为例》，《当代修辞学》第 5 期。

赵元任 1968/1979，《汉语口语语法》（原名《中国话的文法》），吕叔湘译，商务印书馆。

赵元任 1970，《国语统一中方言对比的各方面》，《中研院民族学研究所集刊》第 29 集。

朱德熙 1956，《现代汉语形容词研究》，《语言研究》第 1 期。

朱德熙 1985，《语法答问》，商务印书馆。

朱晓农 2004，《亲密与高调——对小称调、女国音、美眉等语言现象的生物学解释》，《当代语言学》第 3 期。

Broschart, J. 1997. Why Tongan Does it Differently: Categorial Distinctions in a Language without Nouns and Verbs. *Linguistic Typology* 1: 123 – 165.

Hengeveld, K. 2013. Parts-of-Speech Systems as a Basic Typological Determinant. In Rijkhoff & Lier (eds.), *Flexible Word Classes*. Oxford: OUP. 31 – 55.

Kaufman, Daniel 2009. Austronesian Nominalism and Its Consequences: A Tagalog Case Study. *Theoretical Linguistics* 35 (1): 1 – 49.

Stein, D. & S. Wright, eds. 1995 *Subjectivity and Subjectivisation*. Cambridge: CUP.

Vogel, P. M. & B. Comrie eds. 2000. *Approaches to the Typology of Word Classes*. Berlin & New York: Mouton de Gruyter.

（原载《外语教学与研究》2015 年第 5 期）

形式类的分与合*

1 该分的要分，该合的要合

什么是语法的“形式类”（form class）？按照 David Crystal 的 *A Dictionary of Linguistics and Phonetics*，“一组形式如果表现出相似的或相同的语法特征就构成一个形式类”，这个定义中的“语法特征”是指形态特点和句法分布。因为形态特点不同的一组形式，其句法分布肯定也不一样，所以赵元任（1968：7—8）就只从句法分布来定义形式类：“语法是研究一类一类的形式出现或不出现在由别的类构成的框架或槽之中的。所有在这一点上行动一致的形式是同一个形式类的成员。”举的例子是：

(1) a. 吃了饭
 b. 打过球
 c. 骑着马

三个形式都属于“动词语”这个类，其中的“吃、打、骑”都属于“动词”这个类，“了、过、着”都属于“动词后缀”这个类，“饭、球、马”都属于“名词”这个类，“名词的功能之一就是可以填进动词之后的宾语这个框架或槽之中”。

本文的要旨是强调，形式类不能一味地分，该分的要分，该合的要合，该合的不合，这会丧失语法的概括性（generalization）。这个道理我们

* 本文主要内容曾在中国语言学会第 17 次年会（2014. 9. 13—15，北京）上报告。

曾经用动词分句法—语义的小类加以说明，重复如下：

(2) a. 在黑板上写字　　把字写在黑板上
　　b. 在飞机上看书　＊把书看在飞机上

为了说明动词“写”和“看”填进上面的框架或槽之中的差别，可以把这两个动词分别划归动词的两个小类 Va 和 Vb，“写”属于 Va，有“附着”义，“看”属于 Vb，没有“附着”义。类似的分法也适用于下面两对句子：

(3) a. 给校长写了一封信　　写给校长一封信
　　b. 给爸爸炒了一个菜　＊炒给爸爸一个菜

把“写”和“炒”分别划归动词的两个小类 $V_{甲}$ 和 $V_{乙}$，$V_{甲}$ 有“给予”义，$V_{乙}$ 没有“给予”义，这样也就说明了这两个动词填进上面的框架或槽之中的差别。

很容易发现，上面两个语法现象之间存在着某种对应，有共通的地方，都跟介词（在，给）能不能附着在动词后边有关，但是光是给动词分小类并不能说明这种对应和共通性。动词“写”根据它在上面的特定分布已经得到“附着”和“给予”两个语义特征，但是我们还可以根据“写”的其他的分布情形赋予它许多别的语义特征。没有两个动词在语句中的分布和语义特征会完全一样，不断分的最终结果将是一个动词一个类。请不要误会，我们不是一概反对给动词分这种句法—语义小类，一些重要的小类值得分，上面那两个分类也有用，但是我们看到有不少人还在继续从各个不同的角度给动词分这样那样的小类。语法研究的目的原本是想以简驭繁，用简明的规律说明繁复的现象，给动词分小类也是出于这个动机，然而不断分小类的结果却是适得其反，最终失去了语法的概括性，所以说不能一味地分下去。沈家煊（1999）用“构式”和“构式意义”说明上面两个语法现象之间的对应和共通性，目的是增强语法的概括性。

以上摘录自《语法六讲》（沈家煊 2011a：169—173）。陆丙甫先生也有一段话（与陆先生的私人通信），他说，根据经济学的“边际效用递减律”（the law of diminishing marginal utility），每种手段都有个边际效用递减的问题。开始采取的一些手段往往是十分关键而有效的，是“雪中送炭”；此后的精密化，就是“锦上添花”的问题了；而过度的精密，就是“画蛇添足”了，因烦琐成为累赘和干扰。他这段话的意思也是“分”一定要把握好一个“度”，过犹不及，“过度”不仅没有效用，而且还有坏作用。

2 “同形合并”原则

上面举的例子是给汉语的动词分“句法—语义类”，不算严格的“形式类”，后者是只看句法分布而不管语义的。严格的“形式类”区分也要讲究分的度，要依据一定的原则，不能一味地分，该合的要合，这方面英语语法学家的做法给我们有益的启示。下面对英语的动词形式和 V-ing 形式的分合情况做一介绍，先说动词的形式类。

传统英语语法体系就动词而分出的形式类不下 30 个（两个词的组合不算，如 will take，has taken 等）。

限定形式	直陈式		虚拟式		命令式	非限定形式	
	过去时	现在时	过去时	现在时	现在时		
1st单数	took	take	took	take		不定式	take
2nd单数	took	take	took	take	take	动名词	taking
3rd单数	took	takes	took	take		现在分词	taking
1st复数	took	take	took	take		过去分词	taken
2nd复数	took	take	took	take	take		
3rd复数	took	take	took	take			

对于动词形态变化十分复杂的语言，如拉丁语，分这么多类是必要的，但是对当代英语而言是累赘和干扰，引起对英语现状的严重曲解，因为动词的屈折格局（paradigm）经过长期的历史演变，当今已经变得相当简单。2002 年出版的《剑桥英语语法》反映了许多杰出的语言学家对英语语法的新认识、新见解，起沟通传统语法和现代语言学的作用（见该书

的序言)。这部语法进行“同形合并”(syncretism),只给英语动词分出 6 个形式类(Huddleston, *et al.* 2002: 74－83, 1220－1222):

			take	want	hit
主类	过去时		took	wanted	hit
	现在时	3rd 单数	takes	wants	hits
		原形	take	want	hit
次类	原形		take	want	hit
	动名－现在分词		taking	wanting	hitting
	过去分词		taken	wanted	hit

助动词和 be 的形式类跟这张表有点差别,形式变化多一点,但是 6 个形式类保持不变。

“同形合并”的原则有两条:

1. 必须至少有一个词(lexeme)在两个词例之间有实现的(realized)、直观的(overt)、稳定的(stable)形式对比,才将这两个词例划归两个不同的形式类。

2. 根据一致关系(agreement properties)做出的形式类区分不能从一个词推广到其他词。

举例来说,至少有 took 和 taken 这一对词例,两个形式之间的区别反映过去时和过去分词这个句法区别,例如:

(4) a. She wanted the car. b. She had wanted the car.
c. She took/ * taken the car. d. She had taken/ * took the car.

而且这个形式区别是实现的、直观的、稳定的,属于形态－句法性质的(morphosyntactic)区别,所以这两个词例划归不同的形式类。相反,如果一种句法上的区别从来不用实现的、直观的、稳定的形态－句法手段加以区别,那就没有理由将两个词例划归不同的形式类,例如:

（5） a. I'm warning you, [take careful note of what they say]. （命令式）
b. It is essential [that he take careful note of what they say]. （虚拟式）

两句的加括部分在句法上有区别，一个命令式，一个虚拟式，但是不管用哪一个词来替换 take，词例的形式总是一样的，即便是 be（有较多形式区别）也是如此，比较Be patient 和 It is essential [that he be patient]。因此不能说这两个不同句式中 take 的两个词例分属两个不同的形式类。这是第一条同形合并原则。第二条原则只针对一致关系。“X 与 Y 一致”是指：如果 Y 变形，X 也要变形。句子为过去时，动词和主语的一致只表现在动词 be 上，而其他动词（例如 look）没有这个表现：

（6） a. She was ill. They were ill. （有一致关系）
b. She looked ill. They looked ill. （无一致关系）

不能因为 be 在表现一致关系的时候有两个形式类 was 和 were（区分单数和复数），就把它推广到其他动词，说 looked 也有区分单数和复数的两个形式类。

第一条原则是，没有任何形态区别就不要区分不同的形式类，第二条原则是，个别的形态区别不要推广到全体。形式类的分合坚持这两条原则是为了方便讲语法。从传统语法到《剑桥英语语法》，英语语法学家已经意识到，词例在句法上的种种区别，如果没有实现的、直观的、稳定的形态区别，就不应该区分不同的形式类。不该分的分，该合的不合，语法丧失概括性，与分的初衷“以简驭繁”背道而驰，带来累赘和干扰。

3 英语“V-ing 形式”的分合

英语的“V-ing 形式”在 Quirk 的《当代英语详解语法》里放在名词短语部分叙述（Quirk, *et al.* 1985：1290－1292），在《剑桥英语语法》放在动词短语部分叙述，可见它的两重性，兼有名性和动性。V-ing 形式的名性和动性的强弱构成一个真正的连续统，Quirk 依次列出 painting 一词从名性最强到最弱的 14 个用例：

（7） a. Some paintings of Brown's
b. Brown's paintings of his daughter
c. The painting of Brown is as skillful as that of Gainsborough.
d. Brown's deft painting of his daughter is a delight to watch.
e. Brown's deftly painting his daughter is a delight to watch.
f. I dislike Brown's painting his daughter.
g. I dislike Brown painting his daughter.
h. I watched Brown painting his daughter.
i. Brown deftly painting his daughter is a delight to watch.
j. Painting his daughter, Brown noticed that his hand was shaking.
k. Brown painting his daughter that day, I decided to go for a walk.
l. The man painting the girl is Brown.
m. The silently painting man is Brown.
n. Brown is painting his daughter.

然后大致分出三个形式类（三个等级）：

1. 动源名词（deverbal noun）：（7a）和（7b）二例，有复数形式。
2. 动偏名词（verbal noun）：（7c）和（7d）二例，可前加冠词。
3. 分词（participle）：（7e）–（7n）十例。

注意，传统英语语法不是这么三分，而是四分，把（7e）和（7f）二例另行划归动名词（gerund），有别于分词（7g）–（7n），依据是（7e）（7f）二例受领格定语（Brown's）的修饰。但是 Quirk 等人认为，区分动名词和分词“没有用”（not useful），应该归为一类，都叫分词，不分反而能“更好地”（more satisfactorily）表示不同分词用例的复杂性，因为（7e）–（7n）各用例之间的差异是如此之复杂，绝不是分为动名词和分词两类就能说清楚的。首先，传统语法说 painting 做主语的时候是动名词，做状语的时候是分词，例如：

（8） a. Painting a child is difficult.（动名词）

b. Painting a child that morning, I quite forgot the time.（分词）

但是两个 painting 用例在直观形式上没有区分，如果改用不定式就不分两类，例如：

（9） a. To paint a child is difficult.

b. To paint a child, I bought a new canvas.

不定式不分而 V-ing 形式分，唯一的理由是历史原因，历史上动名词和分词有不同的来源，但是作为当代英语语法应该尊重英语的实际现状，实际现状是作为动名词和分词的 V-ing 没有直观的形式区别。

还要注意，上面列出 painting 一词的 14 个用例，并不能完全反映名性或动性强弱的区别，实际还存在许多细小的区别。Quirk 等人分析说，（7e）一句有两个意思，一个意思是 Brown 画女儿的灵巧动作看着很舒服，另一个意思是 Brown 灵巧地画女儿的时候，看着很舒服，表达后一个意思的 painting 动性较强，接近分词。（7f）一句 painting 也有两个所指，一个指 Brown 画女儿这个事实，一个指他画女儿的具体方式，后者的动性较强，接近分词。动名词还有是否带情态意义的区别，例如：

（10） a. There was no shouting, no merry-making, no waving of flags.

b. There was no mistaking that scream.

第二句带有第一句没有的情态意义（不许），动名词的动性较强，接近分词。

《剑桥英语语法》同样认为，动名词和分词的区分不能维持，在别的语言里能维持，但是英语只能归为一类，名称不叫分词，而叫“动名－分词”（gerund-participle），因为分不出主次来。合而不分是因为，按照“同形合并”的第一条原则，现代英语里找不出一个动名－分词有实现的、直观的、稳定的形态区别，连 being 也不是。

《剑桥英语语法》不仅认为从形态上区分动名词和分词不可行，而且认为，形态上如果没有区别，从句法上加以区分也难以行得通，因为句法上的系统区别集中体现在形态区别上。按照传统语法，如果是动名词，它的主语一般为领格，其次是宾格，不能是主格；如果是分词，它的主语是主格，宾格限于非正式语体，不能是领格，例如：

（11） a. She resented his/him/ * he being invited to open the debate.（动名词）

b. We appointed Max，he/him/ * his being much the best qualified of the candidates.（分词）

但是这个区别只出现在带有主语的非限定小句中，对大量不允许有主语出现的结构不适用。而主语的格区别完全可以不用区分动名词和分词，而用带不带补语（complement）来处理：领格限于带补语的动名 - 分词，主格限于一般不带补语的动名 - 分词。（按传统语法，虽然不带补语的是分词，但是带补语的包括动名词和分词。）要维持动名词和分词的区分，必须假设不带主语的结构和带主语的结构有重要区别，但是两种结构的内部形式并没有区别。

其次，从句法功能上讲也不宜区分动名词和分词。传统语法之所以区分，是认为动名词的功能类似名词，而分词的功能类似形容词，既然名词和形容词是分的，动名词和分词也应该分。例如，按照传统语法，下面第一句的加括部分是宾语，类似一个名词短语，后两句的加括部分是述谓性补语，类似形容词短语：

（12） a. I remember [seeing them together].

b. We saw him [leaving the post office].

c. I caught them [reading my mail].

但是这样的类比和二分行不通，因为有大量动词能加形容词做谓语，却不能加动名－分词做谓语：

（13） a. They seemed resentful. b. * They seemed resenting it.
c. He became remorseful. d. * He became feeling remorse.
e. This made them hostile. f. * This made them wanting to harm us.

也就是说，分词并不能系统地替代形容词，替代是无法预测的，只能就具体的形容词而言。反过来，用形容词替代动名－分词同样无法预测：

（14） a. He kept staring at them. b. He kept calm.
c. He went on staring at them. d. * He went on calm.
e. He stopped staring at them. f. * He stopped calm.

最后，语义上讲也不宜区分动名词和分词。传统语法把表示进行体的 V-ing 形式（be 之后）也叫分词，但是分词并不总有表示进行的“体”意义，动名词和分词之间并没有系统的体意义差别，可比较：

（15） a. On hearing his cry, she dashed into the garden.
b. Hearing his cry, she dashed into the garden.
c. Despite having no TV himself, he was able to see the programme.
d. Although having no TV himself, he was able to see the programme.

按照传统语法，一个 V-ing 形式做介词的宾语是动名词，不做介词的宾语是分词，但是二者的意义差别不在是否表示进行体，上面第一对句子表达的是完成体意义，第二对表达的也不是进行体意义，而是未完成体（he had no TV himself）。综上所述，《剑桥英语语法》给出一个明确的结论：动名词和分词不该分。把助动词 be 后的 V-ing（They are killing the birds）看作跟介词 for 后的 V-ing（He was expelled for killing the birds）一样，这没有什么不好理解的，我们发现叶斯帕森（Jespersen 1924：277－281）早就把 They are killing the birds 分析为 They are（in the middle of) killing the birds。

还要特别注意，上面说 Quirk 的语法给 V-ing 形式大致分出三个类——动源名词、动偏名词、分词，不要以为他很看重这个三分，恰恰相反，他所要强调的是 14 个用例名动强弱的连续性和复杂性，不厌其烦地说明分不清、分不尽，这一点我们不可不察。不仅动名 - 分词内部分不清、分不尽，动名词和动源名词的界限也难以分清，例如：

(16) There's no <u>writing</u> on the blackboard today.

这一句里的 writing，句子如果表示今天不在黑板上写字，是一般动名词，如果表示今天不能在黑板上写字，是带情态义的动名词，接近分词，如果表示黑板上没有写字，是动源名词。动偏名词内部也有名动强弱区别，(7c) 一句中 painting 带后置的 of-定语，倾向指一个有名画家的绘画方式，如果改为前置的领格定语，如 Jack's painting is nearly as good as his wife，那么 painting 的动性就增加，倾向于指画画这个具体动作，近似 (7d)。动偏名词可以指正在进行的活动，也可以指已完成的整个活动，例如 His exploring of the mountain is taking a long time/ took three weeks，指后者的时候（名性较强）宜改用名词 exploration。

动偏名词和动源名词的区分也不是很重要，因为凡是动源名词（有复数形式）几乎都可以前加冠词，因此也都是动偏名词，另外有些形式能不能加复数后缀是模棱两可的。(7b) 一句的 painting（动源名词）Quirk 指出有两个意思，一个指 Brown 拥有的画，另一个指 Brown 自己画的画，表达后一种意思的时候就跟动偏名词交接了。《剑桥英语语法》就不做动偏名词和动源名词的区分，将两类归为一类，统称“动性名词”(gerundial noun)。① 正因为所有这些差异是连续性的，又十分复杂，所以现在不少英语语法书干脆统称“V-ing 形式”，花精力在其内部的区分

① 《剑桥英语语法》倒是分出一类“分词性形容词”(participial adjective)，指做形容词性谓语的 V-ing 形式，例如 The show was <u>entertaining</u>。这类用例不在 Quirk 的 14 个例子内，因为 Quirk 在那里只讨论名词短语。把这一类分出来倒是有道理，因为英语的形容词跟动词有重要区别，不能像动词那样直接做谓语。

上不是没有意义（我们认为可以用作某些倾向性语法规律的佐证材料），但是意义不大，反而给英语语法带来不必要的复杂化。语言学家的本能是对语词用例的细小的差异敏感，就像 Quirk 等人对 painting 和 writing 用例所做的分析那样，但是指出这些细小差异不等于要分出形式类来。分得越精细不见得越清晰，反而可能是不清晰。比如，给你两张人的头像的电子照片，让你辨别哪张是郭德纲，哪张是周立波，如果你把照片尽量放大，分辨的颗粒倒是十分精细，但是整个头像的面目反而模糊不清了。

总之，从传统语法到《当代英语详解语法》和《剑桥英语语法》，英语语法学家已经认识到，因为没有可靠的形式区别，动名词和分词在功能和意义上也没有系统的区别。传统语法的这种区分导致英语语法"不必要的复杂化"（unmotivated complication），是应该扬弃的。动词形式和"V-ing 形式"的分合，趋势都是由重"分"到重"合"。这背后的道理就是"简明原则"，能不分就不分，而不是尽量分。

4 汉语"动名词"的分与合

我们曾经以为，汉语里兼有名性和动性两种性质的词限于一部分双音动词，如"出版、研究、准备"等，即朱德熙先生划定的"名动词"，判别标准是能做"进行"等虚化动词的宾语。拿名动词跟英语 V-ing 形式比较，确有共同之处：

（17）a. Brown deftly painting his daughter is a delight to watch.

b. Brown's deft painting of his daughter is a delight to watch.

词例 painting 在（17a）里受副词修饰，带宾语，表现出动词的性质，在（17b）里受三个定语的修饰，表现出名词的性质，上一节已经说明。再看汉语的名动词：

（18）a. 没有历史研究/没有一些研究

b. 没有马上研究/没有研究文学

（18a）中“研究”受名词或数量词修饰，表现出名词性，（18b）里“研究”受副词修饰或带宾语，表现出动词性。

（19） a. 彻底的方言调查很重要。
　　　b. 彻底地调查方言很重要。

同样，“调查”受两个定语修饰的时候表现出名词性，受副词修饰和带宾语的时候表现出动词性。

然而，汉语的实际是，具有名动两种性质的词不限于部分双音词，而是所有的动词，包括名动词以外的其他双音动词和单音动词，例如：

（20） a. 我反对他的第二次出席。
　　　b. 我反对接连地出席会议。
　　　c. 我盼望他的第一次到达。
　　　d. 我盼望再一次到达贵国。

“出席”和“到达”都不属于名动词的范围（不能做“进行”的宾语），但是照样表现出名动两重性。

（21） a. 刘玄德的第三次去很重要。
　　　b. 接二连三地去茅庐很重要。
　　　c. 富士康的第十一跳很严重。
　　　d. 连续不断地跳高楼很严重。

“去”和“跳”是单音动词，更不在名动词的范围内，但是也照样表现出名动两重性。这个事实表明，汉语的整个动词类相当于英语的 V-ing 形式，兼具名动两种性质（详见沈家煊 2011b）。本文开头引赵元任话“名词的功能之一就是可以填进动词之后的宾语这个框架或槽之中”，汉语的事实是，能够填进这个框架和槽之中的也包括动词：

（22）a. 我想家，还想吃。
　　　b. 我怕爸，是怕打。
　　　c. 他爱马，也爱骑。

所以说，汉语的动词是包含在名词之中的一个次类，称作“动态名词”，简称“动名词”（参看 Shen 2011，2013；沈家煊 2009，2014）。“动名词”内部当然也有名性和动性强弱的差别，我们也可以仿照 Quirk 的做法，以“去”一词为例，列出 14 个用例来，从上到下大致也按名性逐渐减弱的次序①：

（23）a. 他一心想着个去。
　　　b. 三去三回是有道理的。
　　　c. 他的去是有道理的。
　　　d. 去是有道理的。
　　　e. 去和不去都有道理。
　　　f. 给他来个拖延式不去。
　　　g. 他的拖延式不去是有道理的。
　　　h. 他的不去是有道理的。
　　　i. 他的暂时不去是有道理的。
　　　j. 暂时不去是有道理的。
　　　k. 不去茅庐是有道理的。
　　　l. 去过茅庐三次是有道理的。
　　　m. 他暂时不去茅庐是有道理的。
　　　n. 他如果去茅庐，是有道理的。

这 14 个用例中有 7 个是朱德熙（1985：23）已经列出的，朱先生从“简明原则”出发，坚持同一个动词“去”，竭力反对说其中有的“去”形式发生了名词化。现在汉语语法学界有不少人想给“去”的这些用例分

① 只是一个大致的次序，实际上很难排出准确的次序来，因为强弱的程度差别很难说清楚。

出不同的形式类来，他们没有理解 Quirk 列出 14 个 painting 用例，其用意是要强调 V-ing 形式分不清、分不尽，应该尽量“合”而不是“分”。有人说（23a）（23b）二例（受数量词修饰），也许还有（23c）（前有领属语），“去”已经由动词变为地道的名词，类似于英语 V-ing 形式的动源名词或动偏名词。要知道，英语里分出个动源名词或动偏名词来是有比较可靠的形式标准的，即复数标记和冠词，这两个形式从正面给名词这个范畴下了定义。虽然加不加复数后缀和冠词也有模棱两可的情形，但是只要加了复数后缀或冠词，就可以判定它是动源名词或动偏名词。要是没有这个原因，肯定也像分词和动名词不分一样不作区分。然而汉语没有复数后缀和冠词，而受数量词修饰和受带“的”的领属定语修饰都不是名词专有的语法特性，动词也具有这样的语法特性。按照朱德熙（1985：16），传统所说的汉语名词，其实是从反面定义的，即它一般不能做谓语。有直观形式标志的英语，Quirk 等人尚且认为分出个动源名词或动偏名词来并不重要，可以不分，汉语没有这种形式标志，还一心想分，这应该引起我们的反思。英语传统语法区分动名词和分词也还有点道理，因为主语和状语有比较明显的区分，动名词倾向做主语，分词倾向做状语。汉语里主语和状语很难做出明确的区分，绝大多数状语都可以分析为主语（话题）。例如赵元任（1968：52）就把上面（23n）一例头里的小句分析为主语，“今天不会下雨”的“今天”几乎都承认是主语。主语和状语区分比较明显的英语，英语语法学家尚且认为不应该区分动名词和分词，汉语主语和状语没有明显的区别，还一心想分，这也应该引起我们的反思。①

这样的细分只能使汉语语法出现不必要的复杂化，甚至带来累赘和干扰。有人说，只要受了数量词修饰就判定为名词，“分很重要”一句的“分”是动词，“三分很重要”的“分”就是名词，那么“三打祝家庄”的“打”带宾语，“对方提出三不谈”的“谈”受副词“不”修饰，又作何解释？有人说，受名词或区别词直接修饰的一定是名词，如“政体改革”的“改革”，“血型鉴定”的“鉴定”。然而事实是这样的定名组合仍然具有动词性，例如：

① 英语还有 exploring 和 exploration 这样的词形区别，汉语也没有。

(24) a. 我们不政体改革的话……(受副词“不”修饰)

b. 他打算在现场血型鉴定。(做动宾动词“打算”的宾语，受状语修饰)

c. 地方政府可以街道改造。(前带助动词“可以”)

d. 他已经药物检验过了。(受副词修饰，后带“过”)①

按照这条标准，那么“拖延式不去”和“拖延式不出版”里的“不去”和“不出版”就是名词短语（因为“拖延式”是区别词），按他们的理论这自然说不通，于是说这两个动词短语发生了名词化。如果动词短语可以名词化，那么单个动词作为最小的动词短语不也可以名词化吗？为什么他们又不承认“分很重要”的“分”已经名词化了呢？英语里区分动词和动词短语还比较重要，因为光杆动词一般不能做谓语，汉语里光杆动词就能做谓语，如“他去”，无须把动词和动词短语对立起来。有人说，受带“的”定语修饰的一定是名词，如“他的去”里的“去”是名词，因为不能说“他的去了”，“去”不能再加“了”，所以已经一定程度上变为名词。按照这个逻辑，“木头房子”在“木头”前不能再加数量词，不能说“一根木头房子”，那是不是要说“木头”已经一定程度上变为形容词了呢？“他的去了又去”又如何解释？如果说动词短语“去了又去”可以名词化，“去了”为什么又不能名词化呢？同样难处理的还有“他的去过三次”和“他的去和不去”。

还有人把下面两个句子头里的“谦虚”划归不同的类别：

(25) a. 谦虚是一种美德。

b. 谦虚才能赢得人们的尊重。

(25a）的“谦虚”指一种品德，已经名词化，(25b）的“谦虚”指一种

---

① 如果我是一个瞧不起人的文艺理论家，我会说：你也文艺批评，他也文艺批评，好像阿狗阿猫都能文艺批评似的。“文艺批评”受副词修饰，前带助动词。

性状，是省略主语的小句，可以说成“态度谦虚才能赢得人们的尊重”。当然可以说出这个差别，就像 Quirk 等人说英语词例 painting 或 writing 的意义差别那样，但是这种差别是分不清、分不尽的，因为（25a）也可以说成“态度谦虚是一种美德”，（25b）也不是非加“态度”不可。按照这种分法，“不谦虚是一种毛病”，是不是要说“不谦虚”也已经名词化了呢？“谦虚很重要”里的“谦虚”到底是名词化了，还是省略的小句呢？见仁见智，可以无休止地争论下去。“谦虚是一种美德，能赢得人们的尊重”这一句又该怎么办？按照这个逻辑，“这幢房子是木头的”里的“木头”表示材料的性质，“盖房子要用很多木头”里的“木头”表示具体的材料，那是不是要把“木头”也分为两个形式类呢？这种做法不是什么新发明，是朱德熙（1985：19）早就批评过的，早期汉语语法著作把做定语的名词看成形容词，无非是说做定语的名词在意义上是表示性质的。

这种翻来覆去和自相矛盾是不该分而分的必然结果，“这样绕来绕去，不但理论上缺乏依据，对于学习的人来说，也是不好理解，难于掌握的”（朱德熙 1985：23）。

在汉语里给动词用例细分形式类不管用，有人转而采用增加分析层面的办法，例如区分词汇层面和句法层面。他们做了这样的分析：“图书出版”里的“出版”是名词，因为它不能受副词修饰，不能带宾语，而“图书的出版”里的“出版”是动词，因为它能受副词修饰，可以带宾语；前一个“出版”在词汇层面已经从动词转化为名词，后一个“出版”在句法层面才发生动词到名词的转化。对于“版权保护和特别保护”这样的并列结构，也说前一个“保护”是名词，后一个“保护”是动词，同样分别经历词汇层面和句法层面的名词化。这种分析法在词汇的词性之外又增加一个句法层面的词性，实际是王力和吕叔湘两位先生早就放弃了的“词品说”的翻版，甚至更加复杂，不仅增加分析层面，还分出两种名词化，词汇层面有名词化，句法层面也有名词化。更复杂带来更多的问题，例如“图书的出版与不出版”，说前一个“出版”在句法层面名词化，那么并列的后一个“出版”受副词修饰又如何在句法层面名词化呢？“拖延式不出版”和“给他来一个不出版”又如何让“不出版”在词汇层面名词化？吕叔湘先生说，汉语里词类和句子成分的关系错综复杂，断断不是增加一个词品层面所能概括的，词性还是要转来转去。“不解决问题”却徒增一个分析层面，违背简明原则，所以吕叔湘（1942/1982：11）后来把这个层面断然删除了。增加分析层面的问题不是本文的重点，我们另文阐述。

5 重视汉语自身的形态和形式类

本文的主要目的是说明形式类分合的原则和把握好分合的“度”，强调不该分的不要硬分。借鉴国外的理论和方法十分重要，但是一定要抓住本质，汲取精华，而不是流于表面，依样画葫芦。英语语法学家在动词形式和 V-ing 形式的分合上，从避免不必要的复杂化出发，依据“合并原则”，虽然该分的分，但是该合的也要合，总的趋势是从“能分就分”变为“能不分就不分”，这是本质、精华。相反，仿照人家并不怎么重视的 V-ing 形式的内部区分，想以此来解决汉语语法中长期悬而未决的“名词化”问题，这是流于表面，依样画葫芦。

也许有人会说：汉语缺乏印欧语那种实现的、直观的、稳定的形态标记，这样做是没有办法的事情啊！总不能不做区分。对这种说法我们同情但是不赞同。我们不能只说汉语里没有什么，而应该问一问汉语有什么？每种语言应该都有自身重视的区分和区分的手段。这就要求我们继续摆脱“传统观念的摆布”（朱德熙语），甚至“要大破大立”（吕叔湘语）。近年来，汉语语法学界有三个新的探索，提出三个新的看法：字本位，韵律语法，名动包含。这三个方面的研究成果汇聚到一点，那就是认识到汉语有自身的不同于印欧语的形态手段。

英语动词的形式类，最重要的区分莫过于 V 和 V-ing 的区分，这一区分之所以重要，首先是因为它是实现的、直观的、稳定的形态区别，基于这种性质的形式区别划分的形式类才在句法和语义上有重要的效用。笔者最近在“名动包含”说的基础上，吸纳“字本位”说和“韵律语法”的合理见解，论证汉语单音字和双音字的区分（及单双组配方式，如“单＋双”和“双＋单”）是汉语自身的一种重要形态手段，详见沈家煊（2012，2013a，2011c），陈刚、沈家煊（2012），沈家煊、柯航（2014）。其要点说明如下。对于双音化的语法作用，过去是这样认识的：名词是名词，动词是动词，双音化之后，一部分双音动词（所谓“名动词”）获得了名性，变成名动兼类词。这个认识有三大问题。一是与事实严重不符，如上所述，事实上其他双音动词还有单音动词也兼具名性。二是与“双音动词正在向名词漂移”（陈宁萍 1987）的说法矛盾：既然双音的“名动词”已经变为名动兼类词，又谈何“正在向名词漂移”？三是无法解释一个重要现象，名词双音化之后失去了原来已有的动词用法。关于这一点，有“名词动用”的统计数据为证（根据王冬梅 2011 提供的实例）。

表 1　　**“名词动用”的统计数据**

	用作动词	例　句	数量	百分比
单音名词	凝固用法 临时活用	把白菜窖上。 电梯坏了，要腿着了。	140 60	70% 30%
双音名词	凝固用法 临时活用	先试点，后推广。 她就这么和母亲距离着。	20 114	15% 85%

用作动词的名词，数量上单音（200 例）和双音（134 例）差别并不显著，但是在凝固用法和临时活用的比例上反差极大。单音凝固用法和临时用法的比例是 7∶3，凝固用法占优势，而双音凝固用法和临时用法的比例相反，是 1.5∶8.5，是临时用法占绝对优势。要解释这个差别，必须假设：从古代汉语开始的单音名词用作动词这种“虚用法”不断固化，到现代汉语有许多这样的虚用法已经成为凝固用法，如“窖”、“车”（车水，车走垃圾）、“酱”（酱了一缸黄瓜）等，而单音名词变为双音之后（如变为“地窖”“车辆”“酱油”），失去这种凝固的虚用法，只能先临时活用（如上面的“距离”一例）。

我们对双音化的语法作用的新认识可以用图 1 表示。

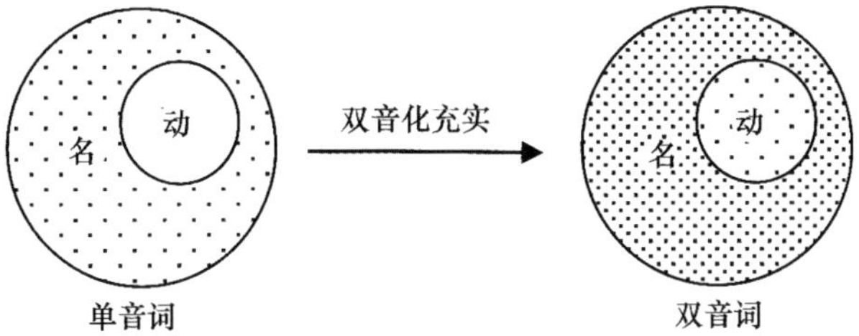

图 1　双音化的语法作用

动词是包含在名词之中的一个次类，以单音词为主的古代汉语和单双并存的现代汉语都是这样一个“名动包含”格局。双音化的语法作用是“增强指称性”或叫“充实”，对动词和一般名词都适用。上图中散点“从无到有”和“由疏变密”都代表“充实”。单音词一端，无散点的小圈代表大名词中一个“虚”的次类“动名词”（如“击”），有散点的部分是一般名词（如“车”）。双音字一端，疏散点的小圈也是一个“虚”的次类（如“击打”和“追击”），但是相对单音词里的小圈有所充实（指称性增强）；散点密集的部分（如“汽车”和“车辆”）是单音名词（“车”）经双音化充实后变得更“实”（指称性更强）的词。

“增强指称性”或“减弱陈述性”不是“名词化”，只有名动已经分立的语言才会发生动词的“名词化”，动词类还没有分化出来的语言根本谈不上动词的“名词化”。汉语里实际发生的是两股势力持续的交互作用并且达成一种平衡：一股势力是名词（包括静态名词和动态名词）不断向动词“虚化”，但是一直没有形成一个独立的动词类，另一股势力是双音化使有所虚化的名词（也包括静态名词和动态名词）再度“充实”，向实在名词回归。

由于汉语几乎每个音节（字）都有意义，“单双区分”作为一种形态的作用是综合性的，同时在韵律、语法、语义、语用上对“虚”和“实”做相对的区分，包括节奏单位的虚实区分，语法单位和类别的虚实区分，词义的虚实区分，语气的虚实区分。从综合性上讲，汉语“单双区分”的重要性要大于英语 V 和 V-ing 的区分。限于篇幅，这个论题在这里不能铺开讲，详细可参看沈家煊（2013a）和沈家煊、柯航（2014）。

这种新探索和新观点绝不是对过去的全盘否定或推倒重来，而是汲取了前人成果中最有价值的部分，如“名动包含”说就继承了朱德熙先生两个十分重要的观点：简明和严谨对语法体系同等重要；汉语的名词只能从反面来定义。“单双区分”在汉语语法中的重要性是吕叔湘（1963）那篇经典论文早就指出和论证过的。对传统的继承也要抓住实质和精髓，不能流于表面。新理论、新观点有待实践和时间的检验，有待完善和修正，也可能被取代，但是在还没有被大多数人所接受的时候就轻言放弃是不明智的。

总之，调查一种语言的语法，重要的是找出这种语言自身重视的区分，而不是去寻找我们碰巧熟悉的语言所具有的区分。特别是遇到分不清、分不尽的情形，硬是分出个两类、三类来，对语言的实际情况而言是过于简单化，对语法体系而言是不必要的复杂化。实现的、直观的、稳定的形式区分才是区分形式类的可靠依据，是应该首先给予充分重视的。

参考文献

陈　刚、沈家煊 2012，《从“标记颠倒”看韵律和语法的象似关系》，《外语教学与研究》第 4 期。

陈宁萍 1987，《现代汉语名词类的扩大——现代汉语动词和名词分界线的考察》，《中国语文》第 5 期。

吕叔湘 1942/1982，《中国文法要略》，商务印书馆。

吕叔湘 1963，《现代汉语单双音节问题初探》，《中国语文》第 1 期。

沈家煊 1999，《“在”字句和“给”字句》，《中国语文》第 2 期。

沈家煊 2009，《我只是接着向前跨了半步——再谈汉语的名词和动词》，《语言学论丛》第 40 辑。

沈家煊 2011a，《语法六讲》，商务印书馆。

沈家煊 2011b，《名动词的反思：问题和对策》，《世界汉语教学》第 1 期。

沈家煊 2011c，《从韵律结构看形容词》，《汉语学习》第 3 期。

沈家煊 2012，《论“虚实象似”原理——韵律和语法之间的扭曲对应》，*CASLAR* (*Chinese as a Second Language and Research*) 1 (1)：89 – 103.

沈家煊 2013a，《“单双区分”在汉语中的地位和作用》，日本中国语研究学会第 63 次年会（日本东京）主题报告。

沈家煊 2014，《汉语“名动包含”说》，《英汉对比与翻译》第 2 辑。

沈家煊、柯　航 2014，《汉语的节奏是松紧控制轻重》，第 11 届英汉对比研究会年会（北京）大会报告，刊于《语言学论丛》第 50 辑。

王冬梅 2001，《现代汉语动名互转的认知研究》，中国社会科学院研究生院语言系博士学位论文。同名修改本（2010），中国社会科学出版社。

赵元任 1968，《中国话的文法》，吕叔湘译本《汉语口语语法》，商务印书馆，1979 年。

朱德熙 1985，《语法答问》，商务印书馆。

Crystal, David 1997. *A Dictionary of Linguistics and Phonetics*. 4th edition. Blackwell Publishers Ltd. 中译本《现代语言学词典》，沈家煊译，商务印书馆，2000 年。

Huddleston, Rodney & Geoffrey K. Pullum 2002. *The Cambridge Grammar of the English Language*. Cambridge: Cambridge University Press.

Jespersen, Otto 1924. *The Philosophy of Grammar*. London: George Allen & Unwin Ltd.

Quirk, Randolph, Sidney Greenbaum, Geoffrey Leech & Jan Svartvik 1985. *A Comprehensive Grammar of the English Language*. London & New York: Longman.

Shen, Jiaxuan (沈家煊) 2011. Nouns and Verbs in Chinese——Cognitive, Philosophical, and Typological Perspectives. Keynote speech at the 11th International Cognitive Linguistics Conference (7. 11 – 17, Xi'an).

Shen, Jiaxuan (沈家煊) 2013. Nouns and Verbs: Evolution of Grammatical Forms. Keynote speech at the 5th International Conference in Evolutionary Linguistics (CIEL – 5), The Chinese University of Hong Kong.

（原载《现代外语》2015 年第 1 期）

“结构的平行性”和语法体系的构建[*]

——用“类包含”讲汉语语法

1　结构，形式类，结构平行

什么是语法？赵元任说：“语法是研究一类一类的形式出现或不出现在由别的类构成的框架或槽之中的。所有在这一点上行动一致的形式是同一个形式类的成员。”[①] 举的例子是：

吃了饭
打过球
骑着马

三个形式都属于“动词语”这个类，其中的“吃、打、骑”都属于“动词”这个形式类，“了、过、着”都属于“动词后缀”这个形式类，“饭、球、马”都属于“名词”这个形式类，“名词的功能之一就是可以填进动词之后的宾语这个框架或槽之中”。形式类主要指词类，框架就是结构，结构是词类的组合序列，上面这个“动宾结构”就是组合序列“动词－动词后缀－名词”。所谓“属于同一结构”就是指“结构上平

* 本文为第七届语义功能语法学术研讨会（北京师范大学，2016 年 9 月）上的报告，主要内容分散在拙著《名词和动词》中，现加以整合和扩充，重点在如何依据结构的平行性构建语法体系。

① 赵元任：《中国话的文法》（英），1968 年；吕叔湘译：《汉语口语语法》，商务印书馆 1979 年版，第 7—8 页。

行"，"吃了饭""打过球""骑过马"属于同一结构，因为三个短语在结构上是平行的。没有结构和结构的平行就没有形式类（词类）。

2 类分立，类合一，类包含

构建一种语言的语法体系，除了大小单位的划定，还需要考虑的两个重要因素，一个是词类或形式类的分合，一个是句法成分类（主语、谓语、宾语等）的分合。类的分合，从逻辑上讲，除了"类分立"和"类合一"，还有"类包含"，见 Lyons。[①]（图 1）

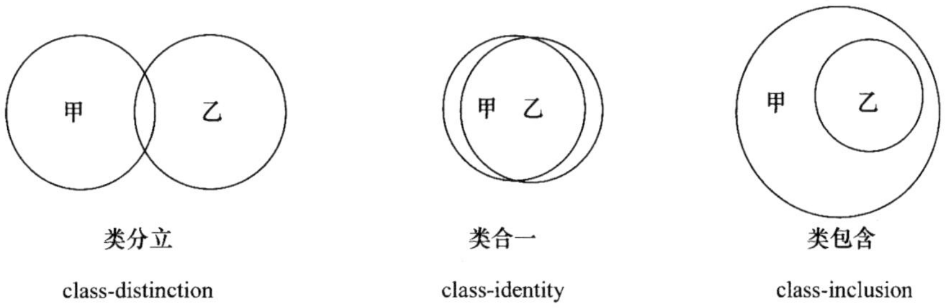

图 1 类的分合

同一语言如果构建有两个语法体系，我们如何比较和评判它们的优劣呢？标准就是两条：严谨和简单。这两条标准都很重要[②]，严谨和简单的语法体系才方便讲语法。严谨不用多说，简单标准就是"奥卡姆剃刀原理"：如无必要，勿增实体。设一个语类够了就不要设两个，设一条规则够了就不要设两条。

3 面临的一个重要问题

现在通行的汉语语法体系存在一个严重问题：按照"名词的功能之一就是可以填进动词之后的宾语这个框架或槽之中"这一条，"饭、球、

① Lyons, J. 1977. *Semantics*. Vol. 2, Cambridge: Cambridge University Press, p. 156.

② 朱德熙：《语法答问》，商务印书馆 1985 年版，第 77 页。

马”固然都属于名词类，但是汉语的事实是，能填入这个框架或槽位之中的，也包括一般认定为动词类的词：

我想家，还想吃。
我怕爸，是怕打。
他爱马，也爱骑。

还有：

挨了一拳　受了一吓
盯着一人　看着一跳
娶过一妻　有过一试

事实上，动词跟名词一样可以受数量词的修饰，但是一般认为受数量词修饰是名词才有的语法特点。更多的例子：

三顾茅庐　三打祝家庄　两学一做
三分赞成七分反对　一分同情九分担心
有一点慢　有些儿快　有两种快
这一次去西藏多亏了你　这种开玩笑可要不得
导演冯小刚三个转身都很华丽　两对情人的两个告别都成了诀别

吕叔湘一文举出近代汉语中动词受“（一）个”修饰的大量例子①：

做个准备　有个下落　讨个分晓　做个记认　装个老实　没个成功　觅个自刎　得个依靠　有个翻身　仗个干脆　买一个不言语　吃亏在一个聪明好胜　算得个特等马糊　赢个他家偏有　落个人财两空　打个胸厮撞

① 吕叔湘：《个字的应用范围，附论单位词前一字的脱落》，载于《汉语语法论文集》，商务印书馆 1999 年版，第 150—152 页。

还有受"一件、一段、一番"等修饰的例子[①]：

一件虚惊　一件挂碍　一件奇异　一件机巧　一件极通情　一件不守女儿规矩　一段相思　一段娇羞　一番教育　一番漆黑　一重怒

动词形容词还经常出现在下面的句式中：

问个明白　吃个没够
来一个不吭声　好一个教书育人
这叫一个爽　那叫一个棒
搞它个水落石出　打得个落花流水
北风那个吹　瞅他那个胖
往床上一躺　吃完了一散
动他个一动　试上他一试

有人说，修饰动词的量词不能是"匹、条、枝"这类专用名量词，但是这不是名词动词分立的理由，因为抽象名词"信心、疑问、仁义、痛感"等也是没有专用名量词的。名词和动词是讲语法的两个最重要、最基本的形式类，名词动词的分合因此直接关乎汉语语法体系的构建。要解决这个问题，就要依据"结构的平行性"。

4　以"结构的平行性"为依据

朱德熙提出，语法研究要十分重视"结构的平行性"。[②] 他说，本地人的语感就来自结构的平行性，或者说，结构的平行性是本地人语感的表现，因此在确定语法范畴及其性质的时候，要以结构的平行性为依据。在

① 崔山佳：《汉语欧化语法现象专题研究》，巴蜀书社2013年版，第225—229页。
② 朱德熙：《语法答问》，商务印书馆1985年版，第31页。

他的著作里，多处详细谈到如何依据结构的平行性，下面择其三处分别加以说明，加上我们的阐释、补充和结论。

4.1 “是”是强调判断的动词

他是买房人。
买房的是我。
买房是投资。

对于这三个句子，大家都承认属于同一结构“A 是 B”，其中的“是”是判断动词。但是遇到下面这些句子就有了争议：

他是买房子。
他是挺可爱。
他是去年去了美国。

“是”后头明显是谓词性成分，而且跟主语缺乏正常的语义联系，于是有人说这些句子里的“是”不再是判断动词，而是语气副词，尽管持这一观点的人承认动词的宾语可以由谓词性成分充当。对于这个有争议的问题，朱德熙提出，应该依据“结构的平行性”来解决。[①] 他说，很容易发现，“他是买房子”跟“他是买房人/他想买房子”具有结构上的平行性，而跟“他也许买房子/他反正买房子”（“也许、反正”是语气副词）没有多少相似之处。

A（肯定）	B（否定）	C（问句）	D（问句）	E（答问）
他是买房人	他不是买房人	他是不是买房人	他是买房人不是	是/不是
他想买房子	他不想买房子	他想不想买房子	他想买房子不想	想/不想

① 朱德熙：《语法答问》，商务印书馆 1985 年版，第 31 页。

他是买房子	他不是买房子	他是不是买房子	他是买房子不是	是/不是
他也许买房子	*他不也许买房子	*他也许不也许买房子	*他也许买房子不也许	也许/*不也许

“他也许买房子”没有B、C、D这些说法。回答问题的E，虽然能单说“也许”，但是不能说“不也许”，平行的大格局不受影响。所以把“他是买房子”里的“是”也定性为判断动词是合理的。

朱先生依据“结构的平行性”，具体说是这样的：当我们单就A列无法确定“他是买房子”跟“他想买房子/他是买房人”是不是属于同一结构，无法确定“是”跟“想”是不是属于同一词类的时候，可以从横向上延伸，看与A直接关联的B、C、D、E等结构，看这个扩展的大格局是否呈现结构上的平行。这叫“大管小”，大格局管小格局，局部要服从整体，这是以结构平行性为依据的理据和精神。

吕叔湘也主张“是”字的用法统一起来，单独算作动词的一个小类，“是”字统一的语法性质就是判断动词，起强调作用，而不是其他什么东西。[①] 判断的强弱有差别，“是”一般轻读，不加“是”（改用停顿）也能表示判断，需要加强判断的时候就加上，“是”重读是最强的判断，表示确认。这意味着，“是”后边是名词性成分还是动词性成分并不重要，“是”表示的判断可以是“客观的等同或归属”（《红楼梦》的作者是曹雪芹/鲸鱼不是鱼类），也可以是“主观的认同或归认”（我是一个男孩一个女孩/我是两毛钱）。即使以“是”字开头的句子也是如此，如“是谁告诉你的”这个句子，吕叔湘认为是一种无主句，它本来是个主谓句，让“是”字在头里一站，把后边的全打成谓语了——也就是主谓句“谁告诉你的”成了动词“是”的宾语。[②] 可见，吕、朱二位都认为，为方便讲语法，就要把握住大格局，不应把“是”字分别划归判断动词和语气副词，而应该统一划归起强调作用的判断动词（图2）：

① 吕叔湘：《汉语语法分析问题》，商务印书馆1979年版，第41、81页。

② 吕叔湘：《汉语语法分析问题》，商务印书馆1979年版，第53页。

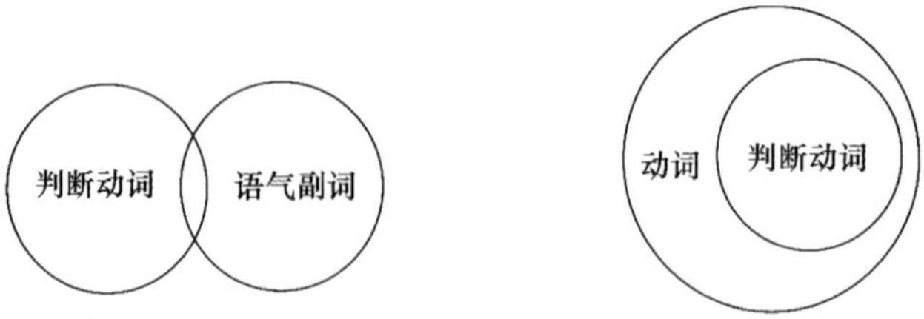

分属判断动词和语气副词　　属动词的一个特殊小类

图 2 “是”的词类归属

之所以有人把“是”定性为语气副词，那是因为受印欧语眼光的支配，拿“是”比附英语 I do like it 里重读的 do。英语动词的宾语只能是名词性成分或动词的非限定形式，所以这里的 do 就要另外定性了。同样是受印欧语眼光的支配，还有人比附英语“it is…that…”这种突出焦点的结构，把“是”定性为焦点标记，说“是……的”框定一个焦点，例如“老王是去年生的孩子”和“我是胡乱投的票”，语义上的焦点“去年”和“胡乱”都在这个框架内。他们想不到或不愿想“是”字后头其实也是一个名词性的定中结构（去年生的孩子/胡乱投的票）做“是”的宾语。其实稍加比较就很容易看出它们和一般的定中结构之间具有平行性，语义上都表示一种主观的认同或归认①：

a. 老王是'日本太太（不是美国太太）	b. 老王是'去年生的孩子
老王是日本'太太（不是日本母亲）	老王是生的'双胞胎
a. 我是'日本汽车（不是韩国汽车）	b. 我是'胡乱投的票
我是日本'汽车（不是日本电视）	我是投的'赞成票

在否定、问句、答问等格式上，a 和 b 之间都存在结构的平行性。这些实例还明白无误地表明，焦点（加着重号）完全可以处在“是……的”这个框框之外（b 的下一例）。有人反对说，断定“去年生的/生的”是“孩子/双胞胎”的定语，“胡乱投的/投的”是“票/赞成票”的定语，这在

① 沈家煊：《“移位”还是“移情”——析“他是去年生的孩子”》，《中国语文》2008 年第 5 期。

意义上说不通，因为“老王”事实上不是“孩子”或“双胞胎”，“我”事实上不是“票”或“赞成票”。然而朱德熙早就指出，结构上相关的两个成分不一定意义上有多少联系，意义上相关的成分结构上也不一定有直接的联系。[①] 要是“意义上说不通”是理由的话，那么“我是日本太太”和“我是日本汽车”里的“日本”也就不是定语了，因为“我”也不是“太太”，也不是“汽车”。带“的”的定语所修饰的中心语不重读的时候可以承前省略，这对 b 类句同样适用，可比较：

a. 他们都是美国的博士，我是德国的。
b. 他是去年生的孩子，我是今年生的。
他是正经投的票，我是胡乱投的。

因此，如果把汉语动词短语跟名词短语放在大的格局（“是”字判断句及其否定式问答式）里看平行性，二者都是动词“是”的宾语。根据这一平行性，可以把动词和名词归入同一语类，按照汉语“名动包含说”[②]，动词是一个统一的“大名词”类里的一个特殊小类，即“动态名词”，这一点还得到以下一些结构平行事实的支持。

4.2 “没、没有”是存现动词

朱德熙也是依据结构的平行性判定[③]，汉语谓词性成分前头的“没(有)”是动词而不是副词，他以“没（有）孩子”和“没（有）去”的平行性为例：

A（肯定）	B（否定）	C（否定）	D（问句）	E（回答问题）
有孩子	没孩子	没有孩子	有孩子没有	有 - 没有
去了	没去	没有去	去了没有	去了 - 没有

① 朱德熙：《语法答问》，商务印书馆 1985 年版，第 53 页。
② 沈家煊：《名词和动词》，商务印书馆 2016 年版。
③ 朱德熙：《语法讲义》，商务印书馆 1982 年版，第 71 页。

朱先生解释说："通常认为体词性成分前边的'没'和'没有'是动词，谓词性成分前边的'没'和'没有'是副词。其实这两种位置上的'没'和'没有'的语法功能在许多方面都是平行的。""只有A项不平行（E项的肯定形式也不平行，但这跟A项是一回事），可是有的方言里（例如粤语和闽南语）'没有＋动词'的肯定形式正好是'有＋动词'。从这些方面考虑，把谓词性成分前头的'没'和'没有'看成动词是合理的。"受南方方言的影响，普通话"有＋VP"的肯定说法也变得很常见，例如"有发烧吗"，"我有追过女孩"，"哪有碰过这种场面"，"我哪有在哭啊"，"我喜欢踢足球，一直有在踢"。王国拴、马庆株说：有人认为"有＋VP"是从粤语和台湾闽南话"传入"普通话的，但是粤语和闽南话大量保留古汉语的形式和用法，所以归根结底，汉语本来就允许这个表达式，在先秦时期就已出现，如"春日载阳，有鸣仓庚"（《豳风·七月》）。[①] 所以普通话"有＋VP"不是什么新现象，而是历史上消失了的结构在新时代条件下的"复活"。

因此"没（有）孩子"和"没（有）去"，平行是大局，不平行是枝节。结构的平行性要着眼于大局，不要纠缠于枝节，这也叫"大管小"，"有"和"了"的异同也只有放在这个大格局里才能真正看清楚。[②] 当局部的不平行可以从历史演变和地域变异中得到合理解释的时候，我们甚至可以说，有残缺的平行格局才更显完美。还有，朱先生确定谓词性成分前头的"没（有）"是动词而不是副词，这跟他一贯坚持汉语的动词跟名词一样可以做主宾语而没有"名词化"，观点上是一致的。

跟"是"字一样，为方便讲语法，着眼于结构的平行格局，不应把"没（有）"分别划归动词和副词，而应该统一划归存现动词"有"的否定形式（图3）：

① 王国拴、马庆株：《普通话中走向对称的"有＋VP＋（了）"结构》，《南开语言学刊》2008年第2期。

② 王冬梅：《从"是"和"的"、"有"和"了"看肯定和叙述》，《中国语文》2014年第1期。

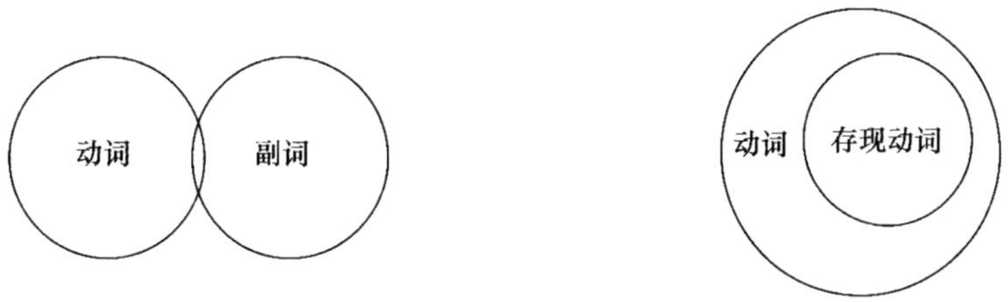

图3 “没（有）”的词类归属

这里附带说一下“在”字。通行的语法书把后边接名词宾语的“在”定性为动词，如“他在厨房”，把后边接动词的“在”定性为副词或助动词，如“他在做饭”，这也是受印欧语眼光引导的结果，以为动词的宾语只能是名词性成分。用朴素的眼光看汉语，依据结构的平行性（如“他在不在厨房”和“他在不在做饭”）应该认定一个“在”，就是表示“处在”的动词。“他在厨房”是“他处在厨房的空间里”，“他在做饭”是“他处在做饭的过程（时间段）里”，“在”可以跟一般动词一样受多种副词修饰，如：

尚在沉吟，又在下雨，也在纳闷，还在锄地，早在焦急，都在讲话，正在推算，心里只在想着快乐①

还有人比附英语语法，说“他在厨房呢”的“在”是动词，说“他在厨房做饭”的“在”是介词，这个区分更没有必要。总之，“在”就是处在动词，是动词的一个特殊小类，而不是别的什么。

4.3 汉语动词是“动态名词”

着眼于结构平行的大格局，把“是”“有”“在”放在一起看，汉语谓语（一般为动词性成分）的指称性就显现出来：

---

① 张劼：《普通话副词“在”源流考辨》，《语言教学与研究》2011年第1期。

他（是）杀了一条耕牛。

他（有）杀过一条耕牛。

他（在）杀着一条耕牛呢。

这三个句子，动词“是、有、在”可以不出现，但是在需要强调的时候就出现。不出现的时候，后头的部分是句子的谓语，指称性不明显，出现的时候，谓语成为这三个动词的宾语，指称性就显现出来。因此，汉语的谓语具有“指－谓”二象性，兼具“指称性”和“述谓性”，谓语属于指称语，是一种动态指称语（指称动作、行为、性状），这正是汉语“名动包含说”的实质。[①]

汉语的动词其实都是“动名词”，或叫“动态名词”，汉语的名词其实是“大名词”（super-noun category），包含动词在内。正因为汉语的动词（述谓语）也属于名词（指称语），前头提出的问题，动词可以填进动词之后的宾语这个框架或槽之中，也就得到合理的解决。这也意味着，汉语的“主谓结构”其性质不同于印欧语的主谓结构，汉语的“主谓结构”其实是“所谓－所以谓”结构，“所谓”和“所以谓”都具有指称性。[②]（图4）

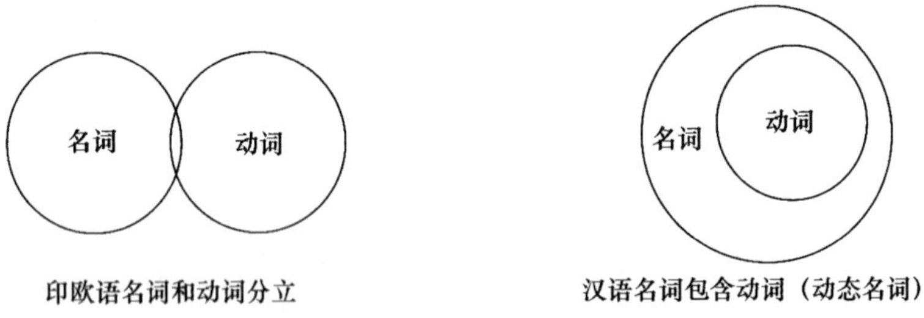

图4　名词和动词的分合

4.4　汉语的补语是宾语的一种

现在来说句法成分类的分合，首先说宾语和补语的分合。看英语的

① 沈家煊：《名词和动词》，商务印书馆2016年版，第4页。

② 沈家煊：《汉语有没有主谓结构》，《现代外语》2017年第1期。

情形：

Tom stroke the pot flat.

John painted the house red.

不管叫什么名称，动词后边的成分，the pot 和 the house 属于一类（叫宾语），flat 和 red 属于另一类（叫补语），也有把前者叫补语，把后者叫次级谓语的，总之是两种成分分立，这样处理当然是合理的，因为英语名词和形容词是分立的两个类。受英语语法的影响，汉语语法也把"砸锅""刷房"划归述宾结构，"锅、房"是宾语，把"砸扁""刷红"划归述补结构，"扁、红"是补语。在汉语里把宾语和补语对立起来，这是有问题的。先是朱德熙又一次依据"结构的平行性"，反对将动词后头补出的动量时量词语（洗一次，看一眼，住三天）划归补语，主张归入宾语，理由就是"动词＋动量时量"这一类结构和一般的述宾结构"动词＋名量"有许多平行的现象。①这里把朱先生列出的平行关系再次转录如下：

动词＋名量	买一本 吃一块	买了一本 吃了一块	买了一两本 吃个一两块	买他一两本 吃他一两块	买一本书 吃一块糖	一本也没买 一块也没吃
动词＋时量/动量	洗一次 敲一下 念一遍 住一天	洗了一次 敲了一下 念了一遍 住了一天	洗个一两次 敲个一两下 念个一两遍 住个一两天	洗他一两次 敲他一两下 念他一两遍 住他一两天	洗一次头 敲一下门 念一遍书 住一天旅馆	一次也没洗 一下也没敲 一遍也没念 一天也没住

朱先生说："把这一类格式放到述补结构里去的唯一的理由是说：后头表动量和时量的词语在意义上是补充前边的动词的。如果这个理由能成立，那末我们也可以把宾语归到补语一类里去，因为宾语也可以说是补充前边的动词的。"有人还是认为把"洗一次头、敲一下门、念一遍书、住一天旅馆"看成跟"买一本书、吃一块糖"平行的格式不妥当，因为

① 朱德熙：《语法答问》，商务印书馆 1985 年版，第 51—53 页。

“书”是论“本”的，“糖”是论“块”的，可是“头”不能论“次”，“门”也不能论“下”，“一本”是“书”的定语，“一次”不是“头”的定语，“一次头”和“一下门”意思上讲不通。针对这一质疑，朱先生回应说“这可不见得”，举的平行例子有：

一次头也没洗　一下门也没敲　一天旅馆也没住

一本书也没买　一块糖也没吃　一个孩子也没生

而且数量词也不限于“一”：

两次头一洗，就感冒了。

三天旅馆住下来，胃口就没有了。

沈家煊支持朱先生的观点和做法，依据结构的平行性，进一步把补语和宾语归为一类。[①] 有人反对说，把“吃饱”跟“吃饭”归为一类、把“问明白”跟“问问题”归为一类，那是别出心裁，抹杀补语和宾语的差别。其实这样的想法前人早就有过，谈不上别出心裁。吕叔湘早就说，要是不把“宾语”限制在名词性词语的范围内，那么“吃饱”的“饱”，“问明白”的“明白”等也可以归入“宾语”，叫“性状宾语”。（吕主张把宾语改叫补语，这只是名称问题。）朱德熙把别人分析为“带‘个’补语”的动词性词语（“玩儿个痛快，笑个不停，打个落花流水”）分析为“程度宾语”[②]，依据也是结构的平行性，因为“问个明白”“笑个不停”和“盖个亭子”“写篇文章”在结构上有许多平行之处，我们补充举例如下：

盖了个亭子　　问了个明白

盖一个亭子　　问一个明白

① 沈家煊：《名词和动词》，商务印书馆 2016 年版，第 7 章。

② 朱德熙：《语法讲义》，商务印书馆 1982 年版，第 121—122 页。

盖他个亭子	问他个明白
盖得个亭子	问得个明白
盖没盖个亭子	问没问个明白
盖了个精致亭子	问了个彻底明白
盖了些亭亭馆馆	问了个明明白白
盖得了些亭亭馆馆	问得了个明明白白

其中“盖他个亭子”和“问他个明白”的平行关系（都能加虚指的“他”）是朱先生已经指出的。邵敬敏进一步论证下面的甲类和乙类在结构上平行[①]，支持朱先生乙类是述宾结构的观点：

甲类：	吃个新鲜	喜欢个快	比个高低	得个名扬天下
乙类：	吃个痛快	跑个快	比个不停	打个名扬天下

丁声树等曾认为“吃个馒头/唱个歌”和“吃个饱/唱个痛快”不同，因为可以说“吃这个馒头”和“唱这个歌”，但不能说“吃这个饱”和“唱这个痛快”。[②] 这是只看小处不看大处，这点差异朱德熙也注意到了[③]，不过朱先生是从结构平行的大格局着眼，何况实际还能说“吃得这个饱”和“说得那个好听”，口语里说快了就成了“吃这个饱”和“说那个好听”。再补充一个事实，下面那些通常所说的补语都可以在后头加“的样子”几个字：

她哭得个半死不活（的样子）。
李大说得个可怜巴巴（的样子）。
她打扮得个花枝招展（的样子）。

① 邵敬敏：《“动+个+形/动”结构分析》，《汉语学习》1984年第2期。另载《现代汉语补语研究资料》，北京语言学院出版社1992年版，第504—508页。

② 丁声树、吕叔湘、李荣等：《现代汉语语法讲话》，商务印书馆1979年版，第67页。

③ 朱德熙：《语法讲义》，商务印书馆1985年版，第122页。

还有，“盖了个亭子”和“问了个明白”不仅在结构上平行，在语义上也是平行的。尚新（2009）从形式语义学的角度指出，在“V个NP”中“个”的功能是把事物个体化，在“V个VP”中“个”的功能是把事件个体化，事物的个体化和事件的个体化是平行现象。[①]

把补语划归宾语，属于宾语的一个特殊次类“动态结果宾语”，这并不是抹杀补语和宾语的区别，动态结果宾语跟一般的宾语还是有区别的。重要的是，在语法体系上不可把实际是大类和次类的关系处理为两个分立的大类。[②]（图5）

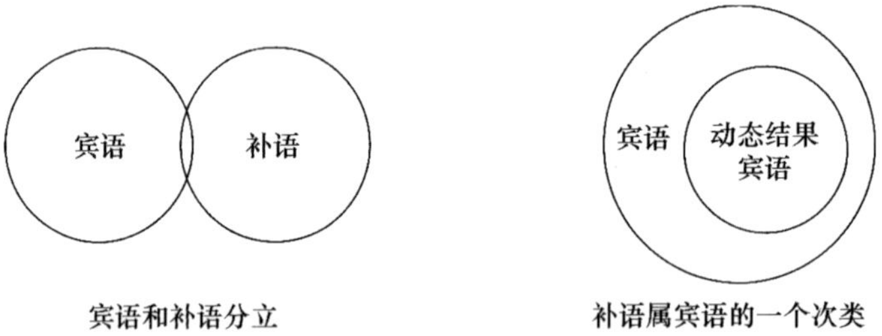

图5 宾语和补语的分合

4.5 汉语的状语是定语的一种

汉语的形容词既可以修饰名词做定语，又可以修饰动词做状语，而英语形容词一般只做定语，副词只做状语：

慢车　　　　慢跑

a slow train　　to run slowly

过去对汉语和英语的这一明显的差异缺乏深层次的认识，按照“名

① 尚新：《时体、事件与“V个VP”结构》，《外国语》2009年第5期。

② 沈家煊（《名词和动词》7.2节）赞同吕叔湘的意见，反过来把动词后补出的词语统一叫“补语”，取消“宾语”，因为“宾语”这个名称容易被理解为跟主语对待，而实际上宾语只是对谓语动词而言。叫“宾语”还是叫“补语”，这主要是个名称问题，厘清宾语和补语之间是“类分立”还是“类包含”，这是实质问题。

动包含说”，汉语的动词是一种“动态名词”，正因为这个缘故，形容词才能修饰动词。英语形容词和副词分立，也正是因为它是“名动分立”格局。那么合乎逻辑的推理就是，汉语的状语是一种“动态定语”。从大局上看，“慢跑，不去”和“慢车，大碗”一样属于定中结构，只不过前者的定语是动态定语而已，两者一样能做主宾语，一样能受数量词、指示词修饰：

慢车对我合适，我选择慢车。
慢跑对身体好，我喜欢慢跑。
我不要大碗，大碗太多。
我不想不去，不去不好。
这三班慢车　这三只大碗
这三回慢跑　这三次不去

有人拿“的”和“地”的分工来证明定语和状语是分立的，说“的”是定语的标志，“地”是状语的标志，但是这种分工完全是一些语法学家仿照英语语法的人为规定，汉语的实际是，“地”只是状语标记，而“的”既是定语标记，也是状语标记，吕叔湘主张一概写“的”，这样就不至于给一般写文章的人造成困难。①

吕叔湘还指出一个现象，下面左右两栏中定语和状语的“构造相同”（都是“形＋名”结构）②：

非谓形容词做定语	形名短语做状语
高层（建筑）	大面积（丰收）
高速（公路）	高速度（建设）
大型（文艺刊物）	大规模（展开）

① 吕叔湘：《关于“的”、“地”、“得”的分别》，《语文杂记》，上海教育出版社 1984 年版，第 50—51 页。

② 吕叔湘：《作状语用的形名短语》，《语文杂记》，上海教育出版社 1984 年版，第 54 页。

长期（贷款）　　　　长时间（鼓掌）
远程（导弹）　　　　远距离（操纵）
多头（政治）　　　　多渠道（流通）

其实有些非谓形容词也做状语，如“高速（前进），长期（积压），远程（控制），多头（领导）”。如果我们将右栏的“大面积丰收”等定性为“动态名词短语”，状语是“动态定语”，那就能很好说明左右两列修饰语的结构平行性。将汉语的状语归属定语的一个次类后，名词和动词可以做状语的现象也能因此得到合理的解释，例如：

名词做状语：集体参加　掌声欢迎　友情出演　荣誉出品　巴掌大
动词做状语：迂回前进　盘旋侦察　租售管理　交叉搭配　站着看

名词做状语是按照形容词做状语类推而成的，例如：

积极因素　　积极发言
集体利益　　集体参加（类推产物）

正因为汉语的形容词既可以做定语又可以做状语，而名词本来可以做定语，那么通过类推，名词也可以跟形容词一样做状语。类推总是有限度的，名词做状语也是有限度的。动词是名词的次类，名词可以做状语，动词做状语也就不难理解了。

5　使“空洞实词”成为“实在实词”

从词类上看，汉语的形容词和副词也不是分立关系，从语法体系着眼，合理的处理是把修饰“大名词”（包含动词）的词统一称为“饰词”或“通用饰词”，副词是一种“副饰词”，即通常只修饰动词（即“动态名词”）的饰词。总体上看，汉语和英语的词类格局呈现如下差异[1]（图6）：

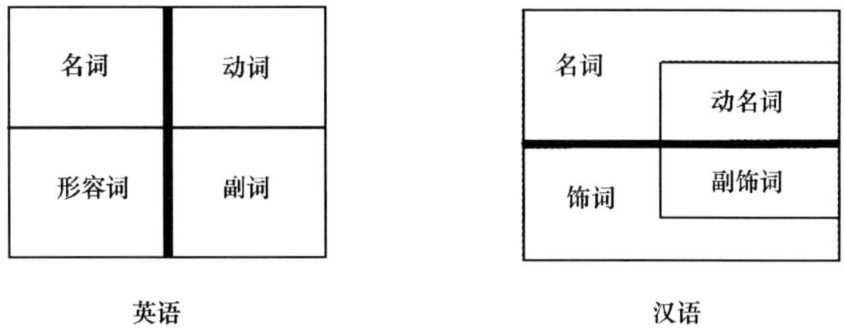

图6 汉语和英语的词类格局

英语名词和动词是主要分野（粗黑线），形容词和副词的区分是根据这个主要分野来定的。汉语名词（大名词）和饰词（通用饰词）是主要分野（粗黑线），名词和动词的区分、饰词和副饰词的区分都是有限的，名词包含动词（动态名词，简称动名词），饰词包含副饰词。[2]

过去的汉语语法体系忽视汉语里的结构平行事实，套用印欧语的“名动分立”格局，名词和动词分立，上位统归为“实词”。这个格局在汉语里不仅遇到上面第三节指出的严重问题，还面临的一个重要问题是：名词无法从正面定义，而实词则成为一个空洞的概念，实词不实，是空洞的“不实词”。说明如下。

名词和动词如果是分立关系，那就应该各自从正面加以定义。然而汉语里无法找出仅为名词类所有而其他词类所无的语法特点来，连“受数量词修饰”也不是名词专有的特点，因为动词也可以受数量词修饰。在天津话里有两个“没”，“mèi 锁”只否定动词“锁”，而“méi 锁”既否定名词“锁”又否定动词“锁”，仍然无法找出名词专有的特点来。这就是说，传统所说的汉语名词其实是从反面定义的，即定义为“一般不能做谓语、不受副词修饰”，简单说，就是“它不是动词”。有人以

① 沈家煊：《名词和动词》，商务印书馆2016年版，第282页。

② 示意图总是难以全面反映事实，上面汉语的那个示意图主要显示大名词和饰词这个大分野，无法同时显示属性饰词（“快，明白”）也属于大名词。

为，只要给动词一个正面定义，确定它的语法特点，也就把名词的范围给界定了。但是这样说的前提是实词要有一个正面的定义，“名词和动词统称实词”，这不是实词的定义。朱德熙这样说明“实词”：“从功能上看，实词能够充当主语、宾语或谓语。”① 这个说明里的“或”字，如果理解为“合取”，那么汉语事实上只有动词符合这个说明，名词不符合，因为名词一般不能做谓语；“或”字如果理解为“析取”，那就等于说“名词和动词统称实词”，“实词”的内涵是空洞的，实词不实。只有在以名词为本的“名动包含”的格局里，传统所说的名词才可以从反面定义。“受数量词修饰”和“做主宾语”是“大名词”（包含动词）的语法特点，大名词和动词都有了明确的定义后，大名词去除动词后的那部分词（传统所说的名词，即小名词）是无须从正面定义的，而且只能从反面定义，即它一般不能做谓语。汉语的“实词”就是“大名词”，即指称事物、动作、属性的词，这个“实词”才是有实在内涵的，即具有特征［+指称性］。“实词”的内涵如果是空洞的，虚、实二类词的区分就缺乏实用意义②，然而中国语文的传统却是十分重视虚、实区分（尽管有不同的区分方式），这表明“实词”不会是空洞的，必定是“实”的，实就实在它的指称性。（图7）

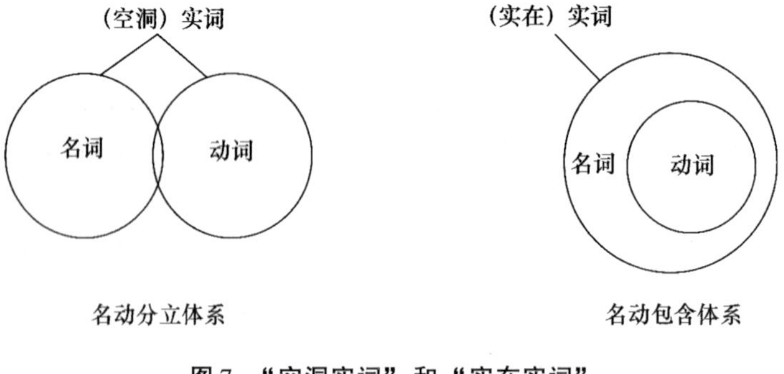

图7 “空洞实词”和“实在实词”

---

① 朱德熙：《语法讲义》，商务印书馆1982年版，第39页。

② 吕叔湘：《汉语语法分析问题》，商务印书馆1979年版，第35页。

当朱德熙先生实际从反面来定义汉语名词的时候①，他已经把一只脚跨进了“名动包含”格局，这在当时的情况下已经十分了不起。只要突破名动关系只能是分立关系这种传统观念，另一只脚也就马上跨了进来。汉语之所以没有动词的“零形式名词化”，是因为汉语的动词本来就是一种名词。现在仍坚持“名动分立”的人倒是有义务从正面说清，这个格局里的名词究竟有什么“仅为名词所有而为动词所无的语法特点”，有义务说明实词的实在内涵究竟是什么。

6 结语：用“类包含”讲汉语语法

要重视“结构的平行性”，它是本地人语感的来源和表现，语言事实上存在结构的平行性，所以语言才是一个“系统”。重视结构的平行性就是尊重语言事实，尊重语感，在构建语法体系的时候更要从大局着眼，依据结构的平行性。在考察结构是否平行的时候，也要看大格局，不要纠缠于枝节，枝节要服从于大局。只有这样，构建的语法体系才是自然的、简洁的，才方便讲语法。

结构的平行性不仅是汉语这种缺乏形态标记的语言依靠它，就是形态丰富的语言同样也依靠它。英语把 do 的用例区分为“动词”和“强调副词”（如 I *do* like it.）两类，其依据就是动词 do 和一般动词之间有结构上的平行性，一般动词只能带名词性宾语，不能像强调副词 do 那样后接动词性成分，正是这个结构平行的大格局决定了英语做出这种区分。有屈折变化的语言重视动词的限定形式和非限定形式的区分，是因为屈折变化格局（paradigm）是结构的平行性最明显、最严格的表现。总体上讲，英语的语法体系已经成熟，依据结构的平行性建立在“类分立”格局上，根本上建立在“名动分立”的格局上，虽然还有局部的调整，如《剑桥英语语法》②，这种调整也

① 朱德熙：《语法答问》，商务印书馆 1985 年版，第 16 页。该处取消了朱德熙的《语法讲义》中给名词下的定义中包含的一个正面定义，即名词受数量词修饰。

② Huddleston, R. & G. K. Pullum, *The Cambridge Grammar of the English Language*. Cambridge: Cambridge University Press, 2002.

是为了更好地贯彻结构的平行性原则。[①] 一部好的语法，一个好的语法体系，不是把实际简单的事情讲复杂，而是把看似复杂的事情讲简单，依据结构的平行性才能做到这一点。

依据结构的平行性，尊重汉语的事实和语感，本文说明：在汉语里，"是"就是判断动词而不是其他什么，"没（有）"就是存现动词而不是其他什么，动词是"动态名词"，补语是"动态结果宾语"，状语是"动态定语"，汉语的词类和句法成分类大都呈"类包含"格局而不是"类分立"格局。"类包含"格局是"异而同"的格局，并不否认两个类的"异"，但是强调二者还有"同"的一面。不是只有"类分立"才能讲语法，"类包含"也能讲语法，对汉语而言，用"类包含"讲语法讲得更顺畅、更简洁。

[原载《华东师范大学学报》（哲学社会科学版）2017 年第 4 期]

① 沈家煊：《形式类的分与合》，《现代外语》2015 年第 1 期。

从语言看中西方的范畴观

导 言

范畴观指如何看范畴的界定、范畴的分合、范畴的形成，统称如何看范畴和范畴化（category and categorization）。范畴和范畴化是认知科学的中心议题，有了范畴和范畴化，概念才得以形成，经验才变得有意义，对人的思想、感知、行为、言语来说，没有比这个更为基本的了，理解范畴和范畴化才能理解我们的思言知行，才能理解人之所以为人。①

已有的两种范畴观都是西方学者提出来的，一种是“离散范畴观”，另一种是“连续范畴观”。前者认为范畴是离散的（discrete），甲是甲，乙是乙，是甲不是乙，是乙不是甲。离散范畴由一些客观的特征或必要充分条件界定，符合这些特征或条件的就属于这个范畴，不符合的就不属于这个范畴。在语言学界，以乔姆斯基为代表的语言理论就持这种范畴观，例如，认为名词是名词，动词是动词，名词的界定特征为［+名性］，动词的界定特征为［+动性］，［+名性］或［+动性］都是“为此范畴所有而它范畴所无”的语法特征。这种范畴观的哲学基础是客观主义的形而上（objectivist metaphysics），强调主客分离，从亚里士多德开始延续两千多年，一直被认为理所当然，无须认证，而且至今不衰。

从维特根斯坦提出范畴成员的“家族相似性”开始，上述经典的范畴观受到质疑和挑战，哲学家、语言学家、心理学家、人类学家分别在各自

① G. Lakoff, *Women*, *Fire*, *and Dangerous Things*: *What Categories Reveal about the Mind*. Chicago: University of Chicago Press, 1987. 参见该书序言和第1章。

的领域论证范畴是连续的（continuous）而不是离散的，甲和乙之间没有明确的分界，存在许多过渡状态。以莱考夫为代表的认知语言学家持这种“连续范畴观”，例如，他们认为名词和动词之间存在一个由名性最强到动性最强的“连续统”，有许多程度不等而又难以划分清楚的阶段。这种范畴观反对主客分离，主张身心合一，认为范畴无法用一些客观的特征或条件来界定，一个范畴的内部成员地位不均等，有的是典型成员，有的是非典型成员，找不出共同特征来（只有“家族相似性”），所以连续范畴也叫“典型范畴”（prototype category）。

关于这两种范畴观的详情，可参看语言学家莱考夫的论述。① 这两种范畴观的争论，中国的语言学界过去并不怎么关注，两种范畴观都有人采纳并用来描写和分析汉语。以连续范畴观为基础的“认知语言学”在西方语言学界不是主流，在当今中国却大行其道（我这是陈述事实，不是价值判断），造成这种情形的原因值得深思。

1　“分立”观和“包含”观

上述这两种范畴观的着眼点是“离散”还是“连续”，但是至少从语言看这不是唯一的着眼点，实际还存在另外两个互有联系的着眼点，一个着眼于“分立”（exclusive）还是“包含”（inclusive），另一个着眼于“是”还是“有”。先就前者而言，甲乙一对范畴，如果不是等同关系就有两种“之间”关系，一种是非此即彼的排斥关系，叫“甲乙分立”，另一种是非排斥的包容关系，叫“甲乙包含”。以词汇概念为例，英语 male 和 female 的关系属于“甲乙分立”，man 和 woman 的关系属于“甲乙包含”。从逻辑上讲，“甲乙分立”可能形成甲和乙的“交集”，“甲乙包含”则不可能有交集，因为乙是甲的“子集”。“分立”跟“离散”类同，但是“包含”不同于“连续”，连续范畴虽然中间是连续的，但两头还是分立的，不是包含关系。着眼于“分立”和“包含”的区别能更好地说明

① G. Lakoff, *Women, Fire, and Dangerous Things: What Categories Reveal about the Mind.* Chicago: University of Chicago Press, 1987.

中西方在语言上的差异：西方的语言（指印欧语）及对语言的研究以范畴的分立为常态，中国的语言（指汉语）及对语言的研究以范畴的包含为常态，从大处看表现在以下一些方面。

首先，从语言和文字的关系看，索绪尔《普通语言学教程》说“语言和文字是两种不同的符号系统，后者唯一的存在理由是在于表现前者。语言学的对象不是书写的词和口说的词的结合，而是由后者单独构成的”①。语言是符号，凡文字都是“符号的符号”，西方从柏拉图、亚里士多德到黑格尔，观点一脉相承，索绪尔继承了这一传统并加以发挥。按照这种观点，语言和文字分立，语言学和文字学分立。但是中国传统的语言学，即“小学”，包括训诂学、音韵学、文字学，文字学一直是包含在语言学之内的，这是因为汉字跟西方纯粹的表音文字不同，它同时是表音和表意的。汉字大部分是形声字，例如“恸”字取“动”之声加形旁“忄”，跟词语“心动”的构造法简直一样；“遁”字表示逃隐，取“逃”之形旁“辶”加上“盾”之声及其转义“隐”，跟词语“逃隐”的构造法基本相同。西学东渐，国人推崇索绪尔，多有将语言和文字截然分开的，却忽略了索绪尔在书中特别指出的：“对汉人来说，表意字和口说的词都是观念的符号；在他们看来，文字就是第二语言。在谈话中，如果有两个口说的词发音相同，他们有时就求助于书写的词来表达思想……汉语各方言表示同一概念的词都可以用相同的书写符号。”②《马氏文通》中的“字”仍然既指汉字又指语词，大众口头常说“你一个字一个字地说”。值得肯定的“白话文运动”说文言是“死的语言”，但并不否认文言（文字语言）也是语言。因此实际情形是，西方语言和文字是“分立”关系，语言是语言，文字是文字，③ 而中国语言和文字

① F. de Saussure, *Cours de linguistique générale*, edited by C. Bally and A. Sechehaye, Paris: Payot & Cie, 1972, translated into English by R. Harris as *Course in General Linguistics*, La Salle, Illinois: Open Court Publishing Co. 1986, pp. 24 – 25.

② F. de Saussure, *Cours de linguistique générale*, edited by C. Bally and A. Sechehaye, Paris: Payot & Cie, 1972, translated into English by R. Harris as *Course in General Linguistics*, La Salle, Illinois: Open Court Publishing Co. 1986, p. 27.

③ 德里达的《论文字学》（汪堂家译，上海译文出版社 1999 年版）是解构主义的理论基础，开始从语言“转向文字”，强调文字“超越语言”，这是西方从反方向讲语言和文字的关系，但仍然是立足于语言文字“分立”的观念。

是“包含”关系，语言包含文字，文字也属于语言，是衍生的“第二语言”，可参看潘文国和徐通锵的相关论述。①

其次，西方语言学的传统和主流认为，语法受规则的支配，是自足的系统，而词语在具体场合的使用属于语用法，简称用法，这是两个性质完全不同的范畴。例如，名词动词属于语法范畴，指称陈述属于语用范畴，二者不可混淆。然而汉语的情形不同，例如“老虎”是名词，同时也是指称语，直接起各种指称作用，在“老虎是危险动物”一句中“通指”一类动物，在“老虎笼子里睡觉呢”一句里“定指”某一只、某一些老虎，在“他终于看见老虎了”一句里根据上下文可以是“定指”“不定指”“专指”等，而英语名词 tiger 却不能直接充当指称语，必须加定冠词（the tiger）、不定冠词（a tiger）、复数标记（tigers）才起到指称作用。动词也一样，汉语动词“看见，睡觉”直接充当陈述语，而英语的原型动词 see 和 sleep 必须变换成 saw，sees，are sleeping 等限定形式才成为陈述性词语。再看主语和话题这对范畴，西方语言，主语属于语法范畴，话题属于语用范畴，虽有部分交叉，但概念上各自独立，不可混淆。例如英语 The play I saw yesterday 一句（play 重读），the play 是话题不是主语，I 是主语不是话题，有形态为证（主语跟谓语要形态一致）。而汉语“戏我昨天看的”一句，汉语学界早已接受赵元任的观点和分析，“戏”是大主语，“我”是小主语，不管大小都是主语，因为汉语的主语其实就是话题，它表示动作者的概率只有 50%，主语应该视为话题的一种。② 因此西方语言学的主流认为语法和语用“分立”，只是小有交集，交集的部分叫“语法 - 语用界面”，中国语言学家认为，根本不存在这样的界面，因为语法是用法的一个子集，用法包含语法。③ 中国的语言学家讲语法是离不开讲修辞和用法的④，因为语法包含在用法之中是汉语的常态。

再次，语法和韵律在西方语言学中是两个分立的范畴。拿英语来说，韵

① 潘文国：《字本位与汉语研究》，华东师范大学出版社 2002 年版，第 83—92 页；徐通锵：《汉语字本位语法导论》，山东教育出版社 2008 年版，第 90—95 页。

② 赵元任：《汉语口语语法》，吕叔湘译，商务印书馆 1979 年版，第 45 页。

③ 参见沈家煊《名词和动词》，商务印书馆 2016 年版，第 4 章。

④ 参见吕叔湘、朱德熙《语法修辞讲话》，中国青年出版社 1979 年版，“第二版序”。

律的基本单位是“音步”（foot），由一个重读音节加一个或数个轻读音节组成，它跟语法单位不一样，例如 Little Miss Muffet sat on a tuffet 一句，音步的划分是（**Lit**-tle-Miss）（**Muf**-fet）（**sat**-on-a）（**tuf**-fet），而语法单位的划分却是（Little（Miss Muffet））（sat（on（a tuffet））），二者不相契合，研究二者之间的映射关系就叫“韵律语法”。汉语的情形不同，单音节的“字”同时是韵律和语法的基本单位，字字带抑扬的声调，字字是重读音节，因此汉语的节奏特点如赵元任所说呈高度的“单音调”。[①] 又由于每个音节都承载意义，单音字和双音字的选择以及单双音节的组配方式，这在汉语里不仅仅是单纯的韵律问题，也不只是跟修辞风格有关，而是跟语法有直接的关系。例如，单音的名词“车”“窖”衍生出动词用法（如“车水/车垃圾/车零件”，“窖了一批白菜/把白薯窖起来”），改用双音的“汽车、车辆”“地窖、菜窖”之后就失去了这种动词用法。吕叔湘早就发现，“双音 + 单音”的组配倾向于构成复合名词（如“煤炭店/手表厂/出租车”，不说“煤商店/表工厂/租汽车”），“单音 + 双音”倾向于构成动词短语（如“租房子/买粮食/做调查”，不说“租借房/购买粮/进行查”），[②] 现在把这种情形叫作汉语的“节律常态”，可见单双音节的区别及组配方式，表面上看是韵律现象，其实是汉语自身特有的一种语法形态。中国的语言研究历来把韵律视为语法的一部分，如《文心雕龙》用舞蹈音乐比喻文章，“舞容回环，而有缀兆之位，歌声靡曼，而有抗坠之节”，章句的“缓急”和“疏密”都要“随变适会”。[③] 总之，中国的语言学家所研究的“韵律语法”本来就包含在语法之中，它不是韵律和语法的交集，而是语法的一个子集。[④]

复次，中西方语言的构词法有明显的差异。吕叔湘说，西方语言的构词以派生为主，跟“词根”（即构词的基础成分）相对的是“词缀”，汉语的构词以复合为主，跟“词根”相对的是“根词”（既能构词又能单用的）。[⑤] 我

---

① 赵元任：《汉语词的概念及其结构和节奏》，王洪君译，《赵元任语言学论文集》，商务印书馆 2002 年版，第 890—908 页。

② 吕叔湘：《现代汉语单双音节问题初探》，《中国语文》1963 年第 1 期。

③ 参见《文心雕龙》的《章句篇》和《熔裁篇》。

④ 参见沈家煊《汉语“大语法”包含韵律》，《世界汉语教学》2017 年第 1 期。

⑤ 吕叔湘：《汉语语法分析问题》，商务印书馆 1979 年版，第 94 页。

们举例来说明：英语 writ-er，kind-ness 是派生构词，词根 write，kind 是基础成分，可以单用，词缀-er，-ness 是附着成分，不能单用，二者界限分明，主从不容混淆。汉语“作家，仁慈”都是复合构词，两个构词成分主从不分明，“作家”的“家”不是词缀，还可以说“自成一家”。拿“羊毛”“驼毛”“驼色”三个复合词来看，“羊”“毛”“驼”“色”四字本来（古代汉语）都是可以单用的根词，其中包含现在（现代汉语）已经不能单用的词根“驼”“色”。因此可以说，西方构词成分“词根”和“词缀”是“分立”关系，而汉语构词成分“词根”与“根词”是“包含”关系，“根词”包含“词根”，“词根”是“根词”内逐渐形成的具有一定程度的“附着性”（不能单用）的一个次类。汉语至今没有形成一类道地的、与根词完全分立的词缀，像“老-”“-子”这样的词头词尾覆盖的词汇数量有限，还是不同于西方语言的词缀，只是“类词缀”。

最后，名词和动词是最基本、最重要的一对语法范畴，但二者之间的关系汉语和西方语言不同。西方语言名词是名词，动词是动词，呈“名动分立”格局，动词用作名词（做主语或宾语）的时候有一个“名词化”的过程和手段，如英语 die → death，explode → explosion，至少要变为动词的非限定形式，而汉语的动词其实也是一种名词，是“动态名词”，兼具动性和名性，因此呈名词包含动词的“名动包含”格局。例如：

> 我不怕死，死不可怕。｜打是疼，骂是爱。｜吃有吃相，站有站相。｜不要理睬她的大哭大闹。｜我不怕比，比就比。｜广州的吃全国第一，但是他在吃上不讲究。｜你快决定吃（进）还是抛（出）。｜（出）卖还是（出）租要先想好。｜你找老婆是找妈还是找抽？抽你没商量。｜她终于离婚了？我想是，是就好。｜有总比没有好，大家还是想有。

这些有下划线的动词不管意义虚实，充当主语或宾语的时候都无须像英语那样“名词化”，因为汉语的动词本来就属于名词，谈不上“名词化”。东汉刘熙的《释名》，所释的“名”既有“天地山水、父母兄弟、日月星宿、眉眼舌齿、笔墨纸砚、鼓瑟笙箫”这些指物的名，也包含“趋行奔走、视听观望、坐卧跪拜、咀嚼吐喘、啜嗟噫呜、好恶顺逆”这些指事、指性状的名。用动词来“指称”动作或性状，西方称之为“本体隐喻”（ontological metaphor），就是将抽象的动作性状当作具象的实体看待，他们用英语来表述这种本体隐喻如下：[①]

EXPLOSION IS AN ENTITY （爆炸是一个实体）
THINKING IS AN ENTITY （思考是一个实体）
HOSTILITY IS AN ENTITY （敌对是一个实体）
HAPPINESS IS AN ENTITY （幸福是一个实体）

由于汉语和英语的“名动关系”不同，中国人会对这种表述方式（不是对隐喻本身）提出疑问：EXPLOSION 和 THINKING 等已经通过词形变化的手段由动词“实现”为名词，这已经表明它是一个实体，那就等于说“一个实体是一个实体”，这还是隐喻吗？中国人觉得应该像下面这样表述才是本体隐喻：

EXPLODE IS AN ENTITY
THINK IS AN ENTITY
HOSTILE IS AN ENTITY
HAPPY IS AN ENTITY

对于操汉语的中国人来说，动作或性状概念本身就是由实体概念“构成”的，没有一个“实现”的过程，所谓“本体隐喻”似乎不存在，或者是多余的，至少是不重要的。汉语“名动包含”格局的全面论证，笔者另有专著。[②]

类似“名动包含”的词类关系在汉语里是一种常态，例如动词和介词，在西方语言里显然是分立关系，动词是内容词（content word），介词

① G. Lakoff, G. and M. Johnson, *Metaphors We Live By*. Chicago, London: University of Chicago Press, 1980, p. 30.

② 参见沈家煊《名词和动词》，商务印书馆 2016 年版。

是功能词（function word），二者界限分明，不容混淆。汉语的情形不同，吕叔湘指出："我国语言学界一直有一种流传颇广的意见，认为现代汉语没有介词，所谓介词实际都是动词。这个话有一定的道理，汉语里的介词的确跟西方语言里的介词不一样，几乎全都是由动词变来的。"[①] 例如，英语 in the kitchen，in 当然是介词不是动词，汉语"他在厨房（做饭）"，"在"是介词也是动词。唐诗"醉把茱萸仔细看"一句里的"把"还是动词（"持"义），到了现代汉语"把"已经变得意义很虚，像个介词，但也不是绝对不能当动词用，例如还会有人说"看我把你这小娼妇！"可见英语动词和介词是"分立"关系，汉语动词和介词是"包含"关系，动词包含介词，介词是动词的一个次类，如果抛开动词变介词这个历时演化事实，单在共时平面讲汉语的介词是说不清道不明的。

在西学东渐之前，中国的语言学只讲虚字和实字之分（西方语言学家得知后也开始区分内容词和功能词），但是虚实之间并没有明确的界限，虚实是相对而言的。虚字都从实字演化而来，叫"实字虚化"，这种虚化是不彻底的，虚化后仍然保留部分的实义，例如上面说的"把"字。介词相对动词而言是虚词，动词相对名词而言也是虚词，清代袁仁林在《虚字论》里就说"春风风人、夏雨雨人、解衣衣我、推食食我"里的第二个"风，雨，衣，食"是"实字虚用"。因此可以说，实词和虚词这对范畴，在西方语言里是"分立"关系，在汉语里是"包含"关系，虚词包含在实词中，在实词中形成，脱离"实词虚化"的过程讲虚词也是说不清道不明的。

自《马氏文通》以来，很多中国语言学领域的学者采纳西方语法"甲乙分立"的范畴观来描写和解释汉语事实，结果是"圆凿方枘，扞格难通"，这是"印欧语语法观念给汉语研究带来的消极影响"，所以吕叔湘晚年呼吁汉语语法研究要"大破特破"，要敢于触动西方语法的那些条条框框。[②] 我们应该尊重汉语的实际，回归和重视"甲乙包含"的范畴观。

① 吕叔湘：《汉语语法分析问题》，商务印书馆 1979 年版，第 39 页。

② 参见朱德熙《语法答问》，商务印书馆 1985 年版，"日译本序"；吕叔湘《语法研究中的破与立》，《吕叔湘全集》第 13 卷，辽宁教育出版社 2002 年版，第 402—404 页。

2 "是"观和"有"观

再就"是"还是"有"而论。上一节说明汉语的范畴以"甲乙包含"为常态，如果问"这个包含格局是一个范畴还是两个范畴"，这是个不好回答也无须回答的问题。甲包含乙，乙属于甲，甲乙本是"异而同"（段玉裁《说文解字注》："凡异而同者曰属。"），从逻辑上讲，甲包含（include）乙，则乙蕴含（entail）甲（马包含白马，白马蕴含马），甲乙既是一个范畴又是两个范畴。中国人对这个"是一是二"的问题不感兴趣，觉得作为常态的"甲乙包含"格局虽然没有"一分二"，但已经"一生二"（老子语），"生"就是从无到有，所以虽然不好说"是"两个范畴，但是已"有"两个范畴。汉语里"不"否定"是"，不否定"有"，"不二"实为"不是二"，"有"则用"没"否定。

哲学界普遍认同西方重"是"而中国重"有"的观点，冯友兰说："《老子》中的宇宙观当中，有三个主要的范畴：道、有、无。因为道就是无，实际上只有两个重要范畴：有、无。"① 西方哲学是围绕 being（是/存在）而进入形而上学的思辨，而中国先秦名家则是通过对"有"的反思而进入形而上学的思辨，"有无"概念是中国传统哲学本体论中的核心概念。中西方的这种差别从语言来看十分明显，赵元任说过下面一段话②：

> [英语的] There is 无法直译成汉语，汉语里只有"有"。There is a man 译成"有人"。…… 碰巧的是，There is 与 has 都译作"有"，而"有"字与作"是"字解的 is 没有任何关系。所以，西方哲学中有关"存在（being）"的问题很难用汉语说清楚，除非特别切断"存在"与"是"的联系，把它与"有"挂钩。

① 冯友兰：《中国哲学史新编》上卷，人民出版社 1998 年版，第 329 页。

② Chao Yuen Ren, "Notes on Chinese Grammar and Logic", *Philosophy East and West*, 1955, Vol. 5, No. 1, pp. 31 –41. 中译文见赵元任《汉语语法与逻辑杂谈》，白硕译，《赵元任语言学论文集》，商务印书馆 2002 年版，第 796—808 页。

“是”“存在”“拥有”三个概念的表达，英语和汉语的区别笔者曾用下面的分合图来表示：[①]

<table>
<tr><th>概念</th><th>英语</th><th>汉语</th></tr>
<tr><td>是</td><td rowspan="2">be</td><td>“是”</td></tr>
<tr><td>存在</td><td rowspan="2">“有”</td></tr>
<tr><td>拥有</td><td>have</td></tr>
</table>

英语 be 包括“是”和“存在”两个概念，汉语“有”包括“存在”和“拥有”两个概念。中国人学英语，老师首先告诉 there is 的用法，提醒不要把“公园有很多人”说成 The park has many people，要说 There are many people in the park。西方人学汉语，经常在该说“山上有座庙”的时候犹豫不决，换说成“山上是座庙”。中国人觉得，“是不是”的问题不值得追究，常说“他是个日本太太”“我是两毛钱”（赵元任例），不问这种说法是否合乎逻辑。现代汉语的“是”字在古汉语里是指示词而不是系动词，至今仍在强调所指的时候才使用，如“老王（是）上海人”“今天（是）礼拜六”，因此“是”字不同于英语的 be，凡是能指的就是存在的，事物天然存在，没有西方那种存在、不存在的问题。中国人重视的“有”实质是个动态“生”的概念，是从无到有，不是静态的“存在”。“有”字在《说文解字》里释为“有，不宜有也”，如“有灾”“有彗星”，这一训释是“从无到有”或“有生于无”这种动态“有”的绝妙表达。英语语法讲存在句（existential sentence），中国语法学界却讲“存现句”，“存在”蕴含在“现”之中，例如“台上坐着主席团”和“中国出了个毛泽东”两句在结构上完全平行，又如“墙上挂了一幅画”（“挂了”的否定式是“没有挂”，“了”和“有”相通），既表示静态的存在，又表示动态的出现，表示出现也就蕴含存在的意思。因此对西方人来说，to be 还是 not to be，这是个首要问题；

① 转引自沈家煊《名词和动词》，商务印书馆 2016 年版，第 343 页。

对中国人来说，“有”还是“无”，这是个首要问题。

综上所述，本文的主要观点就是：因为西方视“甲乙分立”为常态，中国视“甲乙包含”为常态，又因为西方重视“是”，中国重视“有”，所以中西方范畴观的差异，从语言上看，概括为两句话——西方强调“甲乙分立才是两个范畴”，中国强调“甲乙包含就有两个范畴”。“甲乙分立”是范畴的“是”观，“甲乙包含”是范畴的“有”观；“是”观是静态的恒在观，“有”观是动态的“变在”观。[①] 中国的范畴观因此是“动静相济”，是历史先后和逻辑先后的统一：逻辑上必有甲才有乙，历史上先有甲后有乙。语言包含文字，逻辑上必有语言才有文字，历史上语言产生在前、文字形成在后。用法包含语法，逻辑上必有用法才有语法，历史上用法存在于前、语法形成于后（这个过程叫“用法的语法化”）。名词包含动词，实词包含虚词，逻辑上必有名词实词才有动词虚词，历史上名词实词出现在前，动词虚词形成于后（这个过程叫“实词的虚化”）。[②]

西方“是一是二”这种恒在的范畴观根深蒂固，要么“一分为二”要么“合二为一”，“甲乙分立”才是常态，既分又合、不分不合的“甲乙包含”是非常态或过渡态。这在西方的语言学界表现得十分明显。例如，纽美耶和拜比二人在美国语言学会的主旨演讲，对“语法”和“用法”这两个范畴的分合，观点针锋相对。前者说“语法是语法，用法是用法”，主张分、反对合，后者说“语法也是用法，用法也是语法”，主张合、反对分。[③] 其实细读他们的文章，前者也不否认语法是以用法为基础的，后者也承认有的用法已经沉淀固化为语法，但是他们一定要争出个结果“是一是二”心里才舒坦，觉得只有在“恒在”中才能把握语言的真

① “变在”（becoming）一词见赵汀阳《惠此中国：作为一个神性概念的中国》，中信出版社 2016 年版，第 27 页。

② 历史上名词先于动词出现，动词从名词虚化而来，这得到许多语言，特别是非洲语言的证实，见 B. Heine and T. Kuteva, “On the Evolution of Grammatical Forms”, in Alison Wray ed., *The Transition to Language*. Oxford: Oxford University Press, 2002, pp. 376 - 397。

③ F. J. Newmeyer, “Grammar is Grammar and Usage is Usage”, *Language* 2003, Vol. 79, No. 4, pp. 682 - 707. J. Bybee, “From Usage to Grammar: The Mind's Response to Repetition”, *Language*, 2006, Vol. 82, No. 4, pp. 711 - 733.

谛。然而，尽管索绪尔严格区分共时语言学和历时语言学的观点在近代中国有很大影响，中国语言学家还是有自己的习惯，对现代汉语共时平面的描写和分析如果得不到汉语史材料的佐证就觉得不踏实、不舒坦，觉得只有在“变在”中才能把握语言的真谛。

3 更好的“表述自己”

上面从语言出发归纳中西方的两种范畴观，有助于我们从哲学的高度更简明到位地阐释中国概念，摆脱“他们无法表述自己，他们必须被别人表述”① 的尴尬状态。择要分四点说明如下。

天人合一。这是中国哲学里一个极其重要的命题，凡是受过一些西方学术熏陶的人都会提出一个疑问：既然是“合一”，“天”“人”又明明是两个名称，经常对举而言，如“天有其时，人有其治”，中国哲学讲究“正名”，制名以指实，“同则同之，异则异之”（《荀子·正名》），那么这个“合一”到底是什么意思呢？张岱年这样解释张载用“乾坤父母，民胞物与”八个字表示天人合一的思想：“乾坤就是天地，天地就是人类万物的父母，人类万物都是天地所产生的，是自然界的一部分。”② 汤一介指出，“天人合一”不能理解为对立的“人”和“天”合而为一，而应该理解为“人”是“天”的一部分，“人之始生，得之于天”。③这都是在说“天”和“人”之间是天包含人的关系，是“一生二”的动态“变在”关系。汤一介还认为，儒家和基督教的不同在于，西方基督教偏重于外在超越的问题，它必须有一个上帝，人获救的最后力量来自上帝，人自身不能救自己，而儒家并不设定一个外在的“上帝”，人怎么“超凡入圣”完全靠你自己，所以孔子讲“为仁由己，岂由人乎”。④ 这实际是讲，在西方

---

① 马克思《路易·波拿巴的雾月十八日》中的这句话，被萨义德引作《东方学》的题记。

② 张岱年：《中西哲学比较的几个问题》，谢龙编《中西哲学与文化比较新论》，人民出版社1995年版。

③ 参见汤一介《“天人合一”思想的现代价值》，《北京日报》2013年6月8日第19版。

④ 转引自赵嘉、陈岸瑛《谁之传统，谁之使命——汤一介先生访谈录》，赵汀阳主编《论证》2，广西师范大学出版社2002年版，第112—125页。

上帝和人的关系是分立关系，在中国圣和人的关系是包含关系、“变在”关系，圣人也是人，人人可以入圣，“入圣”（动态概念）是中国哲学的精神所在。[①]

体用不二。体用概念源自印度佛教，从梵文原义看，“体”的内涵既指具体的身体、载体（Sarīra），又指抽象的性质、道理（bhāva），指后者的 bhāva 一词在语法术语中就“指抽象含义、概念等”，宋明理学的体用论，“体”已经指向某种抽象的存在。[②] 因此语言学里抽象的规则体系“语法”和词语实际运用的“用法”，二者的关系在哲学里就是“体”和“用”的关系。从中国哲学的主流看，哲学家大多肯定“体用不二”，“体用不离”，反对分离或割裂体用。程颐《易传序》有两句话叫“体用一源，显微无间”。但是西方人会提出疑问：既然是“不二”“无间”，“体”“用”又明明是两个名称，“中学为体，西学为用”（也有反过来说的）二者对举而言，那么这个“不二”“无间”到底是什么意思呢？《朱子语类》里说：“忠是体，恕是用，只是一个物事。如口是体，说出话便是用。不可将口做一个物事，说话底又做一个物事。”严复说：“体用者，即一物而言之也。有牛之体，则有负重之用；有马之体，则有致远之用。未闻以牛为体，以马为用者也。”[③]熊十力《体用论》说，“实体是功用的自身”，“功用以外，无有实体”，“离用便无体可说”。[④] “体用”之辩与“道器”之辩有对应关系，从“道”和“器”的关系看，朱熹说“道器一也，示人以器，则道在其中”，“体用不二”意味着抽象的“道”包含在具象的“器”之中。[⑤] 从上面这些论述中可以看出，所谓“体用不二”实际是“用体包含”的意思，用包含体，体在用之中，用之外无有体，因此不存在体用之间的交界，“体用无间”。

有生于无。“有”和“无”也是中国哲学的一对重要概念，“有生于

① 参见冯友兰《中国哲学简史》，北京大学出版社 2013 年版，第 6 页。

② 转引自沈顺福《体用论与传统儒家形而上学》，《哲学研究》2016 年第 7 期。

③ 严复：《与〈外交报〉主人书》，王拭编《严复集》第 3 册，中华书局 1986 年版，第 558—559 页。

④ 熊十力：《体用论》，中国人民大学出版社 2009 年版，第 7 页。

⑤ 参见杨国荣《体用之辩与古今中西之争》，《哲学研究》2014 年第 2 期。

无”是老子作为一个独立命题提出来的，意义重大。按照冯友兰的诠释，“道”是“无”或“无名”，是万物之所从生者，逻辑上是“有”之前必须是“无”，由“无”生“有”。已有人明确说出这是一种动态“变在”的包含关系：“无”不是什么都没有，而是指无限的可能性，“有生于无”的真正含义是“‘无’包含着规范着‘有’”，“无包含有、有生于无”的观念就是老子所谓的“道”。①

物犹事也。中国哲学很早已注意到“物”与“事”之间的联系，郑玄在界说《大学》中的“物”时便说：“物犹事也。”（《礼记注·大学》）这一界说一再为后起的哲学家所认同，如朱熹在《大学章句》中便承继了对“物”的如上解说，王阳明甚至直说“物即事也”，他的“物”是指“意之所在”。这种“物－事”观跟汉语有直接的关系，汉语的动词用作名词（做主宾语），中国人根本不觉得是一个问题，反而认为理所当然，而名词用作动词（做谓语）如“以衣衣人，推食食人”才作为一个问题提出，说是“实字虚用、死字活用”。这是因为汉语的名词包含动词，动词属于名词，所以事当然是物，属于物，“事物”一词的构成就表明这一点，因此对中国人说“事即物也”是没有意义的，说“物犹事也”“物即事也”才有意义（make sense）。汉语“名动包含”格局也表明“物犹事也”与“不以物为事”（《庄子·齐物论》）两种说法并无矛盾。②

以上种种，天－人、人－圣、用－体、器－道、无－有、物－事，这些中国哲学最重要的成对概念，都是动态的、由一生二的“甲乙包含”关系，在中国人的心目中，这种包含关系、变在关系是常态而不是非常态或过渡态，世界本来就是这个状态。从这个角度可以将中国哲学“和”这一重要概念阐释得更清晰，冯友兰说，“和”与“同”不一样，“同”是简单的同一，这不会有丰富的内容，水再加水，还只是水的味道；“同”不能容“异”，“和”不但能容“异”，而且必须有“异”，才

① 参见冯友兰《中国哲学简史》，北京大学出版社2013年版，第94页；陈霞《试论“道”的原始二重性：“无”和“有”》，《哲学研究》2011年第4期。

② 参见杨国荣《基于“事”的世界》（《哲学研究》2016年第11期），该文强调“事”指“人事”，也说明两种说法只是侧重面不同，并无矛盾。

能称其为“和”。[①]“和而不同”正是视“甲乙包含”为常态的范畴观背后的中国哲学意蕴，中国人心目中的世界图像不是二元分裂，而是和谐一体。

最后有必要澄清一点，本文阐释的中国的范畴观不同于西方“对立统一”的辩证观。有人喜欢用阴阳鱼太极图来表述中国的范畴观跟西方的差别，阴阳两端互补，相反相成，相灭相生。但是阴阳鱼图是南宋才有的，并不能确切地说明中国传统的范畴观，容易给人以甲乙平等对待的错觉。如果是平等的对待关系，西方学者就会说，这完全可以纳入西方的形式逻辑，在“逻辑方阵”里对立是矛盾关系，对待是反对关系，这种对待关系也可以纳入西方“对立统一”的辩证观。20世纪三四十年代张东荪曾这样来表述中国的“对待”跟西方的“对立”的区别：“甲和乙对待，相依相成，定义也不能有，只能由反义以明之，这是另外一套名学，另外一个思想系统。”[②]这个表述已经接近于“甲乙包含”的表述，因为在“甲包含乙”格局里，不属于乙的那部分甲是不能从正面定义的，例如在汉语“名动包含”格局里，不属于动词（即动态名词）的那部分名词就无法从正面界定，只能用“不是动词”这个反面定义。[③]但是张东荪的这个表述还不够准确，中国的“对待”不是平等对待，甲和乙有本末、源流的区别，甲是本是源，乙是末是流，“本是本来就有，源是起源，末是衍生的，流是后来才形成的”。[④]本末观、源流观是中国传统范畴观的重要内容，“甲乙包含就有两个范畴”，这个表述既说明逻辑上的本与末，又说明历史上的源与流，逻辑先后和历史先后一致，这才是“对待”的确切含义。

总之，本文从语言出发提出并说明的两种范畴观，有助于我们在更广

---

① 参见冯友兰《中国哲学史新编》上卷，人民出版社1998年版，第132页；冯友兰《中国现代哲学史》，广东人民出版社1999年版，第253页。

② 张东荪：《思想言语与文化》，《社会学界》1938年第10卷（6月），节选载《当代修辞学》2013年第5期，第38—47页。

③ 参见朱德熙《语法答问》，商务印书馆1985年版，第16页。该处取消了传统所说的名词的正面定义“受数量词修饰”，因为动词也能受数量词修饰。

④ 参见张岱年《中西哲学比较的几个问题》。张文就“存在”和“现象”的对待而言，这番话应适用于其他成对的范畴。参见朱晓农《语言限制逻辑再限制科学：为什么中国产生不了科学》，《华东师范大学学报》（哲学社会科学版）2015年第6期。

的领域、更高的层次更好地“表述自己”，做出中国学者应有的贡献，这也是对中国文化和语言有相当了解的西方学者所殷切期待的。[1]

4 结语：中西方取长补短

语言学家一般都认为，语言跟语言之间总体上没有高低优劣之别。印欧语和汉语在表情达意上各有各的长处和短处，印欧语好在精确和规整，汉语好在单纯和灵活，[2] 甚至可以说它的长处也就是它的短处，两种语言应该互相取长补短。事实上现代汉语正在吸收西方语言精确规整的表达方式，只要做得不过分，这是有积极意义的。

本文阐释的中西方的两种范畴观同样都是人类思想的结晶，一静一动，一正一负，也没有高低对错之分，而是互补的。关于一静一动，刘家和曾将中国与西方学术最根本的区别归结为，中国人是在运动中把握真理，历史理性占主导地位，西方人是在永恒中把握真理，逻辑理性占主导地位，人类不能没有在永恒中把握真理这条路，也不能没有在运动中把握真理的能力，从柏拉图起，西方人就有一个不信在变化运动之物中能把握真知的习惯。[3] 这个见解跟本文表述的中西方范畴观相一致，中国的范畴观是动态的“有”观、“变在”观，认为逻辑先后要跟历史先后一致，西方的范畴观是静态的“是”观、“恒在”观，强调逻辑先后。

冯友兰将西方和中国形而上方法的差异归结为一正一负，正的方法是说形上学的对象是什么，负的方法却是不说它，如《老子》《庄子》没有说“道”实际是什么，却只说了它不是什么，但是知道了它不是什么，也就明白了一些它是什么。还说，单纯性要用清晰性来补充，但清晰性不是目的，最终要达到单纯性。[4] 本文阐明，西方是一种“正”的范畴观，好

---

① 参见刘毅清《如何构建中国的理论——西方汉学家的思考与启示》，《哲学研究》2014 年第 11 期。

② 关于汉语的灵活性，参见吕叔湘《汉语句法的灵活性》，《中国语文》1986 年第 1 期。

③ 参见刘家和《论历史理性在古代中国的发生》，《史学理论研究》2003 年第 2 期；刘家和《论通史》，《史学史研究》2002 年第 4 期。

④ 参见冯友兰《中国哲学简史》，北京大学出版社 2013 年版，第 311—325 页。

在它的清晰性，一定要格出个“是一是二”来才满足，中国是一种“负”的范畴观，好在它的单纯性，不追究“是一是二”，知道“一生二”已“有二”就及格了，在常态的“甲乙包含”格局里不属于乙的那部分甲只需从负面“不是乙”来定义。西方从来没有形成充分发展的负的范畴观，跟“离散范畴观”对立的“连续范畴观”虽然亲近负的范畴观（淡化了“分立”），但还不是充分发展的负的范畴观。近代中国从西方获得一种新的思想方法即正的范畴观，意义重大，负的需要正的来补充。然而正的并不能取代负的，正像简洁的汉语正在吸收印欧语的精确表达方式，但是不会被后者取代一样。

（原载《中国社会科学》2017 年第 7 期）

汉语有没有“主谓结构”*

一个过于简单的回答是“没有”，因为汉语没有形态，没有主格标记，更没有谓语和主语的形态一致（agreement）。简单是简单，但是要加深对语言的认识，不能满足于这个回答。有人会问：“我去过西藏”“他喝了农药”“她做着饭呢”这些常用的句子，翻译成英语不都是主谓结构吗？要是说汉语没有主谓结构，那么汉语有的又是什么呢？下面先讲前辈学者已经有的认识，然后谈近年来我们新取得的认识。

1 已有的认识

1.1 赵元任（1968）的论述

1）汉语所谓的“句子”就是两头有明显停顿的一个话段（utterance），它可以没有主语，“下雨了”，没有相当于英语主语的 it，它可以没有谓语，“这个人呀！”，主谓齐全的整句由两个“零句”（minor sentence）——主谓不齐全——组成，零句是根本，零句加上语调就可以独立。一问一答两个零句组成整句的例子：

（1）饭呢？都吃完了。（一问一答）

（2）饭呢都吃完了。（自问自答）

（3）饭都吃完了。（组合成一个整句）

* 本文是“第一届全国语用学高端论坛”（2016.10.29—30 于北京外国语大学）上的演讲，经修改后发表。

重要的形式证据是，语气助词“啊吧吗呢”既可以出现在句末，也可以出现在主语后头。

2）汉语的主语其实就是话题。英语主语是语法范畴，话题是语篇或语用范畴，两者不是一样东西。The play I saw yesterday 一句，the play（对比重读）是话题不是主语，I 才是主语。汉语“戏我昨天看的”，“戏”是话题也是主语。汉语主语为动作者或施事的概率只有 50%，受事、时间、地点、与事、工具、原因等都可以充当主语，如“鸡不杀了”，“今天礼拜六”，“你（我）不给了”，“这把刀切肉”，“下雨不去了”。杜甫的两句诗，“香稻啄余鹦鹉粒，碧梧栖老凤凰枝”，按主谓结构说不通，按“话题 - 说明”就好理解：香稻啄余者，鹦鹉之粒也；碧梧栖老者，凤凰之枝也。因为汉语的主语就是话题，谓语就是说明，所以主语和谓语的语义联系可以是很松散的，例如“我是一个男孩一个女孩”，“我是个日本女人”（指我的用人），等等。

3）主谓结构在汉语里可以做谓语：“象鼻子长”，“我肚子疼”。下面右边是主谓结构做谓语，跟左边结构和意义都不一样：

(4) 她的肚子大了。　　她肚子大了。(可以指怀孕)

(5) 他的耳朵软。　　他耳朵软。(可以指轻信)

4）汉语谓语的类型不受限制，名词也可以充当谓语。“老王上海人”，“今天星期天”。甚至有主语是动词、谓语是名词的句子，例如“逃，孱头”。

1.2 朱德熙（1985）的论述

1）汉语主谓结构的地位跟其他结构的地位完全平等。没有主语的句子是正常的句子，分类举例：

(6) 根本安不上主语：打闪了。｜轮到你请客了。

(7) 陈述对象不在主语位置上：热得我满头大汗。｜有个国王有三个儿子。

(8) 陈述对象泛指：学而时习之，不亦说乎？

(9) 陈述对象是说话的人自己或听话的人：打算写本书。|哪天回来的？

(10) 陈述对象可以从语境推知：舞阳侯樊哙者，沛人也。[ ] 以屠狗为事，与高祖俱隐。| [两人看完电影出来对话] 怎么样？还不错。

2）汉语的词组和句子是一套构造原则，词组加上语调就是句子。

3）汉语的动词可以自由地做主宾语。例如：

(11) 打是疼，骂是爱。

(12) 你找老婆是找妈还是找抽，抽你没商量。

(13) 她离婚了？我想是，是也好。

“打、骂、疼、爱、抽、是”做了主语或宾语，并不因此而变为名词，说它们已经“名词化”，那是多此一举，是“人为的虚构”。这一认识十分重要。

1.3 吕叔湘（1979）的论述

1）不用主谓关系的有无来区别句子和短语。

2）汉语特多“流水句”，一个小句接一个小句，可断可连，似断还连。这一认识特别重要，我们不惜篇幅举例如下。金宇澄的《繁花》第 6 章讲陶陶跟人讲解“蟹经”，一连用了 49 个逗号，一逗一个小句，相当于赵元任所说的“零句”：

(14) 陶陶说，螃蟹和大碟，道理一样，必须了解对方背景，有不少大领导，江南籍贯，年轻时到北面做官，蟹品上，不能打马虎眼，苏州上海籍的北边干部，港台老板，挑选上就得细致了，必须是清水，白肚金毛，送礼是干嘛，是让对方印象深刻，大闸蟹，尤其蟹黄，江南独尊，老美的蟹工船，海上活动蟹罐头工厂，海螃蟹抓起来，立刻撬开蟹盖，挖出大把蟹黄，扔垃圾桶，蟹肉劈成八大块装罐头，动作飞快，假如送礼对象是老外，您还真不如送几磅进口雪花或西冷牛扒，至于真正的北面人，包括东北，四川，贵州，甘肃，一般的品相就成了，配几本螃蟹书，苏州吃蟹工具，镇江香醋，鲜姜，细节热闹一点，别怕麻烦，中国人，只讲情义，对陌生人铁板一块，对朋友，绵软可亲，什么法律，规章制度，都胜不过人情，一切OK的。

这样的流水句在《繁花》里很常见，最多有65个逗号连用的。跟连用逗号相反的是频用句号，例如王朔《新狂人日记》里的一段：

(15) 乐代表心情。发型代表社会认同。过去不同阶级剃的发型各有区别。譬如日本武士头。……不许乱来的。也宣示民族。清入关留发不留头。各国发型不统一。女人乱做头发意在掩饰自己是紊乱的理想主义者。小平头假装为人正直。这是习俗。差别。互相装孙子。不是时尚。剃光头就是蔑视一切社会习俗。跳出三界外。跟你们讲了。全不吝了。爱谁谁。所以要提防秃子。不光和尚。

这些句号都可以改为逗号，只是语气顿挫有别。在英语里，连用逗号的句子叫run-on sentences（流水句），频用句号的句子叫choppy sentences（撬劈句），写作的时候一般是要尽量避免的，而在汉语里却是正常的、好的。

对于汉语有无主谓结构，前辈学者已有的认识可以概括为：如果说汉语也有主谓结构，它跟其他结构的地位平等，汉语不以主谓结构的有无来判定句子，主谓结构其实就是“话题－说明”结构。

2 新的认识

2.1 名词动词就是指称语述谓语

(16) 老虎是危险动物。

(17) 老虎笼子里睡觉呢。

（18）他终于看见老虎了。

名词（老虎、动物、笼子）充当各类指称语（类指、定指、不定指等）的时候没有一个“指称化”的过程，不像英语那样要加冠词 a、the 或复数标记，动词（是、睡觉、看见）充当述谓语的时候也无须有一个“述谓化”的过程，如 is/are/was，sleeps/be sleeping，see/saw/has seen 这样的动词变形通通没有。

名词动词是语法范畴，指称述谓是语用范畴，主语谓语是语法范畴，话题说明是语用范畴，句子是语法范畴，话段是语用范畴。综合起来可以说，汉语里语法范畴和语用范畴的关系不是印欧语那样的分立关系，而是包含关系，语用包含语法。换言之，从语法到语用，汉语没有一个“实现”的过程，语法本来就是语用的“构成”部分（沈家煊 2016：第 4 章）。这个认识十分重要，是对赵元任“汉语的主语就是话题”这一观点的继承和发展。如果认定主语必须像印欧语那样是句子的论元（argument），那么在汉语里所谓主语实为话题的一个子类、一种特例而已。后来 Li & Thompson（1976）提出，英语是主语凸显语言，汉语是话题凸显语言，这种说法风行一时，影响面很广，却是从赵元任的洞见倒退，退回到主语－话题总是二分对立的成见，参看罗仁地（LaPolla 1993，2009）有说服力的论证。

这里我想说，汉语这种“语用包含语法”的格局，跟中国哲学“体用不二”“体用无间”的理念是一致的。从哲学史来看，“体用所自，乃本乎释氏”（黄宗羲），从梵文原义看，“体”的内涵既指具体的身体、载体，又指抽象的性质、道理，指后者的 bhāva 一词在语法术语中就“指抽象含义、概念等”（金克木），宋明理学的体用论，“体”已经指向某种抽象的存在（见沈顺福 2016）。因此，语言学里“语法”和“语用”的关系在哲学里就是“体”和“用”的关系，语法是抽象的，用法是具体的。从中国哲学的主流看，哲学家大多肯定“体用不二”“体用不离”“体用无间”“体用一源”，反对分离或割裂体用。朱熹说：“忠是体，恕是用，只是一个物事。如口是体，说出话便是用。不可将口做一个物事，说话底又做一个物事。”（《朱子语类》第 672 页）这里的“体”已经指抽象概念。熊十力《体用论》说，“实体是功用的自身”，“功用以外，无有实体”，“离用便无体可说”（熊十力 2009：7）。“体用”之辩与“道器”之辩有对应关系，从“道”和“器”的关系看，朱熹说“道器一也，示人以器，则道在其中”，“体用不二”意味着抽象的“道”包含在具象的“器”之中（见杨国荣 2014）。西方人会对中国“体用不二”“体用无间”的说法提出疑问：既然是“不二”“无间”，“体”“用”又明明是两个名称，经常对举而言，如“中学为体，西学为用”（也有反过来说的），那么这个“不二”“无间”到底是什么意思呢？其实，从上面那些论述和分析中可以看出，所谓“体用不二”是“用体包含”的意思，用包含体，体在用之中，用之外无有体，因此不存在体用之间的交界，“体用无间”。

中国人的语言观因此是，就语法和用法的关系而言，二者既不是 Newmeyer（2003）所言“语法是语法，用法是用法”，也不是 Bybee（2005）所言“语法就是用法，用法就是语法”，而是“用法包含语法，语法属于用法”。汉语离开了讲用法就没有办法讲语法，或者没有多少语法可讲，因为所谓的语法范畴、语法单位就是由语用范畴、语用单位“构成”的。国内语法学界提倡从语法、语义、语用“三个平面”来研究汉语语法，其实不是要把这三个平面“区分”开来（西方学者一直强调三者的区分），而是要把三者“结合”起来。从“语用法的语法化”这个角度来看汉语和印欧语的区别，可以图示如下：

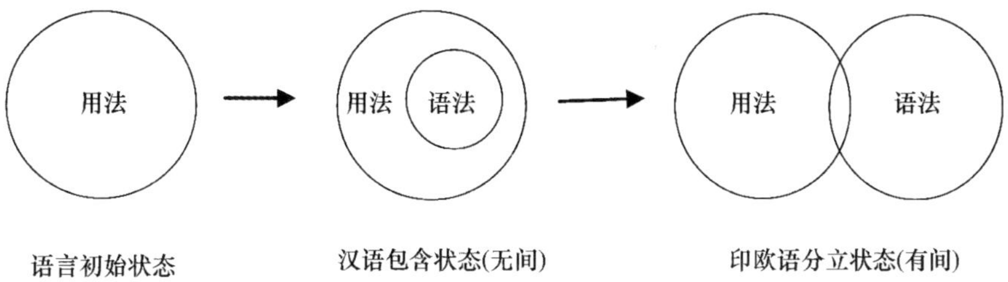

汉语是还没有彻底“语法化”的语言。印欧语里的英语正在“去语法化”（degrammaticalization），语法形态不断简化，主语和谓语的形态一致只在第三人称的单复数上还保留着，因此变得有点像汉语了。

2.2 谓语也是指称语

这是近年取得的最重要的认识之一。这个认识是基于这样一个事实：汉语名词和动词的关系呈名词包含动词的“名动包含”格局，而不是像印欧语那样“名动分立”。这两类词在汉语里的分布属于“偏侧分布”：名词一般做主宾语，动词既做谓语又做主宾语；名词一般受形容词修饰，动词既受副词修饰，又受形容词修饰；名词一般用“没”否定，动词既用“不”也用“没”否定（沈家煊 2016：3.2 节）。总之，汉语的动词全是“动名词”，兼具动性和名性，“死”既是 die 又是 death，“爆炸”既是 explode 又是 explosion。“名动包含”不仅指名词包含动词，还指名词短语包含动词短语，因为名词短语和动词短语的分布也呈“偏侧分布”。如上一节所述，汉语的名词和名词短语就是指称语，动词和动词短语就是述谓语，所以“名动包含”的实质是“指述包含”，指称语包含述谓语，述谓语也是一种指称语，即指称动作或状态的指称语。汉语句子的谓语因此具有指称性，根本上属于指称语。这一点还能从“是”“有”“在”的性质来论证：从“结构的平行性”（沈家煊 2016：6.2.1 节）来判断，三字都是动词，后面的词语都是指称性的宾语，例如：

(19) 他（是）喝了农药。
(20) 我（有）去过西藏。
(21) 她（在）做着饭呢。

这三个句子，动词“是、有、在”通常不出现，但是在需要强调的时候就出现；不出现的时候，后头的部分是通常所说的句子的谓语，指称性不明显，出现的时候，谓语的指称性就显现出来。

从词类演化的角度看，名词和动词本来不在一个层次上，动词是从名词虚化而来的，Heine & Kuteva（2002）提供了大量非洲语言的证据。因此，“名词化”（nominalization）不是语言的共性，汉语没有“动词的名词化”，所谓“零形式名词化”只是人为的虚构，“名词向动词虚化”才是语言的共性。

汉语“名动包含”格局跟中国哲学关于“物”和“事”关系的论说一致。郑玄在界说《大学》中的“物”时便说：“物犹事也。”（《礼记注·大学》）这一界说一再为后起的哲学家所认同，如朱熹在《大学章句》中便承继了对“物”的如上解说。之所以有这样的解说，是因为“事就是物”“事就是抽象的物”这个认识，对中国人来说不言自明。“名”当然不限于具体“物”的名，也包括“事”和“性状”的名。看东汉刘熙的《释名》所释的“名”：

（22）天地山水　父母兄弟　日月星宿　眉眼舌齿　笔墨纸砚　鼓瑟笙箫（指物）

（23）趋行奔走　视听观望　坐卧跪拜　咀嚼吐喘　啜嗟噫呜　好恶顺逆（指事和性状）

汉语的谓语根本属于指称语，这正是汉语的名词可以直接做谓语的原因，也表明汉语是以名词为本的语言，而不是像印欧语那样以动词为本。要知道，以名词为本的语言不止汉语。Larson（2009）拿汉语的助词“的”跟伊朗一些语言的对当助词比较，论证汉语的名词跟那些伊朗语言的名词一样是“大名词”（super-noun category），包含动词、形容词。长话短说，拉森的论证是，既然下面各个“的”的用例都属于同一个“的”：

（24）爸爸的书　　书的内容

（25）掉页的书　　书的掉页

（26）沉重的书　　书的沉重

那么就得承认“内容、掉页、沉重”都属于同一类词，即都属于“大名词”。

汤加语也属于以名词为本位的语言（Tongan nominalism），论文见Broschart（1997）。长话短说，汤加语不仅像汉语一样名词可以直接做谓语：

(27) 这只鹦鹉又圆又大的蓝脑袋。(汉语：小王黄头发)
(28) (那天) 肖纳的麦克白斯。(汉语：马连良的诸葛亮)

而且通常用一个名词短语来表达事件和状态，例如：

(29) 现有肖纳的去城里。(表达“肖纳正在往城里去”的意思)
(30) 曾有教堂的那些个教师。(表达“教堂曾经有那些个教师”的意思)

再说他加禄语以名词为本（Tagalog nominalism)。受印欧语“动词中心论”的影响，过去以为这种语言也以动词为中心，动词带四种语态词缀，然而 Kaufman（2009）从历史语言学、语言类型学、生成语言学三个方面论证，这些所谓的动词语态词缀，其实应该分析为名词的词缀，这样才能对共时和历时的语言事实做出简单合理的解释。也是长话短说，这种语言是用两个名词短语的并置来表达一个事件，相当于古汉语的如下表达方式：

(31) 始食鼠者，猫也。(表达“猫开始吃耗子”的意思)
(32) 猫所始食者，鼠也。(表达“耗子开始被猫吃”的意思)
(33) 猫所在始食鼠者，盘也。(表达“猫开始在盘子上吃耗子”的意思)
(34) 猫替之始食鼠者，犬也。(表达“猫开始替狗吃耗子”的意思)

例证还来自掺杂西班牙语借词的他加禄语句和掺杂他加禄语词的洋泾浜英语，类似于汉语如下的用例：

(35) 你 parking 好了吗?
(36) 你今天 swimming 了吗?

明知英语有动词 park 和 swim，却用它们的名词形式。

（37）We can't make *zheteng*（折腾）anymore！我们不能再折腾了！

（38）Let's do some *zouxue*（走穴），too！我们也去走走穴吧！

（39）He is doing *huyou*（忽悠）again！他又在忽悠了！

一时不知怎么用英语表达，暂时先这么说着，“折腾”等词用作 make/do 的名词性宾语。

进入日语的表示动作的汉语词，包括双音和单音，都是加する（ずる，じる）后才变成“用言”，不加的时候是“体言”，如“检阅する”，“解放する”，“爱する”，“念ずる”，“任じる”。韩语里的汉语词也是这样，例如：

（40）Jeongbu-ga　　dari-reul　　geonseol-ha-oet-da.
　　　政府－主格　　桥－宾格　　建设－做－过去时－陈述
　　　政府架设了桥梁。

geonseol“建设”要加上-hada（＝英语 do）才做谓语。

这样看来，汉语以名词为本（Chinese nominalism），这在语言世界里并不是孤立现象。英语主谓二分对立，语法理论都认为没有主语不成为句子，没有动词不成为谓语，习惯于把“主－谓－宾”叫“主－动－宾”，因为谓语只能由动词充当。GB 理论关注和争论的一个重点是，Martha considers Mary intelligent 一句，其中 Mary intelligent 这个不含动词的片段到底是一个还是两个组构成分，如果是一个，叫什么名称合适。我们应该重视语言结构的多样性，以动词为中心，并不具有普遍性。上面提到 Larson 拿汉语跟伊朗语言比较，论证汉语的名词是“大名词”，他说“只从汉语看汉语是看不清汉语的”，说得好。我们也可以反过来说，“只从英语看英语是看不清英语的”，从汉语来反观英语，可以发现英语的谓语也在一定程度上保留着指称性。从英语史看，“be V-ing”结构主要是由“on 介词结构”的介词 on 脱落词首元音造成的，例如“He is hunting”的来历是：

（41）is on huntinge　　is a-hunting　　is hunting

美国民谣歌手 Bob Dylan 因其诗歌的古风和音乐性获得 2016 年诺贝尔文学奖，他的一个专辑就叫 The times they are a-changing（时代在变）。Jespersen（1924：277—281）因此早就认为，“on V-ing”本质上是个名词结构，他称之为“带介词 on 的动性名词结构”。拿汉语来比照这个说法很好理解，汉语“他在打猎（之中）”就是“he is in (the middle of) hunting”这个意思的自然表达，“是”字隐而不显，“他在打猎”跟“他在山上”结构相同，“山上”和“打猎”都是名词性的。所以，将英语谓语部分的“V-ing”视为“准指称语”并不过分。再看英语的“have V-ed”形式。Jespersen（1924：269－271）认为，这个形式不是表示“体”（aspect），而是表示一种“稳状现在时”（permansive present），即把过去事件产生的结果表示为现在的稳性状态，例如“He has killed a man”，在叶氏看来，“have V-ed”里的“V-ed”可以看作动词“have”（现在时）的指称性宾语，即把 he 在过去做的一件事“killed a man”看作 he 现在稳定 have 的一种结果状态。由此可见，英语过去时的“V-ed”和过去分词的“V-ed”同形并不是偶然的，而是有理据的，这个理据就是，谓语“killed a man”具有潜在的指称性，指称一个动作或状态。要问主流的英语语法为什么不按叶氏的观点来分析，那是因为英语已经形成“名动分立”的大格局（沈家煊 2016：6.5 节）。

2.3 “类包含”符合“适量准则”

如上所述，汉语是用法包含语法，名词包含动词，跟印欧语语法和用法分立，名词和动词分立的格局不同。这两种不同的格局，Lyons（1977：156）从逻辑上分别称之为“类包含”（class inclusion）和“类分立”（class distinction）。很多人以为，只有类分立才是语言的常态，类包含是非常态或临时态。现在我们认识到，至少就汉语而言，很可能还有许多其他语言，类包含是正常态，而且从语言动态演化的角度看，追根溯源，英语等印欧语原来也是类包含状态。这一节想说明，类包含格局符合格莱斯提出的会话合作原则，特别是符合“适量准则”。这可以从词义的上下位关系来看，这种关系通常也可以处理为“类包含”关系（Lyons 1977：291），例如：

这两种词义的包含关系有所区别，（dog（bitch））是因为另有 bitch 一词存在，于是 dog 衍生出“公狗”义，（man（woman））则相反，因为 man 通常指“男人”，衍生“男人”义，于是造出 woman 一词来专指女人。大家知道，“适量准则”包括“足量”（不要说少了）和“不过量”（不要说多了）两条次准则。dog-bitch 这种类型的词义衍生符合“足量准则”，提供的信息要足量：由于存在一个信息量较大的有标记词项 bitch，一个获有充分信息（知道狗的性别）的说话人却使用了一个信息量较小的未标记词项 dog，而狗的性别信息在当时的语境里是相关的，那么按照足量准则，可推导出说话人不处于使用信息量较大的 bitch 一词的地位，于是 dog 一词排除母狗义，专指公狗（It's not a dog. It's a bitch.）。man-woman 这种类型的词义衍生符合“不过量准则”，提供的信息不要过量：按照这条准则，说话人使用 man 一词的时候一般是指男人，为了表达不属于这种一般情形的特殊情形，就造出信息量较大的 woman 一词专指女人（女权主义者还造出 womankind，chairwoman，poetess 这样的词来）。

这两条次准则互相制约，在意义和形式上达到一种平衡，在实际语言使用中形成一种分工：一般的意义（man 一般指男人）用未标记形式表达（不过量准则），特殊的意义（woman 特指女人）用有标记的形式表达（足量准则）（Traugott & Dasher 2002）。既然遵循“适量准则”是会话的常态，而会话又是语言的基本形态，那么就得承认，（dog（bitch））和（man（woman））这种词义的包含格局（上下位关系）是语词使用的常态而不是非常态。dog 包含 bitch，英语照样表达自如，不必也不能将 dog 一词分化为 dog_1 和 dog_2 两个词，因为总是存在 dog 既指狗又指公狗的场合，例如“I saw a dog, not a cat and not a bitch”（Kempson 1980）。

同样的道理可以推广到词类的包含格局上来，名词包含动词，汉语照样表达自如，不必也不能将名词类分化为名词$_1$和名词$_2$两个类，因为汉语存在一个名词既属于大名词（不排除动词）又属于小名词（不包含动词）的情形，例如“这个人简直骗子嘛”里的“骗子”（名词受副词修饰做谓语）（沈家煊 2016：97）。名词包含动词，也是在形式（词类的分布形式）和意义（词类的语法意义）之间经由“适量准则”的作用达到一种平衡，这种平衡状态因此是实际语言使用的常态。

对于汉语有无主谓结构，新的认识可概括为：汉语的“主谓结构”实际是“话题－说明”结构，这是汉语“用法包含语法”这个大格局决定的；作为说明的谓语具有指称性，这是汉语“名词包含动词”的格局决定的；谓语属于指称语，这在世界语言中不是孤立现象，以此来反观英语，有利于深入认识英语的谓语；“类包含”格局是语言的常态而不是非常态，它遵循会话的合作原则。

3 进一步的认识

3.1 指称语并置

对于汉语有无主谓结构，进一步的认识来自对汉语“流水句”的研究进展。通过研究认识到流水句有两个特性，一是并置性，二是指称性（沈家煊 2012，2016：6.3 节）。例如：

（42）老王呢？又生病了吧！也该请个假呀！走不动了嘿！儿子女儿呢？上班忙吧。请个保姆嘿！工资低呀！先借点呢？犟脾气一个呀！……

这个流水句由 10 个小句组成，都是赵元任说的“零句”，有的没有谓语，有的没有主语，小句之间的衔接就是靠“并置”（juxtaposition），虽然不用任何的连接词，但我们都觉得意义连贯。Quirk, *et al.*（1985）指出，即使并置成分之间没有共同的语法、词汇特征，单纯并置就是一种互相有联系的标志。Brown & Yule（1983）也说，衔接手段不一定保证语篇的连贯性，一个连贯的语篇可以没有任何衔接手段，形式衔接的根源在语篇之外。或者说，“并置”本身就是一种衔接手段（姜望琪 2006）。我们可以将其中任何两个相邻的小句组合起来，构成一个“话题－说明”句：

(43) 老王呢，又生病了吧。｜又生病了吧，也该请个假呀！｜也该请个假呀，走不动了嘿！｜走不动了嘿，儿子女儿呢？｜儿子女儿呢，上班忙吧。……

每个小句既是对前一小句的说明，又是后一小句的话题，头一句和最后一句也不例外（老张没来，老王呢？｜犟脾气一个呀，也要改改嘿。）由此得出“一个令人惊异然而明明白白的结论”，汉语流水句的构造是：

流水句→ $U_{指}$ + $U_{指}$ + $U_{指}$……

U 代表小句 utterance，小句与小句并置，而且每一个都是指称性的。Evans & Levinson（2009）指出，基于结构内嵌（embedding）的递归性（recursion）并不是语言的共性，有的语言用“并置”手段来表达相同的意思。例如：

(44) [If the dog barks, [if the owner is not there, ... [the mailman will run away]

(45) 狗狂叫，主人不在，邮差逃避。（汉语小句并置）

汉语就属于这样的语言，它充分估计听者的理解能力，只说出 2 + 2，让听者自己得出等于 4 的结论。就本文的主题而言，我们不仅认识到汉语所谓的“主谓结构”就是“话题－说明”结构，而且认识到“话题－说明”就是两个小句的并置加合，是规模最小的流水句，还认识到两个并置小句都是指称性的。具体说，下面四个所谓的“主谓句”：

（46）他，骗子。

（47）他，骗人。

（48）逃，孱头。

（49）逃，可耻。

不管主语是“他”还是“逃”，谓语是“骗子、孱头”还是“骗人、可耻”，根本都是两个指称语的并置，再根据信息排序的原理（旧信息在前，新信息在后）自然衍生出“话题－说明”关系。

3.2 名实耦

既然汉语的“主谓结构”（如果有的话）其性质跟印欧语有如此大的差别，仍然叫作“主谓结构”的话，不管你如何解释，人们还是容易比附印欧语的主谓结构，从而引起不必要的误解和纠纷。改叫“话题－说明”仍然不能确切反映汉语的实际，汉语话题并没有强制性的标记，形式上只是两个指称语的并置，可以在语境中得出多种关系的释解，例如“医院·重地”（同位、定中、主谓），“出租·汽车”（定中、动宾、主谓），“击鼓·前进”（连动、状中、主谓），因此“话题－说明”释解只是根据信息排序原理的自然衍生。如果要改名的话，可以考虑采用“名实耦”（name-reality coupling），名和实的耦合，由“名实耦”自然衍生“话题－说明”的释解。中国话和中国哲学的精神是相通的，汉语给思辨者提供的焦点是“名”，在近代西学东渐之前，中国哲学历来重视“名”和“实”的关系，强调“实”应当与“名”为它规定的含义相符合。孔子强调“正名”，主要是出于治理社会的考虑，而先秦名家的思想特质就是注重“名”，“专决于名”。冯友兰（2013：79，81—82，88—89，117—118）说，“名家”最好按字面翻译为 the school of Names，可以提醒西方人注意中国哲学讨论的一个重要问题是“名”“实”的关系问题。名家中有两种趋向，惠施强调“实”的相对性，公孙龙强调“名”的绝对性，例如“这是桌子”这句话，其中的“这”指具体的事物，它是相对的、可变的、有生有灭的，而“桌子”指一个抽象范畴，即名称，它是不变的、绝对的，“君君，臣臣”，前一个“君、臣”指实在的君和臣，后一个“君、臣”指君和臣的名或名分，“正名”就是要名实相符。《公孙龙子》还有一篇《指物论》，其学说从名实推进到指物，“指”既表示“手指”（按：手语里的指语），又表示“事物的可指性”或“所指”，它是事物命名的基础（李巍2016，沈家煊2016：125）。因此按《指物论》，“这是马”是“指物耦”，“这”是“物”，“马”是“指”。总之，名家通过分析名，分析名与实的关系或区别，发现了中国哲学中称为“超乎形象”的世界，中国哲学的知识论因此是一种朴素的实在论。

戴震在《孟子字义疏证》里通过“名”“实”来阐释“道”：古人言辞，“之谓”“谓之”有异。凡曰“之谓”，以上辞解下，如《易》“一阴一阳之谓道”，若曰“道也者，一阴一阳之谓也”。凡曰“谓之”者，以下所称之名辩上之实，如《易》“形而上者谓之道，形而下者谓之器”。我们用“名实耦”把戴震所说的意思表示出来：

(50) 一阴一阳之谓道。　若　道也者，一阴一阳之谓也。
　　名　　　实　　　　实　　　　名

(51) 形而上者谓之道。
　　实　　　　名

一般排序是“实”在前、“名”在后，“所谓”在前，“所以谓”在后。《墨经》里讲，“所以谓，名也；所谓，实也”（《经说上》），“所谓－所以谓”十分接近于现在说的“话题－说明”，这个序列符合信息的自然排序。重要的是，“名”和“实”，“所谓”和“所以谓”都只是耦合，两个成分的分别是相对的，相对前头是“名”是“所谓”，相对后头是“实”是“所以谓”。例如现在常称为“话题链”的表达方式：

(52) 名不正，则言不顺；言不顺，则事不成；事不成，则礼乐不兴；礼乐不兴，则刑罚不中；刑罚不中，则民无所措手足。(《论语·子路》)

当然，改名也有改名的问题，仍然叫“话题－说明”既照顾习惯也便于语言之间的比较，重要的是要认识，汉语的“话题－说明”跟其他语言的“话题－说明”有何不同。

综上所述，对汉语有无主谓结构的问题，进一步的认识是：中国话和中国哲学的精神相通，实为“话题－说明”的结构是两个指称语的并置，是规模最小的“流水句”，可称为“名实耦”结构，根据信息排序原理衍生推导“所谓－所以谓”关系。

4 关于“李约瑟之问”

西方的逻辑学建立在印欧语“主谓结构”的基础上，有了主谓结构才有了“同一律”，才有了三段论演绎推理（张东荪 1936，1938）。汉语没有印欧语的那种主谓结构，没有主语的句子是正常的句子，不存在英语“It rains”（德语“Es regnet”、法语“Il pleut”）中的抽象体词性主语“it”，也没有系词 be，有人猜测中国人的思维缺少客观地考察实体物质的能力，缺乏演绎推理的能力，据此来回答“李约瑟之问”：为什么在西方科学传入以前中国没能发展出一套自然科学体系。

对这种猜测，赵元任（Chao 1955）回应说：第一，现代西方科学只是近三四百年的事，在整个人类文化史中占的比重极小；第二，实体物质的概念只是西方科学思想的某一发展阶段的产物，20 世纪的现代物理学理论中，恰恰出现了没有物质就可以产生的（力）场，没有物质的振动就可以产生的波。就逻辑学而言，汉语没有相当于英语 some 的形容词，“Some men tell truth”的正常汉语是“有（的）人说真话”，“有的人”意为“men that there are”，因此汉语的表达正好是现代逻辑的直接解读。（我们还可以说，汉语的“名动包含”格局跟量子物理关于光的本质的看法一致，正如光具有“波粒二象性”，汉语的动词具有“指称述谓二象性”。）所以赵先生最后说：“作为一个以汉语为母语的人，我很想说：瞧，这就是汉语在科学上优于西方语言的例证。然而作为一个研究语言的学者，必须尽量做到不偏不倚，对语言和科学的最好的概括，就是不要去做任何概括。”

西方语言以主谓结构为本，好在语言表达的清晰性，汉语以指称语的并置为本，按自然的信息排列顺序推导“话题－说明”关系，好在语言表达的单纯性。单纯性要用清晰性来补充，近代中国学习西方语言和思维的清晰性，意义重大，清晰的思想和表达是每个学者不可缺少的训练（朱晓农 2015），但是清晰性不是研究的目的，最终还是要达到单纯性（冯友兰 2013：311—325）。近百年来汉语正在吸收印欧语的清晰表达方式，多多使用主谓齐全的句子，只要做得不过分，是应该肯定的。但是我们在“吸收外来”的时候仍然不可“忘记本来”，我们的主张就是语用学的基本原理：该精确就精确，能简洁就简洁。

参考文献

冯友兰 2013，《中国哲学简史》，涂又光译，北京大学出版社。

姜望琪 2006，《“并置”本身就是一种衔接手段》，《中国外语》第 2 期。

李　巍 2016，《物的可指性——〈公孙龙子·指物论〉新解》，《哲学研究》第 11 期。

吕叔湘 1979，《汉语语法分析问题》，商务印书馆。

沈顺福 2016，《体用论与传统儒家形而上学》，《哲学研究》第 7 期。

沈家煊 2012，《“零句”和“流水句”——为赵元任先生诞辰 120 周年而作》，《中国语文》第 5 期。

沈家煊 2016，《名词和动词》，商务印书馆。

熊十力 2009，《体用论》，中国人民大学出版社。

杨国荣 2014，《体用之辩与古今中西之争》，《哲学研究》第 2 期。

张东荪 1936，《从中国言语构造上看中国哲学》，《东方杂志》第 7 期。

张东荪 1938，《思想言语文化》，《社会学界》第 10 期。

赵元任 1968，《中国话的文法》，吕叔湘译本《汉语口语语法》，商务印书馆，1979 年。

朱德熙 1985，《语法答问》，商务印书馆。

朱晓农 2015，《科学思维和语言、法治与教育》，冯胜利、李旭主编《语言学中的科学》，人民出版社。

Bybee, J. 2005. The Impact of Use on Representation: Grammar is Usage and Usage is Grammar. *Language* 82 (4): 711 – 733.

Broschart, J. 1997. Why Tongan Does it Differently: Categorial Distinctions in a Language without Nouns and Verbs. *Linguistic Typology* 1: 123 – 165.

Chao, Y. R. 1955. Notes on Chinese Grammar and Logic. *Philosophy East and West* 5 (1): 31 – 41.

Jespersen, O. 1924. *Philosophy of Grammar*. London: George Allen & Unwin Ltd.

Kempson, R. M. 1980. Ambiguity and Word Meaning. In S. Greenbaum, G. Leech & J. Svartvik (eds.), *Studies in English Linguistics for Randolph Quirk*. London: Longman.

LaPolla, R. J. 1993. Arguments against "Subject" and "Direct Object" as Viable Concepts in Chinese. *Bulletin of the Institute of History and Philology* 63 (4): 759 – 813.

LaPolla, R. J. 2009. Chinese as a Topic-Comment (not Topic Prominent and not SVO) Language. In J. Xing (ed.), *Studies of Chinese Linguistics: Functional Approaches*. Hong Kong: Hong Kong University Press.

Larson, R. K. 2009. Chinese as a Reverse *Ezafe* Language.《语言学论丛》第 39 辑。

Li, C. N. & S. A. Thompson 1976. Subject and Topic: A New Typology of Language. In N. C. Li (ed.), *Subject and Topic*. New York: Academic Press.

Lyons, J. 1977. *Semantics*. Vol. 1. Cambridge: Cambridge University Press.

Newmeyer, F. J. 2003. Grammar is Grammar and Usage is Usage. *Language* 79 (4): 682 – 707.

Traugott, E. C. and R. B. Dasher 2002. *Regularity in Semantic Change*. Cambridge: Cambridge University Press.

（原载《现代外语》2017 年第 1 期）

汉语“大语法”包含韵律*

1 语法和韵律的两种关系

韵律和语法二者之间的关系，英语、汉语不一样，这是本文的主题。用图1表示：

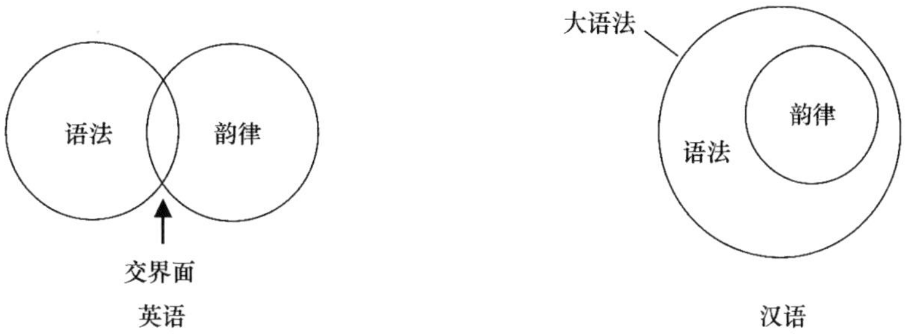

图1 英语、汉语的“韵律语法”

英语，语法是语法，韵律是韵律，二者分立，有一个交界面（interface），语法和韵律在这里交互作用。汉语，语法是“大语法”，包含韵律，韵律本身是“大语法”的一部分，不存在语法和韵律的交界面。虽然都叫“韵律语法”，但是英语的韵律语法是指韵律和语法的交集，汉语的韵律语法是指（大）语法的一个子集。

汉语跟英语之所以有这种区别，原因在于汉语的组织和运行以“字”

* 本文是在“第三届汉语韵律语法研究国际研讨会”（ICCPG-3，2016.9.24—25，北京语言大学）上的演讲，感谢周韧就演讲内容跟笔者的商讨，对修改很有帮助。

为基本单位，而“字”是形、音、义、用的结合体，可以分析，不能分离，分离就破坏了它的完整性。汉语“字本位”理论（潘文国2002，徐通锵2008）许多人不接受，其中一个原因是主张者没有通过某个领域或个案的比较研究来证明“字本位”比“词本位”好在哪里，在我看来，韵律语法恰恰是一个合适的比较领域。对于“字本位”说，我起先也不怎么赞同，现在认为它简直是对的，汉语的韵律语法就是建立在“字本位”理论的基础上。

“本位”就是“基本单位”，要区分“基本单位”（primary unit）和“强势单位”（predominant unit）。这两个概念不矛盾，但不是一个东西。汉语语法和韵律的基本单位当然是“字”，古汉语里强势单位也是“字”，现代汉语的基本单位还是“字”，但是双音字组已经成为强势字组。我叫“强势字组”，不大愿意叫“强势单位”，因为，按照赵元任的说法（Chao 1975），现代汉语“词”的地位不明确，没有相当于英语word的一级单位，只有许多程度不等的“像词”字组。双音字组“像词”的程度不等，有赵元任的例子：

假如　俩壶（二者在节奏、声调乃至元音的模式上都相同）
溜.达　救.他（二者在节奏、声调乃至元音的模式上都相同）
尺寸　大小　咸甜（三者像词的程度依次递减）

“像词”的程度差异绝不是在“词”和“语”之间设立一个中间站（离合词、短语词、句法词）就能解决问题的。有人以为，只要把双音字组统一定为“韵律词”，就算找到了赵元任所说的“介乎音节词和句子之间的那级单位”，其实赵先生的原文说的是介乎音节词和句子之间的“那些中间单位”（复数），而不是“那级中间单位”。因此，我更愿意把“双音词”“多音词”叫作“双音字”“多音字”，“字”一字的字义引申同“江、河”二字：

江、河　单指长江、黄河 → 泛指百江百河
字　　单指单音字 → 泛指单音双音多音字

有人说，讲语法可以以字为本位，讲词汇就得以词为本位了。但是现代汉语的词典虽然名叫“词典”，其实都是以“字”为本位，先列“字头”，把字头的多个义项及其联系先讲清楚，下面各个“词条”的释义就方便简单了。如果像英语那样上来就列词条，释义就要啰唆复杂，而且难以看清词条之间的意义联系。现代汉语还要有“倒序词典”，西方语言哪里会有呢？记得有人统计，现代汉语的词汇，从词型（word type）看是双音字多得多，从词例（word token）看，双音字和单音字的多少没有明显差异，这当然是因为单音字的使用频率大大高于双音字。赵元任（1968/2002）说，所谓的“汉语单音节神话”（金守拙所言）“在中国的神话里是一件最真的神话了”。

2 一个“字”就是一个节奏单位

英语有英语的节奏之美，例如“The ˈmoon is in the ˈsky. It is ˈfar and ˈhigh.”两句，轻重交替，押韵。英语的节奏是以轻重的区分为本，词的重音位置确定之后，相邻重读音节的时间间隔要大致相等，如果之间的非重读音节多，发音速度就要快一些，说得紧凑一些，上例 moon-is-in-the 四个音节就要比 far-and 两个音节念得快些、紧凑些，形成两个大致等音长的片段，这就叫“重音定时”（stress-timing），“轻重控制松紧”。汉语也有汉语的节奏之美，“床前明月光，疑是地上霜”，两句也押韵，但跟英语节奏“重音定时”不同，汉语的节奏属于“音节计数”（syllable-counting）或“音节定时”（syllable-timed）型。赵元任（Chao 1975）说，汉语“单音节是非常活跃、具有意义、变化不大的单位”，在现代汉语里“依然十分活跃”，“音节与音节的长度和响度跟其他许多语言相比变化很小”，所以汉语一个音节就是一个“节奏单音调”，“连续话语的节奏呈高度的单音调（monotony）”，“倾向于一种均匀的节奏”。这就是说，汉语语流里除轻声字外，一个个音节本身就是一个个大致“等音长”的节奏单位。节奏单位的等音长（isochrony）是大致的，就是英语，每两个重音节之间也是大致等长，完全等长只是理想状态。等音长有感觉和物理两个方面，但是

“按感觉解释较为现实”（见 Crystal 1997），换言之，“节奏”有物理基础，但是以“节奏感”为准，甚至可以说，没有节奏感就没有节奏，所谓“存在即被感知”（贝克莱），“天下无心外之物”（王阳明），物理的节奏要在人的生理、心理上产生共振的律动才有意义。

一百年前诞生的中国有史以来的第一首白话诗，胡适的《蝴蝶》，仍然是一种“均匀节奏”的五言诗：

两个黄蝴蝶，双双飞上天。
不知为什么，一个忽飞还。
剩下那一个，孤单怪可怜；
也无心上天，天上太孤单。

废名（1934）当年在北大评讲新诗的时候说，“有人怀疑我们是不是有一个东西可以叫做新诗”，因为“新诗的诗的形式并没有”，“新诗要有别于旧诗而能成立……不关乎这个诗的文字扩充到白话”。新诗经过百年之后，诗人们意识到古典诗歌的创作经验其实是当代创作的一部分，新诗要将现代汉语锻造得更趋精练。汉语韵律语法的研究在这方面可以而且应该有所作为。

韵律、节奏无非就是抑扬顿挫。英语的抑扬顿挫是“轻重定顿挫，语调显抑扬”，轻重定顿挫，上面已有说明，语调显抑扬的例子：

Max has **real**ly **gone** too **far**. He **e**ven **tried** to **bot**tle a po**lice**man.

为了凸显句末的语义焦点，在接近句尾的时候先抑后扬。汉语则是“声调显抑扬，松紧定顿挫”（关于松紧定顿挫，下面详细说）。声调语言也有语调，但是声调使“语调功能弱负载”，无声调语言，“语调功能强负载”。这有类型学上的相关性（叶述冕 2016）。汉语表达语气，句末语气词起重要作用。

我听中文歌和英文歌，最大的区别就在英文歌音节明显分轻重，中文歌基本不分。刘欢唱的《弯弯的月亮》，连“的”字也大多按 di^{51} 音唱，这首歌有荷兰爵士女歌手 Laura Fygi 的英文版翻唱（Curvy Moon），of 等轻音节自然轻轻带过，三音节的 memory 唱成 mem'ry，轻音节被吞掉一个很常见。电视台《中国好声音》节目（改叫《中国新歌声》），评委周杰伦说"中国风"的旋律最好听，其中的诀窍就是，谱曲填词，旋律的升降起伏跟每个字声调的升降起伏，虽然不必完全重叠，但是不能互相冲撞。这也就是赵元任（1968/1979：28）说的"小波浪跨在大波浪上面"。说话的时候"我姓陆，你姓王"一句，如果完全用英语"My name is Lu, your name is Wang"的总语调（上句末字升，下句末字降）来说，听起来就像"我姓卢，你姓望"了，这种情形在谱曲填词的时候要尽量避免。例如费玉清唱的《南屏晚钟》中国味十足，好听上口：

| 2 i̲ | i̲ 6 | i̲ － | i̲ － | i̲ i̲ | i̲ 6 | 5 － | 5 － |
　南　屏　晚　钟　　　　　随　风　飘　送

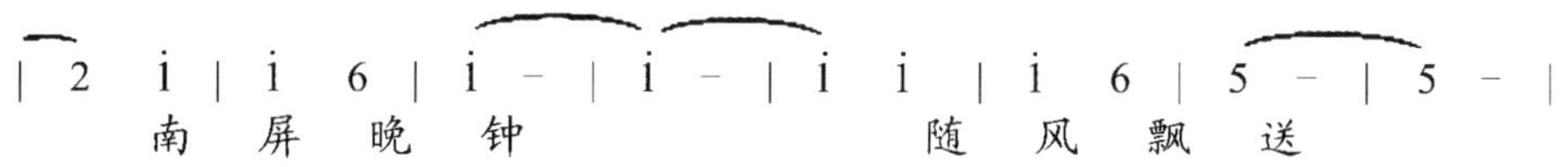

"南"字，阳平，虽然落在 i̲ 音上，但是借助前头低的 2 音，给人由低到高的感觉；"晚"字，上声，落在 6 音上，借助前后都高的 i̲ 音，给人"高低高"的曲折调感觉；"送"字，去声，落在 5 上，只能比它前头的音低。总之，谱曲，曲调要顺着字调来，填词，字调要随着曲调走，最成功的例子是李叔同的《送别》，"长亭外古道边，芳草碧连天"，根据外国曲调填以新词而成，平仄和曲调契合，"芳草"二字听上去就跟说话一样（感谢魏钢强指出这一点）。不遵循这个规律就容易闹笑话（网上有人专门收集），例如歌曲《爱的主打歌》里的"你是我的主打歌"被误听成"你是我的猪大哥"，《济公》里唱的"哪里有不平哪有我"被误听成"哪里有不平哪有窝"，对呀，不平就有窝嘛！《中国新歌声》的评委们调侃周杰伦"大舌头"吐字不清，他早先唱的《爱在西元前》"凝视我的那画面"被人听成"你是我的那碗面"。总之，"唱外国字的时候用外国音，唱中国字的时候用中国音"（赵元任 1928/2002），道理很浅显，但是很重要。汉语韵律语法研究可以而且应该对音乐界有所启示。

不论哪种语言都是诗歌的节奏最强，比较汉语和英语的节奏，最好从诗行的节奏比起。中国学生读英文诗，吕叔湘（1980b）建议，先读一点英译的中国诗，不失为引他入门的一个办法。我觉得要领会英语和汉语在节奏上的异同，也可以从这个办法入手。张东荪（1936）曾经指出，“英文以 accent（重音）的多少即等于中国诗的五言七言”，一句话说到了点子上。例如“床前明月光，疑是地上霜”两个五言句，翻译成英语，不论用诗体还是散体，偏平实还是工巧，下面三家的译文都是每句四五个重读音（转引自吕叔湘 1980a）：

In ˈfront of my ˈbed the ˈmoonlight is ˈvery ˈbright,
I ˈwonder ˈif that can be ˈfrost on the ˈfloor?

(Amy Lowell)

I ˈwake, and ˈmoonbeams ˈplay aˈround my ˈbed,
ˈGlittering like ˈhoar-ˌfrost to my ˈwandering ˈeyes.

(Herbert A. Giles)

ˈSeeing the ˈmoon beˈfore my ˈcouch so ˈbright
I ˈthought ˈhoar-ˌfrost had ˈfallen from the ˈnight.

(W. J. B. Fletcher)

这是五言的情形，七言的例子：

两岸猿声啼不住，
轻舟已过万重山。
The ˈscreams of ˈmonkeys on ˈeither ˈbank
Had ˈscarcely ˈceased ˈechoing in my ˈear
When my ˈskiff had ˈleft beˈhind it
ˈTen ˈthousand ˈranges of ˈhills.

(S. Obata)

英诗不像中诗每句自为段落，常一句连跨数行（吕叔湘 1980a），这里是一句跨两行，仍然符合张东荪的断言。网上疯传一首英文短诗被译成几种不同版本的汉诗的例子，很有意思，英诗一行三重读，节奏感很强：

You ˈsay that you ˈlove ˈrain,
but you ˈopen your umˈbrella when it ˈrains.
You ˈsay that you ˈlove the ˈsun,
but you ˈfind a ˈshadow ˌspot when the ˌsun ˈshines.
You ˈsay that you ˈlove the ˈwind,
but you ˈclose your ˈwindows when ˌwind ˈblows.
ˈThis is ˈwhy I am aˈfraid,
You ˈsay that you ˈlove me ˈtoo.

现代白话的普通翻译版（不讲究字的数目）像喝白开水，没有韵味：

你说你喜欢雨，但是下雨的时候你却撑开了伞；
你说你喜欢阳光，但当阳光播撒的时候，你却躲在阴凉处；
你说你喜欢风，但清风扑面的时候，你却关上了窗户。
你说你也爱我，而我却为此烦忧。

但是翻译成四言、五言、七言就不同了：

诗经版	五言诗版	七言绝句版
子言慕雨，启伞避之。	恋雨偏打伞，爱阳却遮凉。	恋雨却怕绣衣湿，
子言好阳，寻荫拒之。	风来掩窗扉，叶公惊龙王。	喜日偏向树下倚。
子言喜风，阖户离之。	片言只语短，相思缱绻长。	欲风总把绮窗关，
子言偕老，吾所畏之。	郎君说爱我，不敢细思量。	叫奴如何心付伊。

可见，汉语的所谓“音节”，顾名思义，就是音律的基本单位，“节”就是节拍，就是节奏单位。“单音节”“双音节”这两个名称在英语和汉语有不同的含义：英语的 mono-syllable 和 di-syllable 分别是“单｜音节、双｜音节”，而汉语是“单音｜节、双音｜节”，单音就构成一个节拍，按照“单｜音节、双｜音节”来解读汉语的“单音节、双音节”，那是英语

的眼光。“床前明月光，疑是地上霜”，虽然有两个两个字念的倾向，但仍然以一个一个字念的念法为基本念法，不然怎么叫“五言句”呢？要是英语念成“ˈThe ˈmoon ˈis ˈin ˈthe ˈsky”，那就不是在说话或诵诗，而是在一个一个地念单词了。一字一字地说，即便是虚字也不例外，如张东荪（1936）举例，古汉语“仁者人也”“义者义也”“维鹊有巢，维鸠居之”里的语助词“者、也、维”，沈家煊、柯航（2014）举过现代汉语“的”和“吗”的例子：

一定是我的（di^{51}）。　　一定是我弟。

你知道我在等你吗（ma^{55}）。　　你知道我在等你妈。

左右两句听上去没有什么两样，还有人把《信天游》歌词“我低头，向山沟”听成“我的头，像山沟”，因为正像赵元任（1928/2002）说的，“了，的”这些语助词“在唱歌要拉长的时候，还是唱 leau，dih 好一点”。汉语广告词经常巧妙地利用汉语单音成节的特点，我举过“药材好，药才好”（某中药广告词）的例子。还见到一家美发店，招牌是“一剪美”，虽然跟“一剪梅”声调有差异，“剪”字变调，但是大家还是觉得店名取得好，有点文化味。

汉语语流里一个个音节本身就是一个个大致等音长的节奏单位，用王洪君（2008：279）的话讲，西方语言里双音节音步构成“韵律词”，汉语里单音节构成“韵律字”，“字”是句法韵律的枢纽。我们说，如果仍然用“音步”指基本的韵律单位，那么汉语“单音节”就不是双音节音步蜕化而成的“蜕化音步”，而是“基本音步”，双音节音步反倒是“衍生音步”，这个认识跟汉语的历史事实——双音字是从单音字衍生而来的——相一致。逻辑先后和历史先后虽然不必统一，但是能够统一还是统一的好。

3　汉人对音节的数目特别敏感

赵元任（Chao 1975）说，汉人对音节的数目特别敏感，作诗（包括白话诗）和写散文都要“凭借音节数目来构思”。实际上，汉语要维持“均匀的单音调”节奏，就必须控制每一句的字数，句子太长就无法计较字数。古文多为短句，背诵起来朗朗上口，韵味十足。白话诗有韵味的，像徐志摩的《再别康桥》，句子也不长。至于白话文小说，大多用了很多欧化的长句，失去了韵致，直到最近读到金宇澄的《繁花》，才重新有了跟着律动的美感。我大致统计了一下，《繁花》全书的“句”（逗号为界）平均五个字（沈家煊 2016b），例如：

男人讨娘子，洞房花烛，样样事体，由男人做主。

苏安翻了面孔，我总算明白，姓苏跟姓徐的，穿了连裆裤子。

金妹穿无袖汗衫，端菜进来，颈口流汗，一双藕臂，两腋湿透。

这个道理，注重文章韵致的人都懂得。王钟翰先生讲究行文质量，崇尚行云流水，他说，对文章节奏的掌握，以四字句为基干，兼用三字五字者，六七字一句偶尔用之，再长则不美，一般不宜超过十字（转引自邸永君 2016）。《繁花》里七个字以上的句子只占约 12%。

相比之下，英语的节奏靠词的重音定时，跟句子的长短关系不大。为了解释汉语语篇呈现频繁用逗号的“流水句”，杨国文（2016）拿英语来比较，例如：

Little Miss Muffet sat on a tuffet, eating her curds and whey. There came a big spider, which sat down beside her and frightened Miss Muffet away.

这两个英语句子分别含 16 和 20 个音节，音步的划分及分行见表 1（粗黑体代表重读音节）：

表 1　**英语的节奏单位和语法单位不相契合**

	音步			音步			音步			音步		
	音节	音节	音节	音节	音节	音节	音节	音节	音节	音节	音节	音节
行	**Lit**	tle	Miss	**Muf**	fet		**sat**	on	a	**tuf**	fet	
行	**eat**	ing	her	**curds**	and		**whey**					There
行	**came**	a	big	**spi**	der	which	**sat**	down	be	**side**	her	and
行	**frigh**	tened	Miss	**Muf**	fet	a	**way**					

重音都在音步的起首音节，标示音步的边界。可以发现，英语韵律单位的边界和语法成分的边界，二者契合的程度极低，因为构成音步的音节除单音节词以外，大多没有意义，语法成分中的轻音节在构成音步的时候容易发生自然脱离和错位，例如 lit-tle-Miss，sat-on-a，eat-ing her 等都构成音步，但都不是语法单位。从上面可以看出，这种脱离和错位是常态，因此，英语不能随意在长句中加逗号（停顿），如果加在语法成分的边界，就跟韵律单位的边界不合，如果加在韵律单位的边界，就跟语法成分的边界不合。可见英语韵律是韵律，语法是语法。汉语的情形不同，音节几乎每一个都有意义，同时是语法和韵律的基本单位，字与字的组合伸缩性很大（见下第 5 节），韵律单位的边界和语法成分的边界契合程度高，很容易避免脱离和错位的发生，因此在语流中加逗号就很自由，特多“流水句”。总之，控制字的数目，多用短句，这也是维持汉语式节奏的需要。当然逗号加不加、加在哪个位置，那要综合考虑韵律、语法、语义、语用各方面的因素，因为每个“字”本身是形、音、义、用的结合体（沈家煊 2016b，许立群 2016）。

4　汉语没有明显和确定的词重音

谈论词重音的前提是词的地位明确，汉语词的地位不明确。有人说，英语里确定一个词也不是没有问题的，但是我们总得分清主次，英语有问题的是少数，汉语有问题的是多数。汉语确实存在轻声字，但是轻声字在词汇中的比例很小，可以用一张清单列出。实际口语中，许多双音字组有“前字偏重”的趋势，但是这是出于语流要将词语临时“打包传递”（由松变紧）的需要，不是它们本来有重音。赵元任（1968/1979：26）说，“几乎任何带四个正规声调之一的字，在一定条件下都能变为轻声字”，轻声字也都能在一定的条件下恢复本调。高频字更需要打包传递，这是“轻声字大半都限于资格最老的白话字”（赵元任 1935/2002）的原因。我们这里把这种重读叫作话语的“打包重读”，不是汉语才有，别的语言一样也有（沈家煊、柯航 2014）。

主张从轻重音出发解释汉语韵律的人，有一个理由是，如赵元任指出的，“实际上，在没有中间停顿的一连串的带正常重音的音节中，不论是一个短语还是复合词，其实际轻重程度不是完全相同的，其中最末一个音节最重，其次是第一个音节，中间的音节最轻”。例如：

好ˈ人　　注ˈ意

ˌ山ˌˌ海ˈ关　　我ˌˌ没ˈ懂

ˌ东–ˌˌ南–ˌˌ西–ˈ北

ˌ人ˌˌ人ˌˌ都ˌˌ想ˈ去（若按两个短语说，“都”应念ˌdou）

这是事实，但是重要的是，赵先生接着说：“既然这些重音的程度可根据其位置而预言，那么它们都是同一音位重音的变体。”（赵元任 1968/1979：23）何丹先生（与笔者的通信）特别指出，赵先生对汉语音节“等重说”的这个推理过程极其简洁，其根据就是确定音位的“互补分布”原理。

轻重变化只是轻重的程度有所差别，三字组中间的最轻，但仍然带声调，如“大栅栏”念成“大十烂儿”（dàshílàr）。赵元任说：“北京话的母语者们对轻声的判断是比较一致的，但在大多数情况下，他们对于重音的判断很难有一致性的意见，没有准确的判断。”（Chao 1968：38）各种实验也是难有一致性的结果，再做更多的实验恐怕结果还是这样。实验结果的不一致正跟方言里的不一致相一致，同一个双音字组，不同方言的轻重表现不一样，再调查更多的方言只会发现更多的差异，得不出统一的轻重格局。多字组说多说快了主要是通过“合音”来使组合紧凑，跟轻重关系不大，例如最近微信群里广泛流传的一则《学说北京话》：

西红柿炒鸡蛋 → 胸是炒鸡蛋
中央电视台 → 装垫儿台

“西红”二字合音为一字“胸”，“中央”二字合音为一字“装”，前后字都对合音字有贡献，很难分清二者的贡献孰轻孰重。总之，汉语的音节，等重是源是本，轻重变化是流是末。

语音实验显示，凡音节都有音高之分，所有语言都有声调（音高），有人就主张不必区分声调语与重音语，重音语（如英语）的规律可以普遍适用于所有语言。然而，认知层面的研究却不支持这个观点，汉语儿童的声调习得，在英语学习中的迁移效率为零（陶沙等 2005，感谢何丹提供这一点）。二语重音习得研究的实验数据表明，汉语母语者通常没有听辨或者感知词重音的语音知识（Waylan & Guion 2004），他们的“内在音系只能判断声调而不能感知重音”（王志洁、冯胜利 2006），表现出“重音盲点”（stress-deafness）（Peperkamp & Dupoux 2002），可能缺失重音的心理表征（mental representation）（Kijak 2009：319－220）。许多学者也表达了类似的看法。“对声调语言来说，声调决定重音，而不是重音决定声调”（Yip 1980：57），汉语重音不能区别词义，不具备“音系学意义上的节奏重音”（王洪君 2004），“汉语作为声调语言，在词层面没有结构性的范畴化、系统化的轻重音”（张洪明 2014）。许希明、沈家煊（2016）综合以上观点，区分重音 stress 和重读 accent，“重音属于词汇，重读属于话语”（Bolinger 1972），汉语没有重音只有重读（所有语言都有），即话语和语用上的“打包重读”（见上）和“对比重读”（见下）。多音节词是重音指派的作用域，单音节字是声调指派的作用域。在音系上，汉语跟英语重音对等的单位是声调，音节只要指派声调，就都是重音节，均含双莫拉。要说音高的变化，它在英语里落实在多音词上，在汉语里落实在单音字上。简单地说，节律研究主要以节奏的感知依据立论，在感知上，汉语音节的声调差别盖过了轻重差别。

5　汉语节奏的伸缩性

汉语一个音节就是一个节奏单位，“连续话语的节奏呈高度的单音调”，但是“单音调”不等于“单调”，赵元任（Chao 1975）说汉语“听上去并不是单调、一成不变的”。原因是什么？我说有两个原因。一个原因是“大多数音节有完整的声调”，音节本身的平仄变化已经起到抑扬起伏的作用，例如赵元任（1929/2002）把北京话“衣移椅意”四字用简谱写下来就是“ i 5i 26 72”。另一个原因，赵元任说，高度的单音调“反倒以某种方式提供了更多的伸缩余地”。这“某种方式”就是指音节与音节结合的松紧变化。例如，“阴阳”“天地”“金木水火土”这样的音节组合可松可紧：松，一音一顿，紧，没有“顿”就“挫”（转音），几个音节合成一个“紧凑的”节奏单位（a close knit rhythm），形成一个“方便好用的模块”（a convenient unit），而西方语言相应的“fire，air，water，earth”或者“pyr，aer，hydro，ge”，还有 male 和 female，heaven 和 earth，由于音长不等，就难以形成一个紧凑的方便好用的模块，这也是中国孩子背乘法口诀比英国孩子速度快的原因。“床前明月光”一般念成“床前｜明月｜光”，韵律单位的边界跟语法结构的边界一致，“似梅花落地，如柳絮因风”如果念成“似｜梅花｜落地，如｜柳絮｜因风”，不宜说是语法“破了”韵律，因为这是汉语节奏的伸缩性所允许的；如果念成“似梅｜花落地，如柳｜絮因风”，也不宜说是韵律“压倒”语法，因为这样的切分意思并不破，还是讲得通的（感谢魏钢强指出这一点）。总之，汉语节奏的“伸缩性”就是指大致等重的音节组合的时候“松紧”的伸缩性。

文炼、陆丙甫（1979）把这种伸缩性叫作“音步划分的随宜性”。注意，“随宜性”不等于“随意性”，伸缩变化要综合考虑韵律、语法、语义、风格等因素，如果考虑不周，容易产生沟通的困难，从网上找到一个极端的例子，一个中学生在家里放听周杰伦唱的《星晴》，突然她爸从房间里冲出来说，你听的这什么歌，怎么连“不三不四”这种歌词都有？原来她爸把“手牵手一步两步三步四步望着天”这句，听成了“手牵手一步两‘不三不四’步望着天”。更极端的例子就是经常引用的“下雨天留客天留人不留”的多种断开方式。我这里想强调的是，汉语节奏之所以有伸缩性、随宜性，“高度的单音调”是根本原因。

6 “松紧为本”的解释面宽

因为汉语每个音节（字）大致等重，音节与音节组合的松紧变化就是最基本的节奏变化。松紧差别也会造成轻重差别，最常见的就是双音字组“打包”变紧之后，前一音节偏重。汉语跟英语的差别是，英语是轻重控制松紧，汉语是松紧导致轻重。有人问，松紧和轻重既然是相通的，前轻后重松，前重后轻紧，为什么一定要以“松紧为本”来解释汉语的节奏呢？回答是，有的现象用轻重规律解释不了，松紧为本解释面宽。

我们先从一般的原理看音节的轻重和松紧的关系。松紧从空间上讲是疏密，从时间上讲是徐疾。音节数目确定的一个组合，比如两个等重的音节，离得远（或当中有顿延）就松，挨得近就紧，这从空间上讲是疏密，好比同样坐两个人，包间大就显得宽松，在时间上是“徐疾”，离得远念起来就费时一点，见图2.1。两个音节如果一重一轻，自然的倾向是轻的在前松，轻的在后紧，实验和人的乐感都是这样，见图2.2，这是轻重和松紧相通的情形（图2）。

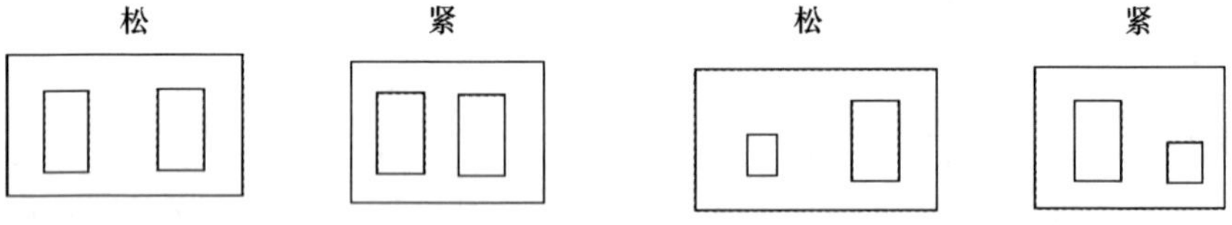

图 2.1　　　　图 2.2

图2　音节数目确定的组合

在一个时长确定的节拍内，含两个音节比含一个音节紧，含三个音节更紧，这就好比一个包厢内坐两个人比只坐一个人紧，坐三个人更紧。这是空间上的疏密，也是时间上的徐疾，含的音节多就要念得快一点，见图3.1。另外，在一个时长确定的节拍内含两个重音节比含一重一轻紧，好比一个包厢内坐两个胖子比坐一胖一瘦紧，见图 3.2，这也是轻重和松紧相通的情形（图 3）。

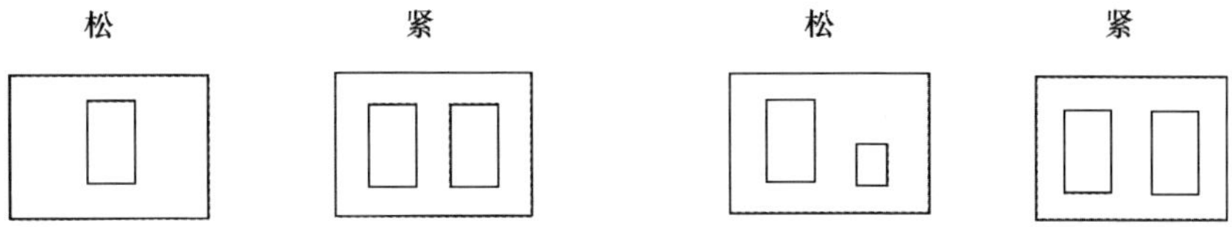

图3.1 图3.2

图 3　时长确定的节拍

松紧和轻重有相通的情形（图 2.2 和图 3.2），但是又有二者无关的情形（图 2.1 和图 3.1），后一种情形只涉及等重音节的多少和疏密。而且同一个重轻式，在图 2.2 里相对轻重式是紧，在图 3.2 里相对双重则是松。因此从一般的原理讲，凡是轻重都可以用松紧来解释，但是松紧不都能用轻重来解释。这意味着，如果要寻找语言节奏的共性（universals）或起源，似乎应该着眼于音节组合的松紧。松紧对于汉语的重要性，赵元任（Chao 1975）举的两个例子（我稍有改动）很有说服力：

ˌ甜ˈ瓜 就是ˈ甜ˌ瓜。
ˌ好ˈ人 不是ˈ好ˌ人。

这是从轻重出发观察的结果，“ˌ甜ˈ瓜”和“ˌ好ˈ人”是“次重－重”式，“ˈ甜ˌ瓜”和“ˈ好ˌ人”是“重－次重”式。音理上“重－次重”式比“次重－重”式紧，理应是后式的“ˈ甜ˌ瓜”和“ˈ好ˌ人”比前式的“ˌ甜ˈ瓜”和“ˌ好ˈ人”更像一个结构词，但是实际情形却相反，后偏重的“ˌ甜ˈ瓜”（一种瓜）和“ˌ好ˈ人”（老好人）像词，前偏重的“ˈ甜ˌ瓜”（甜的瓜）和“ˈ好ˌ人”（好的人）反而像语。看似违背了轻重规律，其实不然。赵元任敏锐地指出，前偏重的“ˈ甜ˌ瓜”和“ˈ好ˌ人”其实是一种前字放慢拉长（同时音域展宽）了的格式：

ˌ甜ˈ瓜 就是ˈ甜－ˌ瓜。

ˌ好ˈ人 不是ˈ好－ˌ人。

周韧（2016）指出，赵先生（Chao 1968：37）是把这个放慢拉长的“甜”“好”处理为强于正常重音的“对比重音”（确切地说是“对比重读”，见上），“ˈˈ甜ˈ瓜”和“ˈˈ好ˈ人”，两个音节“合起来所占的时间明显地长于”一般的“重－轻”式和“次重－重”式。赵先生的这一观察和处理就是坚持音节“等重说”，反对在汉语里设置“中重音”或“次重音”音位。

“甜瓜”“好人”从结构词变为短语，“甜”“好”二字放慢拉长是关键，而放慢拉长就是使音节组合由紧变松。因此，上述现象不是违背轻重规律，而是轻重规律在这儿不起主导作用，起主导作用的是松紧规律，所以这个情形证明松紧的解释面宽。有人也许会想方设法仍然用轻重来解决这个问题（比如将轻重分出不同的层次来，或说轻重也包括长短），但是我敢肯定解决的方式一定是过分复杂而又难以自洽的。总之，英语和汉语的节奏都跟音节组合的松紧（疏密徐疾）相关，两种语言的差异在于：英语是轻重控制松紧，轻重为本；汉语是松紧导致轻重，松紧为本。

“甜瓜”“好人”两个例子都属于定中组合，动宾结构的情形不同，赵元任指出，双音节组合若是“V＋O”型并且用作动词的，则实际上总是大致等重的“次重－重”式，例如“吃饭，睡觉，说话”之类。我们再举个例子：

我要活，要吃饭。　　我不吃面，要吃饭。

两个“吃饭”一个是结构词，另一个是短语，可是语音上可以没有差别。动宾组合和定中组合的这个差别，可以这样来解释：结构上定中结构比动宾结构紧（见柯航 2007 的证明），定中结构因此更加有放松的余地。这进一步证明汉语是松紧为本。

在谈到“甜瓜”“好人”的词－语之别时，赵元任还说，英语中典型的成词（指复合名词）节奏，如 ˈdoorˌknob 或 ˈpanˌcake，“恰好等于汉语的短语节奏而不是词的节奏”，二者都是前偏重型。为什么会是这样呢？归根结底还是英语是词本位，汉语是字本位。

英语是“词本位”，双音词的重音位置确定，或前重或后重，复合词变成重－次重（ˈgreeenˌhouse），短语则是次重－重（ˌgreen ˈhouse）。可见英语节奏虽然以轻重为本，但也不违背松紧规律（前重比后重紧）。汉语是“字本位”，每个字大致等重，双音复合字静态的时候是大致等重（次重－重），在动态语流中都可以“打包”变为前偏重，或者前字对比重读，短语则是放慢拉长的重－次重。可见汉语节奏以松紧为本，松紧控制全过程，可以不顾及（不是违背）轻重规律。总之，英汉两种语言由于基本单位不同而造成的节奏单位的参差对应，在英语复合词和汉语短语上碰巧轻重格式大致重合（图4），一是因为作为出发点的基本单位不同，二是因为松紧规律对两种语言都起作用，这就是汉语节奏以松紧为本对构建节奏理论的普遍价值所在了。

轻重格式重合处
↓
英语词本位　　　　**词**　－ 复合词 － 短语
汉语字本位　**字** － 复合字 － 短语

图4　英语复合词和汉语短语在节奏格式上重合

7　松紧虚实象似

松紧和虚实相通，松则虚，紧则实。汉语的实际是：以字为基本单位；字与字的轻重变化很小，字与字组合的松紧伸缩度大；每个字都是形、音、义、用的结合体。所以，字与字组合的松紧变化（韵律）必然反映语法、语义、语用上的松紧变化。从以上可以推导得出：真实汉语中几乎不存在跟表情达意无关的“纯”韵律。柯航（2007）用连读变调证明，纯数字995［2+1］和955［1+2］有韵律上的松紧差别，我这里想强调的一点是，995 和 955 只是一般的符号，不代表意义，而真实汉语的韵律总是要表情达意的，即使报身份证号，也不会都是两个两个或四个四个地报，如 110 ｜ 102 ｜ 1946 ｜ 1207 ｜ 2319，因为其中有的数字代表意义。沈家煊（2012）把这种必然的“反映”关系叫作“松紧象似”，也叫“虚实象似”（松则虚，紧则实）。我现在认为，有必要把这种象似区分为基本的和派生的，基本的象似是（表 2）：

表 2　**基本的松紧虚实象似**

	虚松	紧实
韵律	单音 ｜ 节	双音 ｜ 节
语法	动词、虚字	名词、实字
语义	内涵单纯	内涵丰富
语用	轻灵随意	沉着稳重

单双区分是汉语最基本、最重要的区分，以这个“单双象似”为基础，派生出“单双组配象似”和“轻重格式象似”，就韵律和语法来说就是（表 3）：

表 3　**派生的松紧虚实象似**

	虚松	紧实
韵律	[1 +2] [ˌX ˈX]	[2 +1] [X.X]
语法	动宾短语	定中复合名词

作为基础的“单双象似”，有的很明显，无须多说，如双音化使词义“精细化、丰富化”的作用为大家所认同。词义越精细、内涵越丰富，词义就越实。有的需要做些说明，如动词虚松，名词紧实。名词为实、动词为虚，古人就持这一看法，如清代袁仁林在《虚字说》里说“春风风人、夏雨雨人、解衣衣我、推食食我”里的名词“风、雨、衣、食”是“实词虚用”。当今认知语言学的观点是，动词用作主宾语的时候，就是将抽

象、虚灵的动作看作具体、实在的事物，也就是“视虚为实”。Langacker（1991：21）解释说，名词概念是“整体扫描”，动词概念是“次第扫描”。一个复杂的概念，只有在“紧凑化”也就是凝聚成一个整体之后，人们才会给这个概念取个名称、给它个名目，比如“速滑”和“跳马”是运动项目，像“名”，而“快滑”和“骑马”就不像“名”。端木三（2007）从信息论的角度说明，动词因为对比项少，所以信息量小，名词因为对比项多，所以信息量大。陆丙甫（2012）举例说明，事件越复杂，内涵越丰富，表示事件的词就越倾向于名词，例如英语 act 和 action，move 和 movement，前项名动兼类，后项只是名词，因为后项表示的事件比前项复杂。汉语的例子是：“打仗”（动词），“战斗”（名词、动词），“战争”（名词），这三个词表示的事件一个比一个复杂。过去从词和轻重出发研究汉语韵律，说［2+1］构词、［1+2］造语，只着眼于词和语的区别，但是还需要解释的是为什么构词的“词”是复合名词，造语的“语”是动词短语。从字和松紧虚实出发就可以同时解释二者，这也证明松紧为本的解释面更宽。我对汉语韵律语法的研究不仅接受“字本位”，而且跟我的“名动包含说”（沈家煊 2016a）有内在的联系，按照“名动包含说”，汉语的动词是“虚化名词”。

语用上词义的“正式”和“非正式”的区别也是一种“虚实之别”，越是正式，人感觉的分量越重越实。格律诗的诗行，末尾用奇音步给人的感觉是活泼、轻快，用偶音步给人以稳定、完整的感觉（文炼、陆丙甫 1979）。我觉得这也是当今“很黄很暴力”“很傻很幸福”“且行且珍惜”这种格式的流行语能够广为流行的一个原因。总之，汉语三千年双音化这个大趋势，简单地讲，就是全方位的“充实”。

汉语的“节律常态”（［2+1］构成复合名词，［1+2］构成动词短语）有许多所谓的“例外”，过去试图消除例外的路子主要是从音节的轻重对立出发来区分词和短语，是英语“以词为本”和“轻重控制松紧”的思路，但是效果不理想，给人费力不讨好的感觉，应该换成“以字为本”和“松紧导致轻重”的思路，用“松紧虚实象似”来化解例外，沈家煊（2012）和陈刚、沈家煊（2012）已有详细论述，这里只举两个突出的例子（属于“最小对比对”）。近来经常出现老人跌倒没有人扶的事件，报纸上有人评论说，“与其治这种社会病，不如治这个病社会”。“社会病”是［2+1］，符合节律常态，“病社会”是［1+2］，看似违背节律常态，其实节律常态是松紧决定的，虽然二者都是定中结构，“社会病”的定语“社会”是给中心名词“病”定性，而“病社会”的定语“病”只是对中心名词“社会”的一种描摹，不是定性，因此在语义结构上“社会病”比“病社会”来得紧。又例如，“出租车”［2+1］一般作定中复合词理解，很少用作动宾短语，符合节律常态，而同样［2+1］的“出租伞”一般只能作动宾短语理解，看似违背节律常态，其实也是因为日常生活有按出租、自驾、公用等方式给汽车分类和定性的习惯，但是没有按这样的方式给雨伞分类和定性的习惯。假如有一天出租雨伞成为一个行业，形成的指物名词也一定是“出租伞”，而不是“租雨伞”。

8 “扭曲对应”关系

需要特别指出的是，这种韵律、语法、语义、语用之间的“松紧虚实”对应关系不是一一对应，而是赵元任（Chao 1959，1968，1980）一再强调的“扭曲对应”的关系（skewed relation），例如，重轻格［X .X］（紧实）的“煎.饼、劈.柴”一定是复合名词，但是次重－重格［ˌX ˈX］（虚松）的“ˌ煎ˈ饼、ˌ劈ˈ柴”可以是动词短语，也可以是复合名词（图5）。

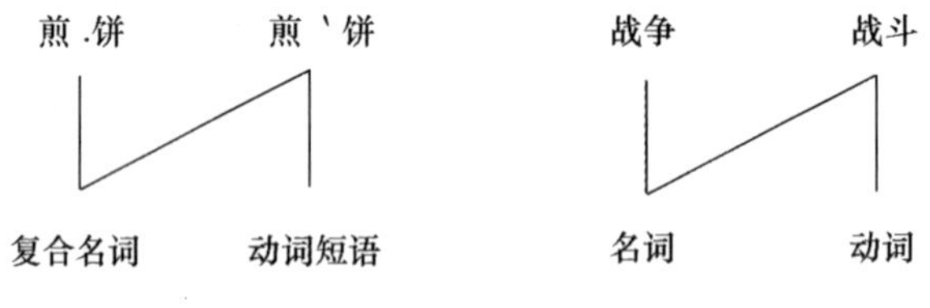

图5 扭曲对应关系

词汇的语义类和语法的形式类之间的松紧虚实对应也是扭曲关系，例如，词汇语义上“战争”的内涵丰富，“战斗”的内涵简单，“战争”只是名词不是动词，“战斗”既是动词也是名词。沈家煊（1999）论证，“扭曲对应”是形式和意义之间联系的普遍状态和正常状态，符合语言演变

“形义不同步”的规律：形式的演变滞后于意义的演变，原来的意义滞留在新的形式中。跟一一对应相比，扭曲对应具有更充分的解释力，它不仅解释共时现象，同时也解释历时过程。要说预测性，扭曲对应只能做到“弱预测”（A 则必然 B，反之不然），例如我们可以根据松紧虚实的象似原理来预测：如果“病社会”可以成为复合名词，那么“社会病”必定也可以成为复合名词；如果“出租伞”可以是定中结构，那么“出租车”必定也可以是定中结构，但是反过来说都不成立。“弱预测”虽然“弱”，但是仍不乏科学性，因为是可以证伪的，实际上语言的开放性和复杂性使得我们只能做到“弱预测”。有人说，如果我们只满足于“弱预测”，研究就不会进步，说得也对，所以我不反对有人尝试追求一一对应的“强预测”，但是我敢说，到最后你还是要回归“弱预测”。

9 汉语“大语法”包含韵律

正因为汉语单双音节和单双组配方式的区分同时反映语义、语法、语用上的松紧差别，所以沈家煊（2011，2012）说，韵律手段是汉语自身的一种重要形态手段。这引起我们对主流语法理论的反思。主流理论认为，语音、语法、语义是三个独立的模块，语法部分处理完毕后，得出的结果输入语音部分进行“拼读”，输入语义部分进行“解读”，相邻模块之间有交界面。然而从汉语的事实看，这个假设的普遍性值得怀疑。我们证明，至少在汉语里，它的语法是个“大语法”，包含韵律和语义（广义的语义包括语用），语音、语法、语义三个层面不是截然分开、互相割裂的，三者之间的联系主要不是靠什么“交界面”，而是靠“松紧虚实”的投射对应关系，而且这种对应是符合语言演化规律的扭曲对应。换句话讲，对汉语这样的语言，更加适用的理论不是横向模块之间的“界面理论”，而是一种纵向层面之间的“投射理论”。我已在别处说明（沈家煊 2016a：第 4 章），在汉语里这种投射通常是直接的，没有投射的“实现”过程，因此一个层面实际是由另一个层面“构成”的，就韵律和语法而言，韵律是语法的“构成”部分。

有人会质疑说，汉语实际有韵律压倒语法结构的现象，例如“无肺病｜牛”倾向两字两字地读成“无肺｜病牛”，唐诗“花迎喜气皆知笑”倾向读成“花迎｜喜气”而不是“花｜迎喜气”，因此韵律还是独立于语法的。我们的回应是：首先应该追问，为什么四字组的默认节奏是［2+2］？（英语显然没有这个，比较四音节词如**re**gulated 和 regu**la**tion。）根本原因还是二字组是大致等重的［1+1］，不是英语那种偏重的［1+1］（**con**duct，**pre**sent）或［1+1］（con**duct**，pre**sent**），等重的［1+1］容易形成一个方便好用的节奏紧凑的单位（赵元任举“阴阳”“天地”例），因此均匀的［2+2］是均匀的［1+1］的放大版、充实版，双音字组的强势地位仍然是建立在单音字等重的基础之上的。

其次“压倒”这个说法预先设定有几种语法结构（主谓、定中、动宾等）摆在那儿，然后看韵律是顺从还是压倒它们。然而汉语哪有什么形式明确表示一个字组是什么结构呢？汉语遣字造句的基本手段就是“并置”（juxtaposition），字词的并置为本，结构关系是在线推导的。例如“人语”二字并置，译作 man says 还是 human speech，就看你如何解释（张东荪 1936），“医院重地”本是“医院”和“重地”两个词并置，交流的双方依靠“互享知识”（mutual knowledge）来沟通，如果听者知道言者知道自己知道医院属于重地，它就被理解为定中结构，如果听者知道言者知道自己不知道医院属于重地，它就被理解为主谓结构。“养殖对虾”也本是“养殖”和“对虾”并置，在线推导定中关系、动宾关系。“击鼓前进”则在线推导连谓、状中、主谓关系。“无肺病牛”是哪一种语法结构也是靠在线推导，谈不上韵律“压倒”语法结构。唐诗的结构有许多“假平行”现象，即对仗的两个句子结构不相同，例如：

> 翠屏遮烛影，红袖下帘声。（白居易《人定》）
> 平明端笏陪鹓列，薄暮垂鞭信马归。（岑参《西掖省即事》）

按一般理解，“遮｜烛影”是动宾结构，“下帘｜声”是偏正结构，同样，“陪｜鹓列”是动宾结构，“信马｜归”是偏正结构。为什么结构不同可以相对呢？沈家煊（2016c）指出，因为汉语以“字”为本位，字与字并置，不受形态的束缚，结构关系是推导的，而且并不那么确定，“遮烛影”分析为偏正的“遮烛｜影”也解释得通，“遮”是“烛”的定语，“陪鹓列”也可以像“信马归”一样理解为偏正的“陪鹓｜列”，“鹓”（指朝官同僚）做“陪”的宾语，“列”按动词理解。所以唐诗的对仗主要是字字相对，同时满足声音上平仄相对，意义上同类相对，所谓的“假平行”其实是“假不平行”。最近，Chen, Gu & Sheepers（2016）用眼动实验研究文本切分对阅读汉语格律诗的影响，发现至少在阅读方面，与一般节律结构相吻合的切分（如“花迎｜喜气｜皆知笑”）对诗句的认知加工并无促进作用，对阅读发挥主要作用的是句法结构而不是节律结构。总之，遣字造句，不管作诗还是写文章，中国人从一开始就要综合考虑字组合的结构关系、语义关系、风格色彩、韵律节奏等因素，这些因素可以分析，但不能分离，在需要消解结构歧义的时候，可以依靠以松紧为本的韵律手段，利用字词组合的伸缩性（如“无肺｜病牛”，“无肺病｜牛”，“无｜肺病牛”），韵律手段本身就是语法的一种形态手段。所以还是得说，汉语的韵律是语法的“构成”部分，也就是大语法包含韵律。

结　语

韵律之美，其美无双。费孝通先生曾总结中西文化的异同，说“各美其美，美人之美，美美与共，天下大同”。过去我们“美人之美”，领会英语以轻重控制松紧的韵律之美，并且试着采用这种思路来解释汉语的韵律，取得了一定的成绩，发现了不少有待深入研究的问题，然而，要推进韵律语法的研究，我们不要忽视“各美其美”，要重视汉语自身的韵律之美，这样才能达到“美美与共，天下大同”。

我还想说一点不算题外的话，正因为韵律本身就是汉语“大语法”的一部分，所以，跟西方语言相比，汉语更显得是一种“艺术语言”“诗的语言”，而不仅仅是“技术语言”。跟西方重视语言的“编码－解码”技术和精确性不同，中国人觉得“言不尽意”“得意忘言”是必然的，讲究语言的艺术才有意思。中西方的这两种对待语言的态度各有长处和短处，或者说它的长处也就是它的短处，应该互相取长补短。事实上现代汉语正在吸收西方语言的精确表达方式，只要做得不过分，是有积极意义的。但是我们在“吸收外来”的时候，还是要“不忘本来”。

就韵律语法的研究而言，现在我们有两个理论模型可供选择：一个是韵律和语法交集，以词为基本单位，用轻重控制松紧；另一个是韵律是语法的子集，以字为基本单位，用松紧主导轻重。要推进这方面的研究，笔者认为，应该面向真实语言，用“严谨”和“简单”两条标准来比较和评判两个理论模型的长处和短处，看哪一个更方便讲语法，而不是一律用一个模型做参照系。

参考文献

陈刚、沈家煊 2012，《从“标记颠倒”看韵律和语法的象似关系》，《外语教学与研究》第 4 期。

邸永君 2016，《长忆恩师度金针》，《中国社会科学报》8 月 12 日第 8 版。

端木三 2007，《重音、信息和语言的分类》，《语言科学》第 5 期。

废　名 1934，《新诗问答》，《人世间》第 15 期。另载《新诗十二讲》，辽宁教育出版社，2006 年。

柯　航 2007，《现代汉语单双音节搭配研究》，中国社会科学院研究生院语言系博士学位论文。《中国语言学文库》第三辑，商务印书馆，2012 年。

陆丙甫 2012，《汉、英主要“事件名词”语义特征》，《当代语言学》第 1 期。

吕叔湘 1980a，《中诗英译比录》，上海外语教育出版社。

吕叔湘 1980b，《英译唐人绝句百首》，湖南人民出版社。

潘文国 2002，《字本位与汉语研究》，华东师范大学出版社。

沈家煊 1999，《语法化和形义间的扭曲关系》，载石锋、潘悟云主编《中国语言学的新开拓》，香港：香港城市大学出版社。

沈家煊 2011，《从韵律结构看形容词》，《汉语学习》第 3 期。

沈家煊 2012，《论“虚实象似”原理——韵律和语法之间的扭曲对应》，*CASLAR*（*Chinese as a Second Language and Research*）1（1）：89－103.

沈家煊 2016a，《名词和动词》，商务印书馆。

沈家煊 2016b，《〈繁花〉语言札记》，中国语言学会第 18 届学术年会（浙江温州）论文。

沈家煊 2016c，《从唐诗的对偶看汉语的词类和语法》，《当代修辞学》第 3 期。

沈家煊、柯　航 2014，《汉语的节奏是松紧控制轻重》，《语言学论丛》第 50 辑。

陶　沙、黄秀梅、李　伟 2005，《儿童汉英双语语音意识：跨语言一致性、差异与迁移》，《北京师范大学学报》（社会科学版）第 3 期。

王洪君 2004，《试论汉语的节奏类型——松紧型》，《语言科学》第 3 期。

王洪君 2008，《汉语非线性音系学——汉语的音系格局与单字音》（修订版），北京大学出版社。

王志洁、冯胜利 2006，《声调对比法与北京话双音组的重音类型》，《语言科学》第 1 期。

文 炼、陆丙甫 1979，《关于新诗节律》，《语文教学研究》第 2 辑。

徐通锵 2008，《汉语字本位语法导论》，山东教育出版社。

许立群 2016，《汉语流水句研究——兼论单复句问题》，中国社会科学院研究生院博士学位论文。

许希明、沈家煊 2016，《英汉语重音的音系差异》，《外语教学与研究》第 5 期。

杨国文 2016，《体现汉语韵律特征的分联小段》，《语言教学与研究》第 4 期。

叶述冕 2016，《声调、语调、语气词之类型学相关性》，《语言学论丛》第 53 辑。

张东荪 1936，《从中国言语的构造看中国哲学》，《东方杂志》第 23 卷第 7 号。

张洪明 2014，《韵律音系学与汉语韵律研究中的若干问题》，《当代语言学》第 3 期。

赵元任 1928，《歌词读音》，《新诗歌集》，商务印书馆。载《赵元任语言学论文集》，商务印书馆，2002 年。

赵元任 1929/2002，《北平语调的研究》，《最后五分钟》附录，中华书局。载《赵元任语言学论文集》，商务印书馆，2002 年。

赵元任 1935/2002，《国语语调（演讲）》，《广播周报》第 23 期，《国语周刊》第 214 期。载《赵元任语言学论文集》，商务印书馆，2002 年。

赵元任 1968a，《汉语口语语法》，吕叔湘译，商务印书馆，1979 年。

赵元任 1968b，《中文里音节跟体裁的关系》，《中研院史语所集刊》第 40 本，载《赵元任语言学论文集》，商务印书馆，2002 年。

赵元任 1980，《语言问题》，商务印书馆。

周 韧 2016，《汉语韵律语法研究中的轻重象似、松紧象似和多少象似》，第 19 次现代汉语语法学术讨论会（浙江温州）论文。

Bolinger, Dwight 1972. Accent is Predictable (If You Are a Mind-Reader). *Language*, 48: 633 – 644.

Chao, Yuen Ren 1959. Ambiguity in Chinese. In Søren Egerod and Else Glahn (eds.), *Studia Serica Bernhard Karlgren Dedicata*. Copenhagen: Ejnar Munksgaard, 1 – 13. Also in A. S. Dil (ed.) 1976, *Aspects of Chinese Socio-Linguistics*. Stanford: Stanford University Press, 293 – 308. (《汉语中的歧义现象》，袁毓林译，载《赵元任语言学论文集》，商务印书馆，2002 年。)

Chao, Yuen Ren 1968. *A Grammar of Spoken Chinese*（《中国话的文法》）. Berkeley and

Los Angeles: University of California Press.

Chao, Yuen Ren 1975. Rhythm and Structure in Chinese Word Conceptions. *Journal of Archeology and Anthropology* 37 & 38: 1 – 15.（《汉语词的概念及其结构和节奏》，王洪君译，载《赵元任语言学论文集》，商务印书馆，2002 年。）

Chen, Qingrong, Gu Wentao, & C. Scheepers 2016. Effects of Text Segmentation on Silent Reading of Chinese Regulated Poems: Evidence from Eye Movements. *Journal of Chinese Linguistics* 44 (2): 265 – 286.

Crystal, David 1997. *A Dictionary of Linguistics and Phonetics.* 4th edition. Oxford: Blackwell.

Kijak, A. 2009. *How Stressful Is L2 Stress? A Cross-Linguistic Study of L2 Perception and Production of Metrical System.* Utrecht: LOT.

Langacker, R. 1987/1991. *Foundations of Cognitive Grammar*, Vol. 1 & 2. Stanford: Stanford University Press.

Peperkamp, S. & E. Dupoux. 2002. A Typological Study of Stress 'Deafness'. In C. Gussenhoven & N. Warner (eds.), *Laboratory Phonology* 7: 203 – 240. Berlin: Mouton de Gruyter.

Waylan, R. & S. Guion. 2004. Training English and Chinese Listeners to Perceive Thai Tones: A Preliminary Report. *Language Learning* 54: 681 – 712.

Yip, M. 1980. *The Tonal Phonology of Chinese.* Ph. D. Dissertation. Cambridge: MIT.

（原载《世界汉语教学》2017 年第 1 期）

汉语“名动包含”格局对英语学习的负迁移

1 词类误用

1.1 词类误用的情况

本文的题目要从词类的误用说起。夏立新（2015：104—117）根据“中国学习者英语语料库”（CLEC）和“国际英语学习者语料库”（ICLE）80万型符的比较，发现中国英语学习者的词类偏误，无论是总的数量，还是涉及的类别，都大大超过外国学习者。国际语料库选取的是西班牙、法国、荷兰、芬兰、捷克五国学习者的语料，这些外国学习者的词类偏误只有中国学习者的22.1%，反过来，中国学习者的词类偏误是外国学习者的4.5倍。外国学习者的词类偏误是偶发的、异质的，中国学习者的词类偏误有系统性和反复性。

夏著选取中国学习者词类偏误频度最高的前100个形式，将其分为以下九类，涉及名、动、形、副四大词类，共列出误用的实例27个。

第1类　形容词误用为副词（12个）：good, great, quick, serious, rapid, careful, wrong, perfect, easy, last, successful, slow。例如：

（1） so the students must do as **good** as they can to reduce his

（2） rst war televised. We knew as **quick** as a patriot which would be the

（3） alitarian state and everyone can **easy** understand what Orwell wants

第2类 副词误用为形容词（9个）：well, mainly, recently, really, obviously, seriously, badly, simply, easily。例如：

（4）newspaper is the most **simply** and efficient way. We can

（5）mportant thing is if Jack has a **well** position in society and so Gwe

第3类 形容词误用为名词（28个）：economic, increasing, social, developing, healthy, raining, studying, using, medical, short, difficult, important, hungry, global, active, patient, interesting, happy, possible, industrial, guilty, serving, ill, harmful, different, Chinese, basic, technical。例如：

（6）conomy is inseparable from the **social**, it will also be a social Europe.

（7）me years ago, there has been an **increasing** in the number of people

（8）orking or fighting against their **hungry**, their thirsty, and their illness

（9）that type of person who finds **difficult** even to look for a book with

（10）institutions lag behind with the **developing** of imagination which is

第4类 名词误用为形容词（11个）：haste, society, importance, pleasure, sick, shortage, health, hurry, danger, wealth, socialism。例如：

（11）fresh water is relatively **shortage**. Nowadays, the shortage

（12）Ladies are beautiful, elegant and **wealth**. So beauty, elegance and we

（13）is thing may be one of the most **importance** for his life; that was a

第5类 动词误用为名词（15个）：live, practice, serve, succeed, prepare, develop, serve, produce, understand, require, produce, improve, fail, teach, mean。例如：

（14）it will lead to **succeed** easily. But another people

（15）implacable cycle of productivity, **produce** and material profit

（16） n most universities there isn’t and **practise** at all, practically the
（17） e abundance of details on daily **live** in the South during the last part

第6类　名词误用为动词（12个）：success, choice, product, failure, sale, adventure, service, image, crime, practice, loss, graduation。例如：

（18） On the other hand, they need to **practice** their knowledge in order
（19） to get it too fast, you will **failure**. We said, haste

第7类　形容词误用为动词（4个）：lost, rich, past, stable。例如：

（20） feeling of safety and **stable**. Thirdly, one’s position

第8类　动词误用为形容词（4个）：limit, suit, use, prepare。例如：

（21） the women’s power is **limit** in contrast with the men’s pow
（22） very frequently in order to be **prepare** enough; so, besides of learni

第9类　其他（5个）：firstly, they, means, living, economics。例如：

（23） If I were you, I would make a plan **firstly**. Then I would finish it step
（24） 30 years, people can live a good **living** and have a good medical
（25） o eating! They also build **they** industries, developing
（26） ery and dehumanization, then, the **means** of euthanasia should be
（27） e is more distinct. Because the **economics** of developing countries is

我们对类别归属做一些调整。第3类形容词误用为名词的28个词中，有7个是V-ing动名词形式（increasing, developing, raining, studying, using, interesting, serving），英语语法书一般把它放在动词类下面来讲，我们把它们归入动词误用为名词。其他类的5个词中，（23）的误用多半是学习者以为 first 只是形容词而不是副词，只把 firstly 当副词，所以也可以归入副词和形容词之间的误用。(24) 误用的 living 是 V-ing 形式，也可归入动词误用为名词。(25) 误用的 they 也不妨归入名词误用为形容词，因为英语代名词不变为属格形式就不能像形容词那样做定语（不像汉语可以说“他们爸爸有钱”)。① 这样词类误用的分布情形是：

名词和动词互相误用　12 + (15 + 7 + 1) = 35%

名词和形容词互相误用　(28 − 7) + (11 + 1) = 33%

形容词和副词互相误用　12 + (9 + 1) = 22%

形容词和动词互相误用　4 + 4 = 8%

其他　2 = 2%

从这个分布可以看出：(一) 名动误用 (35%) 和名形误用 (33%) 大致相等，加起来，也就是名词和动、形之间的误用占到全部误用的 68%，占大头。(二) 形副误用占 22%，占第二位。由于英语形容词和副词分工明确，形容词修饰名词，副词修饰动词和形容词，所以形副误用跟名动误用、名形误用有对应的相关性，归结到名动误用和名形误用。这样，名词和动形之间误用的比例就高达 68% + 22% = 90%，可以说词类误用几乎都集中在这上面。(三) 形容词的误用直接涉及的类别最多，涉及名词、副词、动词三类，数量也多，比例达 33% + 22% + 8% = 63%。虽然夏著没有把 100 个误用的例子全部列出，但是误用的整体格局我们估计不会跟上面的归纳有大的出入。

1.2 词类误用的原因分析

词类偏误的原因，一个可能是学习者不怎么知道个别英语词的词性分别，例如不知道 practice 和 practise 的区别，good 和 well 的区别，success 和 succeed 的区别，不了解 first 和 firstly 的异同。但是这不是主要原因，分析如下。

先看名动误用。出现在误例中的片段 developing countries，其中developing 使用正确，还有正确使用的 institutions，imagination，dehumanization

① (26) (27) 二例似属于用词有误，不属于词类误用。

等，这表明学习者已经知道-tion，-ment 是名词后缀，知道 developing 和 development 的词性区别。因此他在 with the developing of imagination 里将 developing 误用为名词 development 应还有原因。正确使用的 in contrast with，表明学习者也知道有的动词如 contrast，不用加-ing 也能用作名词，因此他误用 an increasing 表达 an increase 应还有原因。正确使用的 to reduce his... 表明学习者不是不知道 reduce 是动词，因此例（15）将 produce 误用为名词应还有原因。在 war televised 里，televised 使用无误，表明学习者知道动词加-ed 起什么作用，因此 is limit 缺失-ed 应还有原因。在 fighting against their hungry 里，宾语 hungry 用错，但 fighting 使用正确，表明学习者知道 fight 虽然加了-ing 但仍然有动词性，因此在 a good living 里误用 living 代替名词 life 应还有原因。

再看名形误用。误用形容词 social 代替名词 society，但是在 a social Europe 里 social 又使用正确，表明学习者并不是不知道 social 是形容词。正确使用 feeling of safety，their thirsty，implacable cycle of productivity，正确区分 beauty 和 beautiful，都表明他知道-ty 是名词后缀，知道 social 和 society 的词性区别。因此，误用 difficulty 代替 difficult 应还有原因。在 [i]mportant thing 里，important 使用正确，表明学习者不是不知道 important 和 importance 的词性区别，他在 the most importance for his life 里误用 importance 应还有原因。

再看形副误用。正确使用的 practically，frequently，thirdly，relatively 表明学习者已经知道英语副词有区别于形容词的后缀-ly。正确使用的 to get it too fast 表明他也不是不知道个别形容词如 fast 不加-ly 也能做副词用。总之学习者基本上知道英语形容词和副词的形态区别，因此 quick 在 knew as quick as 里误用为副词，simply 在 the most simply and efficient way 里误用为形容词，应都还有原因。同样，在 lead to succeed easily 中，虽然 succeed 用错，但是 easily 正确，因此 easy 在 can easy understand 里的误用为副词应还有原因。

综合上述分析，结论是，中国英语学习者的词类偏误大大超过外国学习者，主要原因不是不知道英语词的词性差别。我们将说明，主要原因是汉语的词类系统对英语学习潜移默化的影响，是一种负面作用很强的母语

"负迁移"。学英语，学知英语的词性分别不难，难的是从我们习惯的母语表达方式中解放出来。

2 汉语是"名动包含"格局

汉语的词类系统跟英语的词类系统很不一样，其中最重要的就是，名词和动词这一对最重要、最基本的词类范畴，两者之间的关系汉语和英语不同。根据沈家煊（2016）的详细论证，英语名词和动词是分立关系，汉语名词和动词是包含关系，名词是"大名词"（super-noun category），它包含动词在内，动词是名词当中的一个次类，是动态名词。图示如下（转引自沈家煊2016：2）：

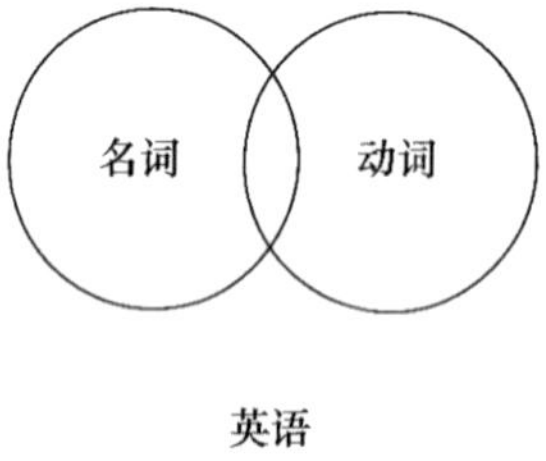

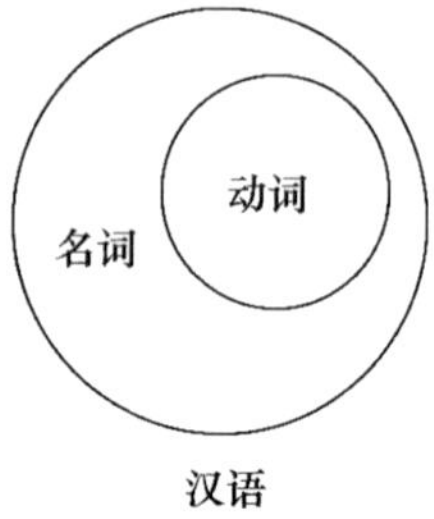

英语是"名动分立"，名词和动词的关系好比male和female二词的关系，是male就不是female，是female就不是male，只有小部分交叉，即名动兼类。汉语是"名动包含"，名词和动词的关系好比英语man和woman二词的关系，woman也是man，而man不都是woman。Lyons（1977：156）就把这两种格局分别称为"类分立"（class distinction）和"类包含"（class inclusion）。

汉语"名动包含"意味着，汉语的动词，不管单音还是双音，全是"动名词"，即动态名词，具有"名－动二象性"，既对应英语的动词，又对应英语的名词。例如：死 die/death，炸 explode/explosion，成功 succeed/success，生产 produce/production，实践 pratise/practice，失败 fail/failure。

由于汉语的形容词不用加系动词就可以像动词一样直接做谓语，如

“天冷”“他聪明”，汉语语法学界倾向将形容词看作动词的一个次类，看作一种不及物动词，因此汉语的性质形容词其实全是“形名词”或“性状名词”，具有“名－形二象性”。跟英语比较：冷 cold/coldness，饿 hungry/hunger，困难 difficult/difficulty，重要 important/importance，聪明 clever/cleverness。

“名动分立”和“名动包含”是英汉词类系统最根本的区别，也是影响两种语言整个格局的重要区别。中国学习者的词类偏误大量集中在名动误用上，主要是因为汉语“名动包含”格局的负迁移效应。正因为他们习惯的汉语表达中，动词“败”“生产”和形容词“饿”“重要”也是名词，迁移到英语，就用动词 produce 和形容词 hungry 误代名词 production 和 hunger，或者反过来，用名词 failure 和 importance 误代动词 fail 和形容词 important。

汉语“名动包含”直接造成汉语的形容词既修饰名词做定语，又修饰动词做状语，例如：快餐/快吃，好米/好吃，简单问题/简单回答，方便法门/方便使用，非常事件/非常严重。英语的常态是形副分立，quick 和 quickly 对立，simple 和 simply 对立，good 和 well 对立，像 fast 和 first 那种兼为形副的情形是少数。在汉语里，如果把既修饰名词又修饰动词的词统称“饰词”，那么副词就是一种“副饰词”，即一般只修饰动词的饰词。这倒是十分符合英语 adjective 和 adverb 这两个词的本义：adjective 源自古法语 adjectif > -ive，后者源自拉丁语 adject- < adjicere “附加、修饰”，也是一般饰词的意思，adverb 则是专门修饰动词的饰词。只是因为英语名词和动词已经分立，adjective 和 adverb 才成为两个分立的范畴。汉语习惯迁移到英语，就用形容词 quick 和 easy 误代副词 quickly 和 easily，或者反过来，用副词 well 和 simply 误代形容词 good 和 simple。

汉语“名动包含”还意味着，汉语里名词和动词之间虽然也有区别（动词都是名词，但是名词不都是动词），但是这种区别远不如英语的名动分立那么重要。从这个角度看，汉语里形容词（改称饰词）和名词动词之间的区别要大于名词和动词之间的区别，图示如下［转引自沈家煊（2016：282），粗黑线表示主要区别］：

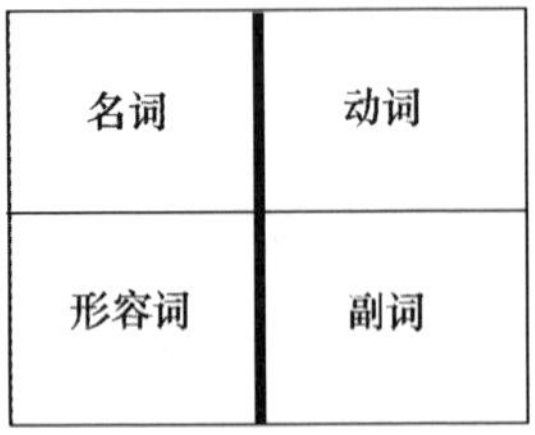

英语

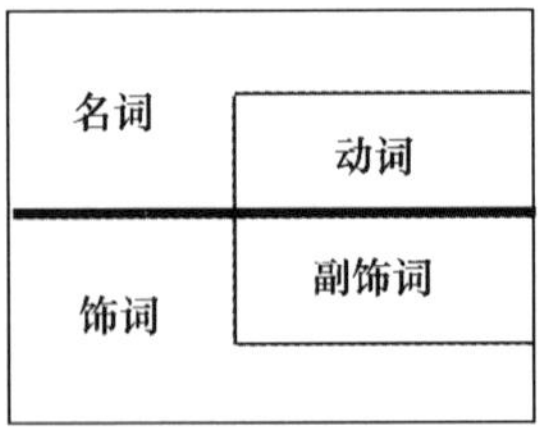

汉语

西方学者讲形容词的地位，出发点是“名动分立”，然后看形容词在每种语言里是偏向名词一头还是偏向动词一头。这个看法对汉语不适用。汉语语法界过去倾向于认为汉语的形容词偏向动词一头，这还是受印欧语“主谓结构为本”和“动词为中心”（句子不能没有谓语动词）的影响。现在重新从“名动包含”这个角度看，汉语的谓语也具有指称性，是动态指称语（这一点很重要，下面第 3 节讲 be 的过度生成还会涉及），因此主语（指称语）和谓语的区别并不像英语里的那么重要。过去的汉语语法著作一方面说汉语里主谓结构的地位跟其他结构的地位完全平等（朱德熙 1985：8），不重视主谓结构的地位，另一方面又很重视主谓结构的地位，仅因为形容词可以直接做谓语就将其视为动词的一个次类，这是互相矛盾的。正因为汉语是“名动包含”，形容词是“饰词”，既修饰名词又修饰动词，在词类误用中形容词误用涉及的类别最多（涉及名词、副词、动词三类），数量也多（达 63%），这也就不难解释了。

通过以上分析，我们的结论是，中国学生学习英语的词类偏误呈上面 1.1 节归纳的分布情形，追根溯源，主要是由汉语“名动包含”格局的负迁移造成的。

3 冠词缺失，动词形态缺失及过度使用

3.1 偏误的情形

这两类偏误看上去属于不同的情形，其实有很大的相关性，所以放在一起说。先说冠词缺失，中国人学英语，冠词（不定冠词 a 和定冠词 the）缺失十分常见，哪怕是英语水平已经很高的人也避免不了。这不用做什么

统计，因为太常见，就举两个例子（转引自陈新仁 2010）：

（28）I imput the data into □ computer and ran the SPSS to analyze it.

（29）Chapter 4 will answer □ research questions raised in □ methodology chapter.

在本文列举的各种误例中也很常见，如 take shower，such as student who. . . ，study computer 等。

动词形态缺失，也不用做什么统计，因为太常见。例如（转引自吕杰、肖云南 2016）：

（30）He **call** me last night.

（31）Friendship can't be **define** in word.

该用动词过去式或过去分词的时候误用现在时或动词原形，如以上二例，是中国学生最易犯的形态缺失错误，写的时候会留意避免，说的时候就不经意地频频发生。

与此相反的情形是用动词过去式代替动词原形，这类夏立新（2015：118—126）在动词不定式名下考察的偏误中，数量位居第二，出乎人们的意料，被称为“英语一般过去时规则的过度泛化”。例如：

（32）. . . his fist and warned him not to **appeared** again.

（33）If you want to **built** a big building，the fake material

（34）He/She had to **economized** on food and clothing.

（35）It could **enlarged** one's eyeview

（36）In my view，I prefer to often **exchanged** job

然而中国英语学习者出现的动词不定式偏误，夏著发现数量最多的类别是该用动名词的地方误用动词原形，属于形态缺失。例如：

（37） all day and you can devote yourself to **study** and to work
（38） **Do** anything is the same as learning English
（39） After **enter** into a career which they like and have ab

跟用动词原形代替动名词的方向相反，不定式偏误中位居第三的是用动名词代替动词原形，属于过度使用动名词，例如：

（40） Now, I want to **teaching** my friend's son to get to know the world
（41） Some people like to **taking** to a kind of job.
（42） I was **exciting** and eager to hear Mother's voice.

夏著的统计发现，以上诸类看上去十分“低级”的形态偏误虽然随学习年限的增加和英语水平的提高而逐渐减少，但差别并不明显，各类大学生中都有出现。形态的缺失和过度使用看上去相反，有没有内在的联系，值得探讨。

3.2 偏误的原因分析

冠词缺失和形态缺失及过度使用，这两类偏误其实有关联，根子都在汉语“名动包含”格局的负迁移。“名动包含”的实质是“指述包含”，即指称语包含述谓语，述谓语也是一种指称语，是指称动作事件的动态指称语。这个论证十分的简单，是根据英汉差别的 ABC（转引自沈家煊 2016：83—87），ABC 也是“常识”的意思，但是受先入为主的传统观念的摆布，我们达到这个认识却走过了漫长的道路。

A. 他开飞机。	* He fly a plane.	He flies a plane.
B. 他开飞机。	* He flies plane.	He flies a plane.
C. 开飞机容易。	* Fly a plane is easy.	Flying a plane is easy.

A 表明，汉语的动词“开”入句充当述谓语的时候不像印欧语那样有一个“述谓化”的过程，英语有这么个过程，动词 fly 入句要变为 flies。

从这个意义上讲，汉语的动词本来就是述谓语。B 表明，汉语的名词“飞机”入句充当指称语的时候不像印欧语那样有一个“指称化”的过程，英语有这么个过程，plane 要变为 a plane，the plane(s)，或者 planes。从这个意义上讲，汉语的名词本来就是指称语。C 表明，汉语的动词用作名词——也就是充当指称语（主宾语）——的时候不像印欧语那样有一个“名词化”“名物化”“指称化”的过程，英语有这么个过程，fly 要变为 flying 或者 to fly。把 ABC 三点综合起来就得出结论：汉语的名词包含动词，而它的实质是指称语包含述谓语。

正因为汉语的光杆名词就是各种类型的指称语，例如：

老虎是危险动物。The tiger is a dangerous animal. / Tigers are dangerous animals.

老虎笼子里睡觉呢。The tiger is sleeping in the cage. / The tigers are sleeping in the cage.

他终于看见老虎了。He saw the tiger(s) /a tiger/tigers at last.

第一句的“老虎”是类指，第二句的“老虎”是定指，第三句的“老虎”可以是定指、不定指、类指、专指等，随语境而定，注意名词“笼子”“危险动物”也是光秃的。汉语迁移到英语，经常犯的一类错误就是名词不加冠词直接入句充当指称语。中国人学英语，表达“他开飞机”，He fly a plane 这种错误比较容易克服，而 He flies plane 这种错误，哪怕是学得水平很高的人，还是难以避免。反过来，西方人学汉语，不敢直说“我背起书包回家”，而说成绕嘴的“我背起我的书包回我的家”，他们不习惯用光杆名词直接做指称语。

汉语的光杆动词可以直接充当述谓语，例如上面例句中的“睡觉、看见、是”。动词后“了、着、过”这种所谓的体貌小词都不是强制性的(例如“他带回来［了］两张票”，“一边吃［着］饭一边看电视”，“他曾经开［过］飞机出海”)。汉语习惯迁移到英语，就频繁出现动词形态缺失的错误。

现在来说明形态的缺失和过度使用为什么会并存。用动词原形代替动名词形式，如上（37）—（39）所示，可以发现这类形态缺失偏误基本上都发生在动词做主语和宾语（包括介词宾语）的时候。这是因为汉语的动词本来属于名词，属于指称语，充当主宾语的时候不需要名词化或指称化，也谈不上名词化、指称化。反过来用动名词形式代替动词原形，如上（40）—（42）所示，可以发现这类形态过度使用的偏误都发生在动词做谓语的时候。这还是因为汉语是“名动包含”格局，谓语本质上属于指称语，而英语的动名词具有“名动二象性”，中国的学习者在知道这一点后就会下意识地用动名词来做谓语。这一点可以从夹杂英语词的洋腔汉语看出：

你 parking 好了吗？（你车停好了吗？）
你今天 swimming 了吗？（你今天游泳了吗？）

在明知英语有动词 park 和 swim 的情形下，却还用它们的动名词形式做谓语。从掺杂汉语词的洋泾浜英语可得到进一步证明：

We can't make *zheteng* anymore！（我们不能再折腾了！）
Let's do some *zouxue*, too！（我们也去走走穴吧！）
He is doing *huyou* again！（他又在忽悠了！）

遇到一些不好翻译的汉语动词，经常是先这么权宜地一说，接着尽量对“折腾”“走穴”“忽悠”这些词做些解释。这表明中国人的心目中“折腾、走穴、忽悠”本来是动名词，不然就很难说明为什么还要前加 make 或 do（转引自沈家煊 2016：121—122）。因此-ing 的缺失和过度使用都是因为“名动包含”格局的负迁移。

对于用动词过去式代替动词原形这种形态过度使用，夏著解释为中国学生在学习不定式前已经学习了一般过去时，于是特别加以重视。这个解释不无道理，要是追根溯源的话，这类偏误跟过去时形态缺失，根子也都在汉语是“名动包含”格局。过去时形态缺失，一般的解释是汉语动词没有“时”，为什么没有“时”呢？这是因为汉语的动词本来属于名词，不同于西方语言“名动分立”。名词的意义一般与时间无关，动词的意义关涉时间，在德语里动词（Zeitwort）就是“时间词”。中国学生学英语首先学知“名动分立”，于是会特别关注动词表示时间的形态，矫枉过正，造成过度使用。

4 be 的过度生成

4.1 be 过度生成的情形

吕杰、肖云南（2016）（下称吕肖文）论述，英语二语学习者的语言产出中，be 过度生成是经常出现的一种错误，应该引起研究者足够的重视，将这类错误作为一个统一的二语发展变异现象对待。笔者将该文列出的全部误例重新编排和分类，并且加上汉语的对应翻译，以便从中看出汉语“名动包含”格局的负迁移。

第 1 类　be + V　（比例高达 92.74%）

（43）About half past two robbers **were enter** the Pizza Palace. 劫匪［是］两点半前后进入比萨宫。

（44）He **is want** to go up then. 当时他［是］要起床了。

（45）I think improve our English **is depend** on ourself. 我认为学好英语［是］要靠我们自己。

（46）... who **are come from** UN and UK. ……他们［是］来自 UN 和 UK。

（47）So we **are** very **enjoy** our time. 因此我们［是］过得很愉快。

（48）We may lose interest and can not **be succeed** in our majors. 我们会失去兴趣，专业［是］学不好的。

（49）Our parents **are work** very hard to make money for us. 父母为了挣钱养家［是］很努力地工作。

（50）... such as student who **is study** computer. ……就像一个［是］学计算机的学生。[①]

（51）Under extreme circumstances, women appear **to be more strong** than

① （49）和（50）二例也可以分析为 V 缺失-ing 之误。

expected. 在极端情形下，女人看来［是］比想象的坚强。[①]

（52） Students **are support** to practice English word every day. 学生们［是］支持每天操练英语词语的。[②]

（53） It **is mean** we should take shower for him. 这［就］是说我们应该替他冲个澡。

（54） I think all those students **are want** to study English well. 我认为那些学生［是］都［是］想学好英语的。

（55） Pets **are** always **make** school mess and **bring** about other problems. 宠物［是］总［是］造成学校乱状并带来其他问题。

（56） Some famous bosses **are** also **learn** much from doing part-time jobs. 一些大老板［是］也［是］靠做兼职工学到许多东西的。

（57） Success will **be come** to you if you keep working hard like that. 如果你也那样努力干，成功［是］将［是］会到来的。

第2类　be + V-es　（3.83%）

（58） It **is means** that our family will be under big pressure of lives. 这［就］是说我们家将处于很大的生活压力下。

（59） . . . he **is goes** to elementary school. ……他［是］上小学。

（60） So it **is depends** on who is the student to go to abroad to study English. 因此这［是］取决于谁是那个去国外学英语的学生。

（61） Happiness **is comes** from a good attitude. 幸福［是］来自一个好的心态。

第3类　be + V-en　（3.43%）

（62） . . . in one episode he **is said** to Bart. ……有一次他［是］这样

① 此例原文归为有错的填充句，但也可以归为 be 的过度生成。

② 此例原文未纳入计算，说只是 support 用词错误。这既是用词错误，也是 be 的过度生成。

对 Bart 说的。

（63） New education style **is came** from other countries. 新的教育方式［是］来自其他国家。

（64） He **was arrived** early. 他［是］早到了。

（65） My mother **was finished** her work at five and got home by 7 o'clock. 我母亲［是］五点下班，七点左右到家。

（66） I **was enjoyed** a great vacation. 我［是］假期过得非常愉快。/我假期［是］过得非常愉快。/我假期过得［是］非常愉快。（注意“是”的位置很自由。）

4.2 已有的解释

对于 be 的过度生成，吕肖文通过分析否定了以往的两种解释。一种解释是，过度生成的 be 是代替主动词来标记形态的变化。吕肖文反驳说，有的误例是 be 和主动词都标记了时体特征，如（64）—（66）。虽然be + V-en 和 be + V-es 的比例不高，但是其中的动词大部分至少出现两种形态，如 depend on 和 mean 在 V 和 V-es 之间的变化很活跃，want 和 come from 都有 V、V-en、V-es 三种形态。因此，至少不是完全依靠 be 来标记时体特征。另一种解释是过度被动化，持这一看法的人很多。拿例（64）来说，这种解释认为，主动词 arrive 是不及物动词中的“非宾格动词”，只带一个内论元（此例中为 he），而且在底层结构中位于动词后的宾语位置，在表层结构中移到了主语位置，这种从底层到表层的变换与主动结构到被动结构的变换相似，因此 arrived 前出现冗余的 be 是一种过度被动化。吕肖文反驳说，误例中动词不属于非宾格动词的情形不在少数，是大量的，而且非宾格动词和其他动词一样都不限于 V-en 形式，还有 V（占大头）和 V-es 形式，因此用过度被动化来解释是以偏概全。我们完全同意吕肖文对以上两种解释的否定，那样的解释强使语言事实“穿小鞋”，去迁就某种理论。

吕肖文通过统计和分析认为，be 的过度生成受主动词情态体（situation types）的影响。动词的情态体分为四种，即状态动词（want, have, come from, mean, like, love, know, exit, stay, lie, play a role in），达成动词（succeed, die, fail, appear, find, finish, lose, accept），活动动词（come, work, play)，完结动词（learn [much]，make a mess)。他们发现，be 的过度生成最容易发生在状态动词上，其次是达成动词，活动动词和完结动词很少。他们推测，系动词 be 和状态动词，二者的语义都含有状态意义，be 其实是典型的状态动词，与其他状态动词共现是强化了句子的状态意义。达成动词有表示动作起始和结果状态两种识解，与 be 共现的时候也是结果状态的意义被强化。(55)(56) 两个误例的主动词是完结动词，make a mess 和 learn [much]，但是在 be 和主动词之间插入了副词 always 和 also，起到了隔断作用（可理解为 be 对状态意义的强化作用被削弱)。总之，吕肖文的解释是，过度生成 be 是为了强化句子的状态意义。我们基本同意这一解释，但是想进一步追问：为什么会出现过度强化状态意义的情形？为什么这种过度强化发生在光杆 V 上最多？另外，吕肖文也注意到，除了 be 的过度生成，还有 be 的缺失，例如：

(67) Here she **making** a cake. 她 [是] 在做蛋糕呢。

值得一问的是，be 的过度生成和缺失二者是否有联系？

4.3 对原因的进一步解释

来看上列误用句的汉语译句。所有译句的谓语前都有一个可隐可现的“是”字（用“[是]”标出)，其中有一些译句，如 (53) — (58) 诸例，“是”跟前头的副词或连词结合成双音字组“都是”“总是”“也是”“将是”“就是”，其中的“是”也是可隐可现的，而且“都是、总是、也是、将是”等前面还可以再加个“是”。

汉语的谓语前总是可以加一个“是”字，对这个“是”字的性质，有人比附英语里动词前起强调作用的 do，如 I **do** like Syntax，汉语说“我是喜欢句法学”，他们说“是”也是起强调作用，是个语气副词（傅玉 2010)。但是“是”和 do 有一个十分重要的差异，那就是 do 后接的强调成分只能是动词性词语，不能是名词性词语，而“是”后接的强调成分既可以是动词性词语，也可以是名词性词语，例如“今天是礼拜六”，“他是上海人”，不加“是”句子也成立，只是没有强调而已。汉语一般动词后头的宾语可以是名词性成分，也可以是动词性成分，这早已是汉语语法学界的共识，因此应该把“是”定性为一个特殊的动词，即起强调作用的判断动词，它强调的时候出现，不强调的时候不出现，后边跟名词性、动词性成分都可以。吕叔湘（1979：41，81）和朱德熙（1982：105）都对“是”做这个定性。

汉语的“是”也不等同于英语的 be，从英语不加 to 的不定式可以看出二者的差异。英语 be 后的不定式一般要加 to，如例（68），不加 to 是很罕见的，限于解释 do 的精确意思的从句，例如（69）（70）（转引自 Swan 1980：335）：

（68）The best thing would be（for you）to tell everybody.（你）最好［是］告诉大家。

（69）All I did was（to）give him a little push. 我只不过［是］轻轻推了他一下。

（70）What a fire-door does is（to）delay the spread of a fire long enough for people to get out. 防火门的作用［是］把火挡一阵子，好让人有时间逃生。

注意汉译句里“是”字可隐可现。从“分裂句”也可以看出“是”与 be 的差异。英语用 It is/was... that 这种分裂句做选择性强调，不能强调谓语动词，汉语的“是”是不受这个限制的，例如：

（71）My mother threw an egg at the Minister of Education yesterday. 我妈昨天向教育部长扔臭鸡蛋。

It was my mother that threw... 是我妈昨天向教育部长扔的臭鸡蛋。

It was an egg that my mother... 我妈昨天向教育部长扔的是臭鸡蛋。

It was yesterday that my mother... 我妈是昨天向教育部长扔的臭鸡蛋。

It was the Minister of Education that my mother... 我妈昨天是向教育部长扔的臭鸡蛋。

*It was threw that my mother... 我妈昨天向教育部长是扔臭鸡蛋。

也正因为汉语的谓语总是可以在前头加一个“是”字，它不必出现而又无处不在，因此出现大量“连词或副词＋是”发生词汇化的现象，如“但是，可是，若是，总是，还是，越是，不管是，或者是，好像是，尤其是”，等等（参看董秀芳 2004），而且它们前头可以再加个“是”，如“他［是］总［是］那么不紧不慢地说话”，“我［是］已［是］年逾古稀”。由此可以得出结论，汉语的谓语其实都是“是”后头的指称性宾语（表语），当“是”字隐而不显的时候，谓语的指称性不明显，当“是”字出现的时候，谓语的指称性就显现出来，即使是带“了、着、过”的谓语也是如此：

（72）他［是］喝了农药。
（73）他［是］去过西藏。
（74）她［是］做着饭呢。

这意味着，汉语的谓语具有“指称－述谓二象性”，这既是对汉语“名动包含”格局的证明，也是这个格局的具体体现。这也意味着，汉语不仅判断句的谓语是表示事态的，陈述句的谓语也表示事态，是指称事态的指称语。由此可以明了，之所以出现 be 的过度生成，出现过度强化状态意义的情形，归根结底也是汉语“名动包含”格局的负迁移造成的。

这种过度强化为什么发生在光杆 V 上最多呢？原因是英语动词的各种形态中唯有光杆 V 这种原形可以直接做 be 的指称性宾语（表语）。在 I do like it 这个表达里，光杆的 like 也可以理解为动词 do 的指称性宾语。还有，be 的过度生成和缺失二者之间的联系也就清楚了，上面误例（67）Here she *making* a cake，从汉译句“她［是］在做蛋糕呢”可以看出，显然是因为“是”字是可以隐去的，making a cake 实际也是表示事态，按 Jespersen（1924：277－281）的分析，所谓的进行时态 be V-ing 结构，历史上是从“be on V-ing”经由介词 on 脱落演变而来，on V-ing 本质上是个表示事态的名词结构，他称之为“带介词 on 的动性名词结构”，所以吕肖文列出的误例中没有 be V-ing 形式的。最后，吕肖文还提到下面的误例：

(75) Friendship can't be **define** in word. 友谊［是］不能用语言定义的。

此例是个被动句，归属的误用类别是动词的形态缺失，但从汉译句看，它跟 be 的过度生成也有关系，“不能用语言定义的”是表示一种状态，前头有一个可以隐去的“是”。正因为汉语的谓语是指称语，所以汉语没有英语的那种被动句。小说《繁花》里有一个很典型的例子：

(陶陶说) 现在我扫地出门，等于民工。
I was driven out of my house and deprived of everything.

只有在强调不如意的时候才说“被扫地出门”，加不加“被”字，“扫地出门”都是表示“我”所处的一种状态。有人用英语“过度被动化”来解释 be 的过度生成，前面已经说明这种解释不合理，其实外国人学汉语，还有喜欢用翻译腔说话的国人，倒是有“过度被动化”，不说简洁的“我扫地出门”，偏说“我是被她扫地出门”。

5 否定词误用误解

中国人学英语常犯的错误中，还有否定词的误用误解。该用 no 的地方错用 not，例如（转引自上海外国语学院英语系英语教研组 1963）：

(76) 他没有一个兄弟。

* He has not a brother.

He has no brother.

(77) 大家都答不上来。

* Every one could not answer.

No one could answer.

(78) 他没有任何遗憾的表示。

* He showed not any sign of regret.

He showed no sign of regret (at all).

He didn't show any sign of regret (at all).

(79) 我没有这一种字典。

* I have not such dictionary.

* I have no such a dictionary.

I have not such a dictionary.

I have no such dictionary.

这是误用，误解的情形是没有意识到下面成对句子的语义区别，由此也造成误用：

(80) I am not a writer.（我不是作家。）

I am no writer.（我根本不会写文章。）

(81) He is not wiser than his brother.（他没有他弟弟聪明。）

He is no wiser than his brother.（他和他弟弟一样笨。）

(82) Write a composition of not less than 500 words.（写一篇作文不少于500字。）

No less than 500 people were injured or killed in the accident.（这次事故伤亡人数多达500人。）

造成这种误用误解的根本原因是，英语的那一对否定词 no 和 not，分工是 no 否定名词，not 否定动词；而汉语（现代汉语）的一对否定词"没"和"不"，分工主要不是否定名词和否定动词，而是"没"否定动词"有"，"不"否定动词"是"。在名词和动词的否定上，虽然"不"一般只否定动词，但是"没"既否定名词又否定动词：

(83)	英语	He did not read it.	* He did no read it.
		* There're not books.	There're no books.
(84)	汉语	没书	* 不书
		不读	没读

汉语里没有相当于英语 no 的否定词，即没有专门用来否定名词的否定词，用吕叔湘的话说，汉语的名词似乎本身不受否定，“没书”实际是“没有书”，“没”否定的是动词“有”（吕叔湘 1942/1982：234）。从甲骨文到现代汉语，否定词不断更替，但是不管怎么更替，总是有一个否定词既否定动词又否定名词（沈家煊 2010）。

汉语的名词不仅不受否定，而且不受形容词的量化。赵元任（Chao 1955）指出，英语限定名词的全称量化词 all，在汉语里要用限定动词的副词“都”，所以下面这个句子，在英语里主要表达“发亮的不都是金子”的意思，而中国学生容易理解为次解的“发亮的都不是金子”：

（85） All that glitters is not gold.

发亮的不都是金子。（主解）/ 发亮的都不是金子。（次解）

赵元任还指出，汉语也没有相当于英语 some 的形容词，也就是没有限定名词的存在量词，some people 在汉语里的表达是“有（的）人”。汉语名词本身不受全称和存在量词的限定，这正跟它本身不受否定一样，是汉语名词的根本性所决定的。在中国人的心目中事物天然存在，没有“存在不存在”的问题。汉语是用否定和量化跟“物”牵连的“事”的办法来否定和量化“物”，“事”也是“物”，一种“动态的物”，“事物”。这是汉语“名动包含”格局的哲学底蕴。

朱德熙（1982：41）曾经用“受数量词修饰”“不受副词修饰”这两条来定义名词，后来把“受数量词修饰”这个正面定义取消了（朱德熙 1985：16），因为受数量词修饰并不是名词的专利，动词也可以受数量词修饰，例如“三顾茅庐”“三打祝家庄”，这样名词就只剩下一个负面定义“不受副词修饰”，也就是“一般不做谓语”，简单说，名词的定义就是“它不是动词”。我们想着重指出，只有在“名动包含”的格局里，传统所说的名词（不属于动词的那部分名词）才可以而且应该作这样的负面定义。

6 结论

“不识庐山真面目，只缘身在此山中。”汉语是我们再熟悉不过的母语，但是最熟悉的东西往往对它的认识最不够，只有通过跟其他语言的科学比较（而不是比附），我们才能看清汉语的真面目，对汉语的组织和运行特点有一个理性的认识。对母语的这种理性的、语言学的认识，是一个合格的中国英语教师应该具备的素质。

对英汉两种语言的差别的认识，要首先抓住影响全局的根本性、系统性差异，这样才能纲举目张，举一反三。本文说明，就语法而言，“名动包含”和“名动分立”就属于这种根本性、系统性差异，它不是只关涉名词和动词，而是关涉语法的许多重要方面，包括语法范畴（名词动词）和语用范畴（指称述谓）的关系，形容词和副词的分合，否定词的分合，“是”和 be 的异同，词类的类型学和演化等，中西方在语言上的这些差异有认知心理的因素和哲学的底蕴（沈家煊 2016：127—132，359—364，413—419 和沈家煊 2017）。因此汉语“名动包含”格局对英语二语习得所产生的负迁移作用也是多方面的，包括词类误用、冠词缺失、形态缺失及过度使用、be 的过度生成和缺失、否定词的误用误解等。

作为对策，英语教师可以用一些简单明显的例子（如上 2.2 节所列英汉差异的 ABC），设法让学生领悟英汉两种语言的根本性差异。告诉学生，学知英语的语法并不难，难的是把自己从固有的认识和习惯的表达中解放出来。汉语的动词其实都是动名词，兼有动性和名性，汉语的光杆名词和光杆动词就能充当指称语和述谓语，汉语的“是”不同于英语的 be，汉语否定词的分工不同于英语的否定词，要提防汉语对英语学习的负迁移。

最后，汉语“名动包含”格局对外国人学汉语有什么影响，本文虽有所涉及，但还有待全面深入的研究。

参考文献

陈新仁 2010，《中国学生二语产出中的光秃可数名词短语——概念认知与语言表征》，《外语研究》第 1 期。

董秀芳 2004，《“是”的进一步语法化：由虚词到词内成分》，《当代语言学》第 1 期。

傅 玉 2010，《最简句法框架下的谓词省略研究》，《外语教学与研究》第 4 期。

吕 杰、肖云南 2016，《英语二语 be 过度生成问题研究》，《外语教学与研究》第 6 期。

吕叔湘 1942/1982，《中国文法要略》，商务印书馆。

吕叔湘 1979，《汉语语法分析问题》，商务印书馆。

上海外国语学院英语系英语教研组 1963，《中国学生英语典型错误分析》，上海教育出版社。

沈家煊 2010，《英汉否定词的分合和名动的分合》，《中国语文》第 5 期。

沈家煊 2016，《名词和动词》，商务印书馆。

沈家煊 2017，《从语言看中西方的范畴观》，《中国社会科学》第 7 期。

夏立新 2015，《内向型汉英学习词典的多维译义模式研究》，商务印书馆。

朱德熙 1982，《语法讲义》，商务印书馆。

朱德熙 1985，《语法答问》，商务印书馆。

Chao Yuen Ren 1955. Notes on Chinese Grammar and Logic. *Philosophy East and West* 5 (1): 31 -41.

Jespersen, O. 1924. *Philosophy of Grammar.* London: George Allen & Unwin Ltd.

Lyons, J. 1977. *Semantics.* Vol. 1. Cambridge: Cambridge University Press.

Swan, M. 1980. *Practical English Usage.* Oxford: Oxford University Press.

（原载《外国语言文学》2018 年第 1 期）

说四言格*

1 缩放型的四言格

四言格的“言”指语块（chunk），可以是一个字、一个字组、一个句子，甚至一个段落。四言格是缩放型的，最小的四言格是四字格，放大可直至整个语篇。

（1）

老–骥–伏–枥
1 2 3 4

老骥–伏枥–志在–千里
1 2 3 4

老骥伏枥–志在千里–烈士暮年–壮心不已
1 2 3 4

床前明月光–疑似地上霜–举头望明月–低头思故乡
1 2 3 4

好雨知时节 随风潜入夜 野径云俱黑 晓看红湿处
当春乃发生–润物细无声–江船火独明–花重锦官城
1 2 3 4

八股文起 八股文承 八股文转 八股文合
1 2 3 4

注意这个格式不是老古董，而是活语言，如胡适的白话诗《蝴蝶》，他有名的格言大胆的假设，小心的求证，认真的做事，严肃的做人，当今

* 本文初稿是中国语言学会第19届年会（2018.11.9—12，广州，中山大学）上的报告，发表前有修改。

中年人说上有父母，下有儿女，养家糊口，不问诗和远方，启功（1997：105）分析一段导游介绍景点的话为八股四比式。

“格”是格式（format），这个概念的层次比“结构”（structure）高，泛指“一定的规格样式”。四言格作为一种格式，不仅表示横向的组合关系，还表示纵向的类聚关系（见下），而且涵盖声韵、语法、语义、语用多个方面，要放在汉语“大语法”的视野里来考察。大语法的概念参见沈家煊（2016a：411—412，2017a）。

四言格从接续的角度看大多是“起承转合”的链接式，如老-骥-伏-枥，从对称的角度看大多是对半的“二二式”，如柳暗-花明，起承转合也是“起承-转合”二二式，如老骥-伏枥。这种二二式不仅不受语块大小（字、字组、句、段落）的限制，而且超越主谓、偏正、动宾（补）、联合等各种结构关系的界限，以四字语为例（参看陆志韦 1956）：

主谓	门当户对	身微言轻	男盗女娼	朝三暮四	热胀冷缩
	知难行易				
动宾	开宗明义	设身处地	颠三倒四	说长论短	驾轻就熟
	连踢带打				
动补	看透想穿	洗净刷白	吃好玩好	吃饱喝足	输入输出
	跑偏走歪				
定中	狼心狗肺	半斤八两	铜墙铁壁	来龙去脉	嬉皮笑脸
	花言巧语				
状中	胡思乱想	轻描淡写	分割围歼	老奸巨猾	屡战屡败
	死缠烂打				
联合	牛鬼蛇神	风花雪月	吹拉弹唱	花花草草	吹吹拍拍
	红红绿绿				

用印欧语的句法结构规则来分析，四字语就会被肢解得支离破碎，很难掌握它的规律。二二对称，语法和韵律是一体的，讲究的四字语注重平仄和双声叠韵的对称，天翻地覆是平平仄仄，万水千山是仄仄平平，重言式四字语如花花草草、吹吹拍拍是最整齐的双声叠韵，无须赘说。

2 骈偶性的体现

四言格是汉语骈偶性的体现。骈偶体语言带有诗性，这一点无须否认。看叶斯帕森和雅各布森如何谈论诗性语言：从语言的起源上说，原始人用诗性的语言表达思想，正如文学中诗先于散文一样，诗的语言也先于散文的语言，语言根植于生活的诗性（Jespersen 1922：429—432）。诗性语言的基本特点是，把本来在纵向选择轴上的对等词语拉到横向组合轴上，使前后邻接的词语呈现音与义的整齐和类似，简单说就是“把类似性添加在邻接性之上”（Jakobson 1960）。

（2）桃花细逐杨花落，黄鸟时兼白鸟飞。（杜甫《曲江对酒》）

桃花和杨花、黄鸟和白鸟、逐和落都是有类聚关系、可以互换的对等词语，桃花杨花和黄鸟白鸟、兼和飞、细逐和时兼、落和飞也是有类聚关系、可供选择的对等词语。钱锺书《谈艺录》里说，“律诗之有对仗，乃撮合语言，配成眷属。愈能使不类为类，愈见诗人心手之妙”，所谓“使不类为类”，正是尽量“把类似性添加在邻接性之上”。诗的语言是整齐的对偶形式，大量的四字语就具有这个性质。

郭绍虞（1979）多处指出，古代的诗歌与当时口语距离不远，四字语一直在口头语言中活着，从群众中来，从劳动人民活泼生动的谚语中来，到现在还大量滋生，此后也不会断绝。看《红楼梦》第三十九回刘姥姥说的“乡言村语”：

（3）我们村庄上，种地种菜，每年每月，春夏秋冬，风里雨里，那里有个坐着的空儿？

启功（1997：4）也强调，骈文的基本形式有生活语言的基础，并不是某些文人、作家凭空捏造出来的。骈体文通行了近两千年，屡次被打竟自未倒，“文化大革命”大破“四旧”，但是口中演讲、笔下批判，都要在开头说东风万里，红旗飘扬。

骈偶体语言宜称作“对言”，因为源自语言的根本特性——对话性。《说文》“对，譍无方也”，应对不拘方式。“对言”既指对话（dialogue），又指对称、对举言辞（parallel speech），这不是偶然的巧合，对称说法是最原始的对话，如劳动号子的一呼一应嗨哟对嗨哟，互致问候你好对你好，男女青年的山歌对唱。对称说法来自对话，而且象征对话双方的合作互动与情绪共振：

(4)

甲：我来吧。	甲：啥人请客？	甲：生意不好做。
乙：我去吧。	乙：啥人有钱？	乙：生意真难做。
→ 不是你来就是我去。	→ 啥人有钱，啥人请客。	→ 生意不好做，生意真难做。

匀称中求变化，整齐中带参差，这是语言的一般规律，各种散体表达都是在对言格式的基础上变化而形成的。由于汉语在表达的时候字词的单音和双音具有弹性，可以互相变换使用（郭绍虞 1938），连接成分和虚字的使用不具有强制性（赵元任 1968/1979：350，吕叔湘 1979：92），特多的流水句具有“可断可连”的特性（吕叔湘 1979：27，沈家煊 2012），这三个因素合起来，造成一个重要的事实：骈散兼有或散语为主的行文言说总是可以改写为通篇四字语。《红楼梦》第十二回叙述贾瑞受凤姐捉弄羞愤成病的一段话，方括号里是笔者的改写：

(5) 不觉就得了一病［不知不觉，得了一病］：心内发膨胀［心内发胀］，口中无滋味［口无滋味］；脚下如绵，眼中似醋；黑夜作烧，白昼常倦；下溺连精，嗽痰带血。诸如此症，不上一年都添全了［不上一年，都添全了］。

启功（1997：4）用下面的例子来说明平常演讲也分上下句（逗号分隔）：

(6) 今天我来谈一个问题，就是汉语语法方面的事。汉语语法的范围太广了，从何说起呢？我要说的，只是古代汉语中的一部分语法问题。

这里试将其改写为整齐的四字文：

(7) 今天我来，谈个问题。什么问题？汉语语法。汉语语法，范围太广，从何说起？我要说的，只是关于，古代汉语，而且只是，部分问题。

当然这样一改写就过于匀称，显得呆板了。Chao（1975）指出，近期还有人用一成不变的四字一句来写叙实性主题的散文，如章炳麟，听上去像葬礼上的悼词，但“这样的事情可能发生，并且一直在发生”。为什么可能发生并且一直在发生，值得探讨。将一些较长的常用语压缩成二二式四字语，是中国人的语言习惯，如房子是用来住的，不是用来炒的压缩成房住不炒。过去大家认为从骈体变为散体是很自然的变化，没有反过来想一想，为什么散体总可以改写还原为骈体？这个问题才是触及汉语本性的问题。

西儒表现出对汉语四字语的极大关注，17 世纪中至 18 世纪初由无名氏耶稣会士编写、后于 1854 年在伦敦出版的《四字文笺注》，收录了 1463 条各式各样的四字语，配以英语和法语解释，既是辞书又是基础汉语教材，反映清前期北京官话的文白样貌，是西人最早关注汉语文的手稿和出版物（王铭宇 2014）。收录的四字语不仅是成语，还有大量的自由词组和“四字句”，大多属于日常口语：

(8) 多大年纪　谁敢不来　甚么官职　怎生开口　就要起身　将我捉住
被人骗了　被他看轻　这个罪名　真个没有　一株老杏　打了十棍
贴在墙上　用手扯住　与你商量　住得安稳　打着火把　越想越恼
买件棉衣　止痛的药　进京去了　借个使使　先和我说　事已八九

虽然是自由词组，但基本上仍是二二式。可见在最初接触汉文的西人眼里，汉文就是四字文，汉文法是四字文法。

郭绍虞（1979：119）指出并发问：以前语法学者不把四字语作为语法上的问题来处理，为什么大家都不讲骈文的语法，为什么都不肯触及骈文的体制？四字语在古代汉语和现代汉语中究竟起些什么作用？只有说明这个问题，才能理解汉语的全貌。启功（1997：105）在讲八股四比的时候也问，为什么以“八”为标准？只知八数在民族习惯中十分常见，但是要问为什么八数习见又不好回答。叩问是科学发展的动力，叩问本身比回答还重要。

我们的思路是，诗性的骈文对言是语言的本源，在汉语里至今仍然有强大的生命力，讲汉语语法，不仅要讲骈文对言，而且要先讲骈文对言，弄清它的性质和成因，不然是本末倒置。过去我们注意单一成分的语法化，忽略了另一个至少是同等重要的问题，偶举成分的格式化（马清华2005：360）。从大语法着眼，对言格式是汉语的语法形式，对言的格式化是汉语的语法化。四言格是最整齐匀称的对言格式，四字格是最小的四言格，那就首先要弄清四字格的性质和成因。

3 二二式

四字格为二二式，看似平常，意义重大。这个特点最早由张洵如（1948）指出，后人一再提及。两段总是结构平行、意思对称，即使结构和意思不平行不对称的，声韵上还是平行对称，郭绍虞（1979：250，654）举《诗经》抑罄控忌、抑纵送忌的例子，罄控、纵送是双音词，但仍读成2+2。现代汉语保持这个特点，如一衣－带水、无肺－病牛（赵元任例）等，已是老生常谈。上举《四字文笺注》里大量的四字自由词组，也大多为二二式，如多大－年纪、被人－骗了、谁敢－不来等。有的在语法结构上看似不像二二式，那是受印欧语语法观念的支配所致，例如买件棉衣，语法结构好像是一三式买－件棉衣，其实不然，对汉语来说，语法结构也可以是二二式买件－棉衣，因为汉语的主语就是话题，而又允许动词做主语、名词做谓语，经典的例子是赵元任举的逃，傈头，还有一推，白板（打麻将），打开抽屉，一张借据，等等。同理，志在千里的语法结构也可以分析为二二式志在－千里（详参沈家煊 2018a）。

唐诗对偶有所谓的“结构假平行”，引起研究者的注意，例如：

(9) 翠屏遮竹影，红袖下帘声。（白居易《人定》）
波飘菰米沉云黑，露冷莲房坠粉红。（杜甫《秋兴八首》）

上下句画线部分的语法结构看似不一致，如遮－竹影（动宾）跟下帘－声（偏正）不对。其实遮竹影按偏正的遮竹－影分析未尝不可，屏扇上的竹影是屏扇遮挡竹子形成的影。坠粉红看似坠－粉红（动宾），跟沉云－黑（主谓）对不上，其实按坠粉－红（主谓）理解也讲得通，粉作零落的花瓣解。所以唐诗的对仗主要是字字相对，同时满足声音上平仄相对、意义上同类相对，而语法结构的分析具有“不确定性”，所谓的结构“假平行”大多是“假不平行”（沈家煊 2016b）。在摆脱印欧语的语法结构观念后，可以认为汉语的韵律结构和语法结构在总体上高度一致。

赵元任（1968/1979：223—224）通过对多种复合词的考察，说明二二式的节奏压力十分强大。在 3 +1 的四音复合词之中，其中 3 为 2 +1，比 1 +2 多些，例如：

(10) 自来水笔　九龙山人　萝卜丝儿饼　（3 为 2 +1）
红十字会　染指甲草　（3 为 1 +2）

赵说这是因为（2 +1） +1 的节奏比（1 +2） +1 近乎 2 +2，以致 3 +1 的复合词被理解为 2 +2，只要多少有点讲得通，例如无肺病－牛被理解为无肺－病牛，这种向 2 +2 靠的压力还表现在把 1 +3 改说成 2 +2：

(11) 支－编辑部 → 编辑－支部　北－中山路 → 中山－北路
二－毛纺厂 → 毛纺－二厂　新－秋之歌 → 新秋－之歌

五音节的复合词当中，2 +3 的例子（公共汽车站，螺丝推进器）多于3+2的例子（无政府主义，降落伞部队）。我们分析，这也是出于2+2的压力：2+3分解为2+2+1自然，而3+2分解为2+1+2不自然，五言诗的节奏为2+3也是这个道理。甚至七言诗为4+3（而不是3+4）也是这个道理：4+3分解为2+2+2+1比3+4分解为2+1+2+2更自然。这个事实也证明，汉语确实以对称格式为本，是在对称格式上发生变化。

需要叩问的是，为什么四字格是二二式而不是一三式或三一式？这是一个重要（non-trivial）问题。何丹（2001：24）探讨《诗经》四言体的起源，这样提出问题：《诗经》时代的汉语是单音字为主的，而四字结构又要以双音字组为基础，如何解答这个看似矛盾的现象？问题提得好。

神经语言学通过ERP实验发现，四字格成语和非成语，当按照2+2韵律模式朗读时，无论句法结构如何，被试都感到很正常，反之，不按照2+2模式朗读，被试会在加工时感到困难，加工非成语词组比加工成语花费更多时间（张辉2016：第8章）。为什么是这样，应该有一个解释，特别是语言学上的解释。

4 四言互文

互文或互文见义是四字格的重要特性。大量的四字语是以二二式为基础的互文，“虽句字或殊，而偶意一也”（《文心雕龙·丽辞》），例子举不胜举：

（12）男欢女爱　阴差阳错　天长地久　唉声叹气　抱残守缺　捕风捉影
藏垢纳污　称兄道弟　处心积虑　颠来倒去　一干二净　翻天覆地
改头换面　高谈阔论　横冲直撞　节衣缩食　家喻户晓　三心二意
七上八下　开口闭口　是非曲直　欢天喜地　千真万确　思前想后
隔三差五　指手画脚　手舞足蹈　劈头盖脸　有头有脸　街头巷尾
挤眉弄眼　油嘴滑舌　撕心裂肺　袒胸露背　你来我往　山南海北
山穷水尽　酸儿辣女　惹是生非　不折不扣　不痛不痒　大吹大擂
忽明忽灭　患得患失　昏头昏脑　一唱一和　碍手碍脚　何去何从

互文四字语的能产性很强，曹雪芹在《红楼梦》里创造的有风情月债、女怨男痴、歪心邪意、抖肠搜肺、炙胃扇肝、喷酒供饭、国贼禄蠹等，新中国成立后新创的有深耕细作、兴无灭资、学懂弄通、大干快上、赶英超美等（郭绍虞 1979：673、681），最近饭店正开展明灶亮厨活动，警方在开展扫黄除黑行动，医院诊室门外张贴一医一患告示。四字互文可以成倍地放大：

（13）不以物喜，不以己悲。（范仲淹《岳阳楼记》）
十旬休暇，胜友如云；千里逢迎，高朋满座。（王勃《滕王阁序》）
日月之行，若出其中；星汉灿烂，若出其里。（曹操《观沧海》）

还可以变化出三言、五言、六言、七言等：

（14）梅始发，桃始荣。（鲍照《代春日行》）
东西植松柏，左右种梧桐。（《孔雀东南飞》）
杀人如恐不举，刑人如恐不胜。（《史记·项羽本纪》）
受任于败军之际，奉命于危难之间。（诸葛亮《出师表》）

传统说的互文是上文含有下文的部分词语，下文含有上文的部分词语，互含的词语有类聚关系，上下文互参说明一个意思。实际还有上文含有下文的全部、下文含有上文的全部的情形，也是上下文互参说明一个意思，例如：

（15）明枪易躲，暗箭难防。　只见树木，不见森林。　上有天堂，下有苏杭。
只有好处，没有坏处。　来者不善，善者不来。　看菜吃饭，量体裁衣。
江山易改，本性难移。　空话连篇，言之无物。　无的放矢，不看对象。

那就需要一个“广义互文”的概念，广义互文可称为“对言互文”或“对言明义”，狭义互文是对言互文的一种。静心想来，老骥伏枥，志在千里，烈士暮年，壮心不已也是互文见义，是明显的“喻对”，为 A : B :: C : D形式：

老骥伏枥 — 志在千里
| |
烈士暮年 — 壮心不已

不仅烈士暮年与壮心不已的关系必须通过跟老骥伏枥与志在千里的关系的比对才得以表达和理解，反过来也一样，不然骥怎么谈得上有志呢？

汉语互文见义、对言明义对外国人来说是难以掌握的。古川裕（2017）说，汉语对言形式日本学生难以理解，翻译成正确的日语相当难，输出更难。左一件右一件是一共两件的意思？里三层外三层是一共六层的意思？都不是。兵临城下，将至壕边，岂可束手待毙（《三国演义》）一句翻译成英语，如果将头八个字译成 when the enemy's soldiers are already at the city gate and their generals already by the trench，那就曲解了互文的原义。

缩小了看，汉语的复合词或复合字组（以双音为主）其实也都是对言互文。并列关系的不用说，如大小、尺寸、轻重、买卖，非并列关系的也一样，例如：

（16）老人、老笥　　伏枥、伏虎
白吃、白做　　走路、走样
小心过河、小心坠河
水淹、水解、水运、水葬

老的意义是与幼相对还是与嫩相对，是它跟搭配的字互文才显现的。同样，伏、白、走、小心的意义也都是通过搭配的对字明了的。最后一例，名词水哪一方面的“物性”得以凸显，都是通过搭配的动词实现的。总之不对言无以明义。从这个角度看，汉语的双音化不分虚实都是“对言化”，如友→朋友，敲→敲打，美→美丽，已→已经，究→究竟。双音化大大扩展了对言的范围，使对言形式更加多样化，由此生发的变异形式也更加多样化。用现代语言学的眼光来重新审视，不应把“互文”限制在修辞格的范围，互文是汉语贯通性的语法现象，凡是对言都是互文见义，汉语的组织构造具有互文性，这从构词法就已经开始。汉语构词法以复合为主，参与复合的成分是对等项，印欧语构词法以派生为主，词干和词缀是不对等项。

对言明义跟对言完形连在一起，后者是指单言在形式上站不住，对言才站得住，例如高一脚站不住，高一脚低一脚就站住了，这已经是语法常识，又如：

(17) ？今天冷。　　今天冷，昨天热。
　　 ？喝了酒。　　喝了酒，吃了饭。
　　 ？房间住人。　房间住人，仓库堆货。

单说站不住的，在对话回答问题的时候也能站住：

(18) 问：今天冷吗？　喝了什么？　房间住不住人？
　　 答：今天冷。　　喝了酒。　　房间住人。

加句尾语气词也能站住，如今天冷呀，喝了酒了，房间住人吧。单木不成林，单言不成话，这当中蕴含深刻的道理，这种现象语法学界早就注意到了，而且在进行论证的时候经常用来作为例证，但是一直没有得到认真对待和深究。对举、问答、语气词三者都有完形作用，它们之间的内在联系和深层机理是什么？答案是对言明义完形根植于语言的对话性和互动性。

西方人学汉语，经常把这条街长错解为 this is a long street，其实是 this street is longer 的意思，他们不明了汉语以这条长那条短这样的对言为常态，单说这条长一定含有比对的意思。汉语的性质形容词单个做定语、补语、谓语都站不大住，变成重言形式、四言形式才能站住：

(19) ？脏手　　　脏脏的手　　　脏手脏脚
　　 ？爬得高　　爬得高高的　　爬得又快又高
　　 ？室内干净　室内干干净净　室内窗明几净

近来成为讨论热点的单双音节组配问题，也属于对言完形。单对单、双对双这样“成对”的都站得住，单对双、双对单“不成对”就经常站不住，尽管在表义上不成问题：

	2+2	1+1	1+2	2+1
主谓	鲜花开放	花开	*花开放	*鲜花开
定中	煤炭商店	煤店	*煤商店	煤炭店
	陈旧桌布	旧布	旧桌布	*陈旧布
状中	轻轻放置	轻放	*轻放置	轻轻放
动宾	种植大蒜	种蒜	种大蒜	*种植蒜
	喜欢金钱	喜钱	*喜金钱	喜欢钱
动补	调查清楚	查清	查清楚	*调查清
联合	道路桥梁	路桥	?路桥梁	*道路桥

注意对称和非对称的区分是贯通所有结构类型的（王远杰 2018），这表明汉语以对称为本，音节对称是汉语自身的一种语法形态。“韵律语法”的研究重点应该首先放在为什么“凑双四”和对称优先上，这个问题至今没有得到令人满意的解答，然而只有先解答这个根本性问题，不对称形式受限制的现象才能得到解释。

我们这样来概括汉语和印欧语的差别：印欧语语法以主谓结构为主干，是以“续”为本，汉语大语法是以对言格式为主干，是以“对”为本，对而有续。对西方人来说，主语接续谓语才表达一个完整的意思，形式上才是完好的（well-formed）；对中国人来说，“对着说”的对言才表达一个完整的意思，才制造意义（make sense），形式才是完好的，不对言无以明义完形。原始的语言是对言形式的诗性语言，从这个源头出发，语言的演化出现了分叉，一部分语言转而朝主谓结构发展，是为印欧语；一部分语言进而朝对言格式发展，是为汉语。四言格是汉语对言格式的基础，也是最典型的对言格式。

5 四言格的成因

四言格的成因是本文论述的一个重点。要弄清四言格的成因，必须先弄清最小的四字格的成因。成因之一跟人的记忆或注意的跨度有关。已有研究表明，短时记忆的容量限度一般为七加减二，注意的跨度一般为四加减一（参看 Miller 1956，Cowan 2001，陆丙甫、蔡振光 2009），而七加减二可以大致看作四加减一的翻倍（与陆丙甫通信）。例如 19 位银行卡号的报念法：0200 | 2145 | 0103 | 4069 | 806。这个规律是一般的认知心理规律，不单单适用于语言，不能解释为什么印欧语没有四言格。专就语言而言，四字格之所以是“四”，而且是二二式，还有一个根本原因，字在汉语大语法里是等价的，是“对等项目”（equated items）。详细说明如下。

5.1 四字等价

为什么四字格是二二式而不是一三式或三一式？唯一合理的解释是，二字组是均匀等重的 1 + 1，一半对一半。拿双音词管理来说，管和理二字大致等重等价，在中国人的心目中成双成对，不像英语 **ma**nage 两个音节不成对。英语的词都是偏重的‘**1** + 1’（**con**duct，**pre**sent）或‘1 + **1**’（con**duct**，pre**sent**）。均匀等重的 1 + 1，正如赵元任（1975）指出的，容易形成一个方便好用的模块，如阴阳、天地，不像英语的 male-female 和 earth-heaven。因此说，均匀的二字组是单字的放大版、充实版，均匀的 2 + 2 又是均匀的 1 + 1 的放大版、充实版。

字是形、音、义、用的统一体，字等价就是同时在字形、字音、字义、字用上等价。汉字是“第二语言”（沈家煊 2017b），字形等价无须多说，每个字占据一个方块。字音等价是指，每字都带声调，长度和响度大致相等（Chao 1975）。何丹（2001：32）解答四字格为二二式，指出根本在于汉语单音节本身是一个节奏单位，就是一拍，每一拍都占有相对稳定的时间（等音段），容易形成以两拍为一个组合单位的节奏，也就是先由单字组合成双字结构，然后又两两组合，四拍式等音段组合结构的基础是二拍式组合结构。现代汉语双音字组成为强势单位，拓宽了对言格式的范围和变化空间，但单音字等重等价的基础不变。这样来看汉语的节律栅（metrical grid），它根本上是对称缩放型的：

0 层			老	
1 层			老 骥	
2 层		老骥	伏枥	
3 层		老骥伏枥	志在千里	
4 层	老骥伏枥	志在千里	烈士暮年	壮心不已

当然这是最匀称、节奏感最强的单音调节律，实际会有很多变化，三音组、五音组从二音组和四音组变化而来，七音组、九音组从八音组变化而成，字组内部的松紧疏密可以调节。虽然有这种种变化，这个缩放型的对称节律栅是主干，变化都是在这个主干上生发的。它跟英语的节律栅相比很不一样，后者是不对称偏重型的（X 代表音节），例如：

3 层						X		短语重音
2 层		(X				X	)	词汇重音
1 层		(X	)	(X		X	)	音步重音
0 层	0	(X	X)	(X	X)	(X	X)	重音承载单位
	a	leng	thy	in	tro	duc	tion	‘a lengthy introduction’

这两种类型的节律栅，主要有两点差别：（一）英语是偏向的中心投射，必有一个位于一端的重音节作为支配项，汉语是匀称的放大投射，音节地位对等，没有支配项；（二）英语是分两截投射，0 层到 1 层只有音韵规则的作用，往上才涉及语法语义因素，汉语是一投到底，从 0 层起就涉及音韵、语法、语义的因素，因为 X 是音义一体的“字”（参看沈家煊 2018b）。

字在字义上也等价，每个字都承载意义。四字语有许多虚实交替的格式，形式多样（马清华 2005：360），如一问一答、此起彼伏、上行下效、又穷又懒、有来有往，等等。虽然字有虚实之别，但是又要明白，汉语虚字和实字的性质以及关系跟印欧语 function word 和 content word 的性质和关系有根本的不同。第一，汉语虚实是相对而言，不是二分对立。动字和形容字相对名字是虚字，解衣衣我、推食食我里的第二个衣、食是“实字虚用”（清代袁仁林《虚字说》），有大量半虚半实、半实半虚之字。实字的虚化大多是不彻底的，例如在果然、虽然里，然字的“如是”义固然消失，但是在不然中仍然存在。第二，汉语虚实的区别重在“用”，由用法而定，实字可用作虚字，虚字也可用作实字，例如唐人文兰亭已矣，梓泽丘墟（王勃《滕王阁序》），丘墟（实）对已矣（虚），因为丘墟有“荒废”义，与已矣的“完了”义还是对得上的，加上双声叠韵，虚实成对更不成问题（启功 1997：29）。《楚辞》中语气字兮和于字异文，如朝驰余马兮江皋（《湘夫人》）和朝发轫于天津兮（《离骚》），兮字的用法就有了较实的“于”义，这叫“虚作实用实亦虚”。另外虚字的使用不带强制性。郭绍虞（1979：95）在《虚词篇》里列举许多理由和例证后得出结论，汉语“虚实是一个统一体”，既有“实字虚化”，也有“虚字实化”。近来汉语“虚字实化”的情形越来越受到重视，量词变名词，介词变动词，连词或介词变动词，副词变形容词，连词变介词，等等，尤以江蓝生（2012，2014）二文的论证最为确凿。总之汉语的虚实之别用当代的话说是“语用”性质的（属于大语法），虚字类不仅不独立于实字类，而且类的范围不定，处于缩放的状态中。

最后，字在字用上等价。汉语的语法不是独立于用法，而是包含在用法之中，离开了用法就没有办法讲语法。四字不管是名字、动字还是形容字，在语法上都是等价的指称字（语用性质），名字指称的是事物，动字指称的是动作，形容词指称的是性状，这方面沈家煊（2016a）已有全面的论证，不再详说。以老骥伏枥为例，老字指称一种性状，它不是相当于英语的 old，而是相当于英语的 oldness（不服老）或 the old one(s)（尊老爱幼）。伏字指称一种动作，它相当于英语的动名词 lying，兼具名动二性。同样，老骥指称一类事物，伏枥指称一种事态。老骥伏枥在形式上就是四个指称字的并置，也是老骥和伏枥两个指称字组的并置。对语言演化的最新研究发现，指（pointing）很可能是语言起源的初始阶段或准备阶段（Kita 2003，Bejarano 2011，Diessel 2013）。晚清时来到中国的西方传教士丁韪良，在《花甲记忆》中回忆他学习汉语的经历：初到宁波，厨子拿来一根柴火棍，指着说

zaban柴爿，又用手指形成一个圈比作铜钿，嘴说fanbing番饼，这就是他最初学到的两句宁波话。将柴爿和铜钿展示在对方的直接视线上，是指物的一种方式。这两个“指语”前后相连，柴爿者，番饼也，不是逻辑上的判断，而教士马上明白厨子是跟他要铜钿买柴火。

因为四字并重等价，所以四字是“并置”关系，二二式也是二二并置。老骥变为骥老不受形态的约束，因为二字并置。赵元任举例啼莺舞燕，小桥流水飞红可以倒过来说成燕舞莺啼，红飞水流桥小（赵元任1968/1979：64），也是想说明在汉语里结构关系没有被形态锁定。同样伏枥变为枥伏也不受形态的约束，说明伏和枥也是二字并置：

（20）师行而粮食，饥者弗食。（《孟子·梁惠王》）
　　骥老而枥伏，烈士弗伏。

上一例是汉语“施受同辞”的典型例子，食粮变粮食，不仅动词食没有形态变化，施事师、饥者和受事粮也没有形态差异，自编的下一例跟上一例平行，性质相同。

汉语的这种“回文”能自由地实现“意义的解构与重组”（作家王蒙语），不仅有字组回文，还有句内回文、双句回文、通篇回文，不受词性的限制，主谓短语、偏正短语、动补短语都可以颠倒位置，实现意义的重组，如轮渡－渡轮，虫害－害虫，白雪－雪白，羊头－头羊，进行－行进，发出－出发，犟脾气－脾气犟，死心眼儿－心眼儿死，一条死路－死路一条，发展经济－经济发展，住皇城根－皇城根住，跳在马背上－在马背上跳，等等，举不胜举。写诗和快板词，写菲菲飘零泪数行还是菲菲飘零数行泪，写飞针走线绣荷包还是飞针走线荷包绣，就看想押哪个的韵。一韵到底是汉语诗歌的特点，除了因为同音字多容易找到替换字，自由回文也是一个原因。因此回文不仅仅是一种特殊的修辞现象，汉语的组织构造根本上具有“可回文性”。

可回文性是汉语不受形态束缚、词序灵活而重要的体现，也证明汉语以字词的并置为本，其他各种语法关系都是在使用中显现和推衍出来的，而且具有“不确定性”。例如，拍手拥护就是拍手和拥护二词并置，是连动关系还是偏正关系说不清楚，中间稍有停顿也可以按主谓关系理解，拍手，拥护也。说养殖对虾，味道不佳，养殖对虾是动宾关系还是偏正关系无关紧要，不影响理解，中间有个停顿也可理解为主谓关系。并置关系是一切语法关系的源头，可参看 Matthews（1981：223）的论述。

每个字在字形、字音、字义、字用上都等价，这是“汉语是单音节语”的确切含义，单音节语照样可以传情达意，这不是语言的神话，是语言的真实（赵元任 1968/2002）。

5.2 比较英语语法和汉语大语法

英语语法集字成句（到句为止）的机制建立在不对称的层次结构上，每个层次区分“主”和“从”，总有一个中心（head），长句的生成依靠成分的镶嵌和递归。一个简单句的不对称层次结构图示如下：

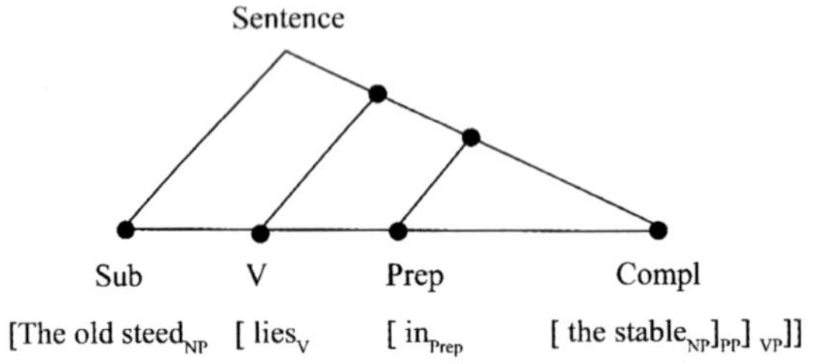

汉语大语法集字成句、积句成章、积章成篇的机制建立在对言格式的基础上，对言格式是对称性的，没有中心，不分主次，成分的性质归一。由小到大不是镶嵌递归，而是对称格式的投射放大，单字放大为偶字对，偶字对再放大，突破句子的范围，贯通到语篇。对称投射的结构图示如下：

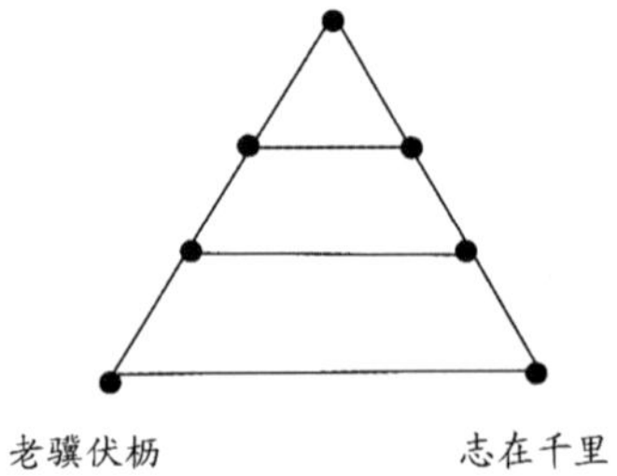

这是最整齐匀称的情形，实际情形当然有各种各样的参差变化，虽然有参差变化，但仍然以“对”为本。注意这个缩放型对称格式既是汉语的语法结构，也是汉语的韵律结构（节律栅），韵律结构和语法结构总体上高度一致。

从“续”的角度看，老骥伏枥是平接型的链对结构，可图示如下：

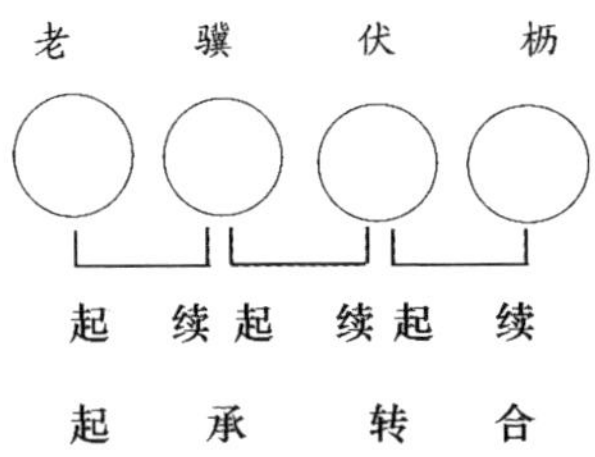

这是一个最小的起承转合的四言结构，老－骥为一个起续对，骥承接老，又链接下一个起续对骥－伏，骥再续接伏，伏是转，又链接下一个起续对伏－枥，最后枥承接伏，闭合，规律就是“上罩下下承上”（启功 1997：31，65）的递系链接。链对格式也贯通语篇，起承转合的四句式是汉语特有的复句样式，如老骥伏枥（起），志在千里（承），烈士暮年（转），壮心不已（合）。“续作起时起亦续”，起和续是对待关系，不是对立关系。实际情形虽然变化多端，但都是在这个四言链接的主干上生发的。

过去受印欧语语法观念的支配，在界定递系式（也叫兼语式）的时候把递系成分（兼语）限定在名词性成分，然而汉语的实际是，递系成分不限于名词性的，也可以是动词性的，试比较顶真式和递系式：

	顶真式		递系式
(21)	星垂平野，平野阔。	→	星垂平野阔。（兼语为名词“平野”）
	飘零为客，为客久。	→	飘零为客久。（兼语为动词“为客”）
	我选他，他当主席。	→	我选他当主席。（兼语为名词“他”）
	枪声响，响不绝。	→	枪声响不绝。（兼语为动词“响”）

箭头左边是所谓的顶真式，同形成分（不管名还是动）合并后就成为右边的递系式。因此顶真式或递系式不应只看作一种修辞格，汉语的组织构造根本上具有顶真递系性。语言不是只有依靠递归性才能传情达意，靠递系性也能传情达意（Evans & Levinson 2009）。递归性是不对称主从结构的属性，递系性是对称性并置结构的属性。语言的互文性、可回文性、顶真递系性，这三性在汉语这样的语言里得到充分的体现。这样看来，无须借助定中、主谓、动宾这些概念，也无须采用层次分析，就依靠成分的并置和递系，照样可以实现表达和理解。老骥伏枥一句是下面这样的顶真格同形合并后的递系结构，可参看启功（1997：31）对轻舟已过万重山一句的类似分析：

（22）老者，骥也；骥者，伏也；伏者，枥也。（顶真式）　　老骥伏枥。（递系式）

四字如果在屏幕上一字一字依次打出（打英文字也行）：

老	骥	伏	枥
old	steed	lie	stable

打完最后一字一般就理解了整句的意思，不必等四字都出现后按层次做主—动—宾的分析才达到理解。递系结构能实现表达和理解，关键在于互文见义。由于有第一对老－骥的互文见义，第二对骥－伏里的骥已经不是指一般的骥，而是指老和骥的交集，第三对伏－枥里的伏已经不是指一般的伏，而是指老骥和伏的交集。这样的理解过程符合实时的心理处理过程，与通过层次分析获得理解的过程并不矛盾，效果相同，但更加简捷。当然，这样表达和理解的前提是句子的字数不能太多，因为人的短时记忆能承受的限度是七个组块，而注意的跨度一般为四个组块。这正是汉语流水句都为短句的原因，沈家煊（2017c）统计话本式长篇小说《繁花》的

句长，平均为五个字。虽然一个递系句的长度受限制，但是汉语可以通过对称型的投射放大来生成段落和语篇，如老骥伏枥，志在千里，烈士暮年，壮心不已。注意汉语上述的递系链接式可以容纳英语主谓式的分析，二者并不矛盾，但是英语的主谓结构容纳不了汉语的递系链接式，启功（1997：3）打比方，小孩套圈游戏，一个小圈圈套不住大熊猫。

递系和链接归根结底也是来自对话，对话具有递系性和链接性。例如（转引自 Levinson 1983：325）：

（23）A_1　Okay.　好吧。
　　　B_1　Okay.　好吧。
　　　A_2　Bye.　再见。
　　　B_2　Bye.　再见。

这是对话的结束部分最常见的四话轮组合（起承转合），为重复型的二二式，其中 A_1的 Okay 是起问对方还有没有其他的话要说，B_1承接回应 Okay 是表示可以结束对话了，于是引发 A_2转而说 Bye，B_2必须对这个引发做出回应，闭合对话。这里不仅有两个 AB 对（是重言好吧好吧、拜拜的来源），还有当中 B_1A_2这个链接对（上下句好吧，再见的来源）起承上启下的作用。

5.3　IP 和 IA

上面说明四字格四字等价，然而要最终解答为什么是“四”的问题，有必要先说明两种分析方法。结构主义语言学指出，语法分析可以有两种办法，或者认为各个项目通过某些变化而结合在一起，或者认为只是怎么把这些项目排列起来的问题。前者叫 IP（Item and Process）分析法，译作“项目与变化”，后者叫 IA（Item and Arrangement）分析法，译作“项目与配列”。赵元任（1968/1979：104）指出，“在大多数情况下，IP 分析跟 IA 分析可以互相翻译，但是以某一种语言或者某种语言的某一方面而论，往往有采取这种分析比采取那种分析更方便或更有效的情况”。例如按 IP 分析，英语 sing 的过去式 sang 是通过 i → a 这种元音变化造成的，这种说法简单明了，而按 IA 分析就得说是 sing 这个项目加 i → a 这个项目等于 sang，绕弯子很别扭。IP 分析是着眼于项目的类聚关系，如 sing/sang/sung，IA 分析是着眼于项目的组合关系，如 look + ed → looked。

现在来看互文四字语。其中有许多跟四字重言式十分接近，例如干干玩玩是重言式，边干边玩就是互文四字语了。

（24）蹦蹦跳跳　活蹦乱跳　一蹦一跳　又蹦又跳　连蹦带跳
长长短短　你长我短　问长问短　有长有短　取长补短
说说笑笑　有说有笑　又说又笑　未说先笑　连说带笑
干干净净　一干二净　不干不净　半干半净　盘干碗净
花花草草　红花绿草　拈花惹草　弄花弄草　花败草枯

每行头一例是重言式，后边是互文四字语，都是互文见义，重言式是最简单最基本的对言互文。重言式从大里看分两种模式，一种是 XYXY 及其变体，一种是 XXYY 及其变体：

（25）XYXY　叮当叮当　琢磨琢磨　　XXYY　零零碎碎　家家户户
XYXZ　有条有理　大天大亮　　X 不 YY　酸不溜溜　滑不唧唧
X 里 XY　傻里傻气　疙里疙瘩　　XX_RYY_R[①]　叽里咕噜　丁零当啷
XZYZ　七岔八岔　买空卖空　　XXY/ XYY　蹦蹦脆　冷冰冰

下面就以指点指点（我请你指点指点）和指指点点（别在背后指指点点）为代表，来分析这两类重言式四字互文：

XYXY　　XXYY
指点指点　指指点点

对于 XYXY 式指点指点，按 IA 分析是 2 + 2，XY 项续加 XY 项，按 IP

① 指只是韵母重复。

分析是 2×2，XY 项通过一次重复的变化，两种分析均可，效果一样。对于 XXYY 式指指点点，按 IP 分析 2×2 简单方便，即：

$$(X+Y)\times2=2X+2Y$$

如果按 IA 分析就十分繁复，要说它是 XY 项加上"X → XX 和 Y → YY"这个变化项目的结果。先小结如下：

指点指点　$2+2=4$ 或 $2\times2=4$
指指点点　$2\times2=4$

因此就四字重言式而论，总体上是按 IP 分析更方便有效。现在来看大量非重言（其实叫"准重言"更恰当）的互文四字语，它们可看作重言式 XYXY 的变体 $X_1Y_1X_2Y_2$，例如你来我往、男欢女爱、一干二净、拈花惹草等，其中 X_1 与 X_2、Y_1 与 Y_2 有类聚关系，可以互相替换或供选择，要正确理解它们的意思，也应该用 IP 分析。你来我往的意思显然不是 $2+2$ 的你来 + 我往，而是 2×2，即"$(X+Y)\times2$"，其中 X = 你/我，Y = 来/往。同样，主人下马客在船（白居易《琵琶行》）一句，意为主人和客人一起下马在船，如果按 IA 分析，$(A+B)+(C+D)$，译成英语 The host got off the horse while the guest was in the boat，那就曲解了原文的意思，简单有效的分析法也是 IP，$(X+Y)\times2=2X+2Y$，其中 X = 主人/客人，Y = 下马/在船。凡是互文对言，都应该用 IP 分析，包括放大了的互文对言，如老骥伏枥，志在千里；烈士暮年，壮心不已。

英语形态学（词法）以 IA 分析为主（sing → sings），IP 分析为副（sing → sang），超出形态学的范围，如 mountains and rivers 就基本只适合 IA 分析，不像汉语山山水水这种重言式明显适合 IP 分析。就汉语而论，互文四言格（包括重言式）打破词法和句法的界限，延伸扩展到语篇，既表现组合关系，也表现类聚关系，有的适合 IA 和 IP 两种分析，有的只适合 IP 分析，适合 IA 分析的也适合 IP 分析，那么适合的统一分析法是 IP 分析。IA 注重组合和接续关系，IP 注重类聚和对称关系，所以说英语是以“续”为本，汉语是以“对”为本。

5.4 神奇数字四：$4=2+2=2^2$

最终可以来解答四言格为什么是“四”的问题。两个原因相依相成：一个是汉语的特性，每个字在形、音、义、用上等价，上文已有详细说明；另一个是数字四的特性，数字中（除了零）唯有四这个数既是一个数自加的结果，又是这个数自乘（平方）的结果，即 $4=2+2=2\times 2$。凡乘法都可以还原为加法，而加法变为乘法的条件是被加数相等，这是数学常识。汉语“字等价”因此符合加法变乘法的条件，两个特性相结合正好满足汉语广泛的互文对言的要求。这就回答了四字格的成因，回答了为什么偏偏是“四”这个问题。

四字格是二二式也因此得到解释。当且仅当 $X=2$ 时，$X+X=X^2$。双音字组可以由两个单音字相加得出，也可以由一个单音字乘以 2 得出，但是条件是单音字必须是等重等价的，偏重不等价的 **1** +1 或 1 + **1** 最好说是 1 相加的结果，不宜说是 1 乘以 2 的结果。所以四字格二二式是 2 × 2 式，根子还是单音字在形、音、义、用上等价。“乘以 2”是翻倍的放大投射，对于不均匀的音节组合 **1** +1，翻倍放大投射的结果是 **11** +11，这在英语里不存在，而相加的结果是 **1**1 + **1**1，这正是英语轻重交替的节奏常态，如 **in**tro**duc**tion，**go** and **get** it。

6 汉语对称构造和动态构造

6.1 汉语对称构造

从四字格开始探究四言格的性质和成因，目的是弄清汉语组织运行、传情达意的基本规律。对言格式“把本来在纵向选择轴上的对等词语拉到横向组合轴上”，需要把以接续关系为主的二维结构扩展为以对称关系为主的三维结构。生成语法“最简方案”的新进展是，在句法操作上用“合并”（merge）取代“移位”（move），而“合并”必然在逻辑上导致一种“平行合并”（parallel merge）。“平行合并说”的提出（参看 Citko 2005，叶狂 2018）是为了解决包括递系句在内的好些句式过去难以解决的生成问题，例如下面的递系句：

我买一份报看。

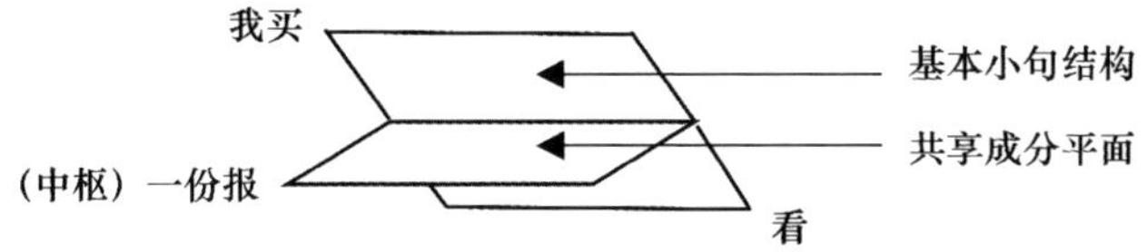

买与一份报的合并跟一份报与看的合并是并行进行的，一份报是中枢（pivot）。这就不再是一个简单的二维构造，而是一个三维的立体构造，增加了一个共享成分平面，如上图所示。

对汉语四言互文来说，我们需要一个对称的三维模型（上面那个是不对称的），以你来我往为例，你来的合并和我往的合并是平行进行的，你我和来往二者互为中枢：

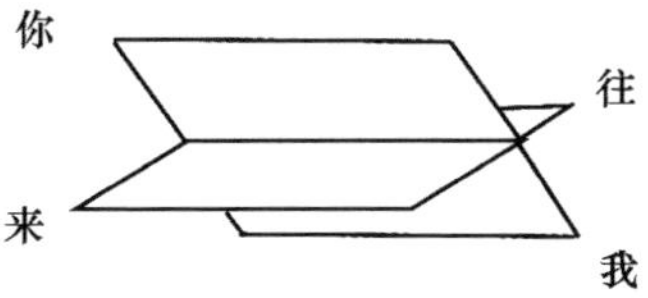

这个对称的三维模型能涵盖不对称的三维模型，因此也能解决递系句的生成问题。“并行合并说”的提出还为了解决“驴子句”的生成问题。

（26） If a farmer owns a donkey, he always beats it.
农夫，谁有驴，谁打驴。

英语的那个句子，后句的代词 he 和 it 回指的对象不是前头的 a farmer 和 a donkey，而是指任何一个有驴子的农夫和任何一头为农夫所有的驴子，这类驴子句引起西方语法学家特别的研究兴趣。汉语表达这个意思采用很简单的对言式谁有驴，谁打驴，对言明义生义，“全体”或“任一”的意思是对言对出来的，其中两个同形疑问代词呈对称性“互相约束”（reciprocal binding）。这种对言形式在印欧语中也有，但不是主流说法，例如意大利语（黄正德 2018）：

（27）quando si è alti，si è belli.
‘if one is tall，one is handsome.’
谁个高，谁漂亮。

汉语式驴子句不仅以互文对言式为习惯表达式，而且同形疑问代词出现的位置有多种可能，例如：

（28）abcb 有什么吃什么。（b 是中枢）
abac 谁有钱谁请客。（a 是中枢）
abbc 轮到谁谁请客。（b 是中枢）
abca 哪里苦去哪里。（a 是中枢）

这对基于不对称关系的“平行合并”操作是一个挑战。当然“平行处理”的设想十分重要，对汉语尤为重要。

6.2 汉语动态构造

“认知语法”新近的进展之一是“提取和激活”（access and activation）理论（Langacker 2012），这个理论把句子的结构还原为语序引导下一种动态的认知处理，具体说是连续地构建一个个注意视窗，语法单位在注意视窗中互相提取和激活，决定语义解读。例如下面一个英语句子：

（29）He sadly missed his mother.
他很伤心，想念母亲。

副词 sadly 虽然在结构上修饰后面的动词，sadly 和 missed 构成一个注意视窗，但是在这个视窗之前，sadly 的词根形容词 sad 还跟前面的主语 he 构成一个注意视窗，在这个视窗中 he 和 sad 也互相提取和激活，形成概念上的主谓关系，也就是 sadly 既在前一个视窗内，又在后一个接续的视窗内。这个理论模型特别适用于汉语，上面那个英语句子在汉语里的习惯表达不是他伤心地想念母亲，而是对言式的上下句他很伤心，想念母亲。这跟汉语的递系式链对结构的连续性和动态性是一致的，仍以老骥伏枥为例：

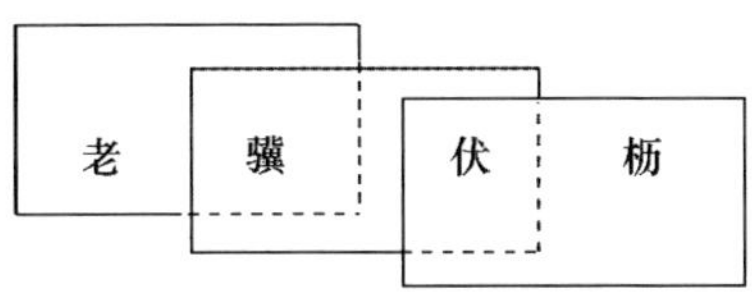

视窗 1　视窗 2　视窗 3

因此“提取和激活”动态模型的适用范围会大大超出原来的想象。汉语的动态处理和上述的对称平行处理是互相结合的。

我们对汉语三维对称构造和动态链接构造的认识，是在深究并认识四字格的性质和成因的基础上获得的，语言根植于对话和对言，四字格在具有分析性特点的汉藏系语言里普遍存在，是汉藏语不同于印欧语、阿尔泰语的一个重要特征。因此对汉语四言格的研究也就具有一般语法理论、语言类型和语言演化研究的价值。

参考文献

古川裕 2017，《汉语“对举形式”的语法特点及其教学对策》，《現代中國語研究》（日）第 19 期。

郭绍虞 1938，《中国语之弹性作用》，《燕京学报》第 24 期。

郭绍虞 1979，《汉语语法修辞新探》，商务印书馆。

何　丹 2001，《〈诗经〉四言体起源探论》，中国社会科学出版社。

黄正德 2018，Analyticity and Wh-Conditionals as Unselective Binding Par Excellence。北京语言大学语言学系成立仪式暨语言学前沿国际论坛主题报告。

江蓝生 2012，《汉语连－介词的来源及其语法化的路径和类型》，《中国语文》第 4 期。

江蓝生 2014，《连－介词表处所功能的来源及其非同质性》，《中国语文》第 6 期。

陆丙甫、蔡振光 2009，《“组块”与语言结构难度》，《世界汉语教学》第 1 期。

陆志韦 1956，《汉语并立四字格》，《语言研究》第 2 期。

吕叔湘 1979，《汉语语法分析问题》，商务印书馆。

马清华 2005，《并列结构的自组织研究》，复旦大学出版社。

启 功 1997，《汉语现象论丛》，中华书局。

沈家煊 2012，《“零句”和“流水句”——为赵元任先生诞辰 120 周年而作》，《中国语文》第 5 期。

沈家煊 2016a，《名词和动词》，商务印书馆。

沈家煊 2016b，《从唐诗的对偶看汉语的词类和语法》，《当代修辞学》第 3 期。

沈家煊 2017a，《汉语“大语法”包含韵律》，《世界汉语教学》第 1 期。

沈家煊 2017b，《从语言看中西方的范畴观》，《中国社会科学》第 7 期。

沈家煊 2017c，《〈繁花〉语言札记》，二十一世纪出版社集团。

沈家煊 2018a，《比附“主谓结构”引起的问题》，《外国语》第 6 期。

沈家煊 2018b，《四字格和韵律层级》，第五届韵律语法研究国际研讨会（上海）上的报告。

王铭宇 2014，《〈四字文笺注〉考辨》，《辞书研究》第 2 期。

王远杰 2018，《单双音节搭配限制的作用范围》，未刊稿。

叶 狂 2018，《平行合并理论及其对超局部性句法的解释》，未刊稿。

张 辉 2016，《熟语表征与加工的神经认知研究》，上海外语教育出版社。

张洵如 1948，《国语中之复音词》，《国文月刊》第 63 期。

赵元任 1968，《中文里音节跟体裁的关系》，原载《中研院史语所集刊》第 40 本。又载《赵元任语言学论文集》，商务印书馆，2002 年。

Bejarano, Teresa 2011. *Becoming Human: From Pointing Gestures to Syntax*. Amasterdam: Benjamins.

Chao, Yuen Ren 1968. *A Grammar of Spoken Chinese*. Berkeley: University of California Press. (《汉语口语语法》，吕叔湘节译本，商务印书馆，1979 年)

Chao, Yuen Ren 1975. Rhythm and Structure in Chinese Word Conceptions. （中译文《汉语词的概念及其结构和节奏》，载《赵元任语言学论文集》，商务印书馆，2002 年）

Citko, Barbara 2005. On the Nature of Merge: External Merge, Internal Merge, and Parallel Merge. *Linguistic Inquiry* 36 (4): 475 – 496.

Cowan, Nelson 2001. The Magical Number 4 in Short Term Memory: A Reconsideration of Mental Storage Capacity. *Behavioral and Brain Sciences* 24 (1): 87 – 114.

Diessel, Holger 2013. Where Does Language Come From: Some Reflections on the Role of Deictic Gestures and Demonstratives in the Evolution of Language. *Language and Cognition* 5

(2 - 3): 230 - 249.

Evans, Nicholas and Stephen. C. Levinson 2009. The Myth of Language Universals: Language Diversity and Its Importance for Cognitive Science. *Behavioral and Brain Sciences* 32: 429 - 492.

Jakobson, Roman 1960. Linguistics and Poetics. In T. A. Sebeok (ed.), *Style in Language*, 350 - 374. Cambridge, Mass.: The MIT Press.

Jespersen, Otto 1922. *Language: Its Nature, Development and Origin.* London: George Allen & Unwin LTD.

Kita, Sotaro 2003. *Pointing: Where Language, Culture, and Cognition Meet.* Lawrence Erlbaum Association Publication.

Langacker, Ronald W. 2012. Access, Activation, and Overlap: Focusing on the Differential. *Journal of Foreign Languages* 35 (1): 2 - 25.

Levinson, Stephen. C. 1983. *Pragmatics.* Cambridge: Cambridge University Press.

Matthews, Peter. H. 1981. *Syntax.* Cambridge: Cambridge University Press.

Miller, George. A. 1956. The Magical Number Seven Plus or Minus Two: Some Limits on Our Capacity for Processing Information. *Psychological Review* 63 (2): 81 - 97.

(原载《世界汉语教学》2019 年第 3 期)

“互文”和“联语”的当代阐释*

——兼论“平行处理”和“动态处理”

本文拟对“互文”和“联语”，这两个中国传统文论中的术语，用当代语言学的眼光重新加以审视和阐释，借以说明汉语的组织构造和传情达意具有“平行处理”和“动态处理”的性质。

1 “互文”和“平行处理”

1.1 互文见义

互文也叫“互文见义”，过去认为是古诗文常采用的一种修辞手法，解释是“参互成文，含而见文”。具体指，上下两句或一句话中的两个部分，看似各说一事，实际是上文里含有下文将要出现的词，下文里含有上文已经出现的词，互相阐发和补充，说的是一件事，表达的是一个意思，“虽句字或殊，而偶意一也”（《文心雕龙·丽辞》）。句内、句间、隔句都能互文：

句内互文　秦时明月汉时关。（王昌龄《出塞》）

句间互文　东西植松柏，左右种梧桐。（《孔雀东南飞》）

隔句互文　十旬休暇，胜友如云；千里逢迎，高朋满座。（王勃《滕王阁序》）

排句互文　东市买骏马，西市买鞍鞯，南市买辔头，北市买长鞭。（《木兰辞》）

---

* 本文初稿为提交第十届现代汉语语法国际研讨会（2019.10.25—28，大阪）的论文，在会上做了简要报告。

互文并不限于古诗文，大量的四字语是互文，含各种结构关系，是最常见、最稳定的互文形式：

男欢女爱（主谓） 捕风捉影（动宾） 赶尽杀绝（动补）
油嘴滑舌（定中） 横冲直撞（状中） 牛鬼蛇神（并列）

互文是语言学中的“量子纠缠”：“男欢女爱”，“男”和“女”，“欢”和“爱”，虽然隔开，但是“纠缠”在一起，不能单独描述，只能作为整体来看待。“你来我往”不等于“你来 + 我往”，也不等于“你我 + 来往”，它的意义只有用一个二维度的矩阵才能表示，横向是接续关系，纵向是选择关系：

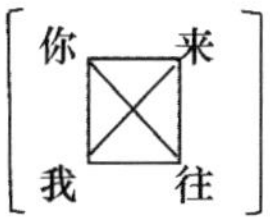

“你死我活”，跟“薛定谔的猫”一样，“你我”都处在“死”和“活”的叠加态。Bruza *et al.*（2009）通过词汇联想的心理实验发现，人的心理词库（mental lexicon）具有类似量子纠缠的性质，量子论可能为新的人类认知和信息处理模型提供理论基础。

互文四字语能产性极强，曹雪芹在《红楼梦》里创造的有“风情月债、女怨男痴、歪心邪意、抖肠搜肺、炙胃扇肝、喷酒供饭、国贼禄蠹”等，1949 年后新创的有“深耕细作、学懂弄通、兴无灭资、大干快上、赶英超美”等，最近餐馆开展“明灶亮厨”活动，公安实施“扫黄除黑”行动，外交奉行“互利共赢”政策。大量的俗语、谚语、惯用语是口头常说的互文：

来无影去无踪｜你一言我一语｜前怕狼后怕虎｜说一千道一万
翻手为云覆手为雨｜吃二遍苦受二茬罪｜前不着村后不着店

鸟无头不飞蛇无头不行｜鼻子是鼻子眼睛是眼睛
生活的烦恼跟妈妈说说，工作的事情向爸爸谈谈

汉语的互文大多不能直接翻译成英文，例如：

兵临城下，将至壕边，岂可束手待毙？（《三国演义》）

Shall we fold our arms and wait to be slain when the enemy is already at the city gate?

“兵临城下，将至壕边”要是译成“when the enemy's soldiers are already at the city gate and their generals already by the trench”，不仅累赘，而且曲解了互文的原义。

传统所说的互文已经超越短语、单句、复句的区别，包含主谓、动宾、偏正等各种结构关系，覆盖雅俗等多种语体。

1.2 广义互文（对言）

狭义的互文是上下文里有部分可以互换的字词，“天不怕地不怕”，“天”和“地”可以互换，“翻手为云覆手为雨”，“翻”和“覆”、“云”和“雨”都可以互换。广义的互文没有这个限制，例如“人向上走水向下流”，没有字词可以互换，但是仍然两句合在一起表达一个意思，或强调一个意思，单说其中一部分意思不明或不显，这样的四字语也多不胜举，如“上行下效、花好月圆、正大光明、天高地远”等。广义互文是更常见的互文：

高不成，低不就｜只见树木，不见森林｜来者不善，善者不来｜看菜吃饭，量体裁衣｜江山易改，本性难移｜空话连篇，言之无物｜大势所趋，人心所向｜千里送鹅毛，礼轻情意重｜不信由他不信，事实总是事实｜吃人家的嘴软，拿人家的手短｜车到山前必有路，船到桥头自然直｜国家的事再小也是大事，个人的事再大也是小事

广义互文是上文含有下文的全部、下文含有上文的全部，可以“对言”或“对言见义”称之，狭义互文是对言的一种。有的对言是正反对，如“只有好处，没有坏处”，“宁愿站着死，不愿跪着生”；有的对言是类比对，如“上有天堂，下有苏杭”，“天要下雨，娘要出嫁”；有的对言是同义反复，如“无的放矢，不看对象”，“空话连篇，言之无物”。对言能表达因果、承接、转折、假设等多种语义关系，这样的对言过去叫“流水对”：

眼不见，心不烦｜前车之覆，后车之鉴　（因果）
活到老，学到老｜既来之，则安之　（承接）
创业易，守业难｜挂羊头，卖狗肉　（转折）
若要人不知，除非己莫为　（假设）

重叠式四字语属于同义反复的互文，互文四字语中有许多跟重叠四字语十分接近，是重叠四字语的变异形式，例如：

重叠式	互文式			
蹦蹦跳跳	活蹦乱跳	一蹦一跳	又蹦又跳	连蹦带跳
长长短短	你长我短	问长问短	有长有短	取长补短
花花草草	红花绿草	拈花惹草	弄花弄草	花败草枯

看数量重叠式“一个一个”如何变化成各种四字互文：

一个一个（数量重叠）　七家八家（异数同名）
七个八个（异数同量）　三番五次（异数异量）
一丝一毫（同数异量）　丈一丈二（同量异数）
一头一脸（同数异名）　石一石二（同名异数）

可以说互文都是准重叠，重叠是最简单的互文。重叠和重复有区别，但是也没有明确的分界，重复也是互文：

吃着吃着就倒下了。(重复)
吃着喝着就倒下了。(互文)
再忍一会儿，再忍一会儿。(重复)
再忍一会儿，再挺一会儿。(互文)
不带啥不带啥也捆了个大行李。(重复)
不带这不带那也捆了个大行李。(互文)

重叠和重复统称“重言”，都是最简单、最基本的互文对言。所谓的“动词拷贝”句式，例如“喝酒喝醉、骑马骑累、读书读傻”，其实跟“靠山吃山、听之任之、有钱出钱有力出力”（并未起“名词拷贝式”的名称）一样，都是互文见义。

1.3 互文的普遍性

互文的普遍性超出上面所说的广义互文。汉语的复合词或复合字组（以双音为主）其实也都是互文对言。并列关系的不用说，可以把四字互文看作复字互文的放大版、充盈版，例如“你来我往”是“来往”的放大版、充盈版：

“来往” [来
往] 放大为 “你来我往” [你来
我往]

互文就是用组合序列表示类聚关系或选择关系。排句互文如“鱼戏莲叶东，鱼戏莲叶西，鱼戏莲叶南，鱼戏莲叶北”就是“东西南北”这种排字互文直接的放大充盈。

必须要说的是，非并列的复合字组也具有互文性，这是当代语言学对“互文性”（intertextuality）的认识，例如：

老骥/老笱　　白吃/白做
伏枥/伏虎　　走路/走眼

打扫房间/打扫卫生　　恢复健康/恢复疲劳

水淹/水解/水运/水浇/水葬　　火葬/土葬/海葬/天葬/树葬

“老”的意义是与“幼”相对还是与“嫩”相对，“伏”的意义是趴伏还是降伏，是它跟搭配的字互文才显现的。同样，“白、走”的意义也都是通过搭配的对字明了的。“打扫、恢复”与宾语的语义关系要靠互文推定。名词“水”哪一方面的“物性”得以凸显，是通过搭配的动词实现的，动词“葬”的词义，具体到怎么个葬法，也是通过搭配的名词得以理解的。

构词法，汉语以复合为主，印欧语以派生为主，这是常识。派生构词，英语如 wide → width，long → length，short → shorten，large → enlarge，只需两个语素简单相加，意义是透明的；复合构词，首先是并列式的，如“宽窄、长短”，其次是非并列式的，如“老骥、伏虎、水运、放大”，就不是简单相加，意义不那么透明，要靠互文见义。中国人的心目中复合词是由“成对”字构成的，不像英语派生词的词根和词缀“不成对”，可见互文见义在汉语里从构词就已经开始。从这个角度看，汉语的双音化不分虚实都是“对言化”，如“友→朋友，敲→敲打，美→美丽，已→已经，究→究竟，毁→弄坏，死→害死”，等等。凡是对言都是互文见义，对言的格式化是互文的格式化。双音化大大扩展了互文对言的范围，使互文对言的形式更加多样化，由此生发的变异形式也更加多样化。更重要的是，如果承认汉语的语法是以对言格式为本，汉语语法是对言语法，那么双音化应视为汉语的一种重要的“语法化”现象。

汉语不仅“对言见义”，而且“对言完形”，形式上完好的结构是对言格式。单言在形式上站不住，对言才站得住，例如“高一脚”站不住，要说“高一脚低一脚”，“人不人”站不住，要说“人不人鬼不鬼”，这已经是语法常识。不能单说的语素进入对举格式就不受不能单说的限制，如“胜不骄败不馁”里的“骄”和“馁”，“你一言我一语”里的“言”和“语”。近来成为韵律语法学讨论热点的单双音节组配问题，也属于对言完形。单对单、双对双这样“成对”的都站得住，单对双、双对单“不成对”的就经常站不住，尽管在表义上不成问题：

2+2	1+1	1+2	2+1
煤炭商店	煤店	*煤商店	煤炭店
陈旧桌布	旧布	旧桌布	*陈旧布
轻轻放置	轻放	*轻放置	轻轻放
种植大蒜	种蒜	种大蒜	*种植蒜
调查清楚	查清	查清楚	*调查清
鲜花开放	花开	*花开放	*鲜花开
道路桥梁	路桥	?路桥梁	*道路桥

上面的例子表明，成对和不成对的区分贯通所有结构类型（王远杰 2018），这表明汉语以对称为本，**音节对称是汉语自身的一种语法形态**。

互文对言的格式是缩放型的，缩小可至复合二字组，放大可至复句、段落，甚至语篇。从“老骥”这一复字互文放大，得到单句、复句、段落：

1层		老	骥	
2层		老骥	伏枥	
3层		老骥伏枥	志在千里	
4层	老骥伏枥	志在千里	烈士暮年	壮心不已

注意，“老骥伏枥志在千里”不是按照英语的主谓句切分为“老骥，伏枥（而）志在千里”，而是按照互文对言的方式切分的。放大到第4层还是互文见义，不仅“烈士暮年”与“壮心不已”的关系必须通过跟“老骥伏枥”与“志在千里”的关系比对后才得以表达和理解，反过来也一样，不然“骥”怎么谈得上“志在”呢？

当然这是最匀称、节奏感最强的对言形式，实际言语会有很多变化，三字组、五字组从二字组和四字组变化而来，七字组、九字组从八字组变化而成，虽然有这种种变化，这个缩放型的对言互文格式是主干，变化都是在这个主干上生发的。**汉语的组织构造具有对言性和互文性**，这就应了克里斯蒂娃的“互文说”，符号的意义就是在文本的“互文性”中不断生成和理解的（克里斯蒂娃 2016：12）。

1.4 互文的来源

互文对言来自对话，对话是双方的互动，互动性是对话的根本特性。

单木不成林，单言不成话，这当中蕴含深刻的道理。单说站不住的，在对话回答问题的时候也能站住，加句尾语气词也能站住，如：

? 今天冷。	今天冷，昨天热。	
? 喝了酒。	喝了酒，吃了饭。	
? 房间住人。	房间住人，仓库堆货。	
问：今天冷吗？	喝了什么？	房间住不住人？
答：今天冷。	喝了酒。	房间住人。
今天冷呀。	喝了酒了。	房间住人吧。

对举、问答、语气词都有完形作用，它们之间的内在联系和深层机理是什么？回答只能是：对言见义完形植根于语言的对话性和互动性。

近年来“认知语言学”把研究的重点转向社会认知，与“互动语言学”交汇，共同关注在对话和互动的情景中如何协同行动和相互理解。Du Bois（2014）提出构建“对话句法”（dialogic syntax）的设想，其核心概念是“平行结构”（parallelism）和“共鸣”（resonance），指对话中选择性地重复对方刚说过的话，催化激活双方的亲和性，不仅实现互相理解，还产生情绪上的和谐共振，“将心比心，心心相印”。举例，妻子 Joanne 在批评自己的母亲后与丈夫 Ken 对话：

Joanne：It's a kind of like ^you Ken.（有点儿像 ' 你呢，凯恩。）
Ken： That's not at ^all like me Joanne.（' 一点儿不像我，裘娜。）

双方说的话有一种“镜式结构映射”，代词主语对代词主语，系词谓语对系词谓语，副词性成分对副词性成分，代词宾语对代词宾语，称呼对称呼，甚至连句末的语调也对应，这种形式对应象征意义对应，从而产生夫妻之间的情感共鸣。我们有一个汉语夫妻对话的实例（于晖提供），很有意思，妻子见丈夫老在挥手驱赶什么，与他对话：

妻子：你是蚊子吧？
丈夫：我不是蚊子。

于是夫妻二人相视大笑。对话的重复和对应不仅是词汇的、句式的，还是韵律的、语调的，都起到增进互动、引发共鸣的作用。对话的“共鸣原则”与“合作原则”“礼貌原则”一样都是普遍适用的语用原则。总之“对话句法”超越“线性句法”，试图揭示一种更高层次的对称耦合结构（structural coupling）。

这个研究方向突破西方传统的句法研究，意义重大，但是“对话句法”的构建还处于起步阶段，而且主要依据英语语料，还没有完全超越主谓结构，也没有考察对话的平行结构跟独白语篇之间的内在联系，因此有它的局限性。从汉语来看，“对言”这个概念既指“对话”又指“对偶”（包含对称、对照、对比、对应），对话的平行对称直接反映在语篇的平行对偶上，而且大大超出主谓结构的范围，因此研究汉语的“对言语法”和“对言格式”有广阔的前景和更加重要的意义。

对话中重复或部分重复对方刚说的话，这不仅在汉语对话里特别常见，而且直接形成独白中的互文表达，例如：

甲：啥人请客？
乙：啥人有钱？
→啥人有钱啥人请客。

甲：你为什么讨厌她？
乙：你为什么喜欢她？
→你为什么喜欢她，我为什么讨厌她。

甲：我来吧。
乙：我去吧。
→不是你来就是我去。

甲：生意不好做。
乙：生意真难做。
→生意不好做，生意真难做！

对话的选择性重复还是影响语言系统演变的一个关键驱动力，例如最近频繁出现的“被自杀”之类的说法，“被”字进一步虚化，进入“元语”用法，就来自对话的引语，是对话的引用重复激发强烈情感共振的好例子：

警察：你父亲是自杀的。
某女：我父亲是被自杀。
→不是自杀，是被自杀。(正反对言)

表程度的复合副词“好不”（如“好不容易”）也是这么形成的（沈家煊 1999：7.2）。汉语的互文对言格式，特别是四言格的成因，参看沈家煊(2019)。

1.5 平行处理

语言的组织构造就其本质而言一定是极其简单的。“生成语法”的新进展是，在句法操作上用“合并”（merge）取代“移位”（move）。乔姆斯基认为合并很可能是一种最简单的、自然而然的句法计算操作，就是两个要素 X 和 Y 并合（不讲次序），产生集合｛X，Y｝。之后 Citko（2005）进一步提出“平行合并说”，论证这在理论上是逻辑的必然，而且能更好地解决许多句式过去难以解决的生成问题，包括连动句、兼语句、驴子句等。例如汉语的连动式兼语句“买一份报看”，吕叔湘（1979：84）早就指出难以采用二分法来分析，平行合并处理可以解决这个难题，图示如下(转引自叶狂 2018)：

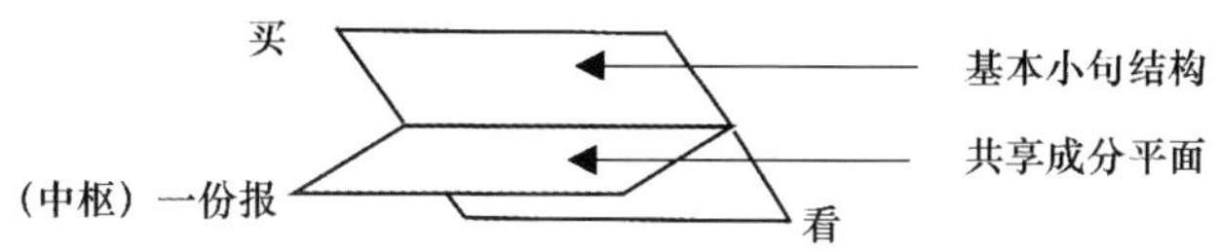

中枢成分（pivot）“一份报”处在共享成分平面上，它既与前面的成分“买”合并，又与后面的成分“看”合并，这两个合并是并行的。从上图可以看出，平行合并实际是把合并操作从二维平面（基本小句结构）

推广到三维立体。合并对结构没有规定，任何成分都可以充当中枢参与到平行合并中来，这就取消了生成语法曾经提出的通过复制来实现移位的操作，从而使句法变得更加简单。

上面图示的那个三维模型是不对称的“一头重”，共享成分在次平面上，只有半面，而且主平面的基本小句结构还是以主谓结构为主干，属于非对称的递归结构。对汉语大量的互文对言来说，我们需要一个对称的三维模型。以“你来我往”为例，“你来”的合并和“我往”的合并是平行的，而且“你我”和“来往”二者互为中枢、互为共享成分，两个平面不分主次：

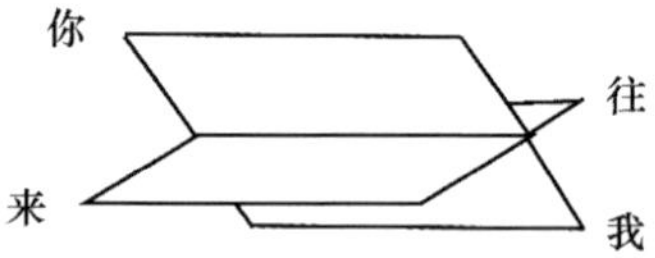

放大到“老骥伏枥，志在千里，烈士暮年，壮心不已”，处理方式一样。这个对称的三维模型能涵盖不对称的三维模型，因此也能解决递系句的生成问题，还能更好地适应“汉语式驴子句”的生成问题。英语式驴子句如“Whoever owns a donkey beats it”，汉语的相应表达是“谁有驴，谁打驴”这样的互文对言式，其中两个同形疑问代词呈对称性“互相约束”(reciprocal binding)。这种对言式在印欧语中也有，但不是主流说法。汉语式驴子句不仅以互文对言式为习惯表达方式，而且互相约束的同形疑问代词出现的位置有多种可能，例如：

有什么吃什么（abcb）	谁有钱谁请客（abac）
轮到谁谁请客（abbc）	哪里苦去哪里（abca）

“人有多大胆，地有多大产”和“自己的嘴巴，自己管不住”等是广义的驴子句，驴子句只是互文对言句式的一种。这对生成语法经典框架内的平行合并说是一个挑战。

然而更重要的是，“合并”这个概念不足以处理互文现象，因为“你来我往”不是简单的 1 +1 或 2 +2 的合并，而是互文见义，要作为统一的整体来看待，两个组成部分不能割裂开来。Jackendoff（2011）提出，大脑对语言的组合操作，其特性是“统合”（unification），而不是“合并”。他举例：

*John drank the apple. John drank it.

英语这种词项搭配的选择限制只能用统合来解释：drank it，it 本身并没有流汁的意义，是跟 drank 互文才获得这个意义的。本文也已指出，汉语“老骥”和“老笥”，“伏枥”和“伏虎”，“老”和“伏”的意义都是跟搭配的字互文显现的。

如果说处理是计算，那么平行处理需要平行计算。对于传统计算机来说，它处理的通常是二进制码信息，比特（bit）是信息的最小单位，它要么是 0，要么是 1，对应于电路的开或关。在量子计算机里，一个比特不仅只有 0 或 1 的可能性，它更可以表示一个 0 和 1 的叠加，可以同时记录 0 和 1，这样的比特可称作“量子比特”（qubit）。假如计算机读入了一个 10 比特的信息，所得到的就不仅仅是一个 10 位的二进制数（比方说 1010101010），事实上因为每个比特都处在 0 和 1 的叠加态，计算机处理的是 210 个 10 位数的叠加。换句话说，同样是读入 10 比特的信息，传统计算机只能处理一个 10 位的二进制数，而量子计算机则可以平行处理 210 个这样的数（曹天元 2006：253—254）。从量子计算看，汉语的复合字如“来往”是一个量子，“来” =0，“往” =1，“来往”同时代表了 0 和 1，是 0 和 1 的叠加，因此是一个量子比特的信息单位。汉语以互文对言为本，非量子计算无从处理。

1.6 非线性递归

关于语言结构的递归性（recursion），正统的生成语法认为它是人类的天赋语言能力，然而 Jackendoff（2011）指出，下面的视觉图形（笔者稍做简化）也存在结构递归性：

XXXX XXXX　XXXX XXXX　XXXX XXXX
0000 0000　0000 0000　0000 0000
XXXX XXXX　XXXX XXXX　XXXX XXXX
0000 0000　0000 0000　0000 0000
XXXX XXXX　XXXX XXXX　XXXX XXXX
0000 0000　0000 0000　0000 0000

这个图形可以看作：每行 4 个 X 或 4 个 0，先由两行组成一个含 8 个项目的单位，两个这样的单位组成一个较大的单位（含 16 个项目），这些较大的单位又构成一个 2×2 的矩阵，而且可以不断地放大扩展下去。虽然每行没有结构中心，项目不分主次，不是二分结构，但是显然存在结构递归性。线性的结构递归无法涵盖这种二维的非线性结构递归。

汉语的互文对言格式是缩放型的，如从“老骥”放大到“老骥伏枥，志在千里，烈士暮年，壮心不已”，这里再举一例如下：

于兹迄今，情伪万方。佞谄日炽，刚克消亡。
舐痔结驷，正色徒行。伛偻名势，抚拍豪强。
偃蹇反俗，立致咎殃。捷慑逐物，日富月昌。
浑然同惑，孰温孰凉。邪夫显进，直士幽藏。（赵壹《刺世疾邪赋》）

“二二得四、四四十六、二四得八、八八六十四”，这就是汉语语篇的缩放型对言格式，本质上具有“非线性的结构递归性”。

2 “联语”和“动态处理”

2.1 联语

联语更常见的名称是顶真、续麻，也叫蝉联、联珠、连环，过去认为是一种修辞格，指上一句末尾作为下一句开头，首尾相重，形成一种链式序列，前后意思紧扣，气势连贯而下，有“历历如贯珠”的节奏美。联语见于句内、句间、段间，描叙事物情境的递承关系，推论事理的因果连锁关系，都离不开联语。联语的源头可追溯到《诗经》：

天之生我，我辰安在？（《小雅·小弁》）
其德克明，克明克类，克长克君。（《大雅·皇矣》）
相鼠有皮，人而无仪；人而无仪，不死何为。（《鄘风·相鼠》）
道生一，一生二，二生三，三生万物。（《道德经》）
出门看伙伴，伙伴皆惊忙。归来见天子，天子坐明堂。《木兰辞》

联语运用到极致的例子：

他部从，入穷荒；我銮舆，返咸阳；返咸阳，过宫墙；过宫墙，绕回廊；绕回廊，近椒房；近椒房，月昏黄；月昏黄，夜生凉；夜生凉，泣寒螀；泣寒螀，绿纱窗；绿纱窗，不思量。呀，不思量除是铁心肠，铁心肠也愁泪滴千行。（马致远《汉宫秋》剧）

老猫老猫，上树摘桃。一摘两筐，送给老张。老张不要，气得上吊。上吊不死，气得烧纸。烧纸不着，气得摔瓢。摔瓢不破，气得推磨。推磨不转，气得做饭。做饭不熟，气得宰牛。宰牛没血，气得打铁。打铁没风，气得撞钟。撞钟。撞钟不响，气得老张乱嚷！（《北平歌谣·老张》）

联语分布面广，而且各种语体都有，为大众所喜闻乐见：

猪多肥多，肥多粮多，粮多猪多。（1959 年上海《解放日报》）
骆驼进万家，万家欢乐多。（骆驼牌电扇广告词）

金陵塔，塔金陵，金陵宝塔第五层，五层宝塔廿只角，廿只角浪挂金铃……（《金陵塔》唱词）

指挥员正确的部署来源于正确的决心，正确的决心来源于正确的判断，正确的判断来源于周到的和必要的侦察……（毛泽东《中国革命战争的战略问题》）

放大了看，联语还见于语篇，章回小说每一回的开头是“话说……”，就是重复并接着上一回的话头往下续说。

联语在汉语里只要求首尾相重，不受其他形式束缚，不论词性，不分词、短语、小句，包容各种语法关系，甚至只要谐音就行，如江浙一带的“对子式”游戏，叫“接麻”：

倷姓啥？我姓白。白个啥？白牡丹。丹啥个？丹心轴。轴个啥？轴子。子啥个？……

联语就是一个个“对子”的链接，叫“链接对”，“我銮舆，返咸阳”一个对子，链接下一个对子“返咸阳，过宫墙”，又链接下一个对子“过宫墙，绕回廊”。每个链接对是“起说—续说对”，简称“起续对”，前一对的“续”兼为后一对的“起”。

2.2 广义递系式

把联语只看作修辞手段，这种看法过于狭隘，联语实为汉语的一种结构性的普遍格式，这可以从联语和递系式的关系来说明。

递系式是紧缩的联语格式。例如：

你通知他，他来开会。（联语） 你通知他来开会。（递系式）
我托你，你带给他。（联语） 我托你带给他。（递系式）

联语中邻接的同形语词合并后就成为递系式。递系式的名称取“递相连系”之意，后来改叫兼语式，是受主—动—宾结构分析法的影响（说前一个动词的宾语兼为后一个动词的主语），如果摆脱这个影响，还是叫递系式好，因为连系项并不受词性和句法成分类别的限制。王力先生说，“汉语和西洋语法相同之点固不强求其异，相异之点更不强求其同”。这个思想在《中国语法理论》和《中国现代语法》里都有表述，表述的重点在后一句，递系式正是按这一思想提出来的。受印欧语主谓结构观念的支配，有人想取消递系式，但一直没有取消得了。后来的进展不是取消递系式，而是递系式的泛化。吕叔湘（1979：85）说，“我有一期画报丢了”，通常说是连动式，不叫兼语式，因为“一期画报”是受事不是施事，但是句子里还可以有别的关系，如：

我有办法叫他来。(工具)
我这儿有人说着话呢。(交与)
你完全有理由拒绝。(理由)
我们有时间做，可是没有地方放。(时间地点)

吕先生因此主张把兼语式和连动式都放在“动词之后”这个总问题里来考虑。朱德熙（1982：第12章）也提出兼语式应跟连动式合并为一，统称为连谓式，合并的理由很简单，汉语的主语不是以施事为主，不能因为中间的名词指施事就说是兼语式，不指施事的就看成连动式。

然而递系式的范围完全有理由继续扩大。王力（1984：133—144）论述的递系式范围更广，界定为“凡句中包含着两次联系，其初系谓语的一部分或全部分即用为次系的主语者”。按照这个界定，递系式还包括：

我买两个绝色的丫头谢你。(我买两个绝色的丫头＋买两个绝色的丫头谢你)
我来得不巧了。(我来得＋来得不巧)
他到得太晚了。(他到得＋到得太晚)

画线的词语尽管是动词性词语，但也是连系项，“来”“到”后的附词“得（的）”相当于古汉语“鸟之将死，其鸣也哀”里的“也”字。也就是说，王先生认为连系项不仅是名词性词语，也可以是其他词语，包括动词性词语。没有理由阻止这样的分析，因为汉语的动词本来可以做主语(实为话题)，联语和同形合并不受词性的限制：

双心一影俱回翔，吐情寄君君莫忘。
翡翠群飞飞不息，愿在云间比长翼。(沈约《四时白纻歌五首》)

"君"是名词，"飞"是动词，这没有关系，合并紧缩后就是"吐情寄君莫忘"和"翡翠群飞不息"。又如：

谁重断蛇剑，致君君未听。（杜甫《奉酬薛十二丈判官见赠》）→致君未听
粝食拥败絮，苦吟吟过冬。（唐·裴说《冬日作》）→苦吟过冬

因此，广义的递系式不限于：

星垂平野阔。← 星垂平野，平野阔。
月涌大江流。← 月涌大江，大江流。

还包括：

飘零为客久。← 飘零为客，为客久。
江雨夜闻多。← 江雨夜闻，夜闻多。

还包括谓语是动补或动宾结构的句子：

枪声响不绝。← 枪声响，响不绝。
大风刮山头。← 大风刮，刮山头。

从汉语的流水句是可断可连的零句着眼，流水句的链接有松、紧两种形式，松式的同形部分合并，成为紧式。松式是联语式，紧式是递系式。

我銮舆，返咸阳；返咸阳，过宫墙；过宫墙，绕回廊；绕回廊，近椒房。（联语式）→我銮舆，返咸阳，过宫墙，绕回廊，近椒房。（递系式）

老王呢，又生病了吧，又生病了吧，也该请个假呀。（联语式）→老王呢，又生病了吧，也该请个假呀。（递系式）

传统有"流水对"的名称，指律诗对仗的一种，日本修辞学家叫"连

绵对”，现在将它重新阐释为具有普遍性的“链接对”。这样看来，过去把递系式看作汉语的一种特殊句式，这个看法是偏狭的，应该说，汉语的结构具有广义的递系性。语言不是只有依靠“递归”才能传情达意，靠“递系”也能传情达意（Evans & Levinson 2009）。

启功（1997：31，65）把汉语造句的递系规律表述为“上罩下、下承上”的方法。例如“两岸猿声啼不住，轻舟已过万重山”两句（实在说不出跟现代白话有什么本质的区别），不是非要按主谓结构做层次分析才能理解，完全可以分析为若干链接对前后接续的平铺结构，同样能实现理解（笔者稍有改动）：

两岸者，猿声也；猿声者，啼也；啼者，不住也。

轻舟者，已过也；已过者，万重也，万重者，山也。

细究的话，“轻舟”也是“轻者舟也”，“已过”也是“已者过也”，但是当“轻舟”“已过”，还有“万重山”已经形成一个组块（chunk）后，就不用再做内部分析。推而言之，汉语统统都是“X 者 Y 也”这样的起说—续说对，通过上罩下、下承上链接成文，统统是平接型的链对格式，链接成分不限词性，不论大小。

2.3 联语的来源

联语来自对话中的一种部分重复，叫“接话头”，据陶红印（2019）对汉语对话的实际考察，这种情形十分常见，可惜汉语教材的编写者未予重视，例如：

甲　他是研究生呢。	甲　老王听说他病了。
乙　研究生怎么啦？	乙　病了也该请个假呀。

正是这种频频的“接话头”造成过度使用话题句的“中式英语”，例如“She wants to eat dough sticks. Dough sticks where to buy?”（她偏要吃油条，油条哪儿买去？）链接对的成因归根结底是对话具有递系性、链接性。

对话中，对一个引发语的应答一经说出，自身就立刻成为一个引发语，引发下一个应答，对话依次推进。

A_1 Okay. 好吧。
B_1 Okay. 好吧。
A_2 Bye. 再见。
B_2 Bye. 再见。（转引自 Levinson 1983：325）

这是对话的结束部分最常见的四话轮组合（起承转合），为重复型的二二式，其中 A_1的 Okay 是起问对方还有没有其他的话要说，B_1承接回应 Okay 是表示可以结束对话了，于是引发 A_2转而说 Bye，B_2必须对这个引发做出回应，闭合对话。这个对话流既由两个“AB 对”对称构成，也由三个“话轮对” A_1-B_1、B_1-A_2、A_2-B_2 链接构成。就“老骥伏枥”一句而言，它是基于对话中如下的“流水对”：

$甲_1$ 老者，何也？
$乙_1$ 老者，骥也。
$甲_2$ 骥者，何如也？
$乙_2$ 骥者，伏也。
$甲_3$ 伏者，何处也？
$乙_3$ 伏者，枥也。

放大到“老骥伏枥，志在千里，烈士暮年，壮心不已”也一样。这种递系的流水对意味着，对话过程中双方一般都保持部分共享的语法语义结构（Cann, *et al.* 2005：9.3），“接话头”可以说是对话的润滑剂。

2.4 动态处理

“认知语法”新近的进展之一是“提取和激活”（access and activation）理论（Langacker 2012），可参看张翼（2018）的介绍。这个理论把句子的结构还原为语序引导下一种动态的认知处理，具体说是连续构建一个个注意视窗，语法单位在注意视窗中互相提取和激活，决定语义解读。例如下面这个英语句子：

He sadly missed his mother.
他很伤心，想念母亲。

副词 sadly 虽然在结构上修饰后面的动词，sadly 和 missed 构成一个注意视窗，但是在这个视窗之前，sadly 的词根形容词 sad 还跟前面的主语 he 构成一个注意视窗，在这个视窗中 he 和 sad 也互相提取和激活，形成概念上的主谓关系，也就是 sadly 既在前一个视窗内，又在后一个接续的视窗内。这个理论模型特别适用于汉语，上面那个英语句子在汉语里的习惯表达不是“他伤心地想念母亲”而是对言式的上下句“他很伤心，想念母亲”。余光中（1987）提到英文的副词形式迁移到中文，造成“英式中文”，例如：

老师苦口婆心地劝了他半天。（应改为：老师苦口婆心，劝了他半天。）

大家苦中作乐地竟然大唱其民谣。（应改为：大家苦中作乐，竟然大唱其民谣。）

就“老骥伏枥”一句而言，连续开视窗的认知处理过程可图示如下：

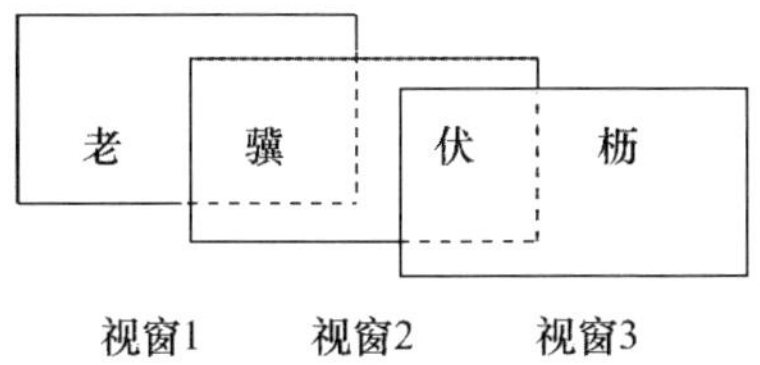

每个视窗内是一个“起续对”，上面所说的联语和递系式，其处理过程就是这种动态处理方式，放大到“老骥伏枥，志在千里，烈士暮年，壮心不已”还是这种处理方式，类似动画的制作原理。不妨说汉语是一种地道的

“动画型语言”。

更有形式语义学家在“动态语义学”（dynamic semantics）的基础上提出“动态句法”（dynamic syntax）的构想（参看 Kempson, *et al.* 2001；Cann, *et al.* 2005），并且设计出一种动态逻辑（dynamic logic）来刻画语句从左至右、逐次递进的组合方式，以此来解释语言普遍的结构特性。参照 Cann, *et al.*（2005：38），“老骥伏枥”一句的组合方式和解读过程，其逻辑有如一棵树的生长（tree growth）：

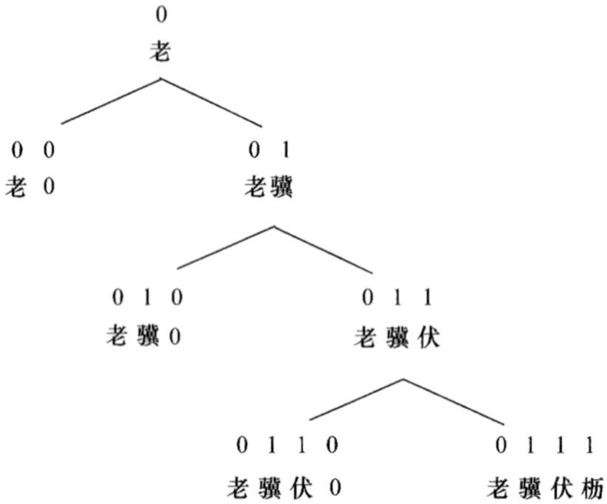

每个节点都用 0 和 1 标示，节点 *n* 下辖的左子节点标为 *n*0，右子节点标为 *n*1，也就是一次增加一个信息。注意这里的节点不仅代表字词，还代表对字词在上下文和语境中的解读。最重要的是，这棵语义—句法结构树是处于生长中的树，表示的是递进生长的过程。语序不同，“老骥伏枥”和“骥老枥伏”，生长的次序不同，但根本都是树在生长。

注意，在这棵“生长树”中，在“老骥”这个节点，“骥”的意义包含它与“老”互文见义的成分，在“老骥伏”这个节点，“伏”的意义又包含它与“骥”互文见义的成分，依次类推。这就是说，**递系式是叠加的，离不开互文见义**。词语不仅在语境中获得解读，而且还不断“制造”语境（Sperber & Wilson 1986）。继 Langacker（2012）之后，Langacker（2016）也强调这一点，提出类似的“起说—续说”（baseline and elaboration）一说。

3 两种对言结构的交织

上面分节讲了“缩放型对称结构”和“平接型链对结构”，这两种结构是交织在一起的。以“老骥伏枥”为例：

老者，骥也；骥者，伏也；伏者，枥也。
老骥伏枥
老骥者，伏枥也；伏枥者，志在也；志在者，千里也。
老骥伏枥，志在千里。
老骥伏枥者，志在千里也；志在千里者，烈士暮年也；烈士暮年者，壮心不已也。
老骥伏枥，志在千里，烈士暮年，壮心不已。

从横向看，四言的链接方式是“起承转合”：“老—骥—伏—枥”是起承转合，“老骥—伏枥—志在—千里”是起承转合，“老骥伏枥—志在千里—烈士暮年—壮心不已”还是起承转合。如启功所言，“小至字词之间，中至句与句之间，大至几句的小段与另一小段之间，无不如此”。起承转合也是“起承—转合”的二二式对言。从纵向看，四言同构放大，“老骥—伏枥”放大为“老骥伏枥—志在千里”，再放大为“老骥伏枥志在千里—烈士暮年—壮心不已”。这两种结构有如经纬交织，统称“对言格式”。

理论上讲，横向的递系链接是无限的，但由于递系有叠加性，实际上要受人的记忆跨度和注意力的限制，工作记忆的跨度一般在7±2，注意跨度一般在4±1，四项组合最便于记忆和加工。虽然递系有这样的限制，但是可以通过纵向的同构放大来表达复杂的意思（参看沈家煊2019）。

4 破除成见

4.1 小结

先作一个小结。“对言”既指对话（dialogue），又指广义的对偶

(parallel expression)。对言的格式化在汉语里形成“对言格式”，它是“缩放型对称结构”和“平接型链对结构”的交织，前者需要“平行处理”，后者需要“动态处理”。对言格式是汉语语法的结构性存在，对言的格式化是汉语的语法化。凡是对言都是互文见义，语言组织构造具有互文性。联语的普遍性表明，不只是递归性，递系性也是语言组织构造的根本特性。递归是不对称主从结构的性质，递系是对称性链接结构的性质。递归性不只是线性递归，还有非线性递归，对言格式的同构放大是非线性递归。对话是语言的基本形态，独白的互文性和递系性既来自对话的互动性和递系性，又象征对话双方的互动合作和情绪共振。

印欧语语法以主谓结构为主干，以续为主，续中有对；汉语语法是对言语法，以对言格式为主干，以对为本，对而有续。“对言语法”是“大语法”，在三个方面超越主谓结构。第一，贯通字、句、章、篇，以篇为归宿，不像印欧语语法到句子（单句复句）为止。第二，综合语音、语形（句法）、语义、语用，以用为目的，不是印欧语以语形为主的词法句法。第三，传情和达意一体不二，意义不仅是用句子表达命题，还是意图和情绪的传递。概括起来说是：字句章篇贯通，音形义用一体，传情达意不二。

4.2 释疑

赵元任（1968）不愧是“对言语法”的开拓者，是他最先指出，汉语里主语和谓语齐全的整句是由对话的一问一答组成。这个洞见至今仍是我们从事语法研究的指路明灯。

对于“汉语以对言格式为主干”的说法，有一种普遍的疑问：说“兵临城下，将至壕边”和“你说一句，我说一言”是对言句当然不成问题，但是大量的句子还是“梅瑞买了一对玉镯”这样的主谓句呀！

你说一言，我说一语。(对言句)

We talked to each other.

梅瑞买了一对玉镯。(主谓句)

Mary bought two bracelets.

这是受先入为主的观念支配而形成的一种成见，以为语言普遍以主谓结构为主干，然而布龙菲尔德（Bloomfield 1917）早就指出这是偏见，说有的主语和谓语应作为“对等项”（equated terms）看待，主谓句为一种“等式型”（equational type）句子。汉语的事实是：整句由一问一答组成，主语就是话题，动词性词语可以做主语，谓语的类型不受限制，容纳名词性词语，流水句具有可断可连性。只要我们尊重这些事实，就可以发现“梅瑞买了一对玉镯”一句共有8种断连方式，分别来自8种对答方式：

a. 甲 梅瑞买了？
乙 一对玉镯。
梅瑞买了｜一对玉镯。

b. 甲 梅瑞呢？
乙 买了一对玉镯。
梅瑞｜买了一对玉镯。

c. 甲 梅瑞买了一对？
乙 玉镯。
梅瑞买了一对｜玉镯。

d. $甲_1$梅瑞呢？
$乙_1$买了一对。
$甲_2$一对？
$乙_2$玉镯。
梅瑞｜买了一对｜玉镯。

e. $甲_1$梅瑞买了？
$乙_1$一对。
$甲_2$一对？
$乙_2$玉镯。
梅瑞买了｜一对｜玉镯。

f. $甲_1$梅瑞呢？
$乙_1$买了。
$甲_2$买了？
$乙_2$一对玉镯。
梅瑞｜买了｜一对玉镯。

g. $甲_1$梅瑞呢？
$乙_1$买了。
$甲_2$买了？
$乙_2$一对。
$甲_3$一对？
$乙_3$玉镯。
梅瑞｜买了｜一对｜玉镯。

h. 甲 怎么啦？
乙 梅瑞买了一对玉镯。

这正是应了《说文》“对，譍无方也”，“对”就是应对不拘方式。汉语对话是以“零句”而不是以动词为中心的“小句”（clause）为基本单位，参看完权（2018）。b和f的断连方式合起来相当于英语句子“主谓宾”的切分方式，但只占八种断连方式中的两种。因为还有大量“你说一言，我说一语”这类句子的存在，我们应该这样来概括说明以上八种断连方式：汉语的句子以零句和流水句为主，以对言格式为本，a和g是匀称的

“正对”（遵守“半逗律”），b 和 c 是“偏对”，d、e、f 介于正对和偏对之间，偏对是正对的变异形式。最后的 h 是 Bloomfield（1917）所说的独词句，内部不做切分。这个独词句也是潜在的对言成分，例如：

甲：李莎买了两个金戒。　　甲：梅瑞买了一对玉镯。
乙：梅瑞买了一对玉镯。　　乙：一家招来无数烦恼。

这种结构上对应的对答方式正是“你买两个，我买一对”和“捡了芝麻，丢了西瓜”这种互文格式的来源，跟双字组合的互文对言“来往”“得失”本质上是一致的。

汉语对话中有一种重复型的延伸句（关于“延伸句”，见陆镜光 2004），在粤语中比普通话更常见（是句末语气词的历史来源），英语里则不许可：

我寻日交论文啊，我。（我昨天交论文啊，我。）
我寻日交论文啊，我寻日。（我昨天交论文啊，我昨天。）
我寻日交论文啊，我寻日交。（我昨天交论文啊，我昨天交。）
Yesterday I submitted my thesis, * I/ * yesterday I/ * yesterday I submitted.

邓思颖（2019）用此例说明粤语相比英语是“热语言”，更多地表现出对话双方之间的互动。从上例也可看出，第一刀切在哪个位置，“我｜寻日交论文”只是多种切分方式的一种而已。由此可见，汉语的对言格式可以容纳印欧语式的主谓结构，但是后者无法完全覆盖对言格式。

4.3 普遍意义

对言形式实为语言的原生形态，主谓结构是派生的特例。人类语言植根于对话，原始的对话是对称形式，例如劳动号子的呼与应“嗨哟”对“嗨哟”，男女山歌对唱“种下一粒籽”对“发了一颗芽”，形成情绪上的交流共鸣。所以叶斯帕森（Jespersen 1922）说，原始人用诗性的语言来表达思想。雅各布森（Jakobson 1960）说，诗歌语言的基本特点是，把本来在纵向选择轴上的对等词语拉到横向组合轴上，使前后邻接的词语呈现出音与义的整齐和类似，即“把类似性添加在邻接性之上”。例如俄国的一首婚礼歌，唱新郎现身的情形是：

Debroj mólodec k sénickam privorácival,
'a brave fellow was going to the porch,'
勇敢汉子走向门廊，
Vasilij k téremu prixázival.
'Vasilij was walking to the manor.'
瓦西里奇步往住宅。

勇敢汉子和瓦西里奇都指新郎，门廊和住宅都指新房，两句表达一个意思，这就是互文见义，与白居易《琵琶行》一句“主人下马客在船”相同。诗歌语言也不乏联语对言，如法国一首民间诗歌，其中一节翻译成英语如下（转引自五十岚力《常识修辞学》，笔者加汉译）：

Life sublime in moral beauty,	快乐生活，在德之美，
Beauty that shall never be,	德之美者，遥不可及，
Ever be to lure three onward,	不可及者，诱你前行，
Onward to the fountain free.	前行行达，自由芳汀。

人类语言植根于对话，源于诗性的对言形式，语言的演化不是单线条的，而是出现分叉：从对言形式出发，汉语继续朝形成对言格式的方向发展，印欧语转而朝形成主谓结构的方向发展。印欧语虽然已经形成以主谓结构为主干的语法格局，但是仍然保留对言形式，例如狄更斯的名言就是互文：

It was the best of times, it was the worst of times.
那是最美好的时代，那是最糟糕的时代。

这种对言表达在印欧语里覆盖面很窄，远未像汉语那样达到普遍化、格式化的程度，因此只当作修辞现象看待是合理的。对于汉语式的互文对言，西人稍加点拨也不难理解，如“people mountain, people sea”（人山人海），“no *zuo* no die”（不作不死）。唐诗英译，如“风急天高猿啸哀”（杜甫《登高》），“风急天高”译成“The wind so fresh, the sky so high”，保留原文对言格式，曾一度引发英美意象派诗歌的浪潮。

对言互文和递系联语都是为了提高语言处理的效能，这是中西相通、人类共有的语言能力。语言能力离不开语言使用，跟减轻工作记忆的负荷、减小处理的压力和成本密切相关（Hawkins 2004）。这正是我们重新阐释“互文”和“联语”、讨论“平行处理”和“动态处理”，进而构建对言语法、阐释对言格式的普遍意义所在。

参考文献

曹天元 2006，《上帝掷骰子吗：量子物理史话》，辽宁教育出版社。

邓思颖 2019，《句末助词的冷热类型》，《外语教学与研究》第 5 期。

陆镜光 2004，《说“延伸句”》，中国社会科学院语言研究所、《中国语文》编辑部编《庆祝〈中国语文〉创刊 50 周年学术论文集》，商务印书馆。

吕叔湘 1979，《汉语语法分析问题》，商务印书馆。

启　功 1997，《汉语现象论丛》，中华书局。

沈家煊 1999，《不对称和标记论》，江西教育出版社。2015 年新版，商务印书馆。

沈家煊 2019，《说四言格》，《世界汉语教学》第 3 期。

陶红印 2019，《语言学本体研究与二语教学的有机结合：以语体现象为例》，语言教学与研究前沿论坛暨《语言教学与研究》创刊 40 周年经典（北京）大会报告。

完　权 2018，《零句是汉语中语法与社会互动的根本所在》，方梅主编《互动语言学与汉语研究》第 2 辑。

王　力 1984，《中国语法理论》，《王力文集》第一卷，山东教育出版社。

王远杰 2018，《单双音节搭配限制的作用范围》，未刊稿。

叶　狂 2018，《平行合并理论及其对超局部性句法的解释》，未刊稿。

余光中 1987，《怎样改进英式中文？——论中文的常态与变态》，《明报月刊》10 月号。

张　翼 2018，《语序在认知语法“提取和激活”模型中的作用：以副词修饰为例》，《外语教学与研究》第 5 期。

赵元任 1968，《中国话的文法》，美国加州大学出版社。吕叔湘译本《汉语口语语法》，商务印书馆，1979 年。

朱德熙 1982，《语法讲义》，商务印书馆。

［法］克里斯蒂娃 2016，《主体 · 互文 · 精神分析：克里斯蒂娃复旦大学演讲集》，祝克懿、黄蓓编译，生活 · 读书 · 新知三联书店。

Bloomfield, L. 1917. Subject and Predicate. *Transactions of the American Philological Association* 47: 13 – 22.

Bruza, P., K. Kitto, D. Nelson, and C. McEvoy 2009. Is There Something Quantum-Like about the Human Mental Lexicon. *Journal of Mathematical Psychology* 53 (5): 362 – 377.

Cann, Ronnie, R. Kempson and L. Marten 2005. *The Dynamics of Language: an Introduction.* Oxoford: Elsevier Academic Press.

Citko, B. 2005. On the Nature of Merge: External Merge, Internal Merge, and Parallel Merge. *Linguistic Inquiry* 36: 475 – 496.

Du Bois, J. W. 2014. Towards a Dialogic Syntax. *Cognitive Linguistics* 25 (3): 359 – 410.

Evans, N. & S. C. Levinson 2009. The Myth of Language Universals: Language Diversity and Its Importance for Cognitive Science. *Behavioral and Brain Sciences* 32: 429 – 492.

Hawkins, J. A. 2004. *Efficiency and Complexity in Grammars.* Oxford: Oxford University Press.

Jackendoff, R. 2011. What is the Human Language Faculty? Two Views. *Language* 87 (3): 586 – 624.

Jakobson, R. 1960. Linguistics and Poetics. In T. A. Sebeok (ed.), *Style in Language.* Cambridge, Mass.: The MIT Press.

Jespersen, Otto 1922. *Language: Its Nature, Development and Origin.* London: George Allen & Unwin LTD.

Kempson, Ruth, W. Meyer-Viol and D. Gabbay 2001. *Dynamic Syngtax: the Flow of Language Understanding.* Oxford: Blackwell Publishers Ltd.

Langacker, R. W. 2012. Access, Acitivation, and Overlap: Foucusing on the Differential. *Journal of Foreign Languages* 35 (1): 2 – 25.

Langacker, R. 2016. Baseline and Elaboration. *Cognitive Linguistics* 27 (3): 405 – 439.

Levinson, S. C. 1983. *Pragmatics.* Cambridge: Cambridge University Press.

Sperber, D. & D. Wilson 1986. *Relevance: Communication and Cognition.* Oxford: Basil Blackwell.

（原载《当代修辞学》2020 年第 1 期）

“二”还是“三”

——什么是一个最小流水句

一生二，二生三，三生万物。

——《道德经》

引言

对汉语“流水句”的关注和研究近年多了起来（王洪君2011，沈家煊2012，王洪君、李榕2014，许立群2016、2018，王文斌、赵朝永2017，沈家煊2019a），汉语不仅口语里“特多流水句”（吕叔湘1979：27），书面语中也有不少流水句，逗号、句号的使用没有语法的规定。流水句的研究要深入，需要弄清什么是一个最小的流水句，进而弄清最小流水句的特性是什么。我曾经在某个场合说过（沈家煊2017a），所谓复句其实是一个最小的流水句。现在反思，把复句放到流水句的范围里来认识，这一方面突破了传统的思路，另一方面仍然没有摆脱根深蒂固的“复句情结”，对流水句的最小形式认识不到位。回想我1989年那篇文章——从会话结构来看语篇结构，倒没有受复句的纠缠，后来却又重提复句，正是应了朱德熙（1985：iii）生前的话：“我现在在这里批评某些传统观念，很可能我们自己正在不知不觉之中受这些传统观念的摆布。”吕叔湘（1979：27）对流水句的说明是“一个小句接一个小句，很多地方可断可连”，好像过于通俗，其实说得很到位。“一个小句接一个小句”显然是“一个小句又接一个小句”的意思，不然怎么叫“流水”句呢？如果仅仅是两个小句相接的复句，也许“可断可连”，但还不是流水句，流水句顾名思义至少要有三个小句连缀，而且可断可连。以为复句是最小的流水句，显然忽略了流水句前连后续的连续性和川流不止的动态性。如果考虑到语篇组织的基础是互动的会话，这种连续性和动态性对流水句而言十分重要。

本文回到沈家煊（1989）的做法，从会话分析出发进入语篇分析，旨在说明汉语一个最小的流水句是由三个“顿句”（pausal utterance）组合而成的“递系三联句”，不是由两个“小句”（clause）组合成的一个整句或一个复句。“顿句”的界定是：两头有说话人有意的明显停顿（书面以逗号或句号为凭），带语调，可以成为会话中的一个话轮（turn）。会话的一个话轮不一定是一个顿句，可以是很长的一段话，但是一个顿句就可以成为一个话轮。这样定义的顿句与它内部是否包含一个谓语动词无关，就是赵元任（1968）叫的 minor sentence，它就指两头有停顿的一个话语片段，当时这么叫只是为了迁就西方读者的 sentence 观，因为这种片段大多是主谓不齐全的。名称翻译成中文，吕叔湘译作“零句”，丁邦新译作“小型句”。“零句”的名称容易让人朝主谓不齐全上想，顿句大多数确实是主谓不齐全的，但也包含主谓齐全的，还包含“半截子话”，只要是两头有明显停顿。“小型句”的名称容易让人朝英语的 small clause 上靠，生成语法的“管辖约束论”（GB）把英语中既不包含定式动词又不包含 to 不定式的小句叫作 small clause “小小句”，如“I saw [him do it].”。这样叫不无道理，因为它不同于一般的小句，后者是按谓语动词的定式和不定式来分类和定义的。然而顿句的定义与它内部是否包含谓语动词无关。由于停顿在语言的使用中实施，会话是语言使用的基本方式，顿句因而是语用性质的“用句”（utterance），不是西方语法意义上的语法句（sentence）。顿句的长度，少则一二个字，一般四五个字，多则八九个字，再多就一口气接不上要停顿断开。西方的语法句是以“二”为本，“一分为二”和“合二为一”：一个句子分为主语谓语两部分，一个复句分为两个子句；主语和谓语两部分合成一个单句，两个子句合成一个复句。汉语的流水型“用句”是以“三”为本，“一生二，二生三，三生万物”，有了三联句才有千变万化的语篇样式。确立一个最小流水句是三联句，就是要从挥之不去的“复句情结”中解放出来，这对我们认识汉语构造的原理以及语言类型和语言演化都有帮助。

1 复句情结

不少学者都已指出，汉语的复句体系是参照西方语言而建立的，但是有两个方面的重大问题。首先单句复句的划分就是“叫人挠头的问题”，一直“没有得出比较一致的意见”（吕叔湘 1979：87）。其次复句内部划分联合与偏正，这种二分对立在西方语言里有明确的形式依据，这为汉语所缺乏，汉语学界其实是以意义为划分标准。但是意义要与形式相结合，这是讲语法的最低要求，于是研究者努力要找出一些形式依据来。李晋霞、刘云（2017）对这种种努力梳理分析，得出的结论是：“遗憾的是，这些形式区别大都只能用作举例说明，普遍性差，反例多，实用性不强”，汉语复句的形式依据是什么，突破口在哪里，这仍然是复句研究的“老大难”问题。从 20 世纪 50 年代集中讨论复句问题起，经历了半个多世纪，这仍然是叫人挠头的老大难问题，而且按原来的思路和做法难以看到解决的希望，我们就应该从根本上反思，研究的出发点是不是偏离了汉语实际，详细可参看许立群（2018）的综述。为了强调这一点，我这里也对一些所谓的划分联合与偏正的形式标准加以评说。

有一种形式标准是看有没有封闭性，说偏正复句只能二分，不能延长，具有封闭性，联合复句可以多分，可以延长，不具有封闭性。请看长篇小说《繁花》里讲“蟹经”的一段话：

(1) 陶陶说，螃蟹和大碟，道理一样，必须了解对方背景，有不少大领导，江南籍贯，年轻时到北面做官，蟹品上，不能打马虎眼，苏州上海籍的北边干部，港台老板，挑选上就得细致了，必须是清水，白肚金毛，送礼是干嘛，是让对方印象深刻，大闸蟹，尤其蟹黄，江南独尊，老美的蟹工船，海上活动蟹罐头工厂，海螃蟹抓起来，立刻撬开蟹盖，挖出大把蟹黄，扔垃圾桶，蟹肉劈成八大块装罐头，动作飞快，假如送礼对象是老外，您还真不如送几磅进口雪花或西冷牛扒，至于真正的北面人，包括东北，四川，贵州，甘肃，一般的品相就成了，配几本螃蟹书，苏州吃蟹工具，镇江香醋，鲜姜，细节热闹一点，别怕麻烦，中国人，只讲情义，对陌生人铁板一块，对朋友，绵软可亲，什么法律，规章制度，都胜不过人情，一切OK的。

这个由49个逗号句组成的流水句，封闭性标准根本就派不上用场。无法把偏正和联合区分开来，复句体系就无从谈起。

另一种形式标准是看能不能调换位置，说联合复句可以调换位置，而偏正复句不行。其实这哪里是什么形式标准，说偏正复句不能调换位置，只是说调换位置后意义有变化而已，形式上仍然可以成立，例如：

(2) 如果儿童的精神状态不好，一个国家就兴旺不起来。
如果一个国家兴旺不起来，儿童的精神状态就不好。

(3) 不跑了，因为雾霾。
雾霾，因为不跑了。(意思是从不跑了可以推断有雾霾)

有人以为最后一句不成立，说因果关系弄反了说不通，这是小看了汉语的表达力。“屡战，屡败”应该算联合吧，但是换个个儿，“屡败，屡战”意义不也变了么?

另一种形式标准是看能不能互相嵌入，说偏句可以嵌入正句的主语和谓语之间，而联合复句不能互相嵌入，举例是：

(4) 我一说他就同意了。　他［我一说］就同意了。(偏正)

(5) 我唱歌，他跳舞。　*他［我唱歌］跳舞。*我［他跳舞］唱歌。(联合)

这种努力看似“新颖、细腻”，仔细一想其实是技穷的自证。说联合复句不能一句嵌入一句，好比说“两双筷子并排放着就不是一双夹在另一双的中间”，等于是废话。说联合句“你不听，我不说”不能嵌入说成“我，你不听（么），不说”，这还是在讲意义，不是在讲形式。再说“雾霾，因为不跑了”这样的偏正句又如何实行这条标准?

还有一种经常谈到的形式标准是看分句能不能独立，不能独立的是偏句，并且用“完句”这个概念来解释独立，所谓完句是指“没有特定的上下文和语境的支撑就能独立成句”。然而这并不是什么“突破性的进展”，真实语言中难道有“没有特定的上下文和语境”的语句吗？还有人把非特定语境说成“最简单语境”（史有为2016），但是什么算是“最简单语境”，根本无法确定。举例来说，持此说的人说“吃了饭”没有完句，在“最简单语境”里不能独立，“吃了饭了”才算完句。但是：

（6）甲：散步去吧！

乙：吃了饭。（意思是散步宜在饭后）

（7）甲：跑步去吧。

乙：吃了饭了。（意思是饭后不宜跑步）

例（6）对话的语境在吃饭前，关涉散步，例（7）对话的语境在吃饭后，关涉跑步，那么到底哪个语境算是“最简单语境”呢？小说《繁花》中类似“吃了饭”完句的实例很多：

（8）灶披间里，金妹炒了两碗素菜。小毛倒了酒。

（9）雪芝娘讲到此地，落了眼泪。

（10）古太讲北方话说，两位老总，百忙中赶来，我要先敬。于是三人吃了酒。

总之，在汉语里寻找划分联合复句和偏正复句的形式依据，没有一个努力是成功的，无异于缘木求鱼，这都是“复句情结”纠缠的结果。在这一情结的纠缠下，各显神通提出的种种方案，不是把事情弄得越来越清晰，而是让人越来越糊涂，无所适从。爱因斯坦曾说：“任何一个有知识的蠢货都能把事情搞得更大、更复杂，而往相反的方向发展则需要智慧和勇气。”话说得有点尖刻，但是良药苦口。正是在这种背景下，赵元任的“零句说”和吕叔湘的“流水句说”又重新受到重视，这是从根本上摆脱复句情结的努力。流水句的研究要深入，就要解决“什么是一个最小流水句”的问题，首先把这个基本单位的特性搞清楚。

2 会话结构的基本单位

自然的对话是语言的基本形态，独白的语篇是“有意经营的”（赵元任语）的衍生形态。“自然语言某些最基本的特征是在共在互动这一始发环境中塑造而成、调整而成、编织而成的。”（Schegloff 1996）会话分析（conversation analysis，简称 CA）已经成为语用学的一个重要方面，积累了不少值得重视的研究成果，进而发展成语言学的一个分支“互动语言学”，见 Levinson（1983，第 6 章）和 Couper-Kuhlen & Selting（2018）。CA 首先要确定会话结构的基本单位，不少研究者认为，由一个引发语（经常是问话）加一个应答语组成的“对答”（an exchange）是会话的基本单位，例如下面医生和病人之间的会话包含三个对答，每个对答包含一问一答两个话轮：

(11) ┌ $甲_1$医生：怎么不舒服？
└ $乙_1$病人：拉稀。
┌ $甲_2$医生：一天拉几次？
└ $乙_2$病人：大概五六次。
┌ $甲_3$医生：带不带脓血？
└ $乙_3$病人：不带。

但是后来发现这样的分析过于简单，因为$乙_1$病人说的“拉稀”既是对$甲_1$医生的问话“怎么不舒服”的应答语，又同时是$甲_2$医生说的“一天拉几次”的引发语。同样，$甲_2$医生问的“一天拉几次”既是$乙_2$病人说的“大概五六次”的引发语，又同时是对$乙_1$病人说的“拉稀”的接应语，依次类推。从 Goffman（1976）和 Coulthard（1977）开始，从事 CA 的研究者转而认为，会话结构的基本单位还可以是“引发—应答—回馈”这样的三联组合，最后的回馈是把当中的应答当作引发语，因此这个基本单位的样式是“引发—应答/引发—应答”这样的兼语式，对上一个引发语的应答语兼为下一个应答语的引发语。换言之，实际会话中应答一经产生，引发就开始了。本文把这样一个三联组合叫作一个“回合”（a round），以区别于二联的“对答”。① 一个回合是两个相邻对答的交叠和链接。沈家煊（1989）采纳这种连续的动态分析，说明会话中三联组合的例子举不胜举，第三联的回馈经常是不可缺少的：

(12) 甲$_1$小贩：草莓一斤二十。
乙$_{1/2}$顾客：二十？
甲$_2$小贩：质量好呀。

(13) 甲$_1$老师：这个字（“落”）怎么念？
乙$_{1/2}$学生：念 là。
甲$_2$老师：回答得对。

小贩和顾客间对话，顾客重复小贩的报价“二十”不一定是没有听清，可能是对报价不太相信或者嫌贵，它引发小贩的回应，小贩如果不做这个回应，那么买卖就会告吹。课堂上老师和学生间的问答，老师如果不及时对学生的回答给予回馈，学生会引颈张目等待下去。有一种常见的回馈是重复开头的引发语：

(14) 甲$_1$访客：有人在家吗？
乙$_{1/2}$主人：（开门）欸？
甲$_2$访客：哦有人在家。

(15) 甲$_1$经理：小李呢？
乙$_{1/2}$职员：辞职啦。
甲$_2$经理：（这个）小李。

例（14）访客和主人间的对话，主人应答“欸”，也可以不出声，开门的举动（或带一个询问的眼神）就是应答，所以有的研究者倾向于把“话轮”改叫“举动”（move 或 act），说话也是一种举动，是言语举动（speech act）。这里主人的应答举动似乎使访客的话“哦有人在家”成为多余的，其实不然，呼叫理应说明呼叫的原因，答应呼叫的人期待这样的说明，访客至少说出了呼叫的原因是想知道家里有没有人。（15）的例子也一样，经理的回馈看似只是“小李”称谓的重复，其实是对“辞职啦”

① 古代战车作战，“回合”不仅指双方相驰合拢交锋一次，还指战车驰离后要掉头回来再战，如果不再掉头，就是逃走脱离战斗。

消息的回馈，可能有“这个小李呀”的评说义，而没有任何回馈倒是不正常的。大家都有经验，发微信，我发个“你来吧”，你回个“好我来”，我如果不给个“谢谢”之类的回话，交流就像没有完成，至少是不礼貌的。

还有一种常见情形，话说了一半有个停顿（在想怎么往下说），就引发对方的应答，这半句话当然也是一个言语举动：

(16) 甲$_1$ 我想请你——
乙$_{1/2}$ 什么事？
甲$_2$ 给写个序。

(17) 甲$_1$ 那你想怎样？
乙$_{1/2}$ 我就去——
甲$_2$ 去偷去抢？

这种“半截子话”超出“小句”（clause）的范围，但在会话中并不罕见，叫“顿句”更确切，充当话轮的单位是顿句而不是小句，参看完权（2018）的论述。由此看来，在真实会话中，大多数情形是三联的“引发—应答/引发—应答”才构成一个完整的会话单位，回馈性应答这一联是不可或缺的，哪怕是一个最简单的重复型回馈。按照“互动语言学”的看法，这样的三联组合才形成一个甲乙之间的“互动回合”，仅仅“引发—应答”谈不上互动，不构成一个完整的会话单位。有了“互动三联”，会话才形成千变万化的样式。话说回来，会话中二联的对答也确实常见，会话结构的基本单位到底是二联的“对答”还是三联的“回合”，本文最后还会谈及对这个问题的认识。

3 最小流水句

3.1 递系三联

有意经营的独白语篇是以自然的会话为基础的，独白者在平叙的时候采取“先行一步”的策略（anticipatory strategy，参看 Edmondson 1981），预期听者或读者可能提出什么问题或做出什么反应，自己先提出来作为话题加以说明。以下面一个长句为例：

(18) 原来的例句大多数取自当时的报刊，现在有不少过时了，要彻底改变这种情况，显然是不可能，只能把少数非改不可的例句改掉。(摘录自吕叔湘、朱德熙《语法修辞讲话》再版前言)

作者和设想中的读者之间一种可能的对话样式如下：

(19) 读者：原来的例句呢？
作者：大多数取自当时的报刊。
读者：现在呢？
作者：有不少过时了。
读者：要彻底改变这种情况？
作者：显然是不可能。
读者：只能（怎么办）？
作者：把少数非改不可的例句改掉。

上一节说明，会话结构的基本单位是“回合”，或叫“互动三联”，上面这个对话也是这样，除了开头和结尾一句，每一句都既是对上一句的应答，又同时引发对方的下一句话。把上面的对话变为作者的自问自答，就成为一个流水语篇。在流水语篇里，跟会话的“互动三联”相对应，基本的结构单位是“话题—说明/话题—说明”这样的三联组合，简称“递系三联”，对一个话题的说明同时成为一个新的话题，引发下一个说明，形成所谓“链式话题”句。流水句的断连方式多种多样，上面那段文字也可以这样断连，也有它依托的对话方式：

(20) 原来的例句，大多数取自当时的报刊，现在有不少过时了。要彻底改变这种情况显然是不可能，只能，把少数非改不可的例句改掉。

所以吕叔湘（1979：28）说，按照印欧语的“句子”观念，汉语的语法分析就不能以标点符号为依据。不管怎么断连法，递系三联是流水句恒定不变的最小单位，它对应于会话的“互动三联”，中间一联是递系项或链接项，兼为说明和话题。要强调的是，这里的“话题”应作广义的理解（宋柔 2013），理解为“引发语”或“起说语”，包括实际会话中常见的“半截子话”。下面的三联句均出自小说《繁花》：

（21）a. 阿宝准备最后一次见雪芝，两个人的关系（呢），就结束了。
b. 就要讲假话，做人的规矩（呢），就是这副样子。
c. 不关阶级成分，人的贪心（呢），是一样的。
d. 今儿我碰到小妹，那种好感觉（呀），十几年没有了。

流水句具有断连的“随宜性”，随宜性不等于随意性，作者行文时会对韵律、语法、语义、修辞等多重因素做综合的考虑，选择他觉得最适宜的断连方式。沈家煊（2017）举小说《繁花》里的例子：

（22）陆总说……今儿我碰到小妹，那种好感觉，十几年没有了。

“那种好感觉”和“十几年没有了”可断可连，断开之后，句长差不多，有节奏感，同时，“那种好感觉”明显成为对“今儿我碰到小妹”的评说——“今儿我碰到小妹，那种好感觉！”要是连成“那种好感觉十几年没有了”，就失去了这种感叹的口气。

（23）小毛说……（女工）想帮我汏衣裳，缝被头。樊师傅说，当心，已婚女人，喜欢这一套。

为什么“已婚女人”和“喜欢这一套”之间断开呢？“当心，已婚女人”也是樊师傅对小毛说的话的评说，如果连上的话，“当心，已婚女人！”这种警告口气就削弱了许多。

（24）汪小姐羞怯说，徐总懂我，就可以了。苏安不响。

别小看“徐总懂我”后头这个逗号，它使后半截“就可以了”变成好像可有可无的添加语，如果不加这个逗号，就无法表现旁观者（苏安）眼中汪小姐想讨好徐总而又羞怯迟疑的语气神态。对汉语来说，停顿本身就是一种语法形态。作家余华有句名言："行为过程中的停顿恰恰是对行为的再次强调，停顿就是仪式。"言语是言语行为，印欧语的语法形态已经成为言语行为的一种"仪式"，汉语里停顿就是言语行为的仪式，就是对言语行为的强调。流水句可断可连，以印欧语的"句子"观念为出发点，汉语的语法分析自然不能以标点为依据，但是反过来想，如果尊重汉语流水句的事实，以流水句为出发点，那么代表停顿的标点恰恰是汉语语法分析的重要形式依据，参看宋柔（2013）的做法及"标点句"。

3.2 回声重复

CA发现，在互动三联中，有一种话轮叫"回声重复"（recapitulatory echo），十分常见，在汉语会话里尤其多见，而且起着十分重要的作用。例如：

(25)
┌ $甲_1$　现在已经五点了。
├ $乙_{1/2}$　五点了？
└ $甲_2$　五点了，快走吧。

(26)
┌ $甲_1$　在忙什么？
├ $乙_{1/2}$　没忙什么。
└ $甲_2$　走，喝一杯去！

例（25）乙的回声重复是要求甲确认提供的信息，$甲_2$的回声重复是确认自己提供的信息，接着说出提供此信息的目的是催促乙快走。例（26）是甲想向乙发出一个邀请，乙的回声重复实际是确认自己可以接受邀请，在得到这个确认后甲正式发出邀请。下面是两个英语的例子（转引自 Levinson 1983：349，351）：

(27)
┌ D_1　. hh Oh guess what.
├ $R_{1/2}$　What.
└ D_2　Professor Deelies came in, 'n he -
　　put another book on' is order.

(28) ┌D_1 Oh, you know, Yuri did a terrible thing.
├$R_{1/2}$ hhh! I know.
└D_2 You know?
She committed *sui*cide.

例（27）是D_1想要告诉 R 一件事，R 的回声重复是确认自己还不知道这件事，在得到这一确认后，D_2正式告知 R 这件事。例（28）D_1是想得到 R 的确认还不知道发生的大事，you know 实际是"你不知道吧"的意思，在得到一个不明确的回声答复后，D_2的回声重复假定对方还是不知道，接着说出那个重大消息。

以回声重复的方式对提供的信息要求确认和加以确认，往往是会话得以顺畅进行的必不可少的步骤，是 CA 中称作"先备序列"（pre-sequence 或 pre-turn）的一种。具体说，在做出一个祈使的言语行为即催促对方快走之前，就要先确认对方已经知道时间紧了；在做出一个邀请的言语行为即请对方去喝一杯之前，就要先确认对方有空余时间；在做出一个宣告的言语行为即宣布某人自杀之前，就要先确认对方还不知道这个消息。① 如果先备条件得不到满足，对话就可能中途"流产"（aborted），无法继续进行下去。这在 CA 中已经有详细的描述和分析。② 回声重复还有信息确认以外的其他功能。

3.3 主谓句是递系三联的一个特例

汉语里除了流水句还有不少句式，用西方"以二为本"的句子格局来处理都会遇到分析上的困难，成为难以解决的问题。最引人注目的是两种常见句式，连动句和兼语句。在主谓结构的描写分析框架内谓语只能出现一个核心动词（限定形式），而连动句的两个或多个动词形式上没有区别，语义上有的前重，有的后重，有的难以确定轻重（吕叔湘 1979：83），谈

① 注意 D_2 She committed suicide 与 D_1 Yuri did a terrible thing 在句法结构上对应，这种对应也表明 D_1是宣告行为的先备序列。

② 感谢许立群指出这一点。详细可参看 Levinson（1983：345 – 364）。

不上哪个是核心，而且连缀的动词可以有很多项，如“买来搁着不用当摆设看看”。兼语句遇到的问题是，一个动宾结构套上一个主谓结构，根本不适合层次分析和二分法（吕叔湘 1979：84）。这两类句子都适合用会话的“互动三联”和语篇的“递系三联”来说明，都涉及“回声重复”。连动句的形成方式如下：

(29) a.
甲$_1$ 你写个信去。
乙$_{1/2}$ 写个信去？
甲$_2$ 试试
你写个信去试试。

b.
甲$_1$ 这东西留着。
乙$_{1/2}$ 留着？
甲$_2$ 有用。
这东西留着有用。

c.
甲$_1$ 他喝酒。
乙$_{1/2}$ 喝酒？
甲$_2$ （还）喝醉了。
他喝酒喝醉了。

上边（29）当中乙的那个话轮是回声重复，要求甲确认提供的信息，它也可以用一个带疑问的“嗯”字或者一个疑问的眼神替代，作为一个会话举动它起承上启下的重要作用。兼语句的形成方式一样，跟连动句没有实质性区别，例如：

(30)
a.
甲$_1$ 李丽爱阿宝。
乙$_{1/2}$ 爱阿宝？
甲$_2$ 阿宝老实。
李丽爱阿宝老实。

b.
甲$_1$ 我托你件事。
乙$_{1/2}$ 一件事？
甲$_2$ 照看贝贝。
我托你照看贝贝。

c.
甲$_1$ 她有一个儿子。
乙$_{1/2}$ 一个儿子？
甲$_2$ 参了军。
她有一个儿子参了军。

这表明兼语式只不过是连动式当中的一种，是兼语连动式，或者说连动式也是一种兼语式，是连动兼语式，二者可以归并统称“递系式”。有人发现上海话在连动式当中经常插入一个带语气的停顿词“咾”或“末”，如：

（31）伊拿仔钞票咾，回转去了。

（32）侬到湖州去末，替我带两管毛笔来。

（33）我帮伊跳出传销咾，做好人。

（34）侬写封书信去末，试试看。

其实普通话也一样可以插入“啊”“末”，其他方言也一样，这表明，只要我们不再坚持“主谓二分、动词中心”的固见，完全可以将“VP 咾/末”分析为一个接下去有待说明的话题，所谓的“连动句问题”“兼语句问题”对汉语来说根本不是一个问题，是个假问题。

汉语除了连动式还有“连名式”（沈家煊 2019a：163—164），据刘探宙（2016）考察，最多可达七八项连缀，如“父母家长他们这种监护人自己本身”。连名式也是来自“互动三联”，中间一联是回声重复：

（35）我的这个儿子。

甲$_1$ 我的这个。

乙$_{1/2}$ 这个？

甲$_2$ 这个儿子。

（36）这个我的儿子。

甲$_1$ 这个我的。

乙$_{1/2}$ 你的？

甲$_2$ 我的儿子。

印欧语不仅缺少连动式，也缺少连名式，遇到汉语特多的连名式也是难以应付。在英语的名词短语里，指代词 this 的位置受限制，现代英语只说 this son of mine（两次二分 this ‖ son ｜ of mine），很少说 this my son，更不能说 my this son 或 mine this son。汉语的指代词“这个”的位置可以“浮游”，“我的这个儿子”和“这个我的儿子”都能说，“我的”是名词性成分，不是英语的 my 而是 mine。

更重要的是，汉语一般所谓的主动宾句，如“梅瑞买了一对玉镯”，也是基于这样的互动三联，当中一联是回声重复：

（37）甲$_{1}$ 梅瑞买了。
乙$_{1/2}$ 买了？
甲$_{2}$ 买了一对玉镯。
梅瑞，买了，一对玉镯。

（38）甲$_{1}$ 梅瑞买了一对。
乙$_{1/2}$ 一对？
甲$_{2}$ 一对玉镯。
梅瑞买了，一对，玉镯。

第三联往往也带回声重复，俗称“接话头”，重复或部分重复对方刚说的话。回声重复不仅有信息确认的作用，是对话继续进行的先备条件，也是对话顺畅进行的润滑剂，有引发“情感共鸣”的作用（Du Bois 2014）。没有理由阻止这种“递系三联”的断连方式，王力先生最早定义的“递系式”（王力 1984：133—144），递系项就不限于名词性成分，也可以是动词性成分，例（39）中，“我买两个绝色的丫头谢你”一句，动词短语“买两个绝色的丫头”是递系项：

（39）甲$_{1}$ 我买两个绝色的丫头。
乙$_{1/2}$ 买两个绝色的丫头？
甲$_{2}$ 嗯，谢你。
我，买两个绝色的丫头，谢你。

递系项不分名词还是动词，这在汉语里是常态，如唐诗里：

（40）谁重断蛇剑，致君君未听。（杜甫《奉酬薛十二丈判官见赠》）
（41）粝食拥败絮，苦吟吟过冬。（唐·裴说《冬日作》）

同形递系项合并就成为“致君未听”和“苦吟过冬”。按照沈家煊（2012）的论证，流水句的每个顿句，不论名词性的还是动词性的，都是语用上的指称语。可见，通常采用的主谓二分的切分方式“梅瑞｜买了一对玉镯”“我｜买两个绝色的丫头谢你”完全是出于先入为主的成见，从流水句着眼，这只不过是多种断连方式中的一种而已，主谓句实际是递系三联句的一个特例。流水句基本上就是递系句，是信息的逐次递增，递系句不是汉语的一种特殊句式，汉语的整个组织结构具有递系性（incrementality），赵元任（1955）称之为“汉语造句法的精神”，启功（1997：65）把这种整体的递系性解释为“上罩下下承上”，沈家煊（2020b）因此把汉语称作按动画原理设计的“动画型语言”。

3.4　首尾重复型“递系三联”

汉语有大量的首尾重复句，细分的话形式和功用多种多样，采用印欧语式的句法分析也遇到困难。先看常见的一种：

（42）a. 小李，辞职了，（这个）小李。
我呀，烦透了，我（自己）。
他呀，也不理人，他（这个人）。

这一类句子似乎还可勉强用印欧语“以二为本”的句子格局来分析，说它们属于主语加谓语的结构，只不过主语在句尾重复一次而已。遇到的问题是，如果头里的主语不出现（这在汉语里是一种常态），如“辞职了，小李”，那就得说是主语不正常地移到了谓语后头，叫“主谓倒装句”。然而严峻的事实是，汉语还有大量开头为动词短语、尾句重复的三联句：

（42）b. 辞职了，小李，（真的）辞职了。
烦透了，我，（简直）烦透了。
也不理人，他这个人，（从来）也不理人。

因为不好说它是谓语在句首重复，那就只能说是主谓倒装、谓语重复了。然而汉语真的有主语和谓语的顺装、倒装吗？这难道不是把本来简单的现象搞复杂了吗？用互动三联来说明就很简单，（42a）类三联句上面第2节已经说明，来自甲乙之间关于小李辞职的三联对话，看似重复的“小李”其实是对回应的回馈，有评说功能。（42b）类三联句一样来自三联对话，中间一联是“回声重复”，第三联看似重复第一联，实为甲对乙的回应的回馈，有确认并强调的功能。同类例子：

(43) 甲$_1$ 辞职了，小李。
乙$_{1/2}$ 小李？
甲$_2$ 辞职了。(确认并强调)

(44) 甲$_1$ 烦透了，我。
乙$_{1/2}$ 你？
甲$_2$ 烦透了。(确认并强调)

上一节指出，每个顿句都是指称性的，“辞职了”“烦透了”是指称事态或状态的指称语。顿句与顿句在形式上都是并置关系，有交换位置的自由，只是排列次序不同，表意重点也不同而已。

首尾重复句中有一种是表示因果关系的，“以二为本”的句子分析法更难处理，例如：

（45）a. 雾霾，不跑了，雾霾。
b. 不跑了，雾霾，不跑了。

这两句（下称“雾霾句”）可以不表因果关系，跟“小李辞职”一样表示施动关系（指雾霾滞留不动），但通常的理解是因果关系，“雾霾”是“不跑了”的原因。印欧语的句子中，表示原因的成分是状语而不是主语，状语和主语在形态上有区别。汉语没有这种形态区别，所以赵元任（1968）认为句首表示原因或条件的成分也是主语（其实是话题），按这种看法，还是可以说（45a）句是（宽泛的）主语重复句。但是在处理（45b）句的时候问题就大了，除了要解释为何主语为动词、谓语为名词，还要解释为何表示结果的“不跑了”成为主语、表示原因的“雾霾”反而成了谓语，解释变得极其复杂。

如果改从互动的言语行为出发，问题就变得十分简单，设想雾霾句（45a、b）的形成分别基于如下的三联对话：

（46）a. 雾霾，不跑了，雾霾。
甲$_1$ 教练：（电话里）雾霾？
乙$_{1/2}$ 队员：不跑了。
甲$_2$ 教练：雾霾。/？

b. 不跑了，雾霾，不跑了。
甲$_1$ 教练：不跑了？
乙$_{1/2}$ 队员：雾霾。
甲$_2$ 教练：不跑了。/？

（46a）教练和队员的对话中，队员说“不跑了”是对教练的问话做肯定的回答，因为他相信教练会因这个回答而推断有雾霾，教练又以“雾霾”回应，看似重复多余，其实不然，按不同的语气，教练可能是想表明自己的推断得到证实，可能是想让对方再证实自己的推断。（46b）的对话是同样的机制，教练重复“不跑了”可以做类似的解读。在这样的对话语境里，（46a）句如果是教练的独白，表达的意思可能是：因为“雾霾”，所以“不跑了”，说了“不跑了”我还要重申它的原因是“雾霾”，我之所以要重申，是怕你还不够重视这个原因。（46b）句如果也是教练的独白，表达的意思可能是：因为“不跑了”，所以我推断有“雾霾”，推断有“雾霾”后我还要重申做出这个推断的原因是知道“不跑了”，我之所以要重申，是怕你还不够重视这个原因。[①] 按照言语行为理论，说还是不说大不一样（沈家煊 2016），重复还是不重复也大不一样，重复也有语力和语效，没有一个重复是真正多余的。

“对，譍无方也。”（《说文》）“对”就是应对不拘方式，交谈的实际情形变化多样，独白三联句的解读和语气也多种多样，然而依托的“互动三联”保持不变。雾霾句也是可断可连，断成三截的“雾霾，不跑了，雾霾”和“不跑了，雾霾，不跑了”才成为一个流水句，二截的“雾霾不跑了，雾霾”或者“雾霾，不跑了”这样的主谓句或复句只是递系三联句的一种简缩形式。

再看另一种首尾重复句：

（47）［车坏了］（还）骑什么骑！

甲$_{1}$　还骑。
乙$_{1/2}$　骑什么？（车坏了还骑？）
甲$_{2}$　骑。

（48）［酒没了］（还）喝什么喝！

甲$_{1}$　还喝。
乙$_{1/2}$　喝什么？（酒没了还喝？）
甲$_{2}$　喝。

---

① 在言语行为领域里，知道“不跑了”成为推断“有雾霾”的原因，见 Sweester（1990）和沈家煊（2003）。

这种三联句就像是甲在引述一个三联对话，带有反问讽刺的语气，因此也是一种递系三联句。

4 “互动三联”的根本性和普遍性

4.1 主谓结构中留存的痕迹

汉语语法分析的“复句情结”其根子在“主谓结构情结”，在这种情结的支配下，遇到首尾重复型的句子，就试图分析为主语在句尾重复，属于特殊的主谓句。上面已经说明这种分析捉襟见肘，还把本来简单的事情搞复杂。然而这种分析倒是很切合印欧语的实际，拿英语来说，口语里有一种常见的“主语尾句”（subject tags），也用来加强语气，据 Swan（1980），大多数主语尾句要带上助动词：

（49） a. You've gone mad, *you have.* 你简直疯了，你（简直）。
b. I'm getting fed up, *I am.* 我有点烦了，我（有点）。
c. He likes his beer, *he does.* 他嗜好啤酒，他（嗜好）。
d. He hasn't a chance, *Fred hasn't.* 他没有机会，弗雷德（没有）。

疑问尾句必须带助动词：

（50） a. So you are getting married, *are you*? 看来你要结婚了，你（要）？
b. Your mother is at home, *is she*? 你母亲在家，她（在）/你母亲？
c. So you don't like my cooking, *don't you*? 所以你不喜欢我做的饭，你（不）？

也有不带助动词的，但限于代词主语，而且重复时要有点变化（增加信息量），跟汉语很像：

(51) a. You're living in the clouds, *you lot.* 你们生活在云雾里，你们这些家伙。

b. They are very polite, *your children.* 他们很有礼貌，你的孩子。

c. I don't think much of the party, *myself.* 我说这次聚会不怎么样，我说。

要知道助动词是英语谓语的核心组成部分，是谓语区别于主语、主谓二分的重要依据（沈家煊 2019a：6—10），在这里却跟主语合成一个尾句，而且有的尾句必须带助动词。这一方面表明，英语受已经形成的主谓结构的约束，主语尾句有一定的形式制约，另一方面又说明，植根于对话的“互动三联”结构仍然在主谓结构中有留存的痕迹，在使用中以有限的方式表现出来，主语尾句就是一种表现方式。至于表示因果关系的复句，英语如果仿照汉语的“雾霾句”那样说成：

(52) a. * Because there was heavy fog they stopped running, *because there was.*

b. * Because they stopped running there must have been heavy fog, *because they did.*

句法上不允许，口头上也不会这么说，因为表示原因的分句在英语里一般后置于主句，移到主句前已经是一种强调，再用重复尾句来加强语气是多此一举。

英语的主谓句还留存着“话题－说明”的痕迹，传统英语语法讲的主语也是指话题（Lyons 1977：501），“话题－说明”本质上是判断不是陈述，主谓结构的初始定义是“A is B”这样的判断句，如：

(53) a. That animal is an elephant.

b. The elephant is an animal.

c. The elephant is slow.

从逻辑语义上讲都是“A 是 B 之谓”：那动物是大象之谓，大象是动物之谓，大象是行动迟缓之谓。主语是“所谓”（话题），谓语是“所以谓”（说明），主谓句就是“所谓 - 所以谓”或“话题 - 说明”。表达因果关系的句子也可以追溯到“A 是原因 B 之谓”，如：

（54）He stopped running because of heavy fog. 他不跑了，因为雾霾。

现在说它是个陈述句，但是 because 一词源自 by cause（of），而 by 又源自 be，所以“A because of B”的源头是“A is cause of B”，即“That he stopped running is cause of heavy fog”（不跑了是原因雾霾之谓），汉语尚简，就说成“不跑了，（是）雾霾”。这样看来，可以说英语的主谓句以及因果复句，初始也是语用性质的“所谓（话题）- 所以谓（说明）”结构，主谓结构是后来“语法化”的产物。尽管主谓结构已经语法化，而且泛化（把陈述句也纳入进来），原来判断句的痕迹还在，例如：

（55）a. The fog is moving. 雾霾（是）在漂移。
b. The husband was driven out. 丈夫（是）扫地出门。

现在说这两句是陈述句不是判断句，但是按照 Jespersen（1924）传统语法的分析，分别就是“雾霾是‘在漂移’之谓”，“丈夫是‘扫地出门’之谓”这样的判断句，详细参看沈家煊（2016：6.5 节）。

4.2 语言演化的分叉

英语及其他印欧语实现主谓结构的语法化，根本原因是语法上形成“名动分立”的格局。名动分立的标识是整个动词类有一套规整的变形方式（paradigm），跟名词类在形式上形成系统的对立（Vogel 2000）。由于表示判断的系动词 be 跟其他动词有类似的变形方式，于是就形成“以二为本”的句子格局，主谓结构等同于 NP + VP 了。汉语至今没有形成语法上的“名动分立”，动词还属于名词，详见沈家煊（2016）的论证。英语的 be 在概念上和形式上都跟 there be 和 being 密切相关，表示客观的“存在”或“恒在”，西方的哲学精神就是追究 to be 还是 not to be，因此 be 就限于表示客观的等同关系或类属关系。汉语里没有跟 be 概念上相当的词，“是”在古汉语里是语用性质的指示词，至今仍然在强调所指的时候使用，不管强调所指的是物还是事，如“小王（是）黄头发”，“雾霾（是）不跑了”。中国人觉得，凡是可指的就是存在的，“物莫非指”（《公孙龙子·指物篇》），没有存在不存在的问题。这就是汉语没有在语法上形成主谓结构的深层原因，这方面的深入讨论可参看沈家煊（2020a）。

从“语用法的语法化”这个动态演变的角度看，基于对话的用法是源和本，语法是流和末，互动三联和递系三联这样的语用法其实也是印欧语的源和本，只是印欧语已经实现了语法化，形成了主谓结构为主干、动词为中心的句子格局。而这样的语法格局在汉语里至多是初见端倪，远没有实现。当然这个说法还是以印欧语为参照体，把语法默认为普遍以主谓结构为主干、动词为中心的格局，如果我们把语法认识为一种以用法为本的“大语法”，反过来以汉语为参照体，那么可以说语言的演化从对话出发后出现分叉，印欧语转而朝形成主谓结构的方向发展，汉语继续朝形成递系格式的方向发展，参看沈家煊（2019a，2020b）。[①] 这样看来，汉语比其他语言更接近语言的源和本，而语言演化没有单一的远瞩目标。我们与其问汉语为什么特多流水句，不如问为什么流水句在印欧语里已经消退。这就是汉语最小流水句的认定对语言类型学和语言演化研究的普遍意义所在。

5　余论：汉语式复句

本文第 2 节提出的问题，会话结构的基本单位到底是二联的“对答”还是三联的“回合”，学界没有一致的意见，但也没有引起很大争论。虽然有 Goffman（1976）的洞见，发现三联回合是一种基本单位，但西方多

① 递系格式是汉语“对言格式”的一部分，后者还包括对称格式。见沈家煊（2019a，2020b）和下一节。

数从事 CA 的人还是把二联对答视为基本单位。这是因为，西方“以二为本”的句子观根深蒂固，看到一个对答，问“梅瑞呢?”答“买了一对玉镯”，就认为这个对答已经闭合，构成一个封闭的主谓结构“梅瑞｜买了一对玉镯”。问“有雾霾?”答“不跑了”，这个对答也已经闭合，构成一个封闭的主从复句“有雾霾，不跑了”。汉语流水句不受这种句子观的支配，所以中国学者更容易接受和支持 Goffman 的观点。如果我们在 CA 中引入一个“对答对”（exchange couplet）的单位概念，就可以把以上两种观点统一起来，一个“对答对”由“起－承”和“转－合”这一对对答组成，是递系和对称的交织，可以以会话结束阶段最常见、最简单的一个对答对（转引自 Levinson 1983：325）为例来说明，英语、汉语一个样，两个对答都是“回声重复”：

(56)
甲$_1$ Okay. 好吧。（起）
乙$_1$ Okay. 好吧。（承）
甲$_2$ Bye. 再见。（转）
乙$_2$ Bye. 再见。（合）

甲想要结束对话，起说“好吧”，乙意识到甲的意图，承应“好吧”，表示可以结束对话，于是甲转而说“再见”，实施结束行为，乙以“再见”回馈，闭合对话。这个对答对是结束对话的“仪式”，是汉语习用的告别四字语“好好拜拜”的来源。按 3.2 节的说明，前一个对答是后一个告别对答的“先备序列”。这个四联的对答对包含两个三联回合，甲－乙－甲，乙－甲－乙，三联回合因此可以看作四联对答对的简缩式，反过来四联对答对可以看作两个三联回合的交叠式。不管怎么看，光是一个对答不足以构成一个完满的“互动回合”，一个“递系三联”或一个“对答对”才满足互动回合的条件。

从这个视角出发，要问汉语有没有基于“二”的“复句”，回答是，“汉语式复句”是形式上为“二二式”、意义上为“起承转合”式的四联复句，其来源是四联的“对答对”：

(57) 老骥伏枥，志在千里。

甲$_1$ 老骥？ (起)
乙$_1$ (老骥) 伏枥。 (承)
甲$_2$ (伏枥) 志在？ (转)
乙$_2$ (志在) 千里。 (合)

(58) 老骥伏枥，志在千里，烈士暮年，壮心不已。

甲$_1$ 老骥伏枥？ (起)
乙$_1$ (老骥伏枥) 志在千里。(承)
甲$_2$ (志在千里) 烈士暮年？(转)
乙$_2$ (烈士暮年) 壮心不已。(合)

按郭绍虞（1979：163、563）的叫法，汉语式复句是“双线复合句”，区别于西方语言的“单线复合句”。汉语式复句不关乎是联合还是偏正，而是对称和递系两种格式的经纬交织，“起承｜转合”是二二对称格式，“起－承－转－合”是逐次递系格式。汉语式复句是缩放型的，“老骥伏枥，志在千里”是起承转合式复句，放大的“老骥伏枥，志在千里；烈士暮年，壮心不已”也是起承转合式复句，还可以再放大，而最小的四联复句是汉语特多的四字语，一字为一句，如“老骥伏枥”：老者（起），骥也（承），骥者，伏也（转），伏者，枥也（合）。缩放型二二式四联“起承转合”是汉语表达的重要“仪式”，其他各种各样的表达方式都应视为这个规整仪式简缩或衍生的变体（沈家煊 2019a，2019b，2020b），然而这已经超出本文主题“最小流水句”的论述范围，就此打住。

参考文献

郭绍虞 1979，《汉语语法修辞新探》，商务印书馆。
李晋霞、刘云 2017，《论汉语复句分类的形式特征》，《语文研究》第 3 期。
刘探宙 2016，《汉语同位同指组合研究》，中国社会科学出版社。
吕叔湘 1979，《汉语语法分析问题》，商务印书馆。

启　功 1997,《汉语现象论丛》，中华书局。

沈家煊 1989,《不带说明的话题》,《中国语文》第 5 期。

沈家煊 2003,《复句三域“行、知、言”》,《中国语文》第 3 期。

沈家煊 2016,《说，还是不说?》，载沈家煊《语法六讲》，商务印书馆，2011 年；学林出版社 2016 年再版。

沈家煊 2012,《“零句”和“流水句”——为赵元任先生诞辰 120 周年而作》,《中国语文》第 5 期。

沈家煊 2017a,《汉语有没有“主谓结构”》,《现代外语》第 1 期。

沈家煊 2017b,《〈繁花〉语言札记》，二十一世纪出版社集团。

沈家煊 2019a,《超越主谓结构——对言语法和对言格式》，商务印书馆。

沈家煊 2019b,《说四言格》,《世界汉语教学》第 3 期。

沈家煊 2020a,《有关思维模式的英汉差异》,《现代外语》第 1 期。

沈家煊 2020b,《“互文”和“联语”的当代阐释——兼论“平行处理”和“动态处理”》,《当代修辞学》第 1 期。

史有为 2016,《围绕“了”的方法论思考——兼议二语教学方法》,《对外汉语研究》第 15 期。

宋　柔 2013,《汉语篇章广义话题结构的流水模型》,《中国语文》第 6 期。

完　权 2018,《零句是汉语中语法与社会互动的根本所在》，载方梅主编《互动语言学与汉语研究》第 2 辑。

王洪君 2011,《汉语语法的基本单位与研究策略》，载《基于单字的现代汉语词法研究》，商务印书馆。

王洪君、李榕 2014,《论汉语语篇的基本单位和流水句的成因》,《语言学论丛》第 49 辑。

王　力 1984,《中国语法理论》,《王力文集》第一卷，山东教育出版社。

王文斌、赵朝永 2017,《论汉语流水句的句类属性》,《世界汉语教学》第 2 期。

许立群 2016,《汉语流水句研究——兼论单复句问题》，中国社会科学院研究生院语言学系博士学位论文。

许立群 2018,《从“单复句”到“流水句”》，学林出版社。

赵元任 1955,《汉语语法与逻辑杂谈》，原文（英文版）载 *Philosophy East and West*, 9 (1)，中译文载《赵元任语言学论文集》，商务印书馆，2002 年。

赵元任 1968,《中国话的文法》，吕叔湘节译本《汉语口语语法》，商务印书馆，1979 年；丁邦新全译本《中国话的文法》（增订版），香港：香港中文大学出版社，2002 年。

朱德熙 1985,《语法答问》，商务印书馆。

Coulthard, M. 1977. *An Introduction to Discourse Analysis*. London: Longman.

Couper-Kuhlen, E. & M. Selting 2018. *Interactional Linguistics: Studying Language in Social Interaction*. Cambridge: Cambridge University Press.

Du Bois, J. W. 2014. Towards a Dialogic Syntax. *Cognitive Linguistics* 25 (3): 359 – 410.

Edmondson, W. 1981. *Spoken Discourse: A Model for Analysis*. London: Longman.

Goffman, E. 1976. Replies and Responses. *Language in Society* 5: 257 – 313.

Jespersen, O. 1924. *Philosophy of Grammar*. London: George Allen & Unwin Ltd.

Levinson, S. C. 1983. *Pragmatics*. Cambridge: Cambridge University Press.

Lyons, J. 1977. *Semantics*. Vol. 1 & 2. Cambridge: Cambridge University Press.

Schegloff, E. A. 1996. Turn Organization: On Intersection of Grammar and Interaction. *Interaction and Grammar*, ed. by E. Ochs, E. A. Schegloff and S. A. Thompson, 52 – 133. Cambridge: Cambridge University Press.

Swan, Michael 1980. *Practical English Usage*. Oxford University Press.

Sweetser, Eve 1990. *From Etymology to Pragmatics: Metaphorical and Cultural Aspects of Semantic Structure*. Cambridge: Cambridge University Press.

Vogel, P. M. 2000. Grammaticalisation and Part-of-Speech Systems. In Vogel, P. M., & B. Comrie *eds.*, *Approaches to the Typology of Word Classes*. Berlin & New York: Mouton de Gruyter.

（原载《汉语语言学》第一辑，2021 年）

有关思维模式的英汉差异*

1 提升到思维模式

要认识汉语语法的特点，必须通过跟其他语言的比较。对此，季羡林先生有两点意见（季羡林 2001），值得重视。“第一点是，要从思维模式东西方不同的高度来把握汉语的特点；第二点是，按照陈寅恪先生的意见，要在对汉语和与汉语同一语系的诸语言对比研究的基础上，来抽绎出汉语真正的特点。能做到这两步，对汉语语法的根本特点才能搔到痒处。……21 世纪汉语语法学家继续探求的方向就应该如此。”笔者不揣浅陋，想把自己从事英汉比较研究取得的一些认识跟大家交流，接受批评指正。

说到思维模式，经常听到的一种说法是，西方重视分析，中国重视综合。这个话不无道理，但是一联系到语言问题就来了。王力先生曾拿法语的动词跟现代汉语里的使成式做比较（王力 1984：112）：

(1) allonger 延长 abimer 弄坏 assommer 打死 aggraver 加重 agrandir 放大
irriter 激怒 attacher 绑住 arracher 拔出 trouver 找着 affoler 吓昏
vider 喝干 aplatir 压扁 dessécher 晒干 remplir 装满 arrêter 挡住

表达使成（因果）概念，法语是综合形式，汉语是分析形式。现代汉语

---

* 本文内容曾相继在“第一届汉外语言文化对比研究国际学术研讨会”（北京，2019.9.7—8）和“语言教学与研究前沿论坛暨《语言教学与研究》创刊 40 周年庆典”（北京，2019.9.21—22）上报告过。

的分析形式（如“弄坏”“打败”）在古代汉语是综合形式（“毁”“败”）。那么是不是要反过来说法国人的思维模式是综合的、中国人的思维模式是分析的呢？是不是还要说中国古人的思维模式是综合的、现代人的思维模式是分析的呢？分析综合的老生常谈至少是过于笼统的。“言为心声”，讲语言的差异固然要上升到思维模式的高度，而讲思维模式的差异又不能不联系语言表达来讲。我的意思是，我们能不能超越分析综合的老套说辞，讲得更深入通透一些？本文最后会回到这个问题上来。

有关思维模式的语言差异一定关涉语言组织和运作的大格局，渗透语言的方方面面，而且一定是极为平常、司空见惯的差异。就英汉两种语言而言，笔者认为这种差异主要表现在以下三个互有联系的方面。

1. 英语 to be 还是 not to be，这是首要问题；汉语“有”还是“无”，这是首要问题。思维模式上，前者重视静态的“存在”“恒在”，后者重视动态的“存现”“变在”。

2. 英语 noun 和 verb 是分立关系，概念上“物”和“事”分立；汉语名词和动词是包含关系，名词包含动词，概念上“物”包含“事”。这代表中西方两种不同的范畴观，西方视“甲乙分立”为常态，中国视“甲乙包含”为常态。

3. 英语主要靠 subject-predicate structure 即“主谓结构”完形明义，汉语主要用“对言格式”（*dui*-speech format）完形明义。这分别体现了两种互补的思维方式——演绎思维和类比思维。

前两个方面笔者已有详细论述（沈家煊 2012，2016），本文侧重于第三个方面，另外还要费些笔墨讲一讲这三个方面的内在联系，意在增强我们对这个问题认识的深透性和系统性。至于季先生提到的第二点，汉语所属的汉藏语系能不能抽绎出一个有别于印欧语系、阿尔泰语系等其他语系的共同特点，目前的发现好像有普遍存在的“四字格”（戴庆厦、闻静 2017），四字格属于对言格式（沈家煊 2019），跟上面所列的第三个方面有密切的关系。

2 “恒在‘being’”和“变在‘有’”

2.1 一张概念分合图

中国人学英语，老师首先告诉学生 there be 的用法，提醒他不要把“公园里有很多人”说成 The park has many people，要说 There are many people in the park，也就是不能用 has/have，要用 there is/are。英美人学中文，经常发现他们在该说“山上有座庙”的时候犹犹豫豫，问是不是该换说成“山上是座庙”，他们弄不清“有”和“是”在汉语里的异同。这个现象看似简单平常，却隐藏着十分深刻的东西，造成两种语言根本的格局差异。我曾经用一张简单的概念分合图来说明这一差异，因为重要，再次展示如下：

<table>
<tr><th>概念</th><th>英语</th><th>汉语</th></tr>
<tr><td>“是”</td><td rowspan="2">be</td><td>是</td></tr>
<tr><td>“存在”</td><td rowspan="2">有</td></tr>
<tr><td>“拥有”</td><td>have</td></tr>
</table>

“是”“存在”“拥有”三个概念，两种语言的分合方式不一样。英语 be 是一大块，包括“是”和“存在”两个概念。表存在的“有”是 there be，there be 也是一种 be。There is a unicorn in the park，现今的英语语法大多把 there 分析为句子的（处所）主语。从这一点看，英语不怎么在概念上区分“是”和“有（存在）”。汉语“有”是一大块，包括“存在”和“拥有”两个概念，例如问“你有多少钱”是说拥有，问“你手上有多少钱”就是在说存在了。汉语里“有”是“有”，“是”是“是”，两个不同的词代表两个不同的概念。赵元任（Chao 1955）说过一段话，其要义是：英语

讲 being（“是”）的概念不能不跟 there is（“有”）的概念挂钩，汉语讲“是”的概念可以不跟“有”的概念挂钩，“是”的概念是独立的。由此造成中国人难以理解西方哲学本体论的核心概念“being”，除非特别切断它与“是”的联系，把它与“有”挂钩。我们可以反过来说，西方人对中国哲学中“有无”这对概念也很难用他们的语言说清楚，除非特别切断“有”与 have 的联系，把它与（there）be 挂钩。所以《意义之意义》的作者瑞恰兹曾感叹，将中国哲学概念译为英语可能是“宇宙演化中产生的最复杂一类的事情”。反过来当然一样，being 一词如何翻译，中国学界至今莫衷一是。

2.2 重“有无”的“变在观”

汉语不仅用“是”和“有”两个不同的词代表两个不同的概念，而且特别重视“有无”问题。如果说汉语有类似英语动词的 aspect（体貌），那么汉语动词有一种独特的“有”貌，它涵盖英语的各种时态，除了表示过去时或完成态（如“我有去过西藏”），还表示一般现在时、进行态、将来时等，看闽南话里“有”的用法：

(2) 门只晡有开。(门这时开着。)
后日有上堂。(后天要上课。)
伲囝都有咧读书。(孩子都在读书。)
伊有食熏，我无食熏。(他抽烟，我不抽烟。)

“有”不表示别的，就是表示跟“无”相对的“有”。“有”的这种用法继承古汉语，当今普通话出现用“有”取代“了”的趋势，不说“去了”说“有去”，这很自然，因为“去了”的否定式就是“没有去”。

中国哲学界普遍认同西方重“是”而中国重“有”的观点。冯友兰（1964）说：“《老子》中的宇宙观当中，有三个主要的范畴：道、有、无。因为道就是无，实际上只有两个重要范畴：有、无。”西方哲学是围绕 being（是/存在）而进入形而上学的思辨，而中国先秦名家则是通过对“有”的反思而进入形而上学的思辨，“有无”概念是中国传统哲学本体论中的核心概念。

中国人重视的“有”其实质是动态“生”的概念，是“从无到有”，不是静态的“存在”或“恒在”。“有”字在《说文解字》里释为“有，不宜有也”，如“有灾”“有彗星”等，这一训释是“从无到有”或“有生于无”这种动态“有”的绝妙表达。所以英语语法讲“存在句”（existential sentence），汉语语法却要讲“存现句”（怎么翻译成英文?），静态的“存”蕴含在动态的“现”之中，例如“台上坐着个老专家”（讲“存”）和“中国出了个毛泽东”（讲“现”），两句在结构上完全平行，又如“墙上挂了一幅画”既表示静态的存在又表示动态的出现，表示出现也就蕴含存在的意思。

总之，对西方人来说，to be 还是 not to be，这是个首要问题；对中国人来说，“有”还是“无”，这是个首要问题。“Being”观是静态的恒在观，“有”观是动态的“变在”观。[①] 刘家和（2003）将中西方学术思想的根本区别归纳为：西方人相信在永恒中把握真理，逻辑理性占主导地位；中国人相信在运动中把握真理，历史理性占主导地位。

由于汉语的“是”不同于英语的 be，中国人学英语，母语的“负迁移”造成 be 的过度使用和缺失错误，十分常见，例如：

（3） * He is want to go up then. 当时他［是］要起床了。
* So we are very enjoy our time. 因此我们［是］过得很愉快。
* . . . such as student who is study compute. . . ……就像［是］学计算机的学生……

（4） * Here she making a cake. 她［是］在做蛋糕呢。

两种错误一个根源，从（3）（4）各句可看出，汉语“是”字就像一个幽灵，它无处不在而又隐而不现。无处不在，所有的谓语前总是可以加一个“是”字加强判断；隐而不现，动词谓语前隐去，名词谓语前也可隐去，如“老王［是］上海人”“今天［是］星期六”。因此，在中国人的心目中“是不是”的问题不是一个值得追究的问题，如“我是两毛钱”“他是

① “变在”一词见赵汀阳（2016：27）。

个日本女人”“人家是丰年”（赵元任例）等都是很自然的说法，再说无主语句是汉语正常的句子，如“（是）下雨了”。要说本体的“存在”，事物天然存在，有什么好说的？中国人根本没有西方那种对“存在”问题刨根问底的冲动，连念头也没有。

2.3 “是”“有”区分的实质

现代汉语高频使用的两个虚字“的”和“了”，“的”和“是”相通，例如“我是学计算机/我学计算机的”，“了”和“有”相通，例如“他进步了/他有进步”。古汉语里的一对句尾语气词“也”和“矣”，“也”大致相当于“是/的”，“矣”大致相当于“有/了”。可见“是”和“有”这种概念区分在汉语里是首要的、一贯的、成系统的。现在要问，这种重要区分，究竟是一种什么性质的区分呢？

这可以从英汉两种语言否定词的分工来说明。英语有两个否定词，no 和 not，no 用来否定名词，如 I have no money，not 用来否定动词，如 I don't have money（通过否定助动词来实现）。现代汉语也有两个否定词，“不”和“没”，但主要不是用来区分否定名词还是否定动词，例如“没车”和“没去”，“没”既否定名词也否定动词，“不”虽然一般否定动词如“不去”，但也不排斥否定名词，如“人不人鬼不鬼”“不情之请”等。“不”和“没”的分工在于，“不”用来否定“是”——“不是”，“没”用来否定“有”——“没有”，这种区分在语言上讲是“肯定”（assertion）和“叙述”（narration）的区分。“我没去”是叙述或直陈，“我不去”是表示“我不愿去”，属于肯定或非直陈。吕叔湘（1942/1982：238）指出，“没+动词”的注意点在事变性（有没有这件事），而“不+动词”的注意点在动作性（做不做这件事）。这种区分根本是语用性质的，是对两种“言语行为”（speech act）的区分。而对于“物”和“事”的区别，对于是不是这个东西和是不是这件事情，有没有这个东西和有没有这件事情，中国人是不在意的：

（5）肯定行为　他是骗子。　他是骗人。
　　 叙述行为　我没有车。　我没有去。

“是”字后头是名词还是动词，“有”字后头是名词还是动词，这种英语所重视的语法区分汉语在形式上不做区分。句子不必有语法主语，但总有一个“言说主体”（speaking subject）在那儿。一个民族有一个民族在概念上所重视和不重视的区分，这必定在它的语言形式上表现出来，这就跟下面要讲的英汉重要差异的第二个方面——中西方的范畴观——有直接的联系了。

3 范畴的“分立观”和“包含观”

3.1 汉语的“名动包含”格局

汉语不重视概念上“物”和“事”的区分，事就是抽象的物，“事物”也。对中国人而言，说“事，即物也”没有多大意义，事当然是物，反过来说“物，犹事也”（《礼记注·大学》，“犹”是“犹如”）才有意思。这在语言上主要表现为汉语的“名动包含”格局。这个格局的要义是，名词和动词的性质和二者之间的关系都不同于英语里的 noun 和 verb。关系不同，英语 noun 和 verb 的关系好比 male 和 female 二词的关系，是男人就不是女人，是女人就不是男人，只有小部分交叉，即名动兼类，逻辑上这叫“类分立”（class distinction）格局。汉语名词和动词的关系好比英语 man 和 woman 二词的关系，woman 也是 man，man 不都是 woman。汉语不存在“名动兼类”，因为动词都属于名词（大名词），是名词的一个次类“动态名词”，兼具名动二性，如“死”既是 die 也是 death，“爆炸”既是 explode 又是 explosion，这在逻辑上叫“类包含”（class inclusion）格局。也因为重要，再次图示如下：

英语　　　　汉语

汉语的这个包含格局是名词和动词“异而同”的格局：同，因为动词也是名词；异，因为名词不都是动词。要问汉语有没有“动词”这个类，回答是，有也没有。没有，因为不存在一个独立的动词类；有，因为名词当中有一类特别的动态名词。名词包含（includes）动词，反过来动词蕴含（entails）名词的属性，应该这样来理解名动“互含”。性质不同是指，英语的 noun 和 verb 是语法范畴，跟语用范畴“指称语”和“述谓语”不是一回事儿，noun 和 verb 充当指称语和述谓语的时候必须“指称化”（加冠词）和“述谓化”（动词变形），而汉语的名词和动词其实就是语用范畴，名词就是“指称语”，用不着加冠词指称化，动词就是“述谓语”，用不着动词变形述谓化。所以“名动包含”的实质是“指述包含”，指称语包含述谓语。

“名动分立”和“名动包含”代表两种时空观。前者认为名词指称的“物”是静态的（time-stable）空间概念，动词陈述的“事”是动态的时间概念，时、空分立，这是牛顿式的时空观。后者认为概念上“事”也是“物”，时间不能脱离空间而独立存在，时间是四维时空中的一维，这是爱因斯坦式的时空观。

汉语“名动包含”格局已有全面系统的论证，详见沈家煊（2016），这里不再重复。笔者另有专文（沈家煊 2018）分析，中国人学英语有五类十分常见的偏误。第一，词类偏误，无论是总的数量还是涉及的类别，都大大超过外国学习者。第二，冠词（定冠词 the 和不定冠词 a）缺失，这类偏误哪怕是英语水平已经很高的人也免不了。第三，动词形态的缺失和过度使用，这种看上去十分“低级”的偏误虽然随学习年限的增加而逐渐减少，但差别并不明显。第四，否定词的误用和误解，该用 no 的地方错用 not，可用 no 或 not 的时候分不清二者的意义差别。第五，系词 be 的过度生成和缺失，见上文例（3）和例（4）。通过分析发现，以上这些看似种类不同的偏误，根子都在汉语“名动包含”格局造成的负迁移。

反过来看，英语“名动分立”，动词做主宾语的时候必须名词化，变为抽象名词，这已经对中文表达产生显著的影响，表达中出现大量英式中文或港式中文，余光中（1987）称之为“西化的病态”：

（6）？他的收入的减少改变了他的生活方式。
　　他收入减少，乃改变生活方式。
　　？横贯公路的再度坍方，是今日的头条新闻。
　　横贯公路再度坍方，是今日的头条新闻。
（7）？本校的校友对社会作出了重大的贡献。
　　本校的校友对社会贡献很大。
　　？我们对国际贸易的问题已经进行了详细的研究。
　　我们对国际贸易的问题已经详加研究。
（8）？这位作家具有很高的知名度。
　　这位作家很有名。
　　？昨晚的演奏颇具可听性。
　　昨晚的演奏很动听。

有见识的英美学者感慨现代英文“名词成灾”（noun-plague）现象，其实是指“名词化成灾”，而不少中国人说中文的时候甚至走得更远。受英文形容词和副词分立（因为名动分立）的影响，英式中文还大量使用带“地”的状语，但这也不是地道的中文：

（9）？他苦心孤诣地想出一套好办法来。
　　他苦心孤诣，想出一套好办法来。
　　？老师苦口婆心地劝了他半天。
　　老师苦口婆心，劝了他半天。
　　？大家苦中作乐地竟然大唱其民谣。
　　大家苦中作乐，竟然大唱其民谣。

余光中说，这是英文没有学好，中文却学坏了，或者说，带坏了。

3.2 包含格局的普遍性

汉语中，甲乙一对范畴呈包含关系而非分立关系，这不限于名词和动词，挑重要的说还有：1）语言和文字的关系（语言包含文字）；2）用法和语法的关系（用法包含语法）；3）实词和虚词的关系（实词包含虚词）；4）语法和韵律的关系（语法包含韵律）；5）词根和根词的关系（词根包含根词），等等，笔者已有详细论述（沈家煊 2016，2017a，2017c），这里从略。上一节讲汉语“是”“有”分别的实质，指出它既是语法分别又是语用分别，而根本上是语用分别，这符合汉语“用法包含语法”的格局。

“分立观”视范畴“分立”为常态，是范畴的“是”观，强调逻辑理性，“包含观”视范畴“包含”为常态，是范畴的“有”观，强调历史理性。这两种范畴观一正一负，一静一动，都是人类理性思维的结晶。这样区分的两种范畴观能更好地阐释中国概念，说明中西方思想、行为、文化的异同。中国哲学中一系列重要的成对概念，“天－人”，“人－圣”，“用－体”，“器－道”，“无－有”，“物－事”，都是动态的、由一生二的“甲乙包含”关系，例如“天人合一”是人包含在天（自然）当中的意思，不是指对立的天和人合二为一，“体用不二”是用包含体、离开用就没有体的意思，也不是指对立的用和体合二为一。在中国人的心目中，这种包含关系、变在关系是常态而不是非常态或过渡态，世界本来就是这个状态。

西方主流的范畴观是分立观，但是敢于突破主流思维模式的学者就有重要的创见和贡献，例如经济学领域非主流的“科斯学说”，把成本和交易两个范畴看作一种包含关系。一百多年的西学东渐，许多中国人反而抛弃包含观，抱住分立观不放，但是情况正在发生变化，如哲学界近来有人重拾包含观，在政治哲学领域提出“天下理论”和“天下无外”原则（见沈家煊 2016：附录 3 和附录 4）。

3.3 “包含观”与“变在观”的联系

范畴的“包含观”跟上一节所述的重视“有无”的“变在观”有内在的联系，可以从两个方面来说明。首先，“类包含”格局源自（或导致）一种动态的、变在的范畴观。拿名动关系来说，多种语言的事实表明，动词这个类的形成是一个动态过程，具体说，语言起于指称，名词是语言的本源，名词当中指称动作或活动的那部分名词先形成名词中的一个次类（动态名词），从中国传统的“虚实”之辨来讲，动词相对名词而言是虚词，它的形成是名词“虚化”的过程和产物。就像细胞分裂一样，这个次类在印欧语中已经从名词中分离出来成为一个独立的动词类，而汉语（还有其他一些语言）的动词类还没有实现这种分离，还处于“名动包含”的状态。就这个包含状态而言，虽然还不好说名词和动词已经“是”两个不同的类（中国人对这个“是不是”的问题不感兴趣），但是说已经“有”（“一生二”）两个类是不成问题的（中国人重视的是“有无”问题）。中西方的这两种范畴观，笔者将其概括为以下两句话（沈家煊，2017a）：

西方强调“甲乙分立才是两个范畴”
中国强调“甲乙包含就有两个范畴”

另一个联系更直接些，中国人不追究实体（substance，英语中抽象为主语 IT）的“存在”或“是不是”的问题，这跟中国人的范畴“包含观”，特别跟汉语的“名动包含”格局互为表里、互相印证。英语“名动分立”，名词当然得有区别于动词的正面定义，即定义为可以加冠词和指示词的词，而汉语不同，跟英语名词对应的那部分名词即静态名词，是无法从正面定义的（朱德熙 1985：16），它们受数量词和指示词修饰，然而动词也受数量词和指示词修饰，例如：

（10）有两种死，一种死重如泰山，一种死轻如鸿毛。这死那死，不能混为一谈。

女朋友有三个问，一问房，二问车，三问存款。这问那问，他哪能受得了。

“信心”“勇气”“道理”“梦境”这种抽象名词也只能用泛指量词“个、种”，因此汉语的动词无非是一种抽象名词。重叠表示周遍意义也不是静态名词的普遍特征，而是量词的普遍特征，例如：

(11) 三本书，本本好看（*书书好看）。
十亩地，亩亩高产（*地地高产）。
五车煤，车车超重（*煤煤超重）。

而动量词跟名量词一样能重叠，如“趟趟走空”“次次受挫”：

(12) 我买了几瓶酸奶，瓶瓶都有怪味。
我买了几次酸奶，次次都有怪味。

所谓的名词重叠“家家”“天天”实为临时量词的重叠，“十家人家，家家光荣”“五天行程，天天紧张”。这就是说，汉语里过去所说的名词，其特性动词也都具有，这正是“名动包含”格局的题中之义。在这个包含格局里，静态名词，即大名词中不是动词的那部分名词（小名词）无须从正面定义，而且只能从反面定义，即定义为“不是动词（动态名词）的名词”[①]（详见沈家煊2016）。英语和其他西方语言有主语因而有主体的概念，而主语只能由名词性成分充当，跟汉语动词（动态名词）可以自由做主语截然不同，因此西方人追究主体的“存在”或“是不是”，这跟他们语言名动分立、名词必有正面定义是一致的。然而在中国人的心目中，事物天然存在，没有存在不存在的问题，名词（小名词）不但无须正面的定义，而且本身不受否定，汉语没有相当于英语否定名词的否定词no，否定名词是通过否定动词“有”，“没钱”实为“没有钱”。

“名动包含”格局意味着，汉语的谓语根本上具有指称性，这是谓语的类型不受限制，也可由名词充当的原因。汉语甚至有大量动词做主语、名词做谓语的句子，赵元任举过一个例子：“逃，孱头。”类似的用例在汉语里其实十分普遍（见下）。这促使我们思考，汉语里“玛丽买了一顶帽子”这样的句子是否只能按照英语“Mary bought a hat”的主谓切分，也切分成“玛丽（主语）买了一顶帽子（谓语）”。这就跟下面要讲的英汉差异的第三个方面发生直接联系了。

① 用来定义英语noun的“可以加指示词”恰恰是汉语“大名词”的正面定义。

4 “主谓演绎”和“对言类比”

4.1 “对言”和“对思”

在汉语里，（一）主语的语法意义就是话题，（二）主谓齐全的整句由一问一答组成，（三）谓语的类型不受限制（不排斥名词）。只需综合赵元任（Chao 1968）的这三个符合事实的洞见，一个合乎逻辑的、自然而然的推论是：汉语的“主谓结构”（加引号的）不排斥“玛丽买了，一顶帽子”的样式，其中“玛丽买了”是主语，“一顶帽子”是谓语。

这种汉语式的“主谓”切分方式更接近人从实际发生的事情中得到的视觉图像：玛丽点头掏钱付款，取过一顶红艳艳的帽子。不仅如此，它还是汉语习惯的表达方式，跟“玛丽，买了一顶帽子”相比还遵守汉语句子节律的“半逗律”，即逗号（停顿）处于句子的当中位置，两头的字数大致相等，最好只相差一两个字。下面是长篇小说《繁花》中出现的同类例子（沈家煊 2017b）：

（13）一推，白板。｜讲了五六遍，一个意思。｜我死我活，我自家事体。｜捻开一听，《二泉映月》。｜为一点铜钿，一副急相。｜拉开抽屉，一张借据。

这种主谓样式在老百姓口头常说的熟语和谚语中也普遍存在：

（14）伤筋动骨一百天。｜乘船走马三分险。｜无风三尺浪。｜是药三分毒。｜吃饭千口，主事一人。｜迎梅一寸，送梅一尺。｜船载千斤，掌舵一人。｜砌屋三石米，拆屋一顿饭。｜大吵三六九，小吵天天有。｜打虎亲兄弟，上阵父子兵。

可见“玛丽买了，一顶帽子”这样的主谓切分跟“拉开抽屉，一张借据”“捻开一听，《二泉映月》”是完全一致的。Bloomfield（1917）说，在有的语言里，句子的主谓和谓语应该当作对等项（equated terms）看待，主谓句实为等式型（equational type）的句子。“玛丽买了”和“一顶帽子”在汉语里不仅字数相等，而且性质上都是指称语（按“名动包含说”），在中国人的心目中二者就是对等项。我们可以把两截字数相等或大致相等的叫“正对”（如“玛丽买了，一顶帽子”），字数不等很明显的叫“偏对”（如“玛丽，买了一顶帽子”）。正对和偏对统称“对言”，正对形成“对言格式”，它是汉语组织和运作的根本。从这个角度看，汉语的对言可以容纳英语式的主谓结构，而英语的主谓结构覆盖不了汉语的对言格式。

对汉语来说，形式上完好的结构是对言格式。单说“高一脚”站不住，要说“高一脚低一脚”，单说“人不人”站不住，要说“人不人鬼不鬼”，这已经是汉语的语法常识。不能单用的语素进入对言格式就不受单用的限制，如“胜不骄败不馁”里的“骄”和“馁”，“你一言我一语”里的“言”和“语”。英美人学汉语，常把“这条街长”误解为 This is a long street，他们不明白汉语以对说“这条长那条短”为常态，单说“这条长”的时候是表达 This street is longer 的意思。单木不成林，单言不成话，这当中蕴含深刻的道理。有一个现象值得深究：单说站不住、对举才能站住的，在对话回答问题的时候也能站住，加句尾语气词后也能站住：

(15) ？今天冷。　今天冷，昨天热。
　　 ？喝了酒。　喝了酒，吃了饭。
　　 ？房间住人。房间住人，仓库堆货。
(16) 问：今天冷吗？　喝了啥？　房间干嘛？
　　 答：今天冷。　喝了酒。　房间住人。
(17) 今天冷呀。　喝了酒了。　房间住人吧。

对这个现象语法学界一直没有深究下去：对举、问答、语气词三者都有“完形明义”的作用，它们之间的内在联系和深层机理是什么？合理的回答是，语言植根于对话和互动。诚如巴赫金（1998）所言，“语言只能存在于使用者之间的对话交际之中”，“一切都是手段，对话才是目的”。我们在两种意义上使用“对言”一词，它既指对话，又指对举言辞，对举的表达形式源自对话，又象征对话者之间的情绪“共鸣”（Du Bois 2014）。例如劳动号子一呼一应“加油干哪”对“齐努力呀”，男女对歌传情“种下一粒籽”对“发了一颗芽”，两个生意人一起感叹“生意不好做”对“生意真难做”。

总之，英语语法以主谓结构为主干，汉语语法以对言格式为主干。主谓结构是“以续为主”，偶尔续中有对，对言格式是“以对为本”，对而有续。对西方人来说，主语加谓语才表达一个完整的意思，才成为“完好形式”（well-formed）；对中国人来说，对举着说才表达一个完整的意思，才制造意义（make sense），才成为“完好形式”。对言植根于语言的根本特性——对话性，是语言的原始形态，从这个角度看，人类语言的类型演化不是单线条的，而是出现了分叉，印欧语转而朝主谓结构的方向发展，汉语继续朝对言格式的方向发展。看两种语言的结构差异：

（18）英语主谓句：We talked to each other.

汉语对言句：你说一言，我说一语。

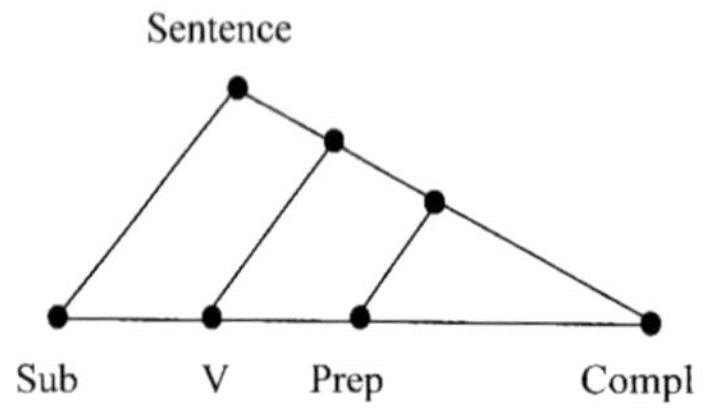

[We $_{NP}$ [talked $_{V}$[to $_{Prep}$[each other $_{Compl}$]$_{PP}$] $_{VP}$]

英语

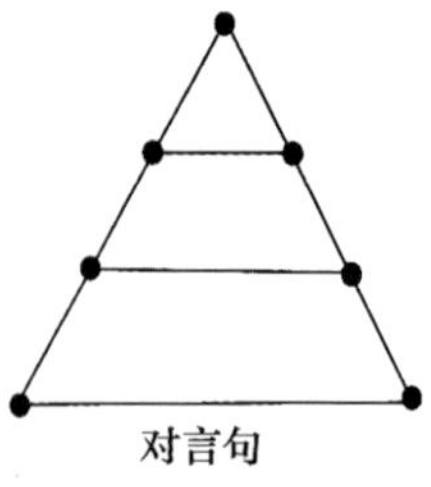

你说一言　我说 一语

汉语

英语语法集字成句（到句为止）的机制建立在不对称的层次结构上，每个层次区分“主”和“从”，总有一个中心（head），长句的生成依靠成分的镶嵌和递归。汉语大语法集字成句、积句成章、积章成篇的机制建立在对言格式的基础上，对言格式是对称性的，没有中心，不分主次。由小到大不是镶嵌递归，而是对称格式的投射放大［Jackendoff（2011），说是非线性的结构递归]，单字放大为偶字对，偶字对再层层放大，突破句子的范围，贯通到语篇。要指出，“你说一言”本身也是对言式“你说｜一言”，上面已经着重说明，因此还可比较：

(19) 英语主谓句：[Mary [bought [two [bracelets.]]]]
　　　汉语对言句：梅瑞｜买了‖一对｜玉镯。

对言式来自对话，问“梅瑞买了？”答“一对玉镯”；问“梅瑞呢？”答“买了”；问“一对（什么）？”答“玉镯”（详见沈家煊 2019）。“你说一言我说一语”是以对为主、对中有续，“梅瑞买了一对玉镯”是以续为主，但仍然以对为本，二者只能用“对言结构”来概括，因为英语式主谓结构无法覆盖“你说一言我说一语”和“梅瑞买了，一对玉镯”。这个缩放型对称格式既是汉语的语法结构，也是汉语的韵律结构（节律栅），韵律结构和语法结构总体上高度一致，因为汉语是语法包含韵律（见沈家煊 2017c，2019）。

汉语以对言格式为主干，这跟中国人的思维模式有千丝万缕的联系。中国古代，试图解释宇宙的结构和起源的思想是，太极生两仪、两仪生四象、四象生八卦。象数易学在汉末已具有逻辑化和系统化的特征（丁四新 2019）。冯友兰（2013：128）说，“术数的本身是以迷信为基础的，但是往往是科学的起源”，这是阴阳家对中国思想的贡献，“术数在放弃了对于超自然力的信仰并试图只用自然力解释宇宙的时候，就变成科学”。在中国人的心目中，世界就是处于成双成对的状态，两个思想（对思）、两个声音（对言）才是生命和生存的最低条件。赵元任（Chao 1975）认为，中国哲学“天地”“乾坤”“阴阳”这些重要概念的形成很可能跟这个有关。

张东荪（1936，1938）认为，汉语没有主谓结构，没有主谓结构就没有命题，没有命题就没有三段论演绎推理，不具备产生演绎逻辑的条件。中国人习惯于类比推理，这跟汉语“对言明义”密切相关，朱晓农（2015，2018）论证这一点，举例，按三段论推理，大前提“凡人皆有死”，小前提“圣人，人也”，推出结论“圣人亦有死”，然而对中国人来讲，这个逻辑结论是不言而喻的，没有“制造意义”（make sense），只有对言才制造意义，如要说“凡人皆有死，然则圣人不朽”，“或重于泰山，或轻于鸿毛”。类比思维可以大致分为“比对思维”和“对比思维”两个方面，偏重证明和求同用比对思维，偏重反驳和显异用对比思维。“上有天堂－下有苏杭”，“天要下雨－娘要出嫁”，“老骥伏枥志在千里－烈士暮年壮心不已”等是比对思维，“人皆有死－圣人不朽”，“落花有意－流水无情”，“明枪易躲－暗箭难防”等是对比思维。比对和对比都是“对”。思维方式受语言的影响，演绎推理是受语言以主谓结构为主干的影响，类比推理是受语言以对言格式为主干的影响。

4.2 跟“包含观”和“变在观”的联系

现在来看对言对思跟“包含观”和“变在观”的联系，分两点说明如下。首先，对话的前提是对话双方“异而同”，而且互相承认“异而同”，只有同而没有异就无须对话，只有异而没有同则无从对话。中国人的范畴“包含观”，视“异而同”为常态，这跟语言植根于对话、对话以“异而同”为前提是相通的。对话双方以“异而同”为前提，这意味着对话双方是可以包容的“对待”关系而不是互相排斥的“对立”关系。“对立”和“对待”这两种关系的分别，最早由张东荪（1938）提出，西方持对立观，中国持对待观。笔者对“对待”关系做进一步阐释（沈家煊2016，2017a），说明“甲乙对待”和“甲乙包含”是两个名称、一种关系，都是指“异而同”：说“对待”是侧重甲乙“异”的一面，说“包含”是侧重甲乙“同”的一面。就汉语名词动词“异而同”而言，侧重同，强调动词也是名词，就说“名动包含”；侧重异，强调名词不都是动词，就说“名动对待”。对立的格局，只有当甲和乙形成交集的时候才是“异而同”，而对待的格局本身就是“异而同”，而且实现甲和乙之间的最大兼容。

其次，汉语“是”“有”区分的实质是两种言语行为的区分，重视“有无”是重视动态“变在”的过程，而范畴的“包含观”也是动态“变在”的观念，包含格局不是静态的“对立统一”的状态，而是动态的“一生二”的过程，作为“一性两类”，一性是本和源，两类是末和流。汉语靠对言格式完形明义、完形生义，对言格式源自对话、象征对话双方的情绪共鸣，而对话是一种活动，是一种不断更新的过程，具有合作性和互动性，“会话分析”学派的一个重要观点是，对话的基本单位是“举动”（act 或 move），包括身势、眼神甚至沉默，用语言实施的举动是言语举动（speech act）。“对待”一词在汉语里一指有别于“对立”的“相对”概念（be relative to），如“工作和学习对待”，二指与态度有关的人际交往（treat），如“对待朋友要真诚”（见《现代汉语词典》），这不是偶然的。[①] 笔者还曾说明（沈家煊 2017d），汉语以“类包含”格局为常态，是遵循对话的“合作原则”（Grice 1957），特别是遵守合作原则中的“适量准则”。

4.3 双音化是对言化

我们打算回到本文开头提出的那个令人困惑的问题：如果承认汉语的思维模式以综合为主，怎么解释因果关系的表达汉语是分析型的、法语倒是综合型的呢？为此有必要重新认识汉语历史演变的大趋势“双音化”的性质。首先，在汉语里支配对言格式的“半逗律”其作用范围不限于主谓结构，还涉及其他各种结构类型。在各种结构类型里，单双音节的组配，单对单、双对双这样“成对”的都站得住，单对双、双对单“不成对”的就经常站不住，尽管在表义上不成问题（王远杰 2018）：

(20)		2+2	1+1	1+2	2+1
	定中结构	煤炭商店	煤店	*煤商店	煤炭店
		陈旧桌布	旧布	旧桌布	*陈旧布
	状中结构	轻轻放置	轻放	*轻放置	轻轻放
	动宾结构	种植大蒜	种蒜	种大蒜	*种植蒜
	动补结构	调查清楚	查清	查清楚	*调查清
	主谓结构	警钟鸣响	钟响	*钟鸣响	*警钟鸣
	联合结构	道路桥梁	路桥	?路桥梁	*道路桥

① “对待”一词因此也难以译成英文，求高人指点。

这意味着，汉语一切类型的结构都有韵律或节奏的因素，汉语的语法是“大语法”，是“语法包含韵律”，音节对称是汉语自身的一种语法形态。这也意味着，双音化和四音化是“对言化”，对言化是汉语的一种重要的“语法化”现象（沈家煊 2017c，2019）。

再说四字格。对言格式以四字格最为典型，其中的并列四字格对得最整齐，如“男欢女爱，阴差阳错，天长地久，唉声叹气，抱残守缺，捕风捉影”，等等，举不胜举。四字格是“缩放型”的，它本身是二字式的放大，例如“你来我往”是“来往”的放大版，“扬长避短”是“长短”的放大版。须知“来往”和“你来我往”也是对言明义，“来往”的意义不等于“来 + 往”，“你来我往”的意义不等于“你来 + 我往”，中国传统把这种情形叫“互文”或“互文见义”。四字格放大后成为“四言格”，如“老骥伏枥，志在千里，烈士暮年，壮心不已”，也还是互文见义，不仅“烈士暮年，壮心不已”要比照“老骥伏枥，志在千里”得以理解，反过来也一样，不然“老骥”怎么谈得上“志在”呢？过去互文被当作一种修辞格看待，这种看法过于狭隘，用现代语言学的眼光看，汉语靠对言完形明义，凡是对言都是互文见义，互文应视为汉语的一种结构性特征。互文是语言学中的“量子纠缠”，“你”和“我”，“来”和“往”，虽然隔开，但是“纠缠”在一起，不能单独描述，只能作为整体来看待。“你死我活”，跟“薛定谔的猫”一样，“你”和“我”都处在“死”和“活”的叠加态。

静心想来，汉语的复合词或复合字组（以双音为主），不限于并列式，其实也都是互文对言。例如：

(21) 老骥　老笱
(22) 伏枥　伏虎
(23) 水淹　水解　水运　水浇　水葬
(24) 火葬　土葬　海葬　天葬　树葬

“老”的意义是与“幼”相对还是与“嫩”相对，“伏”是表示匍匐还是降伏，都是跟搭配的字互文才显现的。同样，名词“水”哪一方面的

“物性”得以凸显，是通过搭配的动词实现的，动词“葬”的意义，具体到怎么个葬法，是通过搭配的名词得以理解的。这就应了克里斯蒂娃的“互文说”，符号的意义就是在文本的“互文性”中不断生成的（克里斯蒂娃 2016：12）。

互文见义也就是杰肯道夫（Jackendoff 2011）所说的“统合”（unification），它是针对乔姆斯基提出的“合并”（merge）而言的，合并只是简单的 1 + 1 = 2，而统合是 1 + 1 > 2，统合的结果必须作为一个整体来理解，汉语“来往”“长短”是最好的例子。杰肯道夫举的英语例子是：

（25） * John drank the apple.　John drank it.

统合前 it 本身并没有“流汁”的意义，这个意义是跟 drank 互文才产生的。这跟我们上面对“老骥/老笥”和“伏枥/伏虎”的说明一致。Bruza *et al.*（2009）通过词汇联想的心理实验发现，人的心理词库（mental lexicon）具有类似量子纠缠的性质，量子论可能为新的人类认知和信息处理模型提供理论基础。

这样我们就对英语和汉语的构词法有了新的认识。汉语构词以复合为主，英语构词以派生为主，这是常识。派生构词，如 wide → width，long → length，只需两个语素简单相加，复合构词，如“宽窄、长短”，就不是简单相加，而是互文统合。同样，英语 writer 和 kindness，词根和词缀界限分明，主从不容混淆，汉语“作家”和“仁慈”，主从不分明（“作家”的“家”不是词缀，还可以说“自成一家”），两个成分基本对等。可见对言明义在汉语里从构词就已经开始，然后“同构”放大到语句和语篇。

这也许可以解开本文开头那个问题引起的困惑。其实汉语和法语表达因果关系的方式，差别在于法语是词根和词缀的简单加合，如 grand，-e → agrandir，court，-e → accourcir，而汉语是对言的互文统合，如“放大”“缩小”。不仅前字和后字都可以替换，“放大→放宽、放开、放松”，“缩短→割短、削短、收短”，重要的是，这样替换的时候中国人的心目中前后字是并置和等价的，因为二字都带声调，长短和响度大致相等，按“名动包含说”，二字在“字用”上也等价，都是用来指称的指称字。赵元任

(Chao 1975)解释，大致等重等价的二字并置容易形成一个整体，一个方便好用的模块，可比较汉语的“阴阳”“天地”和英语的 male-female 和 heaven-earth。这也是汉语乘法口诀念起来比英语省时的原因。因此汉语的使成式是 cause 和 effect 成对，即“因果对”，因果义是靠对言对出来的，靠“统合”统出来的。从双音化是对言化因而是互文见义着眼，有助于对分析和综合有更深入的认识。

5 结束语

本文对关涉思维模式的英汉差异谈了三个方面，并且试图说明三方面的内在联系（3.3 节和 4.2 节），意在增强英汉比较研究的深透性和系统性。看法还属粗浅，研究有待深入，这三个方面还能不能从中抽绎出更基本的东西，笔者尚无考虑。

语言对思维的影响是不是决定性的，这不是本文要讨论的问题，但二者互相影响是肯定的。演绎思维和对举思维的好坏问题属于另外一个问题。西学东渐，近代中国开始认识西方语言的主谓结构，这件事情的意义非同小可。基于主谓结构的演绎推理在自然科学领域结出丰硕的成果，这一点大大出乎中国人的意料，现在正在急起直追。正是在比较透彻地认识主谓结构在西方语言中的地位之后，我们才真正认识到汉语对言格式的特性和价值。

中西方思维模式的差异要通过中西方的对话来互相借鉴、求同存异。这里引用西方一位哲人和一位文豪的话来结束全文。康德说：“每当理智缺乏可靠论证的思路时，类比这个方法往往能指引我们前进。”萧伯纳说：“假如你手中有一只苹果，我手中有一只苹果，彼此交换，我们仍然各有一只苹果。但是，倘若你有一种思想，我有一种思想，彼此交流，每人将会各有两种思想。”

参考文献

[俄] 巴赫金 1998，《诗学与访谈》，白春仁、顾亚铃等译，河北教育出版社。

戴庆厦、闻静 2017，《论“分析性语言”研究眼光》，《云南师范大学学报》（哲学社会科学版）第 5 期。

丁四新 2019，《汉末易学的象数逻辑与“中”的人文价值理念的象数化》，《哲学研究》第 5 期。

冯友兰 1964，《中国哲学史新编》第 2 册，人民出版社。

冯友兰 2013，《中国哲学简史》，涂又光译，北京大学出版社。

季羡林 2001，《〈20 世纪汉语语法八大家〉序》，载季羡林主编“20 世纪汉语语法八大家”，东北师范大学出版社。

[法] 克里斯蒂娃 2016，《主体 · 互文 · 精神分析：克里斯蒂娃复旦大学演讲集》，祝克懿、黄蓓编译，生活 · 读书 · 新知三联书店。

刘家和 2003，《论历史理性在古代中国的发生》，《史学理论研究》第 2 期。

吕叔湘 1942/1982，《中国文法要略》，商务印书馆。

沈家煊 2012，《怎样对比才有说服力——以英汉名动对比为例》，《现代外语》第 1 期。

沈家煊 2016，《名词和动词》，商务印书馆。

沈家煊 2017a，《从语言看中西方的范畴观》，《中国社会科学》第 7 期。

沈家煊 2017b，《〈繁花〉语言札记》，二十一世纪出版社集团。

沈家煊 2017c，《汉语“大语法”包含韵律》，《世界汉语教学》第 1 期。

沈家煊 2017d，《汉语有没有“主谓结构”》，《现代外语》第 1 期。

沈家煊 2018，《汉语“名动包含”格局对英语学习的负迁移》，《外国语言文学》第 1 期。

沈家煊 2019，《说四言格》，《世界汉语教学》第 3 期。

王　力 1984，《中国语法理论》，《王力文集》第一卷，山东教育出版社。

王远杰 2018，《单双音节搭配限制的作用范围》，未刊稿。

余光中 1987，《怎样改进英式中文？——论中文的常态与变态》，《明报月刊》10 月号。

张东荪 1936，《从中国语言构造上看中国哲学》，《东方杂志》第 33 卷 7 月号。

张东荪 1938，《思想言语与文化》，《社会学界》第 10 卷 6 月号。

赵汀阳 2016，《惠此中国：作为一个神性概念的中国》，中信出版社。

朱德熙 1985，《语法答问》，商务印书馆。

朱晓农 2015，《语言限制逻辑再限制科学：为什么中国产生不了科学？》，《华东师范大学学报》（哲学社会科学版）第 6 期。

朱晓农 2018，《汉语中三条与中国逻辑相关的语法原理》，《中國語語文法研究》（日），通卷第 7 期。

Bloomfield, L. 1917. Subject and Predicate. *Transactions of the American Philological Association* 47: 13 – 22.

Bruza, P. K. Kitto, D. Nelson, and C. McEvoy 2009. Is There Something Quantum-Like about the Human Mental Lexicon. *Journal of Mathematical Psychology* 53 (5): 362 – 377.

Chao, Y. R. (赵元任) 1955. Notes on Chinese Grammar and Logic. *Philosophy East and West* 1: 31 – 41.

Chao, Y. R. (赵元任) 1968. *A Grammar of Spoken Chinese*. Berkeley and Los Angeles: University of California Press.

Chao, Y. R. (赵元任) 1976. Rhythm and Structure in Chinese Word Conceptions. In A. S. Dil (ed.), *Aspects of Chinese Sociolinguitics*. Stanford: Stanford University Press.

Du Bois, J. W. 2014. Towards a Dialogic Syntax. *Cognitive Linguistics* 25 (3): 359 – 410.

Grice, H. P. 1975. Logic and Conversation. *Syntax and Semantics* 3: *Speech Acts*, ed. by P. Cole & J. L. Morgan, New York: Academic Press.

Jackendoff, R. 2011. What is the Human Language Faculty? Two Views. *Language* 87 (3): 586 – 624.

（原载《现代外语》2020 年第 1 期）